JN423970

e-비즈니스 시대의 창업멘토

# 창업과 경영

조래을 지음

한티미디어

## 저자약력

**조래을**(Cho, Naeeul)

현재 호서대학교 부교수로 재직 중이다.

홍익대학교에서 공학사 학위 취득 후, 고려대학교 경영정보대학원에서 정보관리를 전공, 경영학 석사학위를 취득했으며 현재 고려대학교 일반대학원에서 디지털경영학 박사과정을 진행하고 있다.

기업체 경력으로는 삼성전기(주), (주)이수페타시스, (주)심텍, (주)디에이피에서 공장장을 비롯해 연구소장, 기획실장 등의 임원으로 재직했으며 재직 중 전사적자원관리시스템(ERP)의 도입추진과 PM 업무분야도 담당했다. PEAK International. Co. Ltd(HK) 대표 및 기업체 경영컨설팅을 했다.

대외 활동으로는 산업통상자원부 기술표준원에서 국제전기기술위원회(IEC/TC91) 대표전문위원, 한국산업기술평가관리원의 표준인증전문가 및 산업기술혁신평가단 평가위원, UL STP 0796 Member, 기술 사업평가사, 세계PCB협회(WECC) 국제위원, (사)한국회로산업협회 기술위원 등으로 활동 중이다.

주요 연구 관심 분야는 디지털경영, e-비즈니스, 모바일 비즈니스, 기술경영, 경영정보시스템, 벤처 창업 및 마케팅 등이다.

저서로 〈기업가정신〉(호서대학교, 2013), 〈전자부품재료 I〉(호서대학교, 2013), 〈창업과 마케팅〉(한티미디어, 2014) 이 있다.


# 창업과 경영


**발행일** 2015년 9월 1일 초판 1쇄

**지은이** 조래을
**펴낸이** 김준호
**펴낸곳** 한티미디어 | **주소** 서울시 마포구 연남로 1길 67 1층
**등 록** 제15-571호 2006년 5월 15일
**전 화** 02)332-7993~4 | 팩스 02)332-7995
**ISBN** 978-89-6421-208-0 (93320)
**정 가** 23,000원

**마케팅** 박재인 최창욱 김원국 | **편집** 이소영 박새롬 안현희 | **관리** 김지영

이 책에 대한 의견이나 잘못된 내용에 대한 수정정보는 한티미디어 홈페이지나 이메일로 알려주십시오.
독자님의 의견을 충분히 반영하도록 늘 노력하겠습니다.
홈페이지 www.hanteemedia.co.kr | 이메일 hantee@empal.com


---


- 이 책은 저자와 한티미디어의 독점계약에 의해 발행한 것이므로 내용, 사진, 그림 등의 전부나 일부의 무단전재와 복제를 금합니다.
- 잘못된 도서는 구입처에서 바꾸어 드립니다.

사회생활 30년. 직장생활과 기업경영을 통하여 몸소 느낀 많은 사항들을 학교에서 학생들을 가르치다보니 전공만으로는 해결이 안 되는 부분이 너무나 많다는 것을 느낀다. 직장생활을 대기업에서부터 시작하면서 나름대로 다양하고 많은 교육을 받는 행운을 누린 필자는 엔지니어로서 현장에서 직접 실무를 하면서 직급이 올라 갈수록 경영에 대한 필요성과 부족함을 항상 느끼게 되어, 결국에는 경영학에 입문하게 되었고 이론과 실습을 자연스럽게 겸하게 되었다. 이러한 자신을 뒤돌아보면서 이제 사회에 진출하게 되는 젊은 학생들이 극심한 경쟁 속에서 하루 빨리 기업에 적응하고 기업에서 필요로 하는 인재로 자리매김을 하기 위해서는, 가능하다면 경영에 대한 전반적 지식을 사전에 배양하는 것이 필수적이라는 생각이 들어 집필을 결심하게 되었다. 취업하는 학생에게는 직장에서 요구되는 다방면의 기본 지식을 사전에 습득하여 업무의 빠른 이해와 조직 내에서의 경쟁에서 우위를 점하고, 창업의 꿈을 갖고 있는 학생들에게는 성공적인 창업과 창업 후에 회사를 안정적으로 경영하는데 꼭 필요한 내용들을 먼저 이론으로 공부하여 시행착오를 최소화 하는데 역점을 두었다.

지금 세계는 무한경쟁 시대이다. 정보통신기술의 발달로 전 세계가 하나의 시장이며 기술의 평준화, 제품의 평준화는 혁신과 창조 없이는 살아남을 수 없는 극심한 경쟁사회인 것이다. 제조업에서는 벌써 중국이 우리나라를 넘어서려 하고 있다. 막강한 내수시장과 엄청난 인구에서 나오는 세계적 인재들, 여기서 한번 뒤처지면 우리나라는 다시 극복하기 어려운 것이 현실이다. 이렇게 하나하나 경쟁국에게 우리가 설 자리를 내주면 앞으로의 미래는 암담할 뿐이다. 따라서 미래 산업과 미래기술을 짊어져야 할 청년이 도전과 야망보다는 안정과 안주만을 추구한다면 우리나라의 미래는 없을 것이다. 이러한 현상의 탈피를 청년들에게만 요구하여서는 안 될 것이다. 우리나라 산업사회의 발달 과정은 물론, 잘못된 정책과 부모 세대의 보수적 생각이 아직도 후손들을 붙잡고 있는 등 종합적으로 낳은 결과이다.

지금 정부는 창조경제를 외치며 관련 정책을 펼치고, 창업자 교육은 물론 기술형 창업 등에 많은 재정지원을 비롯한 다양한 지원방안을 제시하고 있다. 젊은 청년이 졸업 후 위험을 감수하며 자신의 미래를 위하여 창조적 마인드를 갖고 투철한 도전정신과 목표정신으로 창업에 임할 수 있도록 환경을 조성하는 것이 무엇보다 중요할 것이다. 산업정책과 국민 정서가 바뀌어야 한다. 재정지원, 정책지원 등은 분명히 일시적인 도움은 되겠지만 영속성이 없으며 선순환 구조보다는 일회성으로 인하여 악순환 구조를 벗어나지 못할 가능성이 많다.

이러한 안타까운 마음에, 조만간 극심한 무한경쟁 속으로 뛰어들어야 하는 학생들에게 선배로서, 교수로서 무엇을 알려 주는 것이 좋을까를 고민한 결과 성공 창업, 그리고 조기 안정화를 위하여 나의 경험을 최대한 공유하여 창업을 두려워하지 않고, 경영을 두려워하지 않는 자신감을 갖고 자신의 미래를 펼쳐 나갈 수 있는 인재를 만드는 것이 소임이라 생각하였다. 오랫동안의 직장생활과 회사에서 경영 및 기술 임원을 통하여 얻은 나름대로의 노하우(Know-how)를 이제 후배들에게 돌려주고 이 나라의 미래를 열어 가기를 기대한다. 특히 회사 경영과 마케팅에 대하여 다소 소외된 공학도를 위하여, 그리고 첨단 정보통신사회에 살고 있는 우리에게 전통적 산업과 전통적 마케팅보다는 현실적인 e-비즈니스와 e-마케팅을 중점적으로 다루었다. 최근 급진전하며 미래의 비즈니스인 m-비즈니스와 m-마케팅에 대하여도 소개하였다. 스스로 비즈니스 모델을 개발하고, 새로운 시장을 창출하는 습관을 대학생활에서도 체험하여 창업에 대한 두려움과 마음의 장벽을 없애 주는 것이 무엇보다 중요하다고 생각한다.

본서는 크게 2편으로 구성하였다.

제1편은 '창업과 비즈니스'편으로 창업을 이해하고 창업의 종류와 창업의 3요소를 알아보며, 특히 벤처 창업에 대하여 좀 더 구체적으로 학습하는 기회를 가졌다. 아울러 사업 타당성 검토와 사업 계획서 작성은 물론 특허 등의 지식재산권에 대하여 살펴보았으며, 현대적 e-비즈니스와 m-비즈니스에 대하여도 알아보았다.

제2편은 '기업 경영'편으로 기업 경영전략, 인사조직관리, 마케팅, 투자유치 및 자금 조달 등의 관리적 부문과 전통적 마케팅과 e-비즈니스 시대의 현대적 마케팅 등 마케팅 부문에 대하여 전반적인 이해를 도모하며, 생산 및 서비스 운영관리, 경영혁신 및 품질 경영 등 전반적 기업 경영에 필요한 요소들을 다루었다.

마지막으로 본서를 출간하는 데 여러 가지 환경을 허락하여 주신 주님께 감사하며 영광을 올린다. 출판에 수고하여 주신 한빛미디어 김준호 사장님을 비롯하여 좋은 책을 만들기 위하여 수고하여 주신 임직원 모든 분들께 진심으로 감사드린다. 금번 여름방학 기간에 아내는 미국에 손녀를 보러 갔다. 본 서 집필로 홀로 보낸 시간들이 외롭지 않았다. 미국에 있는 아들 내외와 특히 귀여운 손녀의 탄생을 축하하며 주님께 감사와 영광을 올린다.

2014년 8월 15일
아산 연구실에서

조래율

# CONTENTS

CONTENTS

CONTENTS

CONTENTS

PART 1

# 창업과 비즈니스

경제생활을 영위하려면 누구나 일을 하여야 한다. 행한 일의 결과를 통하여 자신의 보람을 얻기도 하며 또한 금전적 이득을 얻기도 한다. 물론 모두가 하고 싶었던 일, 목표로 하였던 일을 하면서 경제활동을 하는 것은 아니다. 뚜렷한 목표의식과 도전의식으로 자신이 꿈꿔왔던 직업을 갖는 사람이 있는가 하면, 그렇지 못한 사람도 있다. 전자는 현존하는 대기업에서 CEO를 목표로 달려가고 있는 사람도 있을 것이고, 연구기관에서 과학자로 또는 최고의 엔지니어가 되기 위하여 고군분투하는 사람도 있을 것이다. 반면에 자신이 직접 사업을 일으키는 창업자도 있을 것이다. 물론 고등학교 또는 대학교를 졸업한 후 바로 창업의 길을 가는 사람도 있을 것이고, 직장생활을 통하여 경험과 사업 아이디어로 창업의 길을 걷는 사람도 있을 것이다. 창업 동기와 창업의 시기가 어떠하든지 창업 그 자체는 새로운 인생을 시작하는 모든 사람에게 커다란 모험이 아닐 수 없다. 불확실성에 대하여 누구도 명쾌하게 대답할 수 없는 것이 창업이다. 젊었을 때 도전하는 창업, 연구소에서 일하다가 좋은 사업 아이템을 발굴하여 직접 사업화하는 창업, 직장생활을 은퇴하고 일과 소득이라는 방편으로써 하는 창업 등 다양한 창업에서 성공 창업을 위한 방안은 철저한 사전 준비뿐 일 것이다. 제1편에서는 이러한 창업에 대한 내용과 사업 타당성 검토 및 사업 계획서 작성을 비롯하여 기술형 창업인 벤처기업에 대하여 공부하도록 한다.

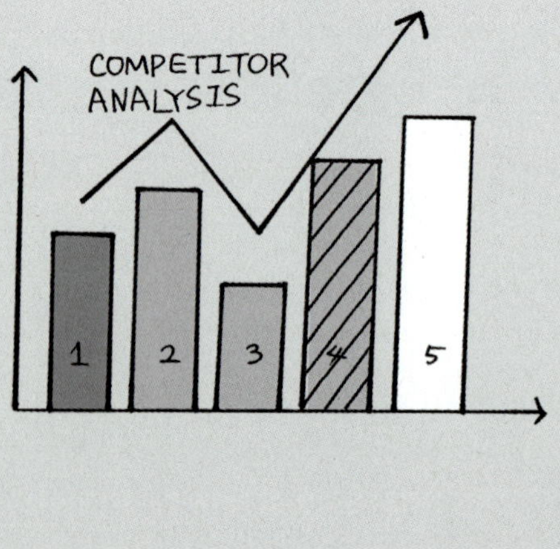

CHAPTER 1

# 창업 및 중소기업의 이해

제1절

# 산업의 변화

## 1.1 세계 산업의 변화

시대가 흐르면서 산업 형태도 변하고 비즈니스의 형태 또한 다양한 변화를 가져온다. 원시 시대, 유목 시대, 농경 시대, 산업 시대, 정보화 시대를 거치면서 거듭된 발전은 또 다른 세상을 향하여 지금도 계속 진화하고 있다. 원시 시대와 유목 시대는 다른 거대한 동물들과 싸우고 땅을 넓히고 종족을 늘리기 위하여 싸움의 기술이 필요하게 되었으며 무기 개발은 하나의 산업이 되었다. 이는 지금도 마찬가지 일 것이다. 핵 보유가 국가의 힘을 나타내는 것을 감안하면 지금도 마찬가지인 것이다. 또한 지구를 떠나 우주를 탐사하고 개척하는 기술도 국가 기술 선진국의 위상을 나타내기도 한다. 현대에서도 세계대전을 통하여 전쟁에 필요한 신무기 개발과 군수물자의 유통은 항상 새로운 기술을 응용하는 제품을 만들고 빠른 시간에 많은 군수물자를 전쟁터에 나가서 싸우는 군인들에게 공급하기 위하여 보다 효율적인 물류 유통 시스템을 고안하게 되는 것이다. 일반 산업과는 달리 전쟁은 인간의 생명이 결부되어 있으며 전쟁에서의 패배는 국가 존립의 문제이기에, 이기는 전쟁을 위하여 막대한 자금과 인력을 동원하여 보다 빠르고 보다 강력한 화력의 신무기를 개발하는 것이다. 이러한 기술들이 일반 산업에 접목되고 응용되면서 산업 또한 발전을 거듭하고 있는 것이다.

산업혁명은 1760년대 영국에서 일어났다. 이 시기에 공장제 수공업이 일반화되기 시작하였으며 작업공정을 최소화하면서도 분업과 협업으로 작업의 능률을 높이고 이익을 극대화하기 위한 획기적이고 다양한 생산방법들이 나왔다. 도구 대신에 기계를 사용하고 인력 대신에 증기기관이라는 동력을 사용하여 대량생산을 가능케 한 것이다. 이렇게 공장제 수공업에서 공장제 기계공업으로, 소량생산에서 대량생산으로 바뀐 것이 산업혁명의 기점이 되었다. 농업과 수공업 위주의 경제에서 공업과 기계를 사용하는 제조업 위주의 경제로 변화하는 과정이 된 것이다.

20세기의 2차 산업혁명에는 그에 앞선 '구(舊)'산업혁명과 상당 부분 중첩되지만 '신(新)'산업혁명이라고 여길 만한 특징들이 많아진다. 기본 소재의 측면에서 볼 때 인류는 이때까지 사용하지 않았던 많은 천연자원과 합성원료들을 활용하기 시작했다. 새로운 에너지원뿐만 아니라 경금속, 새로운 합금, 플라스틱류의 합성제품 등이 바로 그것이다. 이에 더하여 기계와 연장 및 컴퓨터 등의 분야가 발전했으며 그에 따라 자동화 공장이 생겨났다(출처:Britannica). 현대의 3차 산업혁명에 대하여 미국의 제레미 리프킨(Jeremy Rifkin) 교수는 다음과 같이 정의하고 있다.

① 재생 가능 에너지로 전환한다.
② 모든 대륙의 건물을 현장에서 재생 가능 에너지를 생산할 수 있는 미니 발전소로 변형한다.
③ 모든 건물과 인프라 전체에 수소 저장 기술 및 여타의 저장 기술을 보급하여 불규칙적으로 생성되는 에너지를 보존한다.
④ 인터넷 기술을 활용하여 모든 대륙의 동력 그리드를 인터넷과 동일한 원리로 작동하는 에너지 공유 인터 그리드로 전환한다.
⑤ 교통수단을 전원 연결 및 연료전지 차량으로 교체하고 대륙별 양방향 스카트 동력 그리드상에서 전기를 사고팔 수 있게 한다.

3차 산업혁명은 통상 정보화 사회를 말하며 컴퓨터의 탄생, 인터넷의 출현, 그리고 모바일 기기의 출현은 세계 산업 지도를 바꾸어 놓고 있는 것이다. 21세기의 정보화 시대는 자본보다는 지식이 지배하는 새로운 패러다임으로 바뀌며 지식 자체가 새로운 힘(Power)으로 등장하였다. 군사력, 경제력에서 정보력으로 국가의 브랜드와 힘이 이동하는 것이다. 이제 이 지식은 토지 자본 노동에 이어 핵심적인 자원이 되었다. 여기에 모든 산업에 정보기술이 적용, 융·복합되고 인터넷과 무선 네트워크를 통하여 사회와 국가가 하나의 네트워크로 형성이 되었다. 한국의 본사에서 실시간으로 지구 반대편에 있는 브라질 공장의 생산실적을 확인할 수 있으며, 이것을 책상 위에서 뿐만 아니라 휴대용 모바일 기기를 이용하여 언제 어디서나 확인 할 수 있게 되었다. 또한 한국에서 수술을 받고 자국으로 귀국 한 외국의 환자가 수술 후 관리를 원격으로 서비스 받고 있다. 일상생활에서는 모바일 기기를 이용하여 언제 어디서나 돈을 송금하는 등의 은행 업무를 할 수 있으며, 여러 종류의 신용카드를 소지하지 않고 모바일 기기에 내장되어 있도록 하여 모바일 기기로 결재할 수도 있다. 정보화 시대는 크게 3단계로 구분할 수 있다. 컴퓨터의 탄생, 특히 개인용 컴퓨터가 첫 번째이며, 두 번째로는 인터넷의 탄생이다. 세 번째는 모바일의 탄생을 들 수 있다. 2007년 1월 9일 애플컴퓨터의 CEO인 스티브 잡스가 혁신적인 스마트폰을 발표하면서 진정한 모바일 시대를 열었다. 스마트폰으로 명명된 모바일 기기를 통하여 전화는 물론 인터넷 검색이 가능해진 것이다. 또한 2010년에는 아이패드(iPAD)를 발표하여 모바일 PC의 시대를 개척하였다. 태블릿 PC(Tablet PC)로 이름 지어진 신제품은 점점 컴퓨터의 기능을 갖추어 가고 있는 것이다. 무선 인터넷은 물론 문서작성도 가능한 데스크 PC, 스마트폰과 함께 호환을 구현하게 될 것이다. 이제는 3단계를 넘어 4단계인 유비쿼터스로 향하여 가고 있는 중이다. 하지만 아직도 모바일 단계는 성장 단계이며, 더 많은 분야에서 적용되고 활용되어 인간의 삶을 획기적으로 바꾸어 놓을 것으로 예상된다.

**표 1-1** 산업 시대의 변천

| 컴퓨터 시대 | 개인용 컴퓨터 시대 | 인터넷 시대 | 모바일 시대 |
|---|---|---|---|
| ~1969 | 1970~1995 | 1993~2006 | 2007~ |
| | 애플컴퓨터 | 마이크로소프트 | 애플컴퓨터 |
| | IBM컴퓨터 | 넥스트 | 삼성전자 |
| | | 구글 | |

이러한 정보화 산업, 정보 기술은 산업계의 변화에도 지대한 영향을 끼치고 있다. 언제 어디서나 다양한 정보를 구할 수 있는 소비자의 욕구가 강하여지며 생산자는 소비자의 다양한 욕구 충족을 위하여 생산 체제의 변화를 가져오게 된 것이다. 대량생산의 개념이 개별 소비자의 욕구에 대응하는 다품종 소량생산으로 변화하게 된 것이다. 소비 시장 또한 국내 등의 특정 지역을 벗어나 인터넷을 통하여 전 세계를 대상으로 한 마케팅이 가능하며 시간적인 개념 또한 벗어나게 되었다. 오프라인의 매장은 시간적, 장소적, 공간적 제약이 있으나 웹의 온라인 매장은 이러한 제한의 사실상 없어진 것이다. 아무리 오래된 상품이라도 고객이 원하면 구매가 가능한 것이다. 이러한 현상은 이전의 8020 법칙에서 롱-테일 법칙(Long-tail)의 새로운 소비 형태를 만들게 되었다.

## 1.2 한국 산업의 변화

세계 산업의 발 빠른 변화에서 우리나라는 선도적 역할을 하고 있다. 창조적 혁신은 아니지만 세계의 흐름의 선두에 서고 있는 것이다. 2012년 이후 우리나라의 삼성전자가 스마트폰의 세계 시장 점유율 32.4%로 1위를 나타내고 있으며, LG전자 또한 4.8%로 3위를 기록하여 우리나라가 37.2%의 세계 시장을 점유하고 있다. 스마트폰 보급률도 67.6%로 우리나라가 세계 1위이다. 관련된 핵심부품인 디스플레이, 반도체, 이러한 하드웨어, 소프트웨어 및 어플리케이션 분야는 아직은 많이 미진하지만 카카오톡을 비롯한 SNS(Social Network Service) 분야뿐만 아니라 각종 콘텐츠와 어플리케이션의 다양한 생성은 정보화 시대에서 새로운 비즈니스를 창출하고 있다.

산업 형태의 변화와 소비자 욕구의 변화는 대기업, 제조업 위주의 비즈니스 세계를 다양화 시킴으로써 창조적 아이템을 소자본으로 창업할 수 있는 비즈니스의 영역이 대폭 확산되고 있으며, 아이디어와 기술로 고비용 문제를 극복하고 고부가 가치를 창출할 수 있게 되었다. 이는 기존 제조업이 지속적인 임금 상승과 비용 과다 및 각국의 보호무역주의와 맞물려 자국 생산 기지화를 추구함에, 국내 기업체들의 해외 공장 건설이 증가하여 감소되는 일자리에 대한 새로운 대안이기도 하다. 이에 정부에서는 소자본 창업, 지식 산업의 창업에 대한 위험부담의 최소화를 위한 적절한 지원 또한 우리나라의 비즈니스 환경을 바꾸는 계기가 되고 있다.

## 제2절

# 창업의 이해

창업이란 사업의 기초를 세우는 것으로 기업가적 자질을 갖춘 개인이나 집단(법인기업)이 수익을 목적으로 사업 아이디어를 갖고 사업목표를 설정하여 자본, 인원, 설비, 원자재 등 경영자원을 투자하여 재화의 생산 또는 용역을 제공하는 기업을 새로 설립하는 것을 말한다. 중소기업 창업 지원법에서는 창업을 중소기업을 새로 설립하는 것으로 정의하였으며, 중소기업에 대한 범위는 중소기업 기본법 제2조에 의한 것으로 명시하고 있다.

### 2.1 창업의 정의

창업의 일반적 정의는 사업을 새로 시작하는 것이며 학문적으로는 인적, 물적 자원을 적절히 결합하여 설정된 기업목적을 달성하기 위하여 상품이나 서비스를 조달, 생산, 판매하거나 관련된 활동을 수행하는 것이라 정의할 수 있다. 맥뮬란(McMullan)과 롱(Long, 1983)은 창업을 성장 잠재력이 충분히 있는 사업의 창조 개념으로 생각하되 실제로는 창업 단계뿐만 아니라 자생력을 갖게 되는 단계까지를 창업의 전 과정에 포함시키는 것이라 했다. 드러커(Drucker, 1985)는 창업은 부를 창출하는 능력을 가지고 기존의 모든 자원을 투입하는 혁신적인 행위라 정의하였다. 또한 론스태드(Ronstadt, 1984)는 창업이란 부가적 부를 창출하는 역동적인 과정이며 이 부를 자산, 시간, 직업에 대한 헌신 등의 위험을 감수하는 개인에 의해서만 가능하다고 하였다. 티몬스(Timmons, 1992)는 실질적으로 무에서부터 가치 있는 어떤 것을 이루어내는 인간적이고 창조적인 행동으로써 현재 보유하고 있는 자원이나 그 부족을 고려하지 않고 추구하는 것이라 하였으며, 돌롱거(Dollonger, 1995)는 창업을 위험과 불확실성 상황하에서 성장과 이윤을 추구하는 혁신적 경제적 조직체의 탄생이라 정의하였다.

## 2.2 창업의 필요성

창업은 누구나 할 수 있는 것이지만 그렇다고 아무 준비와 뚜렷한 목표 없이 창업을 하면 창업 성공을 보장할 수 없으며, 창업 실패시 실패에 따른 파급은 본인 및 본인의 가정은 물론 직원들과 직원의 가정에게까지 많은 상처를 남길 수 있다. 따라서 창업에 신중을 기하여야 함은 물론 철저한 준비와 뚜렷한 목표 및 추진이 무엇보다 중요하다.

세계적인 일자리의 부족 현상은 산업 사회가 자동화 및 정보화되면서 가속화되고 있다. 자동화는 사람이 하던 일을 기계가 대신하며 사람보다 더 정밀하게, 더 정확하게 할뿐만 아니라 사람보다 몇 배 또는 몇 십 배 생산성이 높다. 이는 첨단기기, 정밀기기의 증가와 함께 그 의존도는 더욱 증가할 것이다. 또한 정보화의 발달로 실시간으로 세계 어느 것으로부터 다양한 정보를 손쉽게 획득할 수 있고 글로벌 커뮤니케이션 및 글로벌 네트워크 시스템은 업무 능률과 사무 생산성을 획기적으로 향상시킴으로써 사람들의 일자리가 점점 감소하고 있다. 이러한 세계적인 현상과 함께 우리나라 또한 제조업체의 자동화, 해외 공장 건설, 소량생산 체제로의 변환 등으로 제조업의 일자리는 점점 감소하고 있다. 여기에 저임금의 외국 근로자의 채용 등으로 고등학교, 대학교 졸업 후 직장을 통하여 사회로 진출하는 것이 갈수록 경쟁이 치열해지고 있는 현실이다. 또 인간의 수명연장과 고령화로 인하여 은퇴 시기의 지연과 연장은 젊은층에게 취업의 어려움을 더욱 가중시키고 있다. 더욱이 학교를 졸업한 후에도 긴 시간 동안 취업을 준비하는 인구가 지속적으로 증가하고 있다. 지난 10년 동안 여성 취업 준비자는 80%, 남성 취업 준비자는 47%가 증가하였다. 이는 취업을 위하여 스펙 쌓기를 위한 것으로 생각할 수 있으며 갈수록 심화되는 취업난과 치열한 취업 경쟁을 말해주고 있다. 여기에 심화되는 취업난으로 취업 의사와 일할 능력이 있으면서 구직활동을 포기하는 구직 단념자도 10년 전 대비 10만 1,000명에서 17만 1,000명으로 69%가 증가하였다

기업을 설립한다는 것은 창업활동의 정의에서 알 수 있듯이 필수적인 세 가지 요소를 필요로 한다. 창업자 또는 인적 자원과 창업 아이디어, 창업 자금, 이를 통상 창업의 3요소라 한다. 새로이 기업을 일으키는 창업을 성공적으로 전개하기 위해서는 사전에 철저한 준비가 필요하다. 이는 창업 자체가 매우 불확실한 상태하에서 의사 결정을 하여야 하는, 지금까지 경험하지 못한 새로운 시도로 그 결과에 대하여는 누구도 예측할 수가 없다. 물론 가능한 성공적인 창업을 위하여 창업 전의 경험과 경력을 근간으로 한다면 시행착오와 실패 확률을 최소화할 수도 있다. 하지만 자칫 자만에 의하여 실패할 수도 있다. 따라서 철저한 사전 조사와 신중한 결정이 필요하다. 최근에는 1인 창업도 늘어나고 있지만 대부분의 경우 창업 멤버를 형성하여 물적, 인적 자원을 투입하게 된다. 규모에 따라 상당한 차이가 있지만 적지 않은 투자가 이루어지며 또한 매출이 오르고 수익이 생기기까지는 상당한 기간을 필요로 하며, 당초의 예상 목표 수익을 이룰지는 매우 불확실하기 때문에 창업 그 자체는 매우 위험성이 높다고 할 수 있다. 또한 창업을 하기 위해서는 무엇으로 수익을 낼 것인지를 정하여야 한다.

## 2.3 창업의 발전 과정

창업과 운영에 따른 수많은 일들을 겪으면서 인내를 갖고 성공의 길로 들어서기 위해서는 무엇보다 진취적이고 창조적이며 모험적인 성격의 소유자, 즉 창업자 자질을 소유하고 있어야 한다. 창업 형태는 크게 기술형 창업과 일반형 창업으로 나눌 수 있는데 기술 창업은 기술적 아이디어를, 일반형 창업은 경쟁력 있는 사업 아이템을 면밀히 조사하여 선정하여야 한다. 기술형 창업은 통상 벤처 창업을 포함하여 기술적, 지식적 사업 아이템으로 창업을 하는 것을 말하며, 일반형 창업은 서비스업, 유통업, 식·음료업 등과

같은 기술적 요소가 가미되지 않는 창업을 말한다.

통계청 자료에 의하면 2003~2012년 동안 연평균 102만 5,000개의 사업체가 신규로 등록되었으며 같은 기간 휴·폐업한 사업체는 86만 3,500개로 조사되었다. 자료에 의하면 2003년에는 100만 명 이상의 사업자가 신규로 발생했으나 2004년과 2005년에는 88만 개로 감소했다가 2006년부터 서서히 회복하여 2012년에는 105만 명의 사업자가 신규 창업을 했다.

**표 1-1** 사업체 생성과 소멸 현황 단위: 천

| 연도 | 2003 | 2004 | 2005 | 2006 | 2007 | 2008 | 2009 | 2010 | 2011 | 2012 |
|---|---|---|---|---|---|---|---|---|---|---|
| 총계 | 3,994 | 3,942 | 4,121 | 4,891 | 5,005 | 5,234 | 5,419 | 5,602 | 5,772 | 5,918 |
| 신규 | 1,006 | 884 | 880 | 1,010 | 1,135 | 1,087 | 1,043 | 1,071 | 1,083 | 1,053 |
| 폐업 | 857 | 964 | 795 | 795 | 894 | 844 | 840 | 860 | 897 | 889 |

출처: 통계청, 2003~2012 사업체 생성·소멸 현황 분석, 2014

법인사업자와 개인사업자의 비율은 매년 10:90으로 대등하나 연도별 신규사업자와 폐업사업자의 비율로 산정한 폐업률은 2012년 기준 법인사업자가 58% 수준이지만 개인사업자는 87%에 달한다.

**표 1-2** 연도별 법인과 개인사업자 현황 단위: 천

| 연도 | 2003 | 2004 | 2005 | 2006 | 2007 | 2008 | 2009 | 2010 | 2011 | 2012 |
|---|---|---|---|---|---|---|---|---|---|---|
| 총계 | 3,994 | 3,942 | 4,121 | 4,891 | 5,005 | 5,234 | 5,419 | 5,602 | 5,772 | 5,918 |
| 법인 | 359 | 372 | 400 | 425 | 479 | 504 | 529 | 557 | 594 | 635 |
| 개인 | 3,635 | 3,570 | 3,721 | 4,465 | 4,526 | 4,730 | 4,890 | 5,044 | 5,177 | 5,283 |

출처: 통계청, 2003~2012 연도별 사업자·현황 분석, 2014

2014년도의 통계청 자료에 의하면 신생기업의 평균 생존율이 1년 후 61.3%, 2년 후 48.4%, 3년 후 40.5%, 4년 후 35.1%, 5년 후 29.6%로 나타나므로 창업 이후 약 반 수가 2년을 버티지 못하는 것으로 드러났다. 이에 정부 또한 우리나라 창업의 문제점인 창업 후 실패에 대한 청산 및 회생 절차가 까다롭고 심지어는 한 번의 실패가 창업자의 경제 활동에 심각한 영향을 미치는 문제와 창업 자금 확보의 문제를 해결하여 청년 창업을 양성하는 정책을 펴고 있다. 특히 2013년 5월 15일 정부는 '벤처 창업 자금 생태계 선순환 방안'을 발표하여 벤처 1세대 등 성공 기업인들이 신생 벤처 그룹에 투자한 후에 회수한 자금을 다시 창업에 재투자하며, 이에 따른 양도 소득세의 과세 이연과 엔젤 투자 및 엔젤 펀드에 대한 세제 혜택을 부여하겠다고 하였다. 이는 창업, 성장, 회수, 재투자의 선순환 구조로 지속적인 벤처 창업을 육성하겠다는 것으로 매우 고무적인 발상이라 할 수 있다.

**표 1-2** 연차별 평균 생존율

단위 %

| 1년 후 | 2년 후 | 3년 후 | 4년 후 | 5년 후 |
|---|---|---|---|---|
| 61.3 | 48.4 | 40.5 | 35.1 | 29.6 |

자료 ; 통계청. 2014. 1. 14

제3절

# 창업의 종류

## 3.1 창업의 유형

최근 인간의 수명이 100세 시대로 접어들었다. 그러나 일반 기업체에서는 통상 55세 전후를 기점으로 은퇴를 하게 되며 빠른 경우는 40세 후반에 직장을 그만두는 경우도 많이 발생하고 있다. 또한 전 세계적인 경기 불황으로 각국의 실업률은 지속적으로 증가하여 실업자가 양산되고 있어 이의 대책으로 창업이 새로운 트렌드로 자리 잡고 있다. 연령별 창업 유형을 다음과 같이 나눌 수 있다.

### 3.1.1 모험 창업

학교생활을 마친 후 전공이나 직업에 관계없이 모든 분야에 도전 정신을 발휘하여 창업을 한다. 창업 및 업무에 대한 경험과 실용 지식이 부족하여 실패할 확률이 매우 높지만 재기의 기회가 많다. 주로 20세에서 35세 전후로 시작하는 창업이다.

### 3.1.2 기반 창업

학업 후 직장에서 취득한 경험을 갖고 자신의 적성에 맞는 분야를 선정하거나 창업 아이템을 발굴하여 창업을 도모하는 경우를 말하며, 주로 35세부터 45세에 창업하는 사례가 많다.

### 3.1.3 전문 창업

20여 년 이상의 풍부한 경험과 전문 지식, 경력과 인적 네트워크를 바탕으로 전문 분야에서 최고의 실무 전문가라는 인식을 갖고 창업을 하는 경우이며, 주로 전문 기술형 또는 인적 네트워크형 창업이 주류를 이룬다. 45세에서 55세에 창업하는 사례가 많다.

### 3.1.4 안정 창업

정년 은퇴 또는 조기 은퇴 및 비자발적 은퇴 등으로 55세 전후에 창업을 하는 경우를 말한다. 재기의 기회가 희박하며 도전 정신과 모험심이 다소 취약한 상태로 고위험·고수익형 보다는 저위험·저수익의 안정형 창업을 하게 된다. 주로 55세를 전후하여 생계형 창업의 사례가 많다.

**표 1-3** 창업의 유형

| | 모험 창업 | 기반 창업 | 전문 창업 | 안정 창업 |
|---|---|---|---|---|
| 창업 시기 | 20~35세 | 35~45세 | 45~55세 | 55세 이상 |
| 창업 동기 | 전공이나 직업에 관계없이 모든 분야에 도전 정신을 발휘하여 창업 | 직장에서 취득한 경험을 갖고 자신의 적성에 맞는 분야를 선정하여 창업 | 풍부한 경험과 전문 지식, 경력과 인적 네트워크를 바탕으로 최고의 실무 전문가라는 인식을 갖고 창업 | 정년 은퇴 또는 조기 은퇴 및 비자발적 은퇴 등으로 창업 |
| 특징 | 경험과 실용 지식이 부족하여 살패할 확률이 매우 높지만 재기의 기회가 많다. | 창업을 위한 경험과 인적 네트워크를 갖고 있으나 다소 성숙되지 않은 상태로써, 실패의 가능성이 내재되어 있다. | 주로 전문 기술형 또는 인적 네트워크형 창업이 주류 | 재기의 기회가 희박하며 도전 정신과 모험심이 다소 취약하며 생계형 창업의 사례가 많다. |

통계 자료에 의하면 30세 미만의 청년 창업과 중년 창업은 다소 증가하고 있으나 경험과 전문 기술 및 경력이 풍부한 장년 창업은 감소하고 있는 추세이다. 청년 창업의 증가는 취업이 갈수록 어려워지고, 정부 시책 또한 청년 창업을 권장 유도하며 많은 지원을 한 가시적 결과라 할 수 있다. 중년 및 노년 창업의 증가는 은퇴자 베이비부머의 창업이 주를 이룬 것이라 볼 수 있다. 문제는 청년층의 모험 창업과 중년의 기반 창업은 위험성이 높으며 창업 성공률이 낮은 반면, 창업 성공률이 높은 장년층의 창업이 감소한다는 것으로 이것은 기반 창업, 전문 창업의 감소로 사회적으로 충분한 지원과 대책이 필요하다. 중장년층의 창업 형태 또한 기술형 창업보다는 일반형 창업 즉 생계형 창업이 주를 이룬다. 따라서 정부 차원에서 이러한 대책도 마련하여야 할 것이다. 2008년도 자영업자 연령은 40대가 32.9%, 50대가 28.5%로 중장년층 비율이 61.4%에 달한다. 또한 여성 창업자가 갈수록 증가하여 2004년 35.6%에서 2008년 37.5%로 증가하였으나 2011년에는 다소 떨어져서 36%를 나타내었다. 여성 창업은 20대에서도 비중이 높아 44.1%에 달한다.

## 3.2 기술형 창업

창업은 기술형 창업과 일반형 창업으로 나눌 수 있다. 기술형 창업이란 지식 기술을 기반으로 하여 창업을 하는 것으로 순수 벤처 자금을 이용하여 창업하는 기술 벤처 창업과 대기업 또는 회사로부터 일정 규모의 자본 참여를 하는 기술 창업으로 구분할 수 있다. 우리가 통상적으로 이야기하는 벤처 창업을 포함한 기술형 창업은 대학이나 연구기관 또는 회사에서 습득한 연구 결과 또는 창업 아이디어를 갖고 별도로 창업을 하는 형태이다. 창업 시에 개인이 주체가 되어 기술력을 인정받아 벤처 창업 지원 자금을 확보하여 창업하는 경우와 기업체로부터 창업 자금을 받거나 기업체가 일정부분 자본 참여를 하는 경우가 있다.

## 3.3 일반형 창업

일반형 창업은 은퇴 후 생계유지를 위한 생계형 창업을 비롯하여 미용업, 세탁업 등과 같은 특정 숙련에 의한 소점포 창업, 소호 창업, 무점포 창업, 프랜차이즈 창업 등이 해당된다. 일반형 창업의 경우는 사회 환경 및 시대적 문화적 환경에 따라 많은 형태의 신사업이 나타나며 다소 유행에 민감한 형태를 갖기도 한다. 2010년도 우리나라의 자영업 형태를 보면 요식업 44만 개, 미용실이 10만 개, 의류업 8만 개, 부동산 중개업 7만 개이며, 연령별 자영업자 현황은 40대가 32.9%로 가장 많으며 다음이 50대로 28.5%, 60대가 18.6%를 점유하고 있다.

무점포 창업이란 물리적인 점포를 갖지 않고 집에서 사업을 하는 것을 말한다. 일종의 프리랜서 업종을 비롯하여 1인 창조 기업이 여기에 해당된다. 특히 정보화 시대와 함께 외부에 광고 선전을 하지 않아도 되는 인터넷 마케팅 또는 SNS를 통하여 홍보가 가능한 요즈음 청년 창업 초기에 많이 활용하고 있다. 인터넷 쇼핑몰, 통역 및 번역 프리랜서, 1인 전문 컨설턴트 등이 여기에 해당한다.

**표 1-4** 일반형 창업 유형 예

| 유형 | 내용 |
|---|---|
| 무점포 창업 | 물리적 점포가 없으며 프리랜서, 1인 창조기업, 인터넷 창업 등 |
| 소점포 창업 | 소규모 점포로 유지되는 사업으로 미용실, 세탁소, 부동산 중개업 등 소규모 자영업 창업 |
| 소호 창업 | 작은 사무실 및 자택 사무실의 서구식 개념으로 주로 인터넷을 활용하는 비즈니스 창업 |
| 프랜차이즈 창업 | 특정 상품이나 서비스를 제공하는 주재자가 일정 자격을 갖춘 사람에게 일정 지역에서 동일 상호로 사업을 할 수 있도록 권리를 부여한 것 |

소점포 창업은 말 그대로 소규모 점포를 운영하는 형태로 이발소, 세탁소, 부동산 중개업, 소매점 등이 있으며 최근에는 이들 업종이 프랜차이즈에 속한 업체들도 많이 있다.

소호(SOHO)는 작은 사무실(Small Office)과 자택 사무실(Home Office)을 거점으로 하는 근무 형태로써 특별한 사무실 없이 자신의 집을 사무실로 활용하는 데서 시작한 개념이다. 재택근무는 컴퓨터 네트워크를 활용하여 업무를 하기 때문에 이제까지의 사무실 근무와는 다른 새로운 근무의 형태이다. 자택에서 근무하는 비즈니스 스타일은 이전부터 있었으나, 소호는 '인터넷을 활용하여 자기 자신의 비즈니스를 주체적으로 전개하는 지식 사업의 소규모 사업장'이라고 할 수 있다. 미국에서는 자택에서 하는 단독 소호를 텔레워커(Teleworker)라고 하고, 1명 이상부터 100명 전후까지의 소규모 사업 조직을 소호라고 한다. 이 두 가지 모두 인터넷을 포함한 네트워크를 활용한 엘리트 집단의 비즈니스 스타일이다.

소호는 사업 형태에 따라 법인 형태의 회사 소호와, 개인 사업자로 시작하는 개인 소호의 두 가지 방법이 있다. 법인 형태의 회사 소호는 조직과 인원이 비대화되고 채산성 없는 부문을 안고 있는 풀세트형 대기업이 기업 경쟁력 강화의 일환으로 사원을 독립시켜 주는 방법이다. 이는 중장년층의 소호가 되기 쉽다. 이러한 경향은 조직의 슬림화와 아웃소싱을 촉진시키고 업무의 일부와 사원을 회사로부터 분리시켜 소호화 하는 것으로, 계속 늘어나고 있는 추세이다. 그러나 진정한 의미의 소호는 젊은 직장인, 젊은 여성 등 유능한 비즈니스맨의 창업에 의한 소호이다. 조직에서 독립되었기 때문에 연령 제한도 없고 본인의 의지대로 결정할 수 있다. 특히 여성에게는 재택 소호가 가장 적합하다. 가족과 함께 하면서 집안 일과 병행할 수 있는 독자적인 사업이기 때문이다. 또한 재택 소호는 재택근무의 장점을 활용하여 시간과 노력을 낭비하며 매일 직장을 다니는 것보다는 자신의 개성을 살릴 수 있는 생활환경 속에서 일할 수 있고 효율적으로 업무를 진행할 수 있다. 또한 복수 인원으로 회사 소호를 창업하는 모험기업, 즉 벤처 비즈니스도 있다. 이것은 홈 오피스가 아니라 자기 집을 벗어난 작은 사무실이 된다.

프랜차이즈(Franchise)란 위키 백과사전에 따르면 특정한 상품이나 서비스를 제공하는 주재자가 일정한 자격을 갖춘 사람에게 자기 상품에 대하여 일정 지역에서의 영업권을 주어 시장 개척을 꾀하는 방식으로, 영업권을 주는 대가로 로열티를 징수한다고 정의한다. 즉 사업 운영에 관한 각종 노하우를 본부(Franchiser)가 구축하고, 이를 일반 개인인 점주(Franchisee)에게 유·무상으로 제공함으로써 개인 점주에게 창업의 편리성과 안정성을 부여하고 일반 소비자에게는 동일한 브랜드 이미지를 주는 마케팅 효과를 가져다준다. 물론 프랜차이즈의 브랜드 이미지에 따라 다양한 형태의 계약 관계가 이루어진다. 최근에는 대부분의 업종에서 프랜차이즈 형태를 볼 수 있다. 요식업, 제과업, 편의점을 비롯하여 세탁업, 미용업, 부동산 중개업, 커피전문점 등 다양한 업종에서 이루어지고 있다. 2012년 기준 우리나라의 프랜차이즈 가맹점의 수는 총 17만 5천 개이며 여기에 종사하는 인원은 총 57만 3천 명으로 가맹점당 종업원 수는 3.3명, 평균 영업이익률은 10.5%이다.

창업 성공률에 대한 정확한 집계는 쉽지 않지만 호경기일 때의 성공률은 20~30% 정도이다. 최근 장기간의 경기 침체와 조기 퇴직 및 은퇴, 수명 연장 등으로 시장이 과열되면서 창업 성공률은 10~15%로 추산하고 있다. 10명 중 1~2명만이 성공 창업을 하는 것이다. 물론 기술형 창업과 일반형 창업에는 많은 차이가 있으며 일부 학자에 의하면 기술형 창업의 성공률은 75% 이상이라고 한다. 전체적으로 창업 성공률은 5%, 현상유지 15%, 3년 이내 실패할 확률은 80%라고 하며, 최근 정부 및 기관 단체에서 창업 성공률 제고를 위한 많은 정책을 펴고 있어 창업 성공률의 제고가 기대된다.

제4절

# 중소기업의 중요성

중소기업이란 국가 경제의 기본이며 산업의 뿌리이다. 우리나라의 산업 발전 역사를 돌아보면 1절에서 언급하였듯이 대기업 위주로 산업이 발달하였으며 이로 인하여 대량생산 시스템, 생산자 위주의 산업 체제에 익숙하여 왔다. 그러나 21세기에 들어서면서 다품종 소량생산 시스템, 고객 위주의 산업 체제로 전환되면서, 대기업 체제로는 한계가 있어 중소기업 중심 산업 체제로의 전환을 모색하고 있다. 이는 중소기업 창업이 다양한 분야에서의 고용과 부가가치 창출에 기여함으로써 중산층을 확대하고 사회 안전망 역할을 수행하며 지방 중소기업의 창업은 지역 경제의 활성화는 물론, 지역 간 균형을 통한 국가 경제 발전을 기할 수 있기 때문이다.

## 4.1 중소기업의 역할

우리나라는 산업 근대화 초기 중소기업보다는 대기업 육성 위주의 정책을 펼쳤으나 가까운 일본과 대만은 중소기업을 착실히 육성 발전시켜 왔다. 이들은 세계 경제권에서 상당히 높은 지위를 갖고 있다. 대량생산 체제에서 다품종 소량생산 체제와 부품 및 원부자재 등에 중소기업의 강한 특성을 살려 변화하는 산업 시스템에 적절히 대응하고 있는 것이다. 이에 우리나라도 최근 중소기업의 육성 필요성을 인지하여 적극 지원하는 다양한 정책을 펼치고 있다. 산업 경제에서 중요한 부분을 담당하는 중소기업의 역할은 다음과 같다.

### 4.1.1 국가 경제의 안정 기반

중소기업은 국가 경제의 저변을 이루고 있다. 완제품에 소요되는 각종 부품은 대부분 중소기업에서 제조되고 있으며, 중소기업에 종사하는 근로자가 우리나라 전체 근로자의 86~87%를 차지하며, 우리나라 전체 기업 중 중소기업 사업체의 비율은 99% 이상을 차지하는 등 고용 효과가 높고, 국가 경제 및 국가 산업의 안정적 기반이 된다.

### 4.1.2 지역 사회의 발전 기반

중소기업은 활동영역이 전국적이다. 우리나라의 중소기업 사업체 비중은 전체 사업체의 99.8%를 점유하고 있으며, 지역 사회와 밀접한 관계를 갖고 있어서 지역 주민에게 일자리를 제공하고, 기능공 및 기술력을 내재화시킬 수 있어 지역 주민 소득의 원천은 물론 지역 사회 발전의 근간이 되고 있다.

### 4.1.3 산업 발전의 원동력

중소기업은 특성상 새로운 수요 및 새로운 기술에 능동적이며 탄력적으로 운영이 가능하므로 신상품 개발, 신기술의 상용화에 유리하며 특정 분야에 집중하여 지속적인 연구 개발로 신사업 개척을 통한 산업발전의 원동력이 된다.

## 4.2 중소기업의 범위

중소기업이란 대기업보다 상대적으로 규모가 작은 기업을 말한다. 표 1-5와 같이 중소기업의 기준은 상시 근로자 수, 자본금, 매출액 규모로 평가하며 업종별로 그 기준에는 다소 차이가 있다. 또한 그 소유 및 경영의 실질적인 독립성이 시행령에서 정하는 기준에 해당되어야 한다. 여기서 실질적인 독립성에 관하여 시행령에서는 업종별로 정해진 양적 기준에 의해 중소기업자로 분류되지 않은 자가 단독으로, 또는 독점규제 및 공정거래에 관한 법률에 의해 대규모 기업 집단으로 분류되는 자가 발행주식 총수의 30% 이상을 소유하거나 임원의 임면 등 경영에의 영향력을 행사하여 사업 활동을 실질적으로 지배하는 기업은 양적 기준 이내에 있다 하더라도 중소기업으로 분류되지 않는다.

**표 1-5** 주요 중소기업의 업종별 상시 근로자 수, 자본금 또는 매출액의 규모

| 해당 업종 | 규모 기준 |
|---|---|
| 제조업 | 상시 근로자 수 300명 미만<br>또는 자본금 80억원 이하 |
| 광업, 건설업, 운수업 | 상시 근로자 수 300명 미만<br>또는 자본금 30억원 이하 |
| 출판, 영상, 방송통신 및 정보서비스업<br>사업시설관리 및 사업지원 서비스업<br>전문, 과학 및 기술 서비스업<br>보건업 및 사회복지 서비스업 | 상시 근로자 수 300명 미만<br>또는 매출액 300억원 이하 |
| 농업, 임업 및 어업<br>전기, 가스, 증기 및 수도사업<br>도매 및 소매업<br>숙박 및 음식점업<br>금융 및 보험업<br>예술, 스포츠 및 여가관련 서비스업 | 상시 근로자 수 200명 미만<br>또는 매출액 200억원 이하 |
| 하수, 폐기물 처리, 원료재생 및 환경복원업<br>교육 서비스업<br>수리 및 기타 개인 서비스업 | 상시 근로자 수 100명 미만<br>또는 매출액 100억원 이하 |
| 부동산업 및 임대업 | 상시 근로자 수 50명 미만<br>또는 매출액 50억원 이하 |

출처: 중소기업기본법시행령, 2014.4.15.

〈중소기업 기본법〉

중소기업 기본법 제2조 및 중소기업 기본법 시행령 제3조에 의한 중소기업자 및 중소기업의 범위에 대하여 법률로 정하고 있으며 기준은 다음과 같다.

1) 중소기업을 육성하기 위한 시책의 대상이 되는 중소기업자는 다음을 기준으로 대통령령으로 정한다.
   가. 업종별로 상시 근로자 수, 자본금, 매출액 또는 자산총액을 기준으로 함.
   나. 지분 소유나 출자 관계 등 소유와 경영의 실질적 독립성이 기준에 맞아야 한다.

2) 중소기업 예외 기준
   가. 상시 근로자 수가 1천 명 이상인 기업
   나. 자산 총액이 5천억 원 이상인 기업
   다. 자기 자본이 1천억 원 이상인 기업
   라. 직전 3개 사업연도의 평균 매출액이 1천 5백억 원 이상인 기업
   마. 독점규제 및 공정거래에 관한 법률 제14조 제1항에 따른 상호출자제한 기업집단에 속하지 않는 기업

## 4.3 중소기업의 특성

대기업에 비해 중소기업에는 몇 가지 특이점이 있다. 중소기업은 대기업에 비하여 적은 기업 및 조직 규모를 갖고 있어 단순하며, 제반 의사 결정이 최고 경영자의 판단에 의하므로 매우 신속하여 경영 또는 사업의 추진력이 빠르다. 또한 환경 변화에 빠르게 적응할 수 있으며 고객의 수요 욕구변화에 따른 대응도 신속히 할 수 있어 기동성이 월등하다. 특히 기술형 중소기업의 경우 창의성을 제고할 수 있으며 다품종 소량생산 체제에 필요한 유연성도 탁월하여 부품 등의 기술 개발을 신속히 진행할 수 가 있다.

중소기업은 본질적으로 자본, 기술 및 경영, 인적 자원 등의 여러 가지 측면에서 대기업에 비하여 상대적으로 열악하지만 특성과 장점을 최대한 살려 대기업과 상생함으로써 전반적으로 산업 및 경제의 활력제가 되어야 할 것이다. 이러한 중소기업의 특성을 정리하면 다음과 같다.

### 4.3.1 소규모 자본

중소기업은 소규모의 자본 구조를 갖고 있어 창업이 쉬울 뿐만 아니라 사업 철수 및 폐업 또한 쉽다. 소자본이기 때문에 대기업과의 거래 등의 경우 대자본에 종속되기 쉽다. 형식적으로는 독립적인 형태를 띠고 있으나 운영하는 과정에서는 대기업의 하청 및 종속 관계가 되기 쉽다. 또한 자본의 소규모로 인하여 고정투자에 한계가 있으며 원, 부자재 등의 대량 구매로 인한 단가 하락 등에서 다소 불리하다.

### 4.3.2 소유와 경영의 밀착

개인 또는 소수 몇 사람이 출자하여 창업 및 경영하기 때문에 경영층은 소유 경영자가 대부분이며 기업 소유와 경영이 매우 밀착되어 있다.

### 4.3.3 신속한 의사 결정

중소기업의 규모에 따라 다소 차이가 있지만 대체적으로 단순한 조직 구조의 형태를 갖고 있어 부서 간의 업무 효율 및 의사 결정이 용이하며, 상기의 소유 경영에 따른 결과로 신속한 의사 결정이 가능하다. 또한 경영 효율성을 제고시킬 수는 있으나 독단적 판단으로 인한 경영자 오판이 발생할 소지도 많다. 절차나 규범에 의한 의사 결정의 진행보다는 개인에 의한 비공식적 절차에 의한 의사 결정이 있을 수 있다.

#### 4.3.4 집중적 경영

자금, 인력, 시설 등의 다소 미약한 경영 여건으로 사업 영역을 최소로 선택하여 집중적으로 투자 및 경영하게 됨에 따라 특정 분야에 상대적으로 탁월한 경쟁력을 갖출 수 있다.

제5절

# 벤처기업의 이해

## 5.1 벤처기업의 정의

벤처기업(Venture Business)은 모험을 의미하는 벤처(Venture)와 기업이라는 의미인 비즈니스(Business)의 합성어로 모험적 사업, 즉 고위험성이 있는 사업을 뜻하는 모험 사업으로 주로 신기술 사업, 혁신적인 지식 집약형 사업을 말한다. 모험적 위험이 따르는 만큼 성공 시에는 고수익이 예상되는 기업 형태이다. 벤처기업에 대한 몇몇 연구자들의 정의를 살펴보자. 카퍼(Copper, 1971)는 '벤처기업을 연구 개발 또는 기술적으로 새로운 지식을 이용하는 데 역점을 두는 기업'이라 정의하였다. 볼린져(Bollinger, 1983)는 '소수의 핵심 창업자가 기술 혁신 아이디어의 개발과 상업화를 목적으로 하여 설립한 회사'라 정의하였다.

벤처기업의 정의에 대하여 미국은 중소기업 투자법에서 '위험성이 크나 성공할 경우 높은 수익이 기대되는 신기술 및 아이디어를 독립 기반 위에서 영위하는 신생기업'으로 정의하고 있다. 일본은 '중소기업을 R&D 투자비율이 매출액의 3% 이상인 기업으로, 창업 후 5년 미만 기업'으로 정의하고 있다. 우리나라의 경우 중소기업 기본법 제2조(중소기업자의 범위)에 의한 중소기업으로서 벤처기업 확인 제도에 준하여 인정을 받게 된다. 이는 실제 자금 시장에서 벤처 자금을 운영하고 있는 기업을 벤처기업으로 인증해 주는 제도로, 1998년 도입 이후 2006년 6월 전면적인 제도 개편을 단행하여 현재 벤처확인기관으로 지정된 기술보증기금의 주도 하에 시행되고 있다. 벤처기업으로 확인 받기 위해서는 먼저 「벤처기업 육성에 관한 특별조치법」 제2조에 따라 '벤처기업의 요건'을 충족해야 하는데 5가지 벤처 확인 유형인 ① 벤처투자기업 ② 연구개발기업 ③ 기술평가보증

기업 ④ 기술평가대출기업 ⑤ 예비벤처기업 중에서 해당하는 요건을 충족하는 경우에 한해, 벤처인을 통한 온라인으로만 신청이 가능하다. 벤처인의 회원으로 가입한 후에, 요건을 충족하는 벤처 확인 유형을 선택하고 각 유형에 맞는 벤처확인기관을 선택해 신청서를 작성한 뒤, 재무제표 입력 또는 사업 계획서를 업로드 해서 벤처 확인을 신청한다. 이후 신청자의 벤처 확인 신청서가 인터넷을 통해 확인기관 담당자에게 전달되면 서류 접수 또는 방문실사가 이루어지고, 각 확인기관의 평가가 완료되면 벤처인에 확인결과가 등록된다. 확인결과가 적격으로 판정된 기업은 기업정보를 공시한 경우에 한해 개별 확인기관에서 벤처기업 인증서를 발급해 준다.

위키 백과사전에서는 벤처기업(Venture 企業)이란 고도의 전문 능력, 창조적 재능, 기업가 정신을 살려 대기업에서는 착수하기 힘든 특수한 신규 산업에 도전하는 연구 개발형 신규기업을 뜻한다고 정의하고 있다. 초기에는 전자·화학·기계 등의 산업을 중심으로 한 하드웨어 영역에 많이 진출하였으나, 최근에는 유통·서비스·사회 개발·정보 처리 등의 산업에도 확산되는 현상을 보이고 있다. 그래서 최근의 벤처형 기업의 특징은 전통적인 제조 산업에 국한되지 않고 소프트웨어의 개발 및 관련 산업은 물론 의약 바이오, 정보 통신 관련 서비스 등의 다양한 분야에서 풍성한 사업 기회가 열리고 있다. 그러나 벤처기업은 성장속도가 빠른 반면 파산의 위험도 매우 크다. 파산하는 사유로는 창업자의 일인 체제, 보유 기술의 자만으로 인한 마케팅과 재무의 취약성, 안이한 과다 설비 투자, 기술 개발 체제의 미흡, 내부 경영 미흡 등이 있다.

우리나라에서는 '벤처기업 육성에 관한 특별조치법'에서 일정한 요건을 갖춘 중소기업을 벤처기업으로 정의하고 있다. 첫째, 벤처 캐피탈이 기업 자본금의 10% 이상 투자하고, 투자금액이 5천만 원 이상인 경우(벤처투자기업) 둘째, 기술보증기금 또는 중소기업진흥공단이 기업의 기술평가를 실시한 후 담보 없이 총자산의 10% 이상, 최소 8천만 원 이상을 보증 또는 대출하는 경우(기술평가보증/ 대출기업) 셋째, 기업 부설 연구소를 보유한 기업으로 연구 개발비가 총매출액에서 차지하는 비율이 중소기업청장이 정하여 고시하는 비율(5~10%) 이상이고, 5천만 원 이상인 경우(연구개발기업)를 벤처기업 요건으로 규정하고 있으며, 두산 백과사전에서는 첨단의 신기술과 아이디어를 개발하여 사업에 도전하는 창조적인 중소기업으로 한국에서는 연구 개발형기업, 기술 집약형기업, 모험기업 등으로 부르며, 한편으로는 위험기업이라고도 부른다. 벤처기업협회는 '개인 또는 소수의 창업인이 위험성은 크지만 성공할 경우 높은 기대수익이 예상되는 신기술과 아이디어를 독자적인 기반 위에서 사업화하려는 신생 중소기업'으로 정의하고 있다.

## 5.2 미국의 실리콘 밸리

벤처기업의 탄생은 1950년대에 미 NASA의 군사 우주 개발 프로젝트에 참여한 연구진이 독립하여 보유 기술을 사업화함으로써 시작되었다. 이러한 형태의 벤처기업을 스핀-오프(Spin-off)형 벤처기업이라고도 한다. 이후 1970년대에는 애플컴퓨터(1976년)의 스티브 잡스 및 마이크로소프트(1975년)의 빌 게이츠와 같은 전자 분야에서 기술 혁신이 본격화하면서 본격적인 기술형 벤처 창업이 붐을 이루기 시작하였다. 선 마이크로시스템즈, 인텔, 컴팩, 아이비엠과 휴렛패커드(HP) 등과 함께 실리콘밸리가 벤처의 고향이 되면서 많은 젊은이들이 벤처의 꿈을 키우는 곳이 되었다. 전자 분야뿐만 아니라 클로나이더스와 같은 유전공학회사도 벤처 우량기업으로 벤처 산업 발전에 함께 하였다. 이에 1978년에는 투자촉진법이 발효되면서 자본 이득에 대한 세율인하 등 육성정책으로 반도체, 컴퓨터 등에 대한 대기업의 벤처기업에 대한 투자가 무제한으로 허용되었다. 1990년대에는 정밀전자, 정보 기술이 국방 관련 기술의 상용화로 획기적인 발전을 가져오면서 벤처기업들이 본격적으로 정보 기술 혁명을 이끌게 되었다.

이러한 미국 실리콘밸리의 성공 요인으로는

① 개인, 대학, 자본이 풍부하였다. 특히 실리콘밸리는 이들을 모두 충족시키는 매

우 이상적인 장소이다. 실리콘밸리에서는 우수한 고학력자가 대기업보다는 유망한 중소기업을 선호하며, 대기업 또는 연구소 근무자가 나와서 창업하기 좋은 여건이 형성되어 있었다.

② 풍부한 벤처 캐피탈이 있었다. 사업에는 무엇보다 자금이 필요하다. 아무리 우수한 기술이라 하더라도 자금 없이는 기술을 상품화 할 수가 없다. 미국, 특히 실리콘밸리에는 장외 시장의 발달과 투자 자본에 대한 빠른 회수기간이 투자가의 흥미를 갖게 하였다.

③ 산·학·연을 연계하는 창업 지원 및 제도가 다양하였다. 대학생 창업경연대회를 비롯하여 공동 연구 등 연계 네트워크가 다양하게 형성되었다.

실리콘밸리에서의 창업은 1938년 휴렛(Hewelett)과 패커드(Packard)에 의하여 시작되었다. 그들은 집 차고에서 세계 최초의 음발진기 개발에 성공하였다. 1954년에는 노벨상 수상자인 쇼클리(Shockley)가 반도체 연구소를 설립하였으며, 여기서 독립한 8명의 엔지니어가 페어차일드(Fairchild)사를 설립하여 실리콘밸리에 반도체 산업의 기초를 세웠다. 1968년에는 페어차일드사에서 독립한 로버트 노이스와 고든 무어, 앤드류 그로브가 인텔사를 설립하는 등 실리콘밸리는 반도체, 컴퓨터, 정보 통신 등의 관련 산업 부문에서 세계적인 위상을 갖추고 주도하여 오고 있다.

## 5.3 한국 벤처 산업의 역사

우리나라 벤처 산업의 역사는 1982년 큐닉스사가 출발점이 되었다. 초기의 여러 가지 열악한 환경 가운데 기술의 독창성보다는 국산화 개발을 통한 수입 대체 품목이 주류를 이루었으며, 1996년에 정부에서 벤처기업 육성 특별법을 제정하는 등 본격적인 벤처 육성에 나섰다. 벤처 캐피탈, 코스닥(KOSDAQ ; Korea Securities Dealers Automated Quotation) 시장 등의 벤처 기반 조성으로 벤처활동을 촉진하였다. 또한 1997년의 IMF(국제통화기금 ; International Monetary Fund) 사태는 기업들의 대규모 부도와 부동산 시장의 침체로 인한 여유 자금을 코스닥 시장으로 유입하게 하여 우리나라의 벤처 투자 및 벤처 산업이 활성화되는 계기가 되었다. 하지만 벤처업체의 무분별한 난립과 과속 성장은 벤처 거품이라는 그림자를 드리우며 많은 벤처기업의 파산과 퇴출이 이어지면서 한동안 침체기를 걸어왔으나, 최근 수년 전부터 전 세계의 경기침체와 산업계의 변화로 다시 벤처 창업의 기반이 활성화되고 있는 추세이다. 벤처기업의 산업별 분포는 제조업이 73.8%로 가장 많으며 다음으로는 정보 처리 소프트웨어업이 14.8%를 점유하였다. 벤처기업의 자본금 분포는 5천만 원 미만이 25.8%로 가장 많으며 다음으로는 10~50억 원이 21.6%, 1~3억 원이 17.2%를 점유하였다.

우리나라 벤처 산업의 침체기에는 여러 가지 문제점이 도출되었다. 기본 인프라의 취약과 벤처 기업인의 벤처 정신 실종, 정부정책의 혼선, 자금 시장의 경색 등과 함께 벤처 투자자의 투자의식 결여가 자금의 유동성 문제와 벤처에 대한 불신으로 한동안 침체기를 걸었다. 특히 몇몇 부도덕한 기업가들이 벤처 정신을 훼손시키고 오직 머니 게임만을 목적으로 벤처 산업에 커다란 불신을 안겨주며 결국 벤처 거품 현상을 유발시켜 많은 벤처 기업가와 벤처 투자자들에게 피해를 입혔던 것이다. 이들은 벤처 고유의 신기술 개발보다는 자금 확보에 중점을 두어 결국은 몰락의 길을 걸었던 것이다. 또한 벤처 기업가가 기술만으로 충분히 사업과 경영을 할 수 있다는 생각으로 경영 능력이 부족한 상태에서 과도한 욕심을 내다 종국에는 부도 또는 파산의 사례도 많았다. 이러한 벤처의 거품과 함께 코스닥 시장이 급랭하면서 벤처 산업은 오랜 기간 침체기에 접어들어 우리나라 산업계와 경제 성장의 발목을 잡기도 하였다. 또한 기업 도산에 대한 부정적인 사회인식도 벤처 창업의 활성화를 저해시키는 요인이기도 하다. 미국의 경우에는 기업 실패를 사업의 소중한 경험으로 인식하는 경향이 있으나 우리나라는 사업 실패 시 청산 및 재창업의 재기 프로세스가 쉽지 않아 창업 위험을 감수하려는 의식이 많이 부족한 편이다. 이에 정부는 다양한 활성화 대책을 제시하면서 창업활성화 대책을 발표하였다. 2013년 5월에는 벤처 창업 자금 생태 선순환 방안을 마련하였다. 이는 벤처 창업이 고위험 고수익 구조에 부합한 자금이 되도록 창업기업이 자금 조달 구조를 융자에서 투자로 전환하며, 엔젤투자 활성화 기술 M&A 활성화 코넥스 신설 등을 통하여 단계별 맞춤형 투자 및 회수 시스템을 구축함과 벤처 생태계의 하부 인프라도 함께 확충하는 방안이다. 청년 창업을 위하여 대학생이 창업을 위한 휴학을 2년까지 인정해주고 자금 문제를 위하여 코스닥 시장과는 별도로 코넥스 시장을 2013년 7월에 개장하였다.

제6절

# 벤처 창업의 유형과 지원

벤처기업은 전자·정보 산업, 디자인 등 지식 집약적 산업이나 유통업 등의 분야에 많이 진출하고 있다. 소수 인원으로 기존의 관료제와는 다른 조직 형태를 통하여 사회 변화에 민감하게 대처하고, 다양한 품목 개발을 통하여 빠르게 변화하는 시장 수요에 대응하는 등 대기업이 갖지 못한 장점을 갖고 있다. 우리나라의 경우 벤처 산업 초기에는 대기업이나 대학 연구소에서 연구하던 연구진이나 기술자들이 보유 기술로 이를 상업화하여 벤처기업을 설립 운영하였다. 최근에는 정보화 사회의 진전에 따라 기술 개발의 속도가 빨라지고, 신기술에 대한 수요가 증가하여 벤처기업의 숫자도 기하급수적으로 늘어나고 있다. 이러한 첨단 기술 또는 기발한 아이디어에 근간한 아이템을 사업화하는 데는 무엇보다 자금이 필요하다. 최근에는 코스닥 시장이 활성화되면서 벤처기업의 자금 지원이 원활하게 이루어지는 편이고, 금융기관들도 벤처 캐피털을 통하여 금융 지원을 하고 있다. 또한 벤처기업은 원칙적으로 독립된 사업체나 기업을 뜻하지만 최근 관심과 중요성이 높아짐에 따라 많은 대기업이 참여하고 다양한 종류의 자본 투자가 이루어져 합작 벤처·내부 벤처 등 여러 형태의 벤처기업이 등장하고 있다. 벤처기업의 특성을 최대한 극대화하면서 이를 통하여 산업 및 국가 경제를 이끌기 위해서는 이러한 벤처기업의 특성에 맞는 기반을 조성하여야 할 것이다.

벤처기업의 주요 특성을 요약해 보면 첫째, 스스로의 전략과 독자적인 기업 특성을 갖고 있다. 둘째, 연구 개발 집약형과 디자인 개발 집약형으로 이른바 지식 기반 산업을 특징으로 한다. 셋째, 시장 지향적이며 마케팅 전개 능력이 있다. 넷째, 구성원들이 각각의 전문가로서 고능력의 소유자이고 인적 자원이 세일즈 포인트가 된다. 다섯째, 대기업의 관료적 조직과는 달리 기동성이 풍부한 동태적인 조직이다. 또한 소수의 기술 창업인이 기술 혁신의 아이디어를 상업화하기 위하여 설립한 신생기업이며, 높은 위험부담이 있으나 성공할 경우 높은 기대 이익이 예상될 뿐만 아니라 모험적 사업에 도전하는 왕성한 기업가 정신을 가진 창업가에 의해 주도되는 특성이 있다.

이러한 벤처기업의 유형을 크게 자본 구성 형태와 벤처 캐피탈 참여 형태로 분류하면 다음과 같다.

## 6.1 자본 구성 형태별 유형

벤처기업의 창업 유형은 자본 구성 형태별로 분사 벤처(Spin-off Venture), 합작 벤처(Joint Venture), 벤처 합병(Venture Merging), 사내 벤처(Internal Venture) 등으로 구분된다.

### 6.1.1 분사 벤처

벤처 창업자가 독립적으로 운영하는 형태로 통상 전직 근무처에서 습득한 관련 기술과 경험을 통하여 창업을 하는 경우이다. 경우에 따라서는 전직 근무회사에서 보유하였던 생산 설비의 유상 대여, 초기 기술 인력 지원 등을 하는 경우도 있으며, 창업자가 원·부자재 등의 구매에 다른 자금과 재고의 부담을 최소화하기 위하여 임가공으로 시작하는 경우도 있다. 전직 근무회사 및 관련 고객선이 확보된 상태에서 창업하므로 마케팅 및 영업에 대한 부담을 최소화 할 수 있다.

### 6.1.2 합작 벤처

통상 기술과 자본이 합작하는 형태로 창업자의 보유 기술과 기업의 자금력 및 판매

망이 결합되는 벤처 창업 형태를 말한다. 기술 창업자는 기술 개발에 전념할 수 있는 장점이 있으나 경영권의 문제를 명확히 하지 않을 시 결별하게 되는 사례도 발생한다.

### 6.1.3 벤처 합병

두 회사가 합치는 형태로 기술의 벤처창업회사와 자금력이 풍부한 회사가 합치는 경우를 말한다. 합병 형태에 따라 여러 가지 분류가 있을 수 있다. 두 회사가 동등한 조건으로 합병하는 형태의 1:1 합병, 한 회사가 다른 회사를 흡수하는 흡수 합병 등 여러 가지 경우가 있으며, 합병을 통하여 시너지 효과를 기대할 수 있으나 경영권 문제는 최대 걸림돌이 된다.

### 6.1.4 사내 벤처

주로 대기업에서 회사 내부적으로 벤처 자금을 확보하여 사원들에게 창업을 장려하는 형태이다. 급변하는 경영 환경과 경쟁력 제고를 위하여 또는 조직 관리 및 인사 관리적 측면에서 추진하는 회사가 많다. 최근 정부의 다양한 창업 지원과 함께 회사에서도 인사 적층 해소, 노사 문제 해결 등을 위하여 많은 기업이 추진하고 있다.

**표 1-6** 벤처기업의 자본 구성 형태별 분류

| 구분 | 내용 |
|---|---|
| 분사 벤처 | 벤처 창업자가 개인적으로 모기업과 관련된 업종으로 퇴직 후 창업한 벤처기업 |
| 합작 벤처 | 2개 이상의 기능이 다른 주체가 하나로 통합된 벤처기업 |
| 벤처 합병 | 2개 이상의 회사가 목적에 의거 하나로 합병 또는 인수된 벤처기업 |
| 사내 벤처 | 모기업에서 회사적 차원에서 분사된 벤처기업 |

## 6.2 벤처 캐피탈 참여 형태별 유형

창업의 3요소의 하나인 창업 자금은 창업 시 무엇보다 중요한 요소이다. 자금문제를 지원하는 제도로써 벤처 캐피탈(Venture Capital)이 있으며, 이 벤처 캐피탈의 참여 형태에 따라 다음과 같이 분류할 수 있다.

### 6.2.1 독립형 벤처기업 : 벤처 창업인 + 벤처 캐피탈

전형적인 벤처기업의 창업 형태로 기술력과 창업 아이템을 보유한 벤처 창업인이 자금 확보적인 측면에서 벤처 캐피탈을 참여하게 하는 형태이다. 즉, 벤처 캐피탈을 통하여 자금을 확보하는 것이다. 벤처 캐피탈은 자금투자 이외에는 벤처기업의 경영 등에는 관여하지 않는다. 벤처 캐피탈회사는 투자에 따른 주식 인수 등을 한다. 경우에 따라서는 벤처 창업인이 재무 회계 등에 취약할 경우 또는 양사 협의에 따라 부분적인 벤처 캐피탈회사의 지원 또는 참여가 이루어지기도 한다.

### 6.2.2 전문형 벤처기업 : 벤처 창업인 + 벤처 캐피탈 + 전문 경영인

상기의 독립형 벤처기업의 경우 벤처 창업인이 기술력은 풍부하지만 회사 경영 능력이 부족하거나 또는 벤처 창업인이 기술 부문만을 전력하여 담당할 경우 합의하에 전문 경영인을 초빙하는 형태이다. 즉 벤처 창업인은 기술 부문을, 벤처 캐피탈은 자금 등 재무 분야를, 전문 경영인은 경영 부분을 전문적으로 담당하는 벤처기업 형태를 말한다.

### 6.2.3 자본 참여형 벤처기업 : 벤처 창업인 + 벤처 캐피탈 + 자본, 경영 참여인(회사)

상기의 전문형 벤처기업과 유사한 형태이나 전문 경영인을 영입하는 것이 아니라 경영 능력이 있는 자본가가 자본 참여 및 경영을 하는 형태 또는 자본 참여 회사가 전문 경영인을 파견하여 경영하는 형태이다. 자본 참여 비율에 따라 삼자의 역학관계가 정립되며 자칫 경영상의 이견 조율이 안 될 시 어려움이 발생할 소지가 많다.

### 6.2.4 복합형 벤처기업 : 벤처 창업인 + 벤처 캐피탈 + 자본 참여인(회사) + 전문 경영인

자본을 참여하는 개인의 경영 능력이 미흡할 시 또는 자본 참여 회사가 직접 경영에 참여하지 않고 별도의 전문 경영인을 영입하여 경영하도록 하는 형태이다. 이는 복잡하고 전문화가 필요한 벤처기업 창업 시 이루어진다. 즉, 벤처 창업 아이템이 극히 기술적일 경우 자본은 참여하지만 경영, 마케팅 등이 어려울 시 전문 분야의 경영 능력 및 경험이 있는 전문 경영인을 영입하는 형태이다.

### 6.2.5 기술 도입형 벤처기업 : 벤처 캐피탈 + 자본 참여인(회사)

창업 아이템과 관련 기술을 벤처 캐피탈과 자본 참여인(회사)이 도입하여 기업화하는 창업 형태이다. 즉 자체적으로 기술력을 보유하지 않고 기술도입, 특허권 도입 등을 통하여 창업하는 형태로써, 학교나 연구소 등에서 연구결과로 습득된 기술을 자본 참여인(회사)이 도입하고 벤처 캐피탈의 자본 참여가 이루어지는 형태이다.

### 6.2.6 분리형 벤처기업 : 벤처 캐피탈 + 자본 참여인(회사) + 전문 경영인

상기의 도입형 벤처기업에서 회사 경영을 위한 전문 경영인을 별도로 영입하는 형태를 말한다.

표 1-7 벤처기업의 자본 구성 형태별 분류

| 구분 | 내용 |
|---|---|
| 독립형 벤처기업 | 벤처 창업인+벤처 캐피탈 |
| 전문형 벤처기업 | 벤처 창업인+벤처 캐피탈+전문 경영인 |
| 자본 참여형 벤처기업 | 벤처 창업인+벤처 캐피탈+자본, 경영 참여인(회사) |
| 복합형 벤처기업 | 벤처 창업인+벤처 캐피탈+자본 참여인(회사)+전문 경영인 |
| 기술 도입형 벤처기업 | 벤처 캐피탈+자본 참여인(회사) |
| 분리형 벤처기업 | 벤처 캐피탈+자본 참여인(회사)+전문 경영인 |

CHAPTER 2

# 창업의 3요소

창업의 기본 요건에 대하여 미국의 라스무센대학 카우프만(Kauffman) 재단에서 발간한 인포그래픽의 조사에 의하면 창업 핵심 요인으로는 업무 경력, 창업 경험, 관리 인력, 재정 능력 등이 필요한 반면 학력, 인맥, 지역, 투자자 지원은 비교적 덜 중요한 것으로 조사되었다고 한다. 또한 창업을 성공으로 이끄는 요소로는 아이디어 개발, 위험 감수 의지, 투자금, 조직 관리, 시장(소비자) 니즈 대응으로 나타났다고 하였다. 미국의 경우 창업이 1966년 대비 2011년에는 1.56배 증가하여 54만 3천 건의 창업이 이루어졌다고 한다. 앞에서도 서술하였지만 창업자, 창업 아이디어(아이템), 창업 자본을 창업의 3요소라 한다.

**표 2-1** 창업의 3요소

| | |
|---|---|
| 창업자 | 새로 기업을 세우려는 자 또는 집단 |
| 창업 아이템 | 사업의 목적을 이루고 수익을 내기 위한 아이디어 및 아이템 또는 서비스 |
| 창업 자본 | 사업을 추진하고 기업을 운영하기 위한 전반적 재화 |

## 제1절

# 창업자

창업(創業) 및 기업(企業)은 어느 날 갑자기 좋은 아이디어와 아이템이 생겼다고 할 수 있는 것이 아니다. 또한 여유 자금이 있어 뚜렷한 목적과 목표의식 없이 창업 또는 기업을 할 수 있는 것도 아니며 하여서도 안 된다. 창업의 사전적 의미는 사업을 처음으로 시작하여 그 기초를 세우는 것으로 되어 있다. 창업자는 그러한 창업을 하는 사람을 지칭한다. 중소기업 창업법 제2조에 의하면 '중소기업을 창업하는 자 및 중소기업을 창업하여 사업을 개시한 날로부터 7년이 경과되지 아니한 자'를 말한다. 창업 전문가란 창업 후 경영보다는 창업만을 전문으로 하여, 초기 경영 후 제3자에게 기업 매각을 전문으로 하는 사람을 말한다.

기업가(Enterpreneur)의 사전적 의미는 영리를 목적으로 기업에 자본을 대고 그 기업의 경영을 담당하는 사람, 사업을 계획하여 회사를 설립하는 일을 직업으로 하는 사람을 말한다. 기업가의 어원인 'Enterpriser(들어가다)'의 Enter에서 알 수 있듯이 기업가는 새로운 사업을 위하여 뛰어드는 사람을 말한다. 기업가와 사업가(Business Man)의 구분은 기업가는 없던 일을 만드는 사람이고, 사업가는 광의적 의미에서 일하는 사람을 말한다. 아울러 회사(Company)라 함은 프랑스어인 Companion(동료)인 '교제와 빵을 나누다'라는 의미에서 알 수 있듯이, 함께 하며 함께 나누는 분배의 의미가 강하다. 즉, '기업'은 경쟁주의적 개념이 강한 반면에 '회사'는 집단주의적 공동체적 개념이 강하다고 할 수 있다.

또한 경영자는 창업 또는 기업을 직접 하지는 않았지만 회사를 경영(Management)하는 모든 사람을 말한다. 그런 의미에서 창업자 및 기업가와 달리 경영자는 창업 시의 위험 관리와 모험 정신 및 도전 정신이 다르다. 즉 자기 자본에 의한 창업이 아닌 관리를 전문으로 하는 사람을 말하며 전문 경영인이라 한다.

사업의 성공 여부는 창업자의 사업가적 기질과 자질 및 사업 수행 능력에 크게 좌우한다. 창업 자체가 대부분 중소기업에서 출발하며 개인기업 또는 법인기업이라 할지라도 법인의 실질 소유주인 경우가 대부분인 바, 창업자이며 경영자인 창업자의 역량은 사업의 성패를 가늠한다고 할 수 있다. 창업 및 경영상의 많은 현안들에 대하여 최종 의사 결정을 하는 장본인이므로 영향력이 크지 않을 수 없다. 창업자가 사업을 성공적으로 이끌기 위해서는 먼저 본인의 경험이나 선행지식이 풍부하여야 하며, 이를 바탕으로 하지 못한 경우 의사 결정에 많은 문제를 갖게 된다. 특히 중소기업의 경우 신속한 의사 결정과 빠른 추진력으로 경쟁우위를 가져야 하므로 창업자의 전문 지식과 풍부한 경험은 무엇보다도 우선되는 창업자의 자질이라 할 수 있다. 또한 성공에 대한 집념, 열정, 끈기, 위기관리 능력, 통찰력과 판단력은 창업자가 갖추어야 할 사항들이다. 창업자에게 요구되는 능력과 자질은 다음과 같다.

① 사업을 통하여 자기실현을 성취하려는 성취 욕구가 강하며, 종속되기를 싫어하고 독립심이 강하다.
② 새로운 기회에의 도전의식이 강하며 환경 변화에 적극 대응한다.
③ 새로운 사업을 추진하기 위한 창의력과 이를 실행하는 추진력이 강하다.
④ 앞날에 대한 통찰력과 판단력이 뛰어나다.
⑤ 목표의식이 강하고 위기관리 능력이 월등하여 사업상의 난제를 돌파할 능력이 충분하다.
⑥ 항상 스스로의 능력 개발을 도모하여 리더십을 발휘한다.

## 1.1 기업가 정신

기업가의 정의에서 알 수 있듯이 기업가는 모험과 도전을 모태로 하고 있다. 기업가 정신은 시대의 변천에 따라 달리 정의되기도 하나 공통된 것은 불확실성의 위험을 감수하고 모험하며 도전하는 것은 공통분모이다. 기업가 정신(Entrepreneurship)이란 스스로 판단하고 실행에 옮겨 세상에 없는 새로운 가치를 창조해내는 활동을 가리킨다. 그렇다고 해서 기업가가 반드시 창업가를 지칭하는 것은 아니라고 한다. 기존에 없던 새로운 가치를 창출하는 사람이라면 회사원도 기업가라는 것이다. 다시 말해 기업가 정신이란 최고 경영자나 창업가들에게만 필요한 것이 아니며, 변화와 혁신을 통해 새로운 비전을 찾고자 하는 사람이라면 누구나 가져야 할 시대정신이라는 것이다(김현정, 2010). 시장환경과 상황에 대응하여 항상 기업을 새롭게 혁신하고 시장을 변화시키는 기업가의 활동 과정(이덕훈, 2002)이라 정의하였다. 또한 기업가 정신이란 현재 통제할 수 있는 자원 여부에 상관없이 기회를 포착하고 추구하는 것으로 인간의 창조적 행동을 의미하고 있으며, 무에서 유를 창조하고 개인적으로나 경제적으로 파악된 위험을 감수하는 것(박용성, 2011)이라 하였다. 기업가 정신에 대한 의미가 정확히 정립되지는 않았지만 200여 년 전에 리처드 드 칸틸런(Richard de Cantillon)이 처음으로 용어를 사용한 이래 최근의 피터 드러커(P.F. Drucker)에 이르기까지 공통된 사항은 위험 감수, 혁신 창조 등의 용어들이다. 이를 정리하면 '미래를 예견하여 사회적 산업적 고도화를 위하여 자원의 제약과 위험을 감수하고 창조와 혁신의 정신으로 새로운 사업을 일으키는 정신'이라고 할 수 있다.

전 세계적인 금융 위기를 치른 이후 지속되고 있는 경제의 어려움은 일자리가 줄어드는 결과를 가져왔으며 많은 국가들이 청년 실업으로 몸살을 앓고 있다. 이러한 경제위기 저성장의 늪 속에서 헤어나기 위해서는 투철한 기업가 정신을 살려야 할 것이다.

우리나라의 예로는 1970년대의 고 이병철 삼성그룹 회장과 고 정주영 현대그룹 회장을 대표적으로 거론한다. 과감한 도전 정신으로 반도체 산업과 조선 산업을 일으켰으며, 이들이 우리나라 산업의 근간이 된 것이다. 당시의 근면 성실의 리더십과 도전과 인내의 정신은 기업가 정신의 표상이었다. 그러나 기업가 정신은 시대의 변화와 산업의 변화에 따라 변화하여야 한다. 2000년대는 IT 기술이 산업계를 지배하고 있다. 장벽이 없는 정보 통신 기술의 발달은 시간과 공간을 초월하여 엄청나게 빠르게 정보가 전달되고, 특히 최근에는 모바일 무선 네트워크의 시대, 스마트 산업 시대로 진입하면서 창조와 신뢰, 믿음과 윤리가 기업가 정신에서 강조되고 있다. 따라서 이전의 근면 성실하게 열심히 일하면 되는 시대적 정신에서 이제는 혁신과 창조적 정신이 필요한 때인 것이다.

이는 슘페터(Schumpeter)가 기업가를 혁신가라고 표현하면서 기술 혁신이 경제를 이끄는 원동력이라 한 것과 맥을 같이 한다. 더 나아가 기술 혁신이 아니라 창조 기술로 가야 할 것이다. 현대 기업가 정신의 표상으로는 스마트폰을 통하여 전 세계 산업계에 변화를 가져다 준 애플의 스티브 잡스를 들 수 있다. 2007년 아이폰을 발표하면서 인터넷 모바일 시대를 창조하였다. 1976년 애플컴퓨터를 세상에 내놓으면서 개인용 컴퓨터 시대를 개척한 스티브 잡스는 30년 후에 다시 스마트폰을 세상에 내놓으면서 모바일 시대를 창조하였다. 그 30년의 기간 동안에 개인용 컴퓨터의 대중화와 인터넷의 대중화로 IT 산업 시대가 다져지고 이제는 IT가 전자 산업뿐만 아니라 자동차 의료 교육 등의 전 산업 분야와 융합하는 IT 융합 시대가 열린 것이다. 이러한 창조와 도전 정신은 새로운 산업 분야를 확장시키는 역할도 한다. 스마트폰을 통하여 각광을 받는 웹 비즈니스와 오락 게임 산업을 비롯하여 소셜 네트워크(SNS) 비즈니스의 중흥은 산업 형태를 새롭게 바꾸게 하였다. 특히 1인 창조기업 소호(Small Office, Home Office)는 저출산, 1인 가구 문화와 융합되어 더욱 크게 성장할 것으로 전망된다.

결국 기업가 정신(Entrepreneurship)은 고전적인 근면과 끈기는 물론 혁신적인 창의 정신과 이에 대한 열정, 새로운 것에 대하여 그리고 창조 과정에서의 수많은 난관에 굴하지 않는 인내와 도전 정신과 위기관리 능력 및 이에 대한 용기와 결단, 그리고 상호 신뢰감과 이를 위한 소통과 리더십이 될 것이다.

표 2-2 기업가 정신의 시대적 변화

| 1세대 기업가 정신 | 2세대 기업가 정신 | 3세대 기업가 정신 | 4세대 기업가 정신 |
|---|---|---|---|
| 근면과 성실 | 도전과 인내 | 창조와 혁신 | 신뢰와 믿음 |

기업가 정신은 다양한 관점에서 접근되어 지고 있으며 학자에 따라 여러 가지 형태로 분류되어 지고 있다. 여기서는 선천적 관점 즉, 개인적으로 기업가 정신을 타고나는 사람으로 보는 관점과 심리적 관점, 기업가는 혁신가라는 고전적 관점, 관리적 관점, 리더십 관점, 사내 창업 관점으로 분류하였다. 기업가 또한 인간이기에 모두를 완벽하게 겸비할 수는 없겠지만 나름대로 모험심 즉 벤처 정신이 강하며, 창의적 사고와 자신의 목표를 향하여 어떠한 어려운 환경에서도 굴하지 않고 나아가는 기질이 있다고 본다. 이러한 것들을 좋은 사람, 뜻을 함께하는 사람과 만나 펼쳐 나아가는 것이다. 최근에는 기업의 사회적 공헌과 책임도 요구되고 있다. 이는 한 개인이 사회적 영향력이 커지면 커질수록 개인이 아닌 공인으로 자리매김을 하는 것에 기인되는 것이다.

또한 연구적인 측면에서 접근은 첫째, 경제학적인 접근 둘째, 사회 문화적 접근 셋째, 네트워크 접근 넷째, 개인 특성적 접근, 그리고 마지막으로 행위적 접근으로 분류되어 기업가 정신에 대하여 연구되어 지고 있다. 기업가 정신이 사물에 대한 것이 아니고 사람에 대한 연구이며, 정신 또한 형이상학적 문제 이므로 사전적 기준처럼 고정화된 뜻과 의미를 부여하는 것은 쉽지 않은 일이다.

## 1.2 우리나라의 기업가 정신

우리나라 또한 산업의 변화와 발전에 따라 기업가 정신에 많은 변화가 생겼다. 다만 애석하게도 기업가 정신을 통하여 지속 성장하는 국가 브랜드가 되지 못한 점은 많은 아쉬움이 있다. 기업가보다는 행정가(공무원)를 원하는 풍토는 국가 발전에 커다란 장애가 되고 있다. 이는 기업가가 위험부담을 갖고 기업(企業)을 할 수 있는 풍토와 실패 이후의 재도전 기회의 풍토에 적합하지 못한 많은 문제점이 있다.

우리나라의 기업가 정신의 변천은 크게 1950년대에 시작하여 성장기의 시절을 거치고 1980년대 급격한 산업 현대화와 함께 부흥기를 거쳐 2000년대 IT 산업과 함께 벤처 붐이 있었던 절정기를 거쳤으나 벤처 기반과 기업가 정신의 정립 부족으로 벤처 쇠퇴기를 맞기도 하였다. 이후로 모험과 도전보다는 안정을 선호하며 기업가 정신은 사라졌으나, 이제는 미래의 한국 건설을 위하여 다시 새로운 시대에 맞는 기업가 정신이 강조되고 있다. 기업가 정신에는 여러 가지 요소가 있으나 여기서는 혁신적 창의, 열정, 도전정신, 리더십, 위기관리, 끈기, 용기와 결단에 대하여 다루기로 한다,

### 1.2.1 혁신적 창의

혁신(革新)의 사전적 의미는 낡은 것을 바꾸거나 고쳐서 아주 새롭게 함으로 되어 있다. 회사 경영뿐만 아니라 정치권을 비롯하여 대부분의 분야에서 끊임없이 혁신과 변화를 이야기하고 있다. 경영혁신, 기술혁신, 제도혁신, 자기혁신 등 많은 분야에서 혁신의 얘기를 하지만 그래도 계속 화두가 되는 것은 시간은 항상 흐르게 되어 있고 그 시간의 정체된 무의미한 흐름은 구태와 구습을 가져 오기 때문일 것이다. 삼성그룹의 이건희 회장이 그룹 사장단이 다 모인 프랑크 프르트 경영회의에서 '마누라만 빼고 다 바꾸라'고 한 말은 혁신과 변화가 얼마나 어려운 것인지 잘 알게 하여 준다. 회사 경영에서는 이러한 혁신을 하기 위하여 많은 방법을 강구하고 도입한다. 산업혁명 이후 전 세계적으로 제조업이 주류를 이루던 시절에는 공장 단위 위주의 총체적 품질 관리인 TQC, 총체적 생산 시스템인 TPS(도요다 생산 시스템이라고도 함), 6 시그마 린 경영 시스템 등이 품질 확보와 낭비 제거를 통한 효율의 극대화를 지양하였고, 정보 산업의 발달로 등장한 CALS, MRP, MRP II, SCM, CRM, ERP, ERP II와 융합하면서 첨단적 경영 혁신의 도구(Tool)와 함께 끊임없이 기업 경영의 혁신을 추구하였다. 그러나 이 모든 것의 주체는 '사람'이다. 수많은 혁신적인 시스템을 만드는 것도 사람이요, 혁신적인 경영 정보의 도구를

만드는 것도 사람이며, 이를 통하여 혁신을 하는 것도 사람인 것이다.

창의(創意)의 사전적 의미는 지금까지 없었던 새로운 생각이나 의견을 말한다. 즉 혁신과 창의 모두가 새로운 것에 목적을 두고 있는데, 혁신은 지금까지의 것들을 새롭게 하는 것인 반면에 창의는 지금까지 없었던 것을 생각해 내는 것이다. 창조(創造)가 새로운 것을 처음으로 만들어 낸다는 의미이므로 창의에 의하여 창조가 이루어지는 것이다. 아주 엄밀히 얘기하면 기독교에서 얘기하는 태초에 하나님께서 천지를 창조하신 것 말고 이후로의 것들이 진정한 창조의 의미가 있는지는 깊이 생각할 여지가 있다. 과거로부터 현재로 점점 변화하는 것이 진화인 바 그 모든 것은 지속적 진화의 산물이며 혁신적 진화의 산물이라 생각할 수도 있다. 예를 들어 LCD(Liquid Crystal Display)의 핵심 소재인 액정(Liquid Crystal)은 인간이 만든 것이 아니다. 창조된 천연 자원이 여타 기술의 발전과 함께 접목, 융합, 응용되어 LCD라는 새로운 표시 장치가 만들어진 것이다. 일견 협의의 창조와 광의의 창조로 생각할 수 있다. 이러한 예는 1765년에 영국에서 증기기관을 이용하는 것이 산업혁명이 되었듯이, 또한 컴퓨터의 탄생과 인터넷의 활용이 새로운 정보 산업 시대를 열은 것이다. 이제 무선 그리고 모바일이라는 새로운 산업 시대가 되었다. 그리고 그 새로운 산업 시대의 변화 주기는 갈수록 짧아지고 있다. 혹자는 18세기 후반을 1차 산업혁명, 20세기 후반의 제조 산업의 도래가 2차 산업혁명, 그리고 IT를 3차 산업혁명이라고도 하며, 혹자는 분업과 표준의 비즈니스 1.0, 진보와 혁신의 비즈니스 2.0, 창조와 혁명의 비즈니스 3.0으로 구분하기도 한다. 그러나 분명한 것은 이러한 창의 공의의 창조는 인간의 필요 욕구에 따라 발생하며 변화하는 것이다.

### 1.2.2 열정

열정(熱情)의 사전적 의미는 어떠한 일에 열렬한 애정을 가지고 열중하는 것이다. 회사의 경영자가 회사원들이나 신입사원을 채용할 때 항상 요구하는 사항이다. 열정이 있는 사람을 뽑고 싶지만 그리 간단한 일이 아니다. 연인 간의 열렬한 사랑을 열애(熱愛)라 한다. 이 열애가 자발적 자의적으로 생기는 것에 반하여 회사의 업무에 대하여는 그렇지 못한 경우가 다반사다. 경영자가 요구하는 열정이 비단 회사 업무만이 아니겠지만 경영자는 무엇보다도 회사원들이 주인의식을 갖고 열정적으로 일을 하며 열정적인 삶을 사는 직원을 요구하는 것이다. 인간의 기본적인 욕구의 하나인 성욕에 의거, 그리고 남성에게 있는 테스토스테론이라는 호르몬과 여성에게 있는 에스트로겐, 그리고 도파민, 옥시토닌 등의 호르몬으로 애정은 자연 발생적이지만 열정은 그러하지 못한 면이 많다. 물론 도파민이라는 호르몬이 항상 왕성한 사람은 열정적인 사람일 것이다. 우리는 삶과 일에 대하여 열정을 갖기 위해서는 나름대로 부단한 인내와 습관이 필요하다. 열정은 포기의 언덕을 넘어야 하는 것이다.

열정에는 선택과 집중이 수반된다. 뚜렷한 목표의 선택과 선택된 목표에 집중하여 나아가는 것이 있어야 한다. 성경 속 인물 중 모세는 유대인의 자식으로 태어나서 당시 로마의 황제가 모든 태아를 사살하라는 명령에 부모가 바구니에 태워 강물에 띄워 보낸다. 그리고 로마의 공주에게 발견되어 양육되기를 40년. 모세가 자신의 출생 내역을 알고는 자기의 백성을 로마인의 노예로부터 구하여야겠다는 선택을 하여 모든 것을 버리고 그 길을 가게 된다. 모세의 남은 삶은 오직 이스라엘 백성을 로마의 노예로부터 구하는 것이었다. 성공한 사람들은 이미 어릴 때부터 그 소양을 지니고 있었고 목표가 뚜렷하며 뜨거운 열정으로 지독하게 노력하는 공통점이 있다. 게오르그 빌헬름(Georg Wilhelm)은 "이 세상에서 열정 없이 이루어진 위대한 것은 아무것도 없다(Nothing great in the world has been accomplished without passion)."고 하였으며 드니 디드로(Denis Diderot)는 "열정, 위대한 열정만이 위대한 일로 이끌 수 있다(Only passion, great passion, can elevate the soul to great things)."고 하듯이 오직 뜨거운 열정만이 성공의 열쇠이며, 무에서 유를 창조하는 기업가 정신의 초석이 될 것이다. 빅 씽크(Big Think)의 저자인 번트 H 슈미트(Bernd H. Schmitt)는 가치와 헌신 책임을 다하며 외부에서 오는 압력에 맞서 두려움을 극복하는 용기인 배짱(Guts)과 강력한 감정의 열정(Passion), 아이디어의 발굴에서 평가 전략 수립 실행에 이르기까지 끝까지 밀고 나가는 지구력의 끈기(Perseverance)를 빅 씽크의 3축이라 하였다.

열정에는 항상 희생이 수반된다. 모든 사람이 모든 것을 한꺼번에 다 가질 수는 없다. 학업에 열정을 갖고 하면 다른 사람들과 어울려 놀고 유희를 가질 시간이 희생되어야 한다. 나만의 길을 위하여 나만의 고독을 벗 삼아 나아가야 하는 것이다. 한국 사람으로 세계적인 발레리나인 강수진, 세계 피겨 여왕 김연아, 그리고 축구선수 박지성. 그들의 뚜렷한 목표의식과 희생과 혹독한 훈련들은 그들이 갖고 있는 열정 DNA 없이는 이겨낼 수 없는 것들이다. 누군가가 최고의 경쟁력은 열정이라 하였다.

### 1.2.3 도전 정신

도전(挑戰)의 사전적 의미는 정면으로 맞서 싸움을 걸다 및 어려운 일의 성취나 기록 경신 따위에 나서는 일을 비유로 이르는 말이라 되어 있다. 상반되는 환경 여건 또는 시련에 대하여 굴복하지 않고 맞서 나아가는 것을 말한다. 일견 스포츠에서 기존에 수립된 기록을 경신하기 위한 것 또는 회사에서 새로운 매출 목표의 달성, 새로운 품질 목표의 달성을 위하여 도전 정신을 얘기한다. 이들은 현실에 안주하지 않고 현실에 비관하지 않고 끊임없이 혁신하며 새로운 것을 개척하는 사람들이다. 도전은 머무르는 것이 아니다. 끊임없이 전진하는 것이다. 자신을 혁신으로 거듭나게 하는 것이다. 2005년 7월 12일 애플의 스티브 잡스는 스탠포드대학의 졸업식에서 축사 연설을 하였다. 그는 "삶에서 가장 중요한 것은 당신의 마음과 직관을 따라 용기를 가지라는 것입니다. 당신이 진정으로 되고자 하는 것이 무엇인지 마음은 이미 알고 있을 것입니다. 다른 모든 것들은 부차적인 것들입니다."라고 하였다. 한편 스튜어트 브랜드는 지구백과라는 책에 서 '자신의 것을 위하여 앞만 보고 도전하고 나아가라는 것이다.'라고 하면서 '늘 갈망하고 우직하게 나아가라.'는 말이라 소개하였다.

한국의 대표적 도전 정신은 반기문 유엔 사무총장으로부터 알 수 있다. 그의 저서 「바보처럼 공부하고 천재처럼 꿈꿔라」에서 자신의 영어에 대한 열정이 결국은 자신을 유엔 사무총장의 자리에까지 가게 하였다. 시골에서 열악한 환경에서 공부하면서도 공부 자체에 흥미를 가졌으며, 중학교에서 처음으로 접한 영어는 그의 인생을 바꾸게 하였다. 그의 영어에 대한 열정은 모아둔 용돈으로 영어잡지 타임(TIME)을 사서 읽게 하였고,

집 근처의 비료공장에서 근무하는 미국 기술자의 부인을 찾아가서 영어를 배우며 공부하게 만들었다. 주변에서는 영어에 미쳤다는 얘기까지 들었다. 결국 그는 고등학교 선생의 권유로 전국에서 4명 뽑는 미국 방문 프로그램(VISTA)에 지원하여 합격하게 된다. 그리고 VISTA 장학생으로 선발되어 미국에서 당시의 케네디 대통령을 만나게 된 것이다. 케네디 대통령으로부터 "자네 꿈이 무언가?"라는 질문에 무심결에 고등학교 선생님이 권유한 "외교관입니다."를 얘기하고는 그는 꿈을 향하여 도전하게 된 것이다. 외국 유학 한번 가지 않았지만 자신이 좋아하는 것에 열정을 갖고 열심히 공부하여 주어진 기회를 자기 것으로 만든 것이다. 아시아권에서 최초로 유엔 사무총장이 우리나라에서 나왔다는 것은 고무적인 일이다.

산업계에서는 삼성그룹의 창시자인 고 이병철 회장과 현대 그룹의 고 정주영 회장이 대표적 인물이다. 이 병철 회장의 반도체 산업에 도전한 사례와 정주영 회장의 조선 산업에의 도전은 개인적인 사업의 성공보다는 우리나라의 산업의 기틀을 만든 위대한 업적이기도 하다. 반도체 산업으로 인하여 우리나라는 전자 산업, 정보 기술 산업, 그리고 휴대폰 산업에서 명실공이 세계의 선두 자리에 있다. 정주영 회장의 자동차 산업, 건설 산업, 그리고 조선 산업 또한 마찬가지 일 것이다. 이들의 도전 정신은 사업 보국, 기업인의 사회적 책임 등과 함께 꿈을 갖는 모든 사람들에게 도전의 기회를 주고 있다. 도전 정신의 대표적인 인물은 제너럴 일렉트릭(GE)의 잭 웰치(Jack Welch)를 꼽을 수 있다. 1935년에 태어나 24세에 박사 과정을 마친 잭 웰치는 1960년에 GE에 엔지니어로 입사한다. 그리고 1981년 회장이 된 것이다. 경영난을 겪던 GE를 맡아 강력한 구조 조정과 철저한 신상필벌로 거대한 GE를 6 시그마, e-Business, 세계화 등의 전략으로 초우량 기업으로 만들었다. 41년간 GE에 근무하면서 그는 경영인으로 신화적인 존재가 되었다. 수많은 고난의 경영 환경과 역경을 물리치고 GE는 변신과 변신을 거듭한 것이다. 그리고 2001년 9월 퇴임을 한다. 그의 끝없는 도전과 용기의 역사들, 그리고 탁월한 경영 능력과 리더십은 지금도 많은 경영자와 경영학에 오르내리고 있다.

### 1.2.4 리더십

리더십(Leadership)의 의미는 무리의 지도자로서 갖추어야 할 자질을 말한다. 많은 사람들이 리더가 되기 위하여 리더십을 갖기를 원하며 이를 위하여 많은 연구와 여러 부류의 리더십을 얘기하고 있다. 시대의 경영학자인 피터 드러커 박사는 리더십은 그 자체로는 좋은 것이 아니며 바람직한 것도 아니다. 사실상 리더십은 하나의 수단일 뿐이다. 그러므로 중요한 것은 리더십 그 자체가 아니라 어떤 목적을 달성하기 위한 리더십인가 하는 점이라고 했다. 그래서인지 리더십은 매우 다양하며 그 시대에 맞게 요구되는 형태도 다르다. 이 시대 이 사회에 요구되는 것은 한가지의 리더십이 아니라 다양한 리더십을 필요로 하고 있다. 그러나 효과적인 리더십의 기초는 조직의 사명을 깊이 생각하고 그것을 규정하고, 또 그것을 명확하고 뚜렷하게 설정하는 것이며, 리더십을 계급과 특권으로 보는 것이 아니라 책임으로 보아야 한다고 하면서 리더에게 가장 중요한 덕목은 신뢰라고 하였다. 신뢰라는 것은 리더가 언행을 일치하고 있다는 것에 대한 확신인 것이다. 카리스마 리더십, 감성 리더십, 겸손 리더십, 통합 리더십, 소통 리더십, 서번트 리더십 등 매우 다양하지만 접두어만 다를 뿐 그 밑바탕은 하나로 통한다. 그것은 신뢰일 것이다. 중국의 사상가 노자는 '가장 큰 물은 가장 밑에 있다.'고 하였다. 리더십의 가장 밑에는 신뢰가 있어야 할 것이다. 신뢰의 리더십은 서번트 리더십이요, 겸손의 리더십이고, 소통의 리더십이기도 하며, 통합의 리더십인 것이다.

서번트(servant) 리더십은 미국의 대표적인 통신회사인 AT&T의 로버트 그린리프 부회장이 처음 제시한 것으로 자세를 낮추어 밑에 있는 사람과 주변 사람들을 섬기고 배려하면서 공동의 목표를 향해 나아가도록 이끄는 리더십을 말하며, 먼저 다른 사람을 서빙하는 가운데 그들에게 영향력을 발휘하는 리더십으로 정의하였다. 서번트 리더십에서 가장 중요한 가치는 신뢰이며, 자기 중심적이 아닌 타인 중심적이며 개방적인 가치관을 갖는다. 즉 아랫사람을 다스리고 거느리는 통제 대상으로 보는 것이 아니라, 그들을 섬김의 대상으로 보는 것이다. 그러기 위하여 리더는 스스로를 낮추고 자신을 희생하며 겸손이 필요하고 항상 아랫사람의 말에 경청하여야 한다. 그 모든 것이 상호 신뢰를 바탕으로 하는 것들이다. 엘테크 신뢰 경영 연구소의 이관응 소장은 그의 저서 「회사와 직원의 신뢰 구축을 위한 서번트 리더십의 비밀」에서 신뢰란 다른 사람, 조직, 또는 제품에 대한 확신을 의미한다고 정의하면서 신뢰는 상대방이나 상대방의 제품 서비스가 정직하고 도덕적이며 공정하다고 믿을 수 있는 확신을 의미한다고 한다.

서번트 리더십의 개념은 1977년 AT&T에서 경영 관련 교육과 연구를 담당했던 로버트 그린리프(Robert K. Greenleaf)가 저술한 『Servant Leadership』에서 처음으로 제시되었는데, 그동안 경영학계의 별다른 주목을 받지 못하다가 1996년 4월 미국의 경영 관련 서적 전문 출판사인 Jossey-Bass사가 『On Becoming a Servant-Leader』를 출간한 것을 계기로 많은 경영학자들이 새롭게 관심을 갖게 되었다.

그린리프에 따르면 서번트 리더십은 '타인을 위한 봉사에 초점을 두며 종업원, 고객, 및 커뮤니티를 우선으로 여기고 그들의 욕구를 만족시키기 위해 헌신하는 리더십'이라 정의할 수 있다. 그는 서번트 리더십의 기본 아이디어를 헤르만 헤세(Herman Hesse)의 작품인 『동방으로의 여행(Journey to the East)』으로부터 얻었다고 하였다. 소설은 여러 사람이 여행을 하는데 그들의 허드렛일을 하는 레오(Leo)라는 인물에 초점을 맞추고 있다. 레오는 특이한 존재였다. 여행 중에 모든 허드렛일을 맡아서 하던 레오가 사라지기 전까지 모든 일은 잘 되어갔지만, 그가 사라지자 일행은 혼돈에 빠지고 흩어져서 결국 여행은 중단되었다. 그들은 충직한 심부름꾼이었던 레오 없이는 여행을 계속할 수가 없었던 것이다. 사람들은 레오가 없어진 뒤에야 그가 없으면 아무것도 할 수 없다는 사실을 깨달았다. 그 일행 중 한 사람은 몇 년을 찾아 헤맨 끝에 레오를 만나서 여행을 후원한 교단으로 함께 가게 되었고, 거기서 그는 그저 심부름꾼으로만 알았던 레오가 그 교단의 책임자인 동시에 정신적 지도자이며 훌륭한 리더라는 것을 알게 되었다. 레오는 서번트 리더의 전형이라고 볼 수 있는 것이다. 드러커(Drucker)는 『미래 경영(Managing for the Future)』에서 지식 시대에서는 기업 내에서 상사와 부하의 구분도 없어지며, 지시와 감독이 더 이상 통하지 않을 것이라고 하였다. 그러므로 리더가 부하들보다 우월한 위치에서 부하들을 이끌어야 한다는 기존의 리더십 패러다임에서 리더가 부하들을 위해서 헌신하며 부하들의 리더십 능력을 길러주기 위해 노력해야 한다는 서번트 리더십

위주의 패러다임으로의 전환이 바람직하다고 볼 수 있다.

### 1.2.5 위기관리

위기를 뜻하는 영어 단어 'CRISIS'는 '분리하다'라는 뜻으로 그리스어 'KRINEIN'에서 유래되었다. 이는 의학 용어로 '회복과 죽음의 분기점이 되는 갑작스러운 결정적인 병세의 변화'를 뜻한다고 한다. 즉 생사의 기로를 이야기하는 것이다. 우리는 인생을 살면서 많은 위기에 처하게 된다. 물론 평범하고 평탄하게 삶을 누리는 사람도 있을 것이다. 그러나 사업이 파산하는 위기, 갑작스런 암 선고를 받는 위기, 가족 중에 불의의 사고로 인한 위기, 내 실책과는 전혀 무관하게 상대방의 실수로 나에게 닥친 사고, 채무 보증을 서준 것이 잘못되어 내 재산을 탕진하게 되는 위기 등 이루 말로 할 수 없는 사항들이 닥치는 경우가 있다. 남의 얘기 같고 나와는 상관없는 이야기 같지만 막상 그 상황이 나에게 닥쳐왔을 때 과연 우리는 어떻게 할 것인가? 기업을 경영하다 보면 크고 작은 수많은 상황이 전개된다. 미국에서 발생한 911 테러로 미국 관련 비즈니스들이 위기를 맞고 특히 여행 산업은 엄청난 타격을 받았다. 미국에서 일어난 금융 사태로 우리나라의 환율이 요동을 쳐서 무역이 기반 산업인 우리나라는 산업계에 희비를 낳게 되고, 당시 일본으로부터 초저금리로 대출금을 받은 많은 업체들은 고환율로 파산의 위기를 맞기도 하였다. 직접적인 위험 요인에 의한 위기와 환경 변화에 따른 간접적인 위기 모두에 대하여 상시 관리할 수 있는 마음 자세가 기업가에게는 필수적일 것이다. 자주 듣는 말로 '위기는 위험한 기회'라고 한다. 위기를 기회로 생각하는 긍정적인 마인드, 위기는 변화를 만드는 기회라는 것이다. 평상의 상태에서 실행하기 쉽지 않은 변화를 위기를 기회 삼아 강력하게 추진 할 수 있다는 것이다.

IGM 세계 경영 연구원이 국내 기업 CEO 113명을 대상으로 위기관리에 대한 설문 조사를 한 결과 응답자의 84%가 1~2번의 위기를 겪었다고 대답하였다. 나머지는 3번 이상 겪었다는 대답이다. 그러한 위기를 훌륭하게 극복했다는 대답은 43%로 나타났다. 위기에 대응을 잘하고 못하고는 CEO 자신의 대응력 때문이라는 대답이 42%로 기업가 또는 경영자의 위기관리 능력은 회사의 존폐를 가름하게 된다. 이는 기업가는 평상시에도 위기관리를 위한 대비와 리더십을 갖추어야 한다는 결론이다. 위기관리를 제대로 하기 위해서는 전문가들은 팀(Team), 행동(Action), 소통(Communication), 스토리(Story), 정보(Intelligence), 협상(Negotitation)의 6가지 요소를 잘 관리하여야 한다. 우선 위기에 대응력과 전문성 등이 탁월한 좋은 팀을 구성하고 상황대처를 체계적으로 하는 행동력, 그리고 행동하는 과정에서의 내부 외부와의 지속적이고 원만한 소통력, 세상에 당면한 위기와 위기 대처 상황에 대하여 논리적으로 전개하는 스토리 등이 필요하다.

대표적인 위기관리 성공 사례로는 미국의 타이레놀사를 이야기 한다. 타이레놀을 복용한 7명의 주민들이 잇달아 급사를 한 것이다. 자기의 잘못이 아닌 타인에 의한 독극물 투입으로 발생한 것으로 처음부터 적극적으로, 개방적으로 철저한 대응을 하여 미국 국민들로부터 지금도 애용되고 전 세계적으로 인정받는 제약회사이며 약품이 되었다. 자동차 결함의 리콜 또한 그렇다. 리콜을 하느냐 마느냐 또 언제 어디까지 얼마만큼 할 것인가 등에 따라 결과는 완전히 다르게 나타나게 된다.

이런 위기관리 측면에서 통상 4가지 유형이 나타난다. 은폐형, 설득형, 침묵형, 수습형이 있다. 은폐형은 변명하며 은폐하고 축소하려는 형이며, 설득형은 솔직히 문제를 인정하고 불가결한 상황이며 면책 또는 책임의 최소화를 위하여 설득하는 형태이다. 침묵형은 위기의 현상에 대하여 아무런 반응을 표시하지 않으며 시간을 기다리는 형이며, 수습형은 위기 상황을 인정하고 적극적으로 수습하는 형이다.

위기란 예고 없이 닥친다. 물론 미지근한 물속에 있는 개구리처럼 서서히 다가오는 경우도 있을 것이다. 문제는 사전에 위기극복을 위한 위기관리 매뉴얼을 만들어 두어야 한다는 것이다. 군대에서는 이러한 대처 매뉴얼이 많이 있다. 아마도 국내의 대기업들도 대부분 준비되어 있을 것이다. 위기관리 매뉴얼에는 통상 위기의 유형, 위기의 발전 단계, 위기관리 체계 이해 관계자의 분류와 각 상황에 따른 시나리오가 있어야 할 것이다.

한 때 휴대폰의 대명사였던 필란드의 노키아, 컴퓨터 주변기기의 왕좌에 있었던 HP, 사무기기의 제록스, 전자기기의 소니, 카메라의 왕국 코닥 등 그들은 지금 엄청난 위기를 맞고 있으며 당면한 위기를 벗어나기 위하여 안간힘을 쓰고 있을 것이다. 이 시대에 개인용 컴퓨터와 스마트폰으로 세상을 바꾼 애플도 지금 위기의 상황에 진입했다. 그들이 다시 오뚝이처럼 명성을 찾고 일어서기를 기대한다.

### 1.2.6 끈기

끈기의 사전적 의미는 쉽게 단념하지 아니하고 끈질기게 버티어 나가는 기운이다. 다르게 표현하자면 끝까지 해 보는 것이다. 작심삼일처럼 쉽게 중도에 포기하는 것이 아니라 결과가 나올 때까지, 그리고 내가 목표로 하였던 것이 이루어질 때까지 끈질기게 버티어 나아가는 것이다. 과정 중에 어떠한 어려움과 난관과 돌발 상황이 발생할 지라도 굴복하지 않고 목표를 향하여 나아가는 것이다. 대부분의 일들이 나의 힘만으로, 나 혼자서 되는 일들은 거의 없다. 등산가가 산 정상을 가기 위하여 뚜벅 뚜벅 한걸음 한 걸음씩 올라가듯 나의 목표를 향하여 나아가는 것이다. 암벽이 있으면 돌아가거나 암벽 등반을 하면 되고, 강이 있으면 상황에 맞게 물을 건든지 다리를 건든지 배를 타든지 하면서 앞으로 나아가는 것이다. 넘어지면 다시 일어나고 도저히 힘들면 잠시 쉬고 앞을 향하여 인내심을 갖고 포기하지 않으면서 목표를 향하여 나아가는 것이다. 기업가가 세운 목표를 향하여 자금의 문제, 사람의 문제, 행정적 문제, 법적 문제를 하나하나 해결하면서 고지를 향하여 나아가는 것이다. 제리 포라스, 스튜어트 에머리, 마크 톰슨이 쓴 「성공하는 사람들의 열정 포트폴리오」에서 성공하게 만드는 것은 자신의 가치에 근거해 자신만의 인생 여정을 지속하는 완고함이라 하였다. 완고함 즉, 끈기를 이야기하는 것이다. 또한 성공을 지속하기 위해서는 단지 사랑만이 유지할 수 있는 집요함과 열정이 필요하다. 사랑이 없다면 당신은 지속적으로 마주칠 고난과 역경의 무게에 깔려 일어나지 못하게 될 것이다. 고난과 역경을 이길 수 있는 끈기를 위해서는 뚜렷한 목표와 그 목표를 달성하겠다는 집요함과 열정이 필요하다. 흔히 쓰는 7전 8기라는 말은 일곱 번 쓰러져도 여덟 번 다시 일어선다는 뜻이다. 오뚝이 같은 끈기와 집요함 만이 성공의 열쇠이고 기업가들이 갖추어야 할 필수 항목이다. 기업을 하려면 얼마나 많은 난제 들이 있겠는가? 또 일으켜 세운 기업을 성공의 열반에 올려놓으려면 얼마나 무수히 많은 일들이 있겠는가? 절대 포기하지 않는 정신, 뚝심과 끈기가 필요하다. CEO 인터뷰 전문기자이며, CEO 리더십 연구소장인 김성회 교수는 그의 저서 「성공하는 CEO의 습관」에서 아주 특별한 CEO의 12가지 습관 중 첫 번째로 최고의 성공 비결은 '배포=지구력'을 꼽았다. 즉 끈기를 제일로 꼽은 것이다. 끈기는 '뚝심'을 이야기 한다.

### 1.2.7 용기와 결단

결단의 사전적 의미는 결정적인 판단을 하거나 단정을 내림 또는 그 판단이나 단정이다. 내셔널 지오그래픽의 분석에 따르면 사람은 보통 하루에 150가지 선택을 내린다고 한다. 1년이면 5만 4,750번의 선택을 하는 셈이다. 시작점은 하나지만 단계마다 두세 가지 길 중 하나를 선택하고 그 방향으로 나아간다. 사람의 인생은 이런 과정으로 이뤄진다. 결국 각각의 선택이 쌓이고 쌓여 그 사람의 인생을 만든다. 현재의 인생은 곧 과거 선택의 결과물이고, 미래는 현재 선택의 결과물이라는 말이다. 프랑스 소설가 알베르 카뮈도 "인생은 수많은 선택의 총합"이라고 말했다. 누구의 인생이든 사람의 삶은 수많은 선택으로 만들어진다. 사람마다 개성, 관심사, 능력 등이 제각각이고 인생에서 결정적인 기회를 마주치는 형태도 다양할 것이다. 결단에는 원칙이나 정답이 없다. 나침반이 없던 시절 망망대해를 배로 항해하던 항해사들이 태양이나 달, 또는 별자리 등을 통해 방향을 잡는 것처럼, 우리도 성공한 사람들의 지혜와 통찰을 이정표로 삼아 결단의 순간에서 방향을 정할 수 있다.

앞에서도 언급하였지만 위대한 창조자인 스티브 잡스는 자신이 설립한 애플에서 쫓겨났다. 그러나 그 이후 15년이 지나서 애플은 지속적인 경영 악화를 겪었고, 결국 다시 스티브 잡스에게 손을 내밀었다. 그는 쓰러져 가는 애플을 다시 살려 보겠다고 애플에 합류하는 결단을 내렸다. 복귀 후 8개월 만에 스티브 잡스는 애플을 구해내는데 성공하게 된다. 그가 애플에 다시 합류하기로 한 것도 위대한 결단이지만, 합류 후에 회사를 다시 살리기 위하여 그는 몇 가지를 결단하고 단행하였다. 특별 고문역으로 들어갔지만 그렇게 해서는 애플을 살릴 수 없다는 판단에 CEO가 되기로 결단을 내리고 조치를 취한다. 그리고는 강력한 구조 조정으로 애플 전체 제품의 70%에 해당하는 하드웨어와 소프트웨어를 정리한다. 오직 4가지 제품을 축으로 나아갈 것을 결단했다. 컨슈머 데스크톱 PC인 아이맥과 랩톱인 아이북, 그리고 전문가용 데스크톱 PC인 파워맥과 랩톱인 파워북이 그것이다. 직원도 3,000명을 해고 했다. 이러한 일련의 조치로 새로운 아이폰을 만들게 되었고 전 세계의 산업과 문화를 새롭게 바꾸는 계기가 되었다. 우리나라의 삼성그룹의 이병철 회장이 주변의 극심한 반대에고 불구하고 반도체 산업에 뛰어든 것도 위대한 결단이며, 그의 셋째 아들인 이건희 회장의 휴대폰 사업도 위대한 결단의 산물이다. 이 두 가지 산업이 국내에서 자리 잡지 못하고 성공하지 못하였다면 지금 우리나라는 어떤 모습이었을까. 반면 삼성그룹이 자동차 산업에 뛰어들어 실패하기도 하였다. 기존에 자동차 산업은 현대와 대우가 주도권을 잡고 있었으며 또 다른 여러 가지 연유도 실패의 결과를 낳았지만, 그들의 결단은 무모하고도 위험하지만 위대한 것들이었다.

제2절

# 창업 아이템

## 2.1 창의성 개발

창업을 위해서는 아이템이 있어야 한다. 이러한 창업 아이템은 유형의 제품이 될 수도 있고, 무형의 제품 또는 서비스가 될 수 도 있다. 문제는 격심한 경쟁 속에서 창의성이 있는 아이템 없이는 살아남을 수도 성공할 수도 없다는 것이다. 창의성(Creativity)에 대한 개념은 다양하지만 폭스(H.H. Fox)는 창의성 발휘의 과정은 문제를 독창적으로 그리고 유용한 방법으로 해결하려는 사고의 과정이라고 하였으며, 프롬(E. Fromm)은 어떤 것을 보고 거기에 대한 반응을 나타내는 능력이라고 하였다. 즉, 창의성 능력이란 새로우면서도 유용한 아이디어를 산출할 수 있는 능력을 말하는 것이다. 이러한 창의성을 가진 사람은 무엇인가 새롭고 기발한 것을 만들어 내려고 하는 강력한 욕구를 가지고 있다. 이들은 새로운 사업방법, 신제품, 새로운 서비스 등으로 항상 새로움을 추구한다.

도널드(F. K Donald)와 리처드(Richard)는 창의성 개발 과정을 4단계로 표현하였다. 첫 번째 배경과 지식을 축적하고, 두 번째로 축적된 지식을 기반으로 창의를 부화하는 과정, 세 번째로 아이디어를 실체화하는 과정, 마지막으로 평가와 실행하는 4단계를 말한다.

또한 힉스(H.G. Hicks)는 창의성의 과정을 4가지 과정으로 구분하여 이론적 사고과정, 아이디어 연결 과정, 문제 해결 과정 그리고 자유 연상 과정으로 구분하여 설명하였다.

① 이론적 사고 과정은 사물에 대하여 가설이나 이론을 가지고 접근하여 검증함으로써 어떤 결론에 도달하는 것이다. 연역법과 귀납법이 있다.

② 아이디어 연결 과정은 여러 가지 아이디어나 정보를 서로 연결시키는 방법으로 개인의 지식량을 증대시킴으로써 연결성을 더욱 높일 수 있다.

③ 문제 해결 과정은 문제를 정확하게 규정하는 것이다. 정확한 규정을 통하여 최적의 해결 방안을 구하게 되는 것이다.

④ 자유 연상 과정은 논리나 관습의 틀을 깬 자유로운 사고의 가치를 중요시하며 브레인스토밍 기법 등이 활용된다.

최근에는 창조적 문제 해결 방법으로 트리즈(TRIZ : (러)Teoriya Resheniya Izobretatelskikh Zadatch, (영)Theory of Inventive Problem Solving) 기법도 많이 활용되고 있다. 트리즈는 러시아 기술자이며 과학자인 겐리히 알트슐러(Genrikh Altshuller)가 전 세계 200만 건의 특허를 연구한 결과 세상에 존재하는 것은 1,500가지 기본 문제들 뿐이라는 점에 착안하고, 또 발명원리 40가지의 일반적인 해결 방법들 중에서 1개 이상을 적용하면 세상의 모든 문제의 해결이 가능하다는 것에서 출발한다. 어떠한 문제 해결을 위하여 살펴보면 기술적 모순(Technical Contradiction)과 물리적 모순(Physical Contradiction)이 충돌하며, 기술적 모순의 해결을 위해서는 40가지의 발명원리를, 물리적 모순의 해결은 분리의 원리로 해결하는 방안을 제시하였다. 하지만 기술적 모순과 물리적 모순은 별개의 것이 아니고 같이 존재하는 것이다. 프로세스는 문제를 해결하는 절차로 '창의적 문제 해결 알고리즘(Algorism for Inventive Problem Solving)'이라 하며, 러시아어로 ARIZ 프로세스라고 한다.

## 2.2 아이디어의 원천

사업 아이템의 원천은 크게 기업 내부와 기업 외부로 나눌 수 있다. 기업 내부 원천은 기업 내부의 기술 또는 연구부서 등에서 기술혁신이나 새로운 발명을 통하여 사업화 아이템화 하는 것이다. 물론 연구나 개발과 상관없이 우연치 않은 기회에 나온 아이디어를 시작으로 많은 개선을 거쳐 사업화 아이템으로 만들 수도 있다. 예를 들어 AT&T의 연구소(Bell Lab)에서 영상 전화기를 개발하는 도중 텔레비전을 만들 수 있는 기술을 알게 되면서 혁신적인 제품을 세상에 출현시킨 것과 프록터 앤드 갬블(Proctor & Gamble)의 1회용 기저귀인 팸퍼스(Pampers)의 출현, 3M사의 포스트잇(Post-it)의 출연에 대한 얘기는 너무나도 잘 알려져 있다. 이와 같이 연구 개발 및 기술관련 부서뿐만 아니라 회사 내 종업원들로부터 아이디어와 제안을 받아 상업화 아이템이 만들어지는 것과 외부의 소비자 또는 경쟁사 제품을 통하여 사업화 아이템을 출현시킬 수 있다. 일본 후지사의 일회용 카메라는 소비자의 불만족을 해결하는 과정에서 사업화 아이템이 만들어진 좋은 사례이다.

## 2.3 신제품 개발

사업화 아이템은 충분한 시장 수요를 가져야 하며 시장 수요란 제품의 효용 가치가 제품의 가격보다 크다고 판단될 때 생기는 것이다. 이러한 상품화 아이디어는 벤처 창업자의 창조력과 창업을 같이 하고자 하는 팀원들의 조언 및 적극적 참여에 의하여 결정된다. 최근에는 정보화 시대의 산물인 인터넷과 소셜 네트워크 서비스로 인하여 소비자의 니즈(Needs)와 욕구(Wants)에 대한 다양성 추구의 증가와 함께 글로벌적 경쟁 체제하에서 기업들의 신제품이 지속적으로 출시되고 있으며, 이로 인하여 제품의 라이프 사이클도 매우 짧아져서 이에 적극적으로 신속하게 대응하지 못하면 창업의 지속성이 이루어지지 못하고 심각한 어려움을 겪을 수 있다. 이러한 소비자의 소비환경에 대한 대응과 기업의 성장전략이 효율적으로 추진되기 위해서 끊임없는 신제품 개발 전략을 통하여 소비자의 욕구를 지속적으로 충족시켜야 한다. 신제품 개발은 기업의 성장 동력으로의 역할뿐만 아니라 기업의 미래와 직결된 핵심 도구로, 기업은 항상 소비자의 욕구가 무엇인지 파악하고 잠재적 소비자를 포함한 모든 소비자들과 지속적인 커뮤니케이션을 통하여 제품 개발을 경영의 핵심 기능으로 추진하여야 한다. 소비자는 항상 새로운 것을 기대하고 있으며 이의 심리적인 요인인 혁신이 기반이 되고 있다. 실례로 스마트폰 제조사들의 경쟁적인 신모델 개발과 발표는 전 세계 많은 소비자들에게 항상 큰 기대와 관심을 갖게 하고 있다.

혁신이란 사물, 생각, 진행사항 및 서비스에서의 점진적인 혹은 급진적인 변화로 정의한다(Mckeown, 2008). 점진적 혁신(Incremental Innovation)은 기술을 비교적 완만하게 변화시킴으로써 기존 기술이 발전 경로를 따르는 혁신 유형이며, 급진적 혁신(Radical/Disruptive Innovation)은 가격대비 급격히 향상된 성능 또는 새로운 효능을 제공해 기존 제품 및 기술과는 다른 새로운 기술 궤적을 그리는 혁신 유형이다. 콘스탄티노스와 폴은 혁신을 4가지로 분류하였다. 이들은 첫째, 혁신이 매우 새로운 가치를 제시하면서 새로운 시장을 형성하는 근본적 혁신(Radical Innovation) 둘째, 현재의 가치를 확장하는 수준의 점진적 혁신(Incremental Innovation) 셋째, 소비자 행동에는 큰 변화를 가져오지만 혁신에 필요한 역량과 자산은 기초기업이 사용하던 것과 크게 다르지 않은 혁신인 중요한 혁신(Major Innovation) 넷째, 새로운 비즈니스 모델에 바탕을 둔 전략적 혁신(Strategic Innovation)이다. 경제학에서의 혁신은 생산자의 가치 및 소비자의 가치, 이 두 가치가 증대되어야만 하며 혁신의 목표는 임의의 사람 및 사물의 긍정적인 변화가 수반되어야 한다. 이러한 혁신을 기준으로 신제품을 정의하면 다음과 같다.

① 연속적 혁신으로 신제품의 창조보다 기존 제품의 확연한 보완을 통해 제품의 다양한 기능을 추가하고 보완하는 것이다. 두께가 더욱 얇아지며 가벼워지는 노트북 컴퓨터, 양문형 냉장고 등을 비롯하여 무수한 사례가 있다.

② 동태적인 연속 혁신으로 새로운 소비 형태를 만들지는 못하지만 연속적 혁신보다는 훨씬 파격적인 소비 형태를 창출하는 효과가 있다. 혁신의 강도가 높은 것으로 기존 제품의 개량 및 신제품의 창조를 의미한다. 일례로 삼성의 갤럭시 노트 시리즈가 있다. 스마트폰인 갤럭시에 태블릿 PC의 기능을 추가하여 패블릿 PC의 독창적 영역을 형성한 것이다.

③ 비연속적 혁신으로 새로운 소비 형태의 확립으로 이전에 존재하지 않았던 새로운 제품의 창조를 의미한다. 애플의 스마트폰인 아이폰과 태블릿 PC인 아이패드가 일례가 될 것이다.

## 2.4 신제품 개발 유형

이러한 벤처기업을 위한 신제품 개발 유형을 살펴보면 다음과 같다.

첫째, 현대의 새로운 문화생활 및 생활습관 또는 편리한 생활을 위한 아이디어나 제안 등에 의한 개발이다. 인간의 오래 살고 싶은 욕구와 부합되어 의료 기술이 첨단 IT 기술과 융합하여 치료 기술이 급진적으로 발전하고 있으며 치료에 앞서 예방 진단을 위한 도구(Kit)가 앞 다투어 출시되고 있다. 누구나 간단히 자신의 건강상태를 진단 도구를 활용하여 진단함으로써 예방 효과를 높일 수 있으며, 이로 인하여 발병 시 조기 치료가 가능해지는 것이다. 이러한 의료 기술과 IT 기술의 융합으로 인간은 평균 80세 이상을 살 수 있게 되어 고령화는 점점 토착화되고 있다. 이러한 고령화에 따른 신제품을 개발하는 것이 이에 해당된다. 또한 산업 사회의 고도화로 자동화 생산설비의 첨단화, 생산의 효율화 등의 결실은 결국 우리에게 필요로 하는 일자리를 기계가 대신하게 되며 실업률은 저하될 기미를 보이지 않는다. 또한 여성의 사회진출에 대한 욕구가 강해지고 젊은 세대의 소비욕구가 강해지는 것에 반하여 결혼에 필요한 환경은 결혼비용을 상당히 부담스럽게 만들고, 이로 인하여 젊은층의 결혼 시기가 점점 늦어지고 있는 것이 현실이다. 결혼의 필요성을 못 느낀다는 젊은층도 갈수록 증가하고 있다. 이는 대가족 시대에서 핵가족 시대로 변화하여 이제는 1인 가구 시대가 빠르게 증가하게 되는 계기가 되었다. 노령화 및 1인 가구 시대는 우리의 삶의 문화를 바꾸고 산업계를 바꾸며 이러한 시장의 니즈와 고객의 요구에 발맞추어 새로운 신제품을 개발함은 물론 다양한 소비자의 욕구에 대응하는 새로운 기술과 제품을 개발하는 것이다.

둘째, 혁신적인 제품 개발이다. 21세기 정보화 시대는 크게 개인용 컴퓨터 이전의 메인 프레임 시대, 개인용 컴퓨터 시대, 네트워크 시대, 클라우딩 시대의 4단계로 분류한다. 혹자는 정보화 시대 1.0, 정보화 시대 2.0, 정보화 시대 3.0으로 구분하기도 한다. 모바일 시대에 아이디어로 혁신적인 제품들이 개발되고 있다. 앞으로는 입는 컴퓨터 시대(Wearable Computer)가 도래할 것이다. 2014년 CES 박람회에서는 손목에 차는 컴퓨터를 일본 소니사의 '스마트 워치'와 '스마트 밴드', 한국 삼성전자의 '갤럭시 기어', LG의 '라이프밴드 터치', 애플의 '아이 워치', 미국 퀠 컴사의 '토크', 미국 구글사의 '엑스 워치', 미국 모토롤라사의 '모토 엑티브' 등이 발표되었으며, 안경 형태로는 미국 구글사의 '구글 글래스', 엡손사는 증강 현실을 구현하는 '스마트 안경' 등을 발표하였다. 이외에도 건강과 운동 및 피트니스(Fitness)에도 많은 첨단 기기들이 활용되고 있다. 스마트 양말은 아기에게 양말 형태로 신게 하여 심박 수와 혈중산소농도, 수면상태와 자세, 피부온도 등 각종 건강 정보를 부모의 스마트폰으로 언제든지 실시간으로 확인할 수 있다. 또한 효과적인 운동을 위한 센소리아 피트니스(Sensoria Fitness) 등 다양한 혁신 제품들이 여기에 해당된다.

셋째, 소비자 욕구의 다양성을 충족시키는 신제품 개발이 있다. 제1차 산업혁명을 거쳐 제2차 산업혁명은 대량 양산 시스템을 구축한 것이다. 소품종 대량생산으로 많은 소비자의 구매욕구를 충족시키며 공급 부족의 시대에 커다란 시장에 대응할 수 있었다. 그러나 산업의 발달로 공급 과잉 시대로의 전환과 인구증가 추세의 둔화 및 정보화 인터넷 시대는 글로벌 시장 경쟁 체제를 형성하게 하였다. 이러한 정보화 시대의 제3차 산업혁명은 소비자로 하여금 다양한 선택권을 부여하였고, 지금은 오히려 소비자들이 선택에 어려움을 겪게 되면서 이를 도와주는 가격비교 등의 정보제공도 해준다. 이러한 공급 과잉과 소비자의 강한 개성화 욕구에 맞추어 다품종 소량 시대에 부합하는 경쟁력이 있는 신제품을 개발하는 것이 여기에 해당된다. 패스트 패션(Fast Fashion)인 SPA(Specialty store retailer of Private label Apparel)가 좋은 사례가 될 것이다.

**표 2-3** 신제품 개발 유형

| 신제품 유형 | 내용 | 사례 |
|---|---|---|
| 생활 아이디어형 | 소비자의 생활 불편 사항의 개선을 아이디어를 통해 해결한 신제품 | 코드레스(Cordless) 진공청소기, 휴대폰 무선 충전기, 수직형 스팀 다리미 등 |
| 혁신 제품형 | 새로운 시장을 창출하는 혁신적인 신제품 | 스마트폰, 스마트 워치, 각종 웨어러블 기기 등 |
| 소비자 욕구 충족형 | 소비자의 다양한 욕구 충족을 위한 신제품 | SPA, 셀카 봉 등 |

## 2.5 신제품 개발 과정

신제품을 개발하는 과정은 코퍼(Coper)가 제안하고 IBM사 등에서 적용하여 유명해진 단계별 검증 기법(Gate Process)이 있다. 이는 아이디어 창출, 아이디어 평가, 제품 개념의 명확화, 구체적인 신제품 개발, 신제품 시험 검증과 테스트, 양산과 출시의 상업화의 6단계로 구성된다.

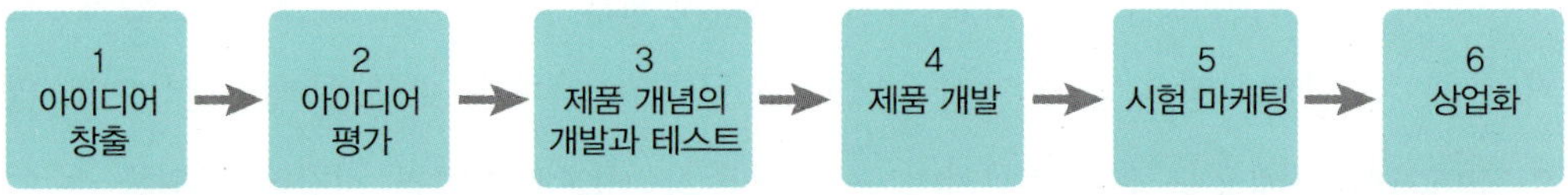


**그림 2-1** 신제품 개발 과정

### ■ 첫 번째 단계, 아이디어의 창출

신제품에 대한 아이디어를 만들어내는 단계로 신제품 개발의 첫 과정이다. 창업자 또는 창업팀이 함께 사업의 유형이나 특성에 맞는 많은 아이디어를 창출해내야 하며, 신제품 아이디어의 창출(Idea Generation) 과정은 체계적이어야 한다. 신제품 아이디어의 원천은 판매사원, 제품 엔지니어, 경영자 등의 내부적 원천과 고객, 경쟁사 등의 외부적 원천을 통하여 얻을 수 있다. 흔히 이용되는 아이디어 창출 기법으로는 대표성을 띤 소비자 표본을 선정하여 토론을 통하여 아이디어를 창출하는 표적 집단 면접법(Focus group interview), 소비자들의 사용 제품에 대한 개인적으로 불만적 사항을 파악함으로써 신제품에 대한 아이디어를 창출하는 방법, 창조적 집단을 활용하는 브레인스토밍(Brainstorming), 속성 열거법(Attribute listing), 강제적 결합 기법(Forced relationship technique) 등이 있다.

### ▪ 두 번째 단계, 아이디어 평가

첫 번째 단계에서 창출된 다양한 아이디어를 축약시키는 단계로써 아이디어 평가(Idea Screening)를 통해 좋은 아이디어를 채택하고 그렇지 못한 아이디어는 버리게 된다. 선정 과정에서의 오류를 최소화하며 객관적 평가를 위하여 체크리스트를 이용하여 아이디어를 축소시키게 된다. 체크리스트는 신제품 아이디어를 평가하기 위하여 그 내용을 구체화하고 명확히 하며 시장성과 기술성 평가를 통하여 고객에게 가치를 줄 수 있는지 검증한다.

### ▪ 세 번째 단계, 제품 개념의 개발과 테스트

신제품의 목표를 명확하게 설정하는 단계로 제품 개념의 개발과 테스트(Concept developing and testing)를 통해 구체화시킨다. 제품 개념(Product Concept)은 아이디어를 보다 구체화하고 대중적 접근성을 부여하여 소비자로 하여금 친근감을 갖도록 한다. 기업은 개발된 제품 개념이 소비자에게 어떻게 인식되는지를 조사할 필요가 있으며 이를 위해 통상 지각도(Perceptual map)를 작성한다. 지각도상에서 새로운 제품 개념들이 기존 제품들과 비교해 어떤 위치를 차지하고 있는지 확인하고 경쟁 제품의 파악과 이에 대처한 전략을 수립, 활용한다. 제품 개념의 테스트(Concept testing)는 소비자 조사를 통해 제품 개념의 적합성을 검증하는 절차로써 각각의 제품 개념이 글이나 그림으로 소비자에게 제시되고 이에 대한 반응을 조사하게 된다.

## ■ 네 번째 단계, 제품 개발

예비 창업 아이템의 사업성이 충분하다고 판단되면 실제로 제품으로 개발(Product development)하는 단계에 들어간다. 예비 벤처 창업자가 제품 개념을 실제의 제품으로 구체화하는 데는 막대한 연구 개발비와 시간이 소요된다. 연구 개발부서는 제품 개념에 따라 여러 가지 형태의 원형을 제작·시험하는데, 제품에 따라 몇 달 혹은 몇 년씩 걸리는 경우도 있다. 성공적으로 개발된 원형은 실험실에서 원형이 제대로 작동되는지, 소비자들이 실제로 손쉽고 안전하게 사용할 수 있는지 검사하는 기능테스트와 소비자들로 하여금 상품을 직접 사용해 보도록 하여 고객 또는 고객사와 함께 개발하며 상품화 단계로 연결되는 경우도 있다.

## ■ 다섯 번째 단계, 시험 마케팅

예비 창업 아이템인 신제품을 실제로 시장에 도입하여 소비자 또는 고객사의 반응을 시험하는 단계이다. 시장 진입 초기 잠재적으로 나타날 수 있는 많은 문제점에 대하여 사전 해결하는 것에 목적이 있다. 시험 마케팅(Test marketing) 에 상당한 비용이 소요되지만, 시험 마케팅을 통한 검증 없이 창업 아이템으로 창업하여 실패할 경우 발생될 막대한 손실을 고려한다면 그 비용은 충분한 가치가 있다. 제품 개발비용 혹은 초기 시장 진입비용이 낮거나 창업 아이템인 신제품의 성공에 어느 정도 자신감을 가진 경우에는 시험 마케팅을 실시하지 않을 수도 있으나, 신제품 개발에 많은 투자비용이 소요되거나 제품 성공여부가 불확실한 경우, 경쟁사의 제품 개발에 상당한 기간이 소요될 것으로 판단된 경우에는 시험 마케팅을 실시하는 것이 바람직하다.

## ■ 여섯 번째 단계, 상업화

시험 마케팅 결과를 토대로 창업 아이템을 상품화하며 이를 토대로 창업하는 단계가 상업화(Commercialization) 이다. 창업을 하게 되면 회사는 제조 설비의 건설, 광고, 판촉 등을 위해 이전의 준비 단계보다 훨씬 많은 투자비용이 소요된다. 신제품의 출시 시기와 마케팅 대상 시장 등이 이 단계에서 결정된다. 신제품 출시 시기의 결정 단계에서는 초기 진입 전략, 동시 진입 전략, 후발 진입 전략 중 알맞은 전략을 결정하고, 제품의 출시 지역의 결정은 단일 지역에서 출시할 것인지, 몇몇 지역에 다발적으로 출시할 것인지 등을 결정한다. 자본력이 풍부한 벤처창업회사의 경우 몇 개의 지역이나 전국적으로 제품을 동시에 출시 가능하지만 대부분의 중소 벤처기업의 경우 성공 가능성이 높은 특정 지역 또는 특정 거래선에 진출한 다음 점진적으로 거래선을 확대하는 것이 일반적이다.

창업 아이템은 창업을 통하여 무엇을 할 것인가, 무엇을 통하여 수익을 창출할 것인가로 기업의 존재 이유와 목적을 말해 주는 것이다. 이러한 아이템의 근간인 아이디어의 원천은 크게 2가지로 구분된다. 먼저 연구 개발 부서 또는 기술 부서 등 사내의 부서들 중에서 상품 개발과 직접적으로 관련되는 마케팅, 연구 개발 및 생산 부서의 인력들은 말할 것도 없지만 그 외의 부서에서도 신제품 신사업에 대한 아이디어를 충분히 제공할 수 있다. 이를 '내부 원천 아이디어'라 하며 또 다른 아이디어의 원천은 소비자 또는 경쟁기업의 상품에서 얻을 수 있다. 직접 제품을 사용하면서 불편함을 인지하고 그것을 개선하는 아이디어를 발굴하여 사업화할 수도 있으며 경쟁 기업의 제품을 분석하는 가운데서도 새로운 아이디어가 나올 수 있다. 이러한 부류의 아이디어를 '외부 원천 아이디어'라 칭한다. 인위적으로 외부로부터 아이디어를 발굴하기 위해서는 소비자들의 불만을 수집하고 체계적으로 분석하는 방법이 있으며 소비자의 니즈(Needs)와 원츠(Wants)를 설문조사 또는 직접 면담을 통하여 발굴할 수도 있다. 이렇게 시작된 아이디어를 제품화하고 상품화하는 데는 그에 대한 전문 기술이 요구된다. 그러나 이러한 아이디어를 모두 제품화 상품화 할 수 있는 것은 아니다. 주로 신상품의 기술형 창업에 속하는 아이디어는 선택의 방향이 다소 명확할 수 있다. 자신의 경력과 전문 지식, 경험을 바탕으로 해당되는 범주 안에서 창업 아이템 및 창업 아이디어를 발굴하게 되지만 일반형 창업의 경우는 창업을 결심한 이후 창업 아이템을 선택하는 데는 많은 고뇌가 필요하다. 아이디어를 구체화하고 상품화하기 위하여 여러 가지 기법들이 있으며 브레인스토밍(Brainstorming), 브레인라이팅(Brainwriting), 윌리엄 고든(William J.bGorden)의 시넥틱스법(Synectics), 강제 연관법(Forced Relationships), 빅-드림법(Big-Dream Approach), 포커스 그룹법(Focus Group), 일본의 가와키타 지로가 창안한 KJ법, 에드워드 드 보노 박사가 창안한 여섯 색깔 모자 기법 등이 있다. 아이디어의 발상에서 사업화까지에도 많은 준비와 단계가 있다. 즉 많은 사전 준비가 필요한 것이다. 무계획적이고 체계적이지 못한 창업 아이템의 선정은 많은 시간을 낭비하게 되고 최적의 창업 아이템 선정도 어렵게 만든다. 효율적인 업종 및 창업 아이템의 선정 순서는 다음과 같다.

① 창업 희망 업종에 대한 포괄적 정보 수집
② 해당 업종 이용 체험자 또는 종사자와의 면담을 통한 정보 수집
③ 후보 아이템 선정 및 상세 정보 수집
④ 후보 아이템에 대한 분석 및 검토
⑤ 후보 아이템에 대한 예비 사업 타당성 분석
⑥ 최종 후보 아이템 선정 및 정밀 분석
⑦ 최종 후보 아이템에 대한 본 사업 타당성 검토
⑧ 최종 후보 아이템에 대한 사업 계획서 작성
⑨ 업종 및 창업 아이템 최종 선정

최종적으로 창업 아이템을 선정한 이후로는 체험 및 교육과 실습 등으로 충분한 경험을 쌓고 창업에 들어가는 것이 창업 성공률을 올리는 방법이다.

표 2-4 사업 아이템 선정 단계별 세부 사항

| No | 단 계 | 세부 사항 |
|---|---|---|
| 1 | 포괄적 정보 수집 | • 창업 아이템 관련 다양한 정보를 가능한 많은 사람들로부터 객관적인 방법으로 수집한다. |
| 2 | 세부적 정보 수집 | • 포괄적으로 수집된 정보를 분류하고 해당 부문을 창업 예정자가 직접 체험하거나 종사자로부터 실질적이고 구체적인 정보를 수집한다. |
| 3 | 1차 아이템 선정 | • 실질적 정보 수집 결과를 근거로 5~7개 정도의 후보 아이템을 선정한다.<br>• 후보 아이템 선정 시에는 지인을 비롯하여 제3자로부터 객관적인 조언을 받는다. 전문 컨설턴트를 활용하여도 좋다.<br>• 선정된 후보 아이템에 대하여 각종 세부 통계 자료를 수집한다. |
| 4 | 후보 아이템 분석 | • 수집된 자료를 기준으로 후보 아이템을 분석한다. |
| 5 | 예비 타당성 분석 | • 후보 아이템에 대한 예비 타당성 검토를 한다.<br>• 예비 타당성 검토는 동일 기준으로 후보 아이템을 비교 평가한다. |
| 6 | 2차 아이템 선정 | • 예비 타당성 분석 결과를 기준으로 창업 아이템으로 2~3개의 아이템을 최종 선정한다. |
| 7 | 본 사업 타당성 검토 | • 최종 선정된 아이템에 대하여 구체적인 사업성 검토를 진행한다(CHAPTER 4 참조). |
| 8 | 사업 계획서 작성 | • 본 사업 타당성 결과 문제가 없으면 해당 아이템에 대하여 사업 계획서를 작성한다(CHAPTER 4 참조). |
| 9 | 창업 아이템 선정 | • 수립된 사업 계획서를 기준으로 최종적으로 창업 아이템을 선정한다. |

제3절

# 창업 자금

창업을 포함하여 사업을 위한 자금의 필요성은 당연하다. 특히 창업은 물론 창업 후 매출을 통하여 현금이 회수되는 동안의 초기 운전 자금 등 막대한 자금이 소요된다. 이와 같이 창업 초기에 필요한 자금은 창업 준비금, 초기 운전 자금, 예비비 등이며 이의 선결 없이 창업할 시에는 지속적인 자금 확보 문제로 창업 후 회사 내부 경영에 소홀하여 창업에 실패할 수 있다.

① **창업 준비 자금** : 시장 조사비, 창업 자문료, 개발비, 시장 개척비 등의 창업 수행에 필요한 사전 준비 자금

② **초기 운전 자금** : 시설 자금, 재료비, 인건비, 가동을 위한 제반비용 등 재화 및 서비스를 생산하는데 직접 소요되는 자금으로 창업 후 수익 구조가 개선 되기 이전까지의 운전 자금

③ **예비비** : 창업 준비 시 및 창업 초기 예상치 못한 상황 발생에 따른 대처를 위한 예비비

이러한 창업 자금을 준비하는데 유의하여야 할 사항으로는 창업에 필요한 소요 자금을 정확하게 예측하고 실현 가능한 조달 방법을 구체화하여야 한다. 막연한 자금의 규모 책정과 막연한 조달 방법의 구상은 사업추진에 많은 어려움을 낳을 수 있으며 창업 과정에서 걸림돌이 될 수 있다. 또한 가급적 소요 자금에서의 자기 자본 비중을 높이며 유사시를 위한 자금 출구 계획도 마련하여야 한다. 창업 요소 중에서 가장 현실적이고 중요한 요소는 자본이다. 앞 절에서 서술한 창업 아이템을 구체적으로 상품화하는데도 자금이 필요하며 기계, 설비, 기술, 재료, 부품 등을 비롯하여 공장 건설 및 사무실

을 확보하는 데도 모두가 자금이 필요하다. 또한 회사를 꾸리고 조직화하여 인적 자원을 마련하는 데도 자금이 들어간다. 이렇듯 창업에 관련한 모든 것들의 밑바탕에는 자금이 확보되어야 가능한 것이다.

자본은 크게 자기 자본과 타인 자본으로 구분할 수 있으며, 창업 초기에는 타인으로부터 자금을 조달 받기가 어렵고 한계가 있어 자기 자본의 비중이 높을 수밖에 없다. 자기 자본에는 납입 자본금이 있으며, 기업이 성장하면서 주식발행, 이익 잉여금 등으로 자본금 확충이 가능하다. 타인 자본은 주로 외부 금융기관을 통한 차입이나 외부 금융시장에서 직접 자금을 조달하는 채권 발행으로 자금을 조달할 수 있다. 타인 자본을 이용할 때는 무엇보다 개인 또는 기업의 신용도가 중요하며 이는 과거 경영실적 등으로 증명이 가능하지만 창업 초기에는 이러한 문제로 외부로부터 자금을 조달하기가 쉽지 않다. 창업 초기의 자금 조달 방법으로는 지인들을 통한 엔젤 투자자로부터, 벤처기업의 성격을 갖는 기업의 경우는 법에서 정하는 벤처요건으로 벤처 캐피탈 등 다양한 자금을 지원받을 수 있다. 최근 정부에서는 창업 육성 정책과 함께 다양한 방법으로 창업 자금을 지원하는 제도를 시행 중에 있다. 벤처 자금 지원제도 등에 대하여는 추후 상세히 언급하도록 한다.

신규 자영업자의 사업 자금 규모에 대한 통계청 자료에 의하면 신규 영업자의 32.5%가 5백만 원 미만의 사업 자금으로 창업하는 매우 영세하며 1억 원 이상이 6.1%에 그쳤다.

**표 2–5** 신규 자영업자 사업 자금 규모(2013년도 기준) 단위: %

| 5백만 원 미만 | 5백만 원~ 2천만 원 미만 | 2천만 원~ 5천만 원 미만 | 5천만 원~ 1억 원 미만 | 1억 원~ 3억 원 미만 | 3억 원 이상 |
|---|---|---|---|---|---|
| 32.5 | 22.7 | 19.7 | 19.1 | 3.8 | 2.3 |

출처 : 통계청

신규 자영업자의 사업 자금 조달 방법은 본인 또는 가족이 대부분으로 나타났다.

창업 자금을 준비하는 데 명심하여야 할 사항은 소요 자금의 1.5~2배를 확보하여야 경영상의 자금 문제에 신속 대처가 가능하며, 확보 가능하다고 예상한 자본의 50~70% 정도만 실제적으로 확보할 수 있다는 생각으로 자금 확보 전략을 수립하여야 한다. 창업 자금 설계 요령은 다음과 같다.

① 투자 수익률을 고려할 것
② 자기 자본 한도 내에서 창업할 것
③ 예상 매출액을 추정한 후 충분한 자금을 확보할 것
④ 사채는 사용하지 말 것
⑤ 확보된 자금을 기준으로 창업 규모를 가져갈 것
⑥ 극히 보수적 사업성 분석으로 자금을 준비할 것

## 3.1 창업 자금의 조달 방법

### 3.1.1 창업 초기 단계에서의 자금 조달 방안

창업을 위하여, 무형의 상태에서 투자 자금을 확보한다는 것은 쉬운 일이 아니다. 따라서 초기 창업 자금은 창업자가 자기 자본을 활용하거나 부모, 친척, 지인 등으로부터 엔젤 투자 성격의 조달을 생각할 수 있다. 일반 금융기관의 경우는 대부분 담보 및 보증서를 요구하므로 예비 창업자들에게는 자금 조달에 있어서 매우 높은 벽이기도 하다. 벤처기업의 자금 조달 방법은 직접 금융 방식과 간접 금융 방식에 의한 조달 방법이 있다. 직접 금융 방식은 벤처 캐피탈, 창업투자회사 또는 코스닥 시장 및 코넥스 시장을 통한 조달 방식이지만, 코스닥과 코넥스는 창업 후 상장요건을 갖추고 상장하여야만 조달 가능하므로 실제 창업 초기에는 벤처 캐피탈 및 창업투자회사 등으로 매우 제한적이다. 간접 금융 방식은 금융기관, 사채업자 등으로부터 대출 및 융자를 조건으로 조달하는 방식이다.

우리나라에서는 중소 벤처기업의 창업 및 육성을 위한 다양한 제도가 있으며 일반 창업의 지원과 달리 벤처기업의 경우 자금 지원의 폭은 넓으나 먼저 벤처기업임이 입증되어야 한다. 벤처기업임이 확인되면 벤처기업 육성에 관한 특별조치법에 의거 혜택을 받을 수 있으며, 벤처기업의 유형에 관계없이 2년의 유효기간이 적용된다. 예비 벤처기업의 경우는 예비 벤처기업 확인서를 발급받은 후 벤처기업으로 인정될 수 있으나 하기 사항이 충족되어야만 가능하다.

① 2006년 6월 4일 이전에 예비 벤처기업 확인서를 발급받은 경우, 창업 전 예비 벤처기업 확인서를 받은 후 창업을 완료하였거나, 창업 후 예비 벤처기업 확인을 받은 기업이 확인일로부터 6개월이 경과된 후 '벤처기업 확인서'를 재발급 받은 경우 벤처기업으로 전환이 가능

② 2006년 6월 4일 이후에 예비 벤처기업 확인서를 발급받은 경우에는 기술평가 보증기업, 기술평가 대출기업, 연구개발기업으로 벤처기업 확인을 받은 기업

정부에서는 2006년 6월부터 벤처기업 확인 절차 및 창구를 지역별 중소기업청으로 단일화하여 벤처기업 확인서를 발급하고 있으며, 신청 절차는 '벤처기업 확인 신청서'를 작성하여 벤처인(www.venturein.or.kr)을 통하여 인터넷 신청을 하여야 한다. '벤처기업 육성에 관한 특별조치법 시행령' 제2조에 의거 중소기업청장이 인정하는 벤처기업 평가기관은 기술보증기금, 중소기업진흥공단, 한국기술거래소, 한국정보통신연구진흥원, 한국발명진흥회, 한국에너지기술연구소, 한국보건산업진흥원, 국방기술품질원, 전자부품연구원, 산업은행 등이 있다. 벤처기업 확인서의 최초 유효기간은 1년이며, 기존 벤처기업이 유효기간 만료일 전 2개월 이내 또는 만료일로부터 1월 내에 벤처기업 확인을 신청할 경우에는 기존 유효기간일 익일부터 1년이 연장된다.

표 2-6 벤처기업 유형별 요건

| 벤처기업 유형 | 기준 요건 | 확인기관 |
|---|---|---|
| 벤처투자 기업 | • 벤처투자기관으로부터 투자받은 금액이 자본금의 10% 이상일 것 (단, 문화상품을 제작하는 법인은 자본금의 7% 이상일 것)<br>• 투자 금액이 5천만 원 이상일 것<br>• 벤처투자기관 ; 중소기업 창업투자회사, 중소기업 창업투자조합, 신기술사업금융업자, 신기술사업투자조합, 한국벤처투자조합, 투자전담회사, 기타 대통령령으로 정한 기관 | 한국벤처 캐피탈협회 |
| 연구개발 기업 | • 기술 개발 촉진법 제7조 규정에 의한 기업 부설 연구소 보유<br>• 아래 기준을 충족하는 기업<br>창업 3년 미만 기업의 경우 확인 요청일이 속하는 분기의 직전 4분기의 연간 연구 개발비가 5천만 원 이상일 것<br>• 연구개발기업 사업 평가기관으로부터 사업성이 우수한 것으로 평가받은 기업(사업성 평가 65점 이상) | 기술보증기금, 중소기업 진흥공단 |
| 기술평가 보증기업 및 기술평가 대출기업 | • 기술보증기금으로부터 기술성이 우수한 것으로 평가된 기업<br>• 기술보증기금 또는 중소기업진흥공단의 대출을 순수 신용으로 받은 기업의 조건에 해당하는 보증 또는 대출금액의 각각 또는 합산금액이 8천만원 이상이고 당해기업의 총자산에 대한 보증 또는 대출금액 비율이 5% 이상인 기업 | 기술보증기금, 중소기업 진흥공단 |
| 예비 벤처기업 | • 법인설립 6개월 미만 또는 사업자 등록을 준비 중인 자<br>• 해당자의 기술 및 사업계획이 기술보증기금 및 중소기업진흥공단으로부터 기술성이 우수한 것으로 평가받은 자 | 기술보증기금, 중소기업 진흥공단 |

'벤처인'에서의 절차는 회원가입한 후 확인 유형을 선택한다. 해당 확인기관을 선택하여 신청서를 작성하고 대차대조표 및 손익 계산서를 직접 작성하며 별도의 양식에 의거 작성된 사업 계획서를 업로드하여 확인 신청을 하면 된다.

## 3.2 벤처 캐피탈

벤처 캐피탈의 역사는 1946년 미국에서 ARDC(American Research and Development Corporation)의 설립으로 시작되었으며 1980년대 후반부터 정보통신업체들이 급성장하면서 벤처 캐피탈 투자가 활성화되었다. 우리나라에서는 1974년 설립된 한국기술진흥주식회사(KTAC)가 최초의 벤처캐피탈회사이며 1981년 한국종합기술금융주식회사(KTB), 1982년 한국

개발투자주식회사(KDIFC), 1986년 신기술사업금융회사가 설립되어 이들 회사를 중심으로 벤처 캐피탈이 활성화 되었다. 그 후 1996년 코스닥 시장이 개설되고 1997년 벤처기업 육성을 위한 특별조치법이 제정되면서 벤처 캐피탈이 자리를 잡게 되었다.

벤처 캐피탈(Venture Capital)은 벤처기업에 대하여 주식취득 등의 형식으로 투자하는 자본을 말한다. 이러한 벤처 캐피탈은 기술 경쟁력은 있으나 자본과 경영 능력이 부족한 창업 초기기업에 투자하고, 설립 초기부터 경영 관리, 기술지도 등 종합적인 지원을 제공함으로써 투자기업을 육성한 후 다양한 방법으로 투자금을 회수하는 금융 방식으로, 기존 금융기관과는 달리 투자기업과 함께 높은 위험을 부담하는 대신 투자기업의 경영 성과를 같이 나누는 수익 구조를 가지고 있다. 투자여부를 결정하는 기준도 미래가치, 수익가치를 반영한 기술력, 경영 능력, 성장 가능성 위주이며, 투자 형태도 융자가 아닌 지분 참여(주식) 형태이고, 회수 방법도 원리금 상환보다는 IPO(코스닥이나 코스피에 기업 공개하는 것), M&A(인수·합병) 등을 추구한다는 차이점이 있다. 국내 벤처 캐피탈은 신기술금융사와 LLC형 창투사인 유한회사, 일부 시중 은행을 제외하면 대부분 창업투자회사이다. 일반 금융기관과의 차이점은 투자한 벤처기업이 성장하여 이익이 도출되어야 투자이익 회수가 가능하여 투자기업과 위험부담을 같이하게 된다.

벤처 캐피탈의 특징은 다음과 같다.

### ■ 포괄적 금융 자산

금융 자산인 자본, 금융 수단, 금융 활동 및 금융 주체인 투자가나 투자회사를 의미하는 포괄적 개념이다.

### ■ 고위험-고수익 프로젝트

금융 대상은 높은 위험과 동시에 성공할 경우 높은 수익이 기대되는 사업이다. 즉 기술력과 장래성은 있으나 자금 조달이 어려운 벤처 비즈니스를 대상으로 한다.

■ **주식 인수 투자**

금융 수단 혹은 금융 활동은 주식의 인수, 전환사채나 신주인수권부사채의 인수, 약정투자 등 투자뿐만 아니라 투자된 기업에 대한 융자, 리스, 팩토링 등 금융 지원 이외에 투자기업의 성장 지원을 위한 경영 관리, 기술 지원 등 각종 컨설팅 활동을 포함한다.

■ **감시와 지원**

벤처 캐피탈의 목적은 투자기업을 성장시킨 후 보유 주식을 매각하여 자본 이득을 실현시키는 것이다. 벤처 캐피탈 투자 회사는 이를 위하여 자신이 투자한 회사의 경영 상태를 감시하고 필요시 지원을 한다.

또한 벤처 캐피탈의 기능으로는 다음과 같다.

■ **자금 지원**

벤처기업의 성장 단계는 통상 태동 단계(Seed), 창업 단계(Start Up), 성장 단계(Initial Growth), 발전 단계(Sustained Growth)를 거치게 된다. 일반 금융기관은 성장 단계 또는 발전 단계에서 벤처기업의 융자 신청에 응하여 태동 단계 및 창업 단계에서 벤처기업의 자금 확보는 쉽지가 않다. 이 기간에 고위험을 감수하며 자금을 지원, 투자하는 기능을 담당하여 기업 발전은 물론 산업 발전에 기여한다. 전통적인 벤처 캐피탈의 자금 공급 형태는 미공개 주식의 취득, 전환사채의 인수 등이며 경우에 따라서는 자본 참여를 하기도 한다. 벤처 캐피탈의 자금은 벤처기업에 공급되는 자금의 성격에 따라 초기 창업 자금(Early-Stage Financing), 기업 확장 자금(Expantion Financing), 시장 공개를 위한 연결 지원 자금(Bridge Financing), 기업 매수 및 인수 자금(Acquisition -MLB Financing)으로 나눌 수 있다.

① **초기 창업 자금** : 연구 개발과 시험 단계에 필요한 자금과 시생산 및 시장개척을 위한 자금을 말한다. 사업성이 있는 예비 창업 아이디어(제품)의 연구 개발

및 상품화에 필요한 자금의 초기 개발 자금인 시드 머니(Seed Money), 예비 창업 아이템으로 기업화하는 단계에서 필요로 하는 자금으로 양산 생산을 위한 공장 건설, 설비 구매 원부자재 구입 등에 소요되는 자금인 창업 자금(Start Up Financing)과 예비 창업 아이템에 대한 시장테스트 및 마케팅 활동을 위한 자금인 시장-개척 자금(First-Stage Financing)으로 구분할 수 있다.

② **기업 확장 자금** : 창업을 위한 자금이라기보다는 기업 지속 경영을 위한 운전 자금과 성장을 위한 공장 확대 및 설비증설을 비롯하여 관련 신제품 생산 등을 위한 투자, 확장을 위한 자금을 말한다. 창업 초기의 운전 자금의 초기 확장 자금(Second-Stage Financing)과 추가 매출과 추가이익 실현 등의 사업 확장을 위한 제반 기업 확장 자금인 메자닌(Mezzanine) 단계 자금 등이 있다.

③ **연결 지원 자금** : 기업이 코스닥 등의 기업 공개를 위하여 자기 자본이나 소유 구조를 재조정하고 재무 구조를 정비하기 위하여 투자되는 자금으로 주식 공개를 통해 회수 되는 자금이다.

④ **기업 매수 인수 자금** : 제3의 기업을 매수(Acquisition) 또는 기업의 일부 사업을 인수(MLB ; Management Leveraged Buyout)하는데 소요되는 투자 자금을 말한다.

### ■ 경영 지원

기술형 창업이 대부분인 벤처 창업의 경우 예비 창업자는 연구 활동 또는 회사의 기술 개발 등에 전념하여 회사 경영에 대한 제반 지식이 많이 부족한 상태일 것이다. 기술 이외에도 마케팅, 영업을 비롯하여 재무 관리, 노무 관리 등에 대한 전문지식이 부족한바 투자하는 벤처 캐피탈회사와 협의하여 인재 추천 또는 파견 등을 통하여 경영 지원을 할 수 있다. 그러나 다른 한편으로 창업자와 투자회사 측과의 불협화음으로 어려움을 겪을 수도 있어 기업 간 상호신뢰를 바탕으로 하여야만 성공할 수 있다.

### ■ 상장 지원

코스닥 등에의 주식 공개를 위해서는 규정에 따라 주주가 일정 지분의 주식을 공개하여야 한다. 그러나 경우에 따라 필요 주식수가 정상적으로 공개되지 못할 경우 벤처 캐피탈이 기업의 요청에 의거 필요한 때에 필요한 주식을 공급함으로써 기업 상장을 지원할 수 있다. 이때 벤처 캐피탈회사의 투자금 회수는 벤처기업이 아닌 코스닥 시장에서 한다.

## 3.3 창업투자회사

벤처기업을 포함하여 창업 중소기업이 사업성은 있으나 자금 조달 능력 또는 담보 대출 능력이 부족하여 자금 조달이 어려울 시 투자 지원을 하는 제도로써 창업투자회사를 통한 지원, 신기술 금융회사를 통한 지원을 받을 수 있으며, 여기로부터 일정금액 또는 지분 이상을 투자 받은 기업은 벤처기업 육성에 관한 특별조치법에 의한 벤처기업으로 인정되어 정부로부터 여러 가지 지원과 혜택을 받을 수 있다. 2011년 우리나라에는 100여 개의 창업투자회사가 있으며 한국기술투자, 우리기술투자 등이 대표적인 예이다. 창업투자회사의 투자대상은 법인기업의 경우 법인 설립 등기일로부터 14년 이내의 중소기업, 개인 사업자의 경우는 사업 개시일로부터 10년 이내의 기업과 개인 사업자가 법인으로 전환 할 경우에는 법인으로 전환한 사업 개시일로부터 14년 이내의 기업을 대상으로 한다. 이러한 창업투자회사의 투자 형태는 크게 기업이 발행하는 신주를 인수하는 주식 인수 형태, 투자 후 일정기간이 경과한 후 주식으로 전환 할 수 있는 전환사채 인수, 투자기업과의 약정에 따라 자금을 지원하고 향후 매출 및 이익에 따라 수수료를 받는 약정 투자, 신용 대출 등이 있다.

## 3.4 창업투자조합

민간 투자조합인 창업투자조합은 창업투자회사의 자본금만으로는 자금 조달에 어려움이 있을 경우 창업투자회사가 투자조합을 결성하여 참여한다. 창업투자회사가 결성하는 창업투자조합은 자금을 투자하여 수익을 조합원에게 분배하며 손실 발생 시에는 정부 지분 및 창업투자회사 출자분에서 우선 충당하기 때문에 안정성이 보장되어 있다. 또한 개인 출자자에게는 소득공제 혜택도 주어지며 출자로 취득한 주식을 양도할 때는 주식양도차익에 대하여 비과세한다. 투자조합에 의한 투자는 일반 출자자로부터 출자금을 모집하여 창업기업에 투자 후 일정기간 경과 시 투자비율에 따라 투자 수익을 배분한다. 우리나라의 창업투자조합 수는 400여 개 정도이다.

### 3.5 한국벤처투자조합

창업투자조합이 민간 투자조합인 것에 비하여 한국벤처투자조합은 공공 투자조합으로 중소기업 및 벤처기업의 성장 발전을 위한 투자 촉진을 위해 벤처기업 육성에 관한 특별조치법에 의거 2005년 6월 설립된 중소기업 투자 모태 조합 운영 전담회사로, 중소기업청 산하의 기타 공공기관에 속한다. 이의 주요기능은 첫째, 중소기업 및 벤처기업에 대한 투자 목적으로 설립된 조합 등에 출자 둘째, 중소기업 및 벤처기업에 대한 투자 셋째, 해외 벤처 투자 자금의 유치지원 넷째, 중소기업 창업투자회사의 운영 등이며 현재 한국 모태펀드, 일자리 창출펀드의 출자 사업과 엔젤 투자 매칭펀드, 중소 벤처기업 M&A 매칭펀드 사업 등을 하고 있다.

### 3.6 신기술 사업 금융회사

중소기업 창업투자회사와 함께 우리나라의 대표적인 벤처 캐피탈인 신기술 사업 금융회사의 설립목적은 신기술 사업자에 대한 투자, 융자, 신기술 사업자의 기술 개발 및 시설 대여와 거래에서 발생하는 채무의 양수(팩터링)를 위하여 설립되었으며, 주요업무는 신제품, 신공정 개발, 제품 개선을 위한 연구 개발 사업, 연구 개발 성과의 기업화, 제품화 사업, 기술 도입을 하는 중소기업의 투자, 융자, 리스 업무, 경영 기술 지도 등을 한다. 지원 방식으로는 투자 지원 방식, 직접 지원 방식(자본 투자), 간접 지원 방식(회사채, 전환사채, 신주인수권부사채의 인수), 융자 지원 방식, 일반 융자(유리한 조건의 자금 대여, 채권인수 매입방법), 조건부 융자(매출액 대비 로열티 지불 등) 등이 있다. 우리나라에는 한국종합기술금융, 한국기술금융, 한국개발투자, 한국기술진흥, 삼성벤처투자, 미래에셋벤처캐피탈, TG벤처, 아이텍인베스트먼트 등이 있다.

### 3.7 엔젤 투자

엔젤(Angel)은 창업 초기 단계에 기업에 투자하는 개인 투자자를 의미한다. 엔젤 투자는 1920년대 초 미국 브로드웨이에서 유래한 용어로 당시 무산 위기에 처한 공연을 후원해주는 사람들을 천사(Angel)에 비유했고, 이후에는 벤처 기업에 투자하는 사람들을 지칭하는 용어로 자리 잡았다. 이러한 엔젤에는 창업 경험이 있으며 풍부한 자금과 경영 노하우가 있는 성공한 은퇴자를 중심으로 벤처기업 지원을 주도하는 리드 엔젤(Lead Angel)과 변호사 회계사 컨설턴트 등과 같은 전문직 종사자 또는 벤처기업의 지인들의 간접적 지원을 하는 서포트 엔젤(Support Angel)이 있다. 엔젤 투자자의 모임인 엔젤 클럽(Angel Club)도 있다. 기업가, 회계사, 세무사, 변호사 등 다양한 개인 투자자로 구성된 엔젤 클럽은 단지 벤처기업에 자본을 투자할 뿐만 아니라 각 직업의 전문성을 바탕으로 투자한 기업이 경영을 잘할 수 있도록 멘토링을 제공하는 역할도 하고 있다. 2011년 기준으로 9개에 불과했던 엔젤 클럽은 2013년 현재 70여 개에 달하고 있다.

미국 벤처연구센터에 따르면 2012년 기준으로 미국의 총 엔젤 투자 금액은 25조 원에 이른다. 이에 반해 한국은 600억 원에 불과한 실정이다. 미국의 경우 실리콘밸리와 같이 벤처기업을 쉽게 발굴할 수 있는 구조가 활성화되어 있고, 원금과 수익을 회수할 수 있는 M&A 시장이 발달했지만 무엇보다 당장의 성패에 조급해하지 않고 장기적인 시각으로 투자하는, '투자자의 자세'를 지닌 엔젤이 많은 것이 특징이다. 중소기업청과 엔젤투자협회에 따르면, 2000년대 초반에 벤처 거품이 터지면서 급격히 감소하던 엔젤 투자자가 최근 창조 경제라는 새 정부의 경제 정책 화두에 힘입어 다시 증가세를 보이고 있다.

벤처 캐피탈(Venture Capital)과 엔젤 클럽의 차이점으로, 벤처 캐피탈은 기업이나 개인 고객한테 위임받은 자금을 운용하여 수익을 내는 법인이라 할 수 있다. 위임받은 만큼 투자에 신중할 수 밖에 없기 때문에 보통 시장에서 어느 정도 검증을 받은 기업에 투자하는 경우가 많은 반면, 엔젤 클럽은 구성원이 주축이 되어 투자하기 때문에 회원들의 확신만 있다면 아이디어만 있는 벤처 기업에도 적극적으로 투자하는 경향이 강하다.

우리나라에서 엔젤로 활동하는 일반적인 방법은 다음과 같다.

① 개인이 직접 벤처기업을 발굴
② 엔젤 클럽에 가입
③ 개인투자조합(엔젤조합) 결성
④ 엔젤투자네트워크(KBAN)에 엔젤로 등록(www.kban.org)

엔젤의 투자 방식은 벤처특별법(제2조 제2항)에 의거 주식의 인수, 무담보 전환사채(CB)의 인수, 무담보 신주인수권부사채(BW)의 인수 3가지 투자 방식만을 인정하고 있다. 따라서 타인으로부터 주식·CB·BW 등 유가증권을 인수하는 경우와 금전의 차입·융자·대출 등 기타의 방식은 엔젤 투자라 하지 않는다. 또한 엔젤 클럽은 엔젤 투자 정보교류를 위한 네트워크이므로 클럽의 자본금 조달을 위한 출자가 필요하지 않으며, 클럽은 금전의 수신행위를 할 수 없음에 유의하여야 한다.

하지만 엔젤 투자자의 증가가 창업 활성화라는 밝은 면만 보여주는 건 아니다. 탐욕에 사로잡힌 블랙 엔젤(Black Angel) 때문이다. 블랙 엔젤은 벤처기업에 자금이 절실하다는 점을 노려 돈을 빌려준 후, 각종 트집을 잡으며 막대한 돈을 뜯어내는 악질 투자자를 말한다. 투자는 항상 위험을 수반하기 마련이므로, 이를 감안하고 철저한 분석과 여러 가능성을 고려해야 한다. 하지만 블랙 엔젤은 무작정 원금 보장 및 일정 수익을 요구하며 압박하는 방식으로 기업 경영을 저해한다.

벤처기업이 아닌 일반기업의 경우 자금 조달이 가능한 방안으로는 '소상공인 창업 지원', '장기 실업자 자영업 창업 지원', '실직 여성가장 자영업 창업 지원', '저소득 여성가장 창업 지원', '장애인 창업 지원' 등이 있다.

CHAPTER 3

# 인터넷 비즈니스

인터넷은 이제 우리의 생활에서 뗄 수 없는 것이 되었다. 더욱이 유선 인터넷에서 무선 인터넷으로 진화하면서 우리는 언제 어디서나 인터넷을 즐기며 인터넷을 활용할 수 있게 되었다. 이는 생활, 문화, 상업적인 모든 면을 바꾸어 놓고 있는 것이다. 이에 e-비즈니스의 활성화는 극히 자연스러운 현상이고 나아가 무선 인터넷을 활용하는 m-비즈니스로 진화하고 있다. 이와 더불어 e-비즈니스를 정보화 사회에 적응하려는 각 국가들에게 매우 중요한 기회로 인식되고 있는 것이다.

국제전기통신연합(ITU : International Telecommunication Union)의 통계자료에 의하면 인터넷 이용률은 지속적으로 상승하고 있으며 향후로도 상승할 여력이 충분히 있는 것으로 판단된다. 자료에 따르면 2011년까지 전 세계 인터넷 이용자 수의 연평균 증가율은 14.7%이며, 인터넷 이용자 수는 2011년에 22억 6,500만 명으로 나타났다.

ITU 통계에 따르면 국가별 인터넷 이용률(2012년, 인터넷 사용자가 전체 인구에서 차지하는 비중)은 영국령 포클랜드제도가 96.92%, 아이슬란드 96%, 노르웨이 95%, 스웨덴 94%, 덴마크 93%, 네덜란드 93% 등 주로 북유럽 국가들이 상위에 랭크하고 있으며 우리나라의 인터넷 이용률은 84.1%로 전 세계 211개국 중 21위를 차지하였다. 일본은 79.5%를 점유하였다. 한편 최근 수년간 리히텐슈타인 11위, 카타르 12위, 바레인 13위, 모나코 15위, 안도라 17위 등 인구가 적은 소국들의 이용률이 가파르게 상승하고 있는 모습을 보이고 있다.

중국의 인터넷 이용률은 지난 몇 년 사이 빠르게 증가하고 있다. 2008년 2억 2천 100만이었던 인터넷 이용자는 2009년 초 2억 9천 800명으로 늘어났다. 매년 7천만 이상의 인터넷 이용자가 증가하는 셈이다.

제1절

# e-비즈니스의 이해

세상에 컴퓨터가 출현하고 나아가 개인용 컴퓨터가 널리 보급될 때만해도 컴퓨터는 문서를 빠르고 쉽게 작성하고 자료를 효율적으로 정리하는 도구로만 생각하였다. 그러나 인터넷이 등장하면서 세상은 완전히 바뀌었고 산업계에도 엄청난 혁명이 일어났다. 제3의 산업혁명이 컴퓨터의 등장으로 시작되어 인터넷, 모바일로 진화되면서 끝없는 혁신을 하고 있는 것이다. 인터넷 비즈니스는 초기에는 컴퓨터와 인터넷을 활용하여 상거래를 하는 전자 상거래로 출발하였다. 전자 상거래는 '인터넷상에 홈페이지로 개설된 상점을 통해 실시간으로 상품을 거래하는 것', '컴퓨터 통신망을 바탕으로 팩스, 전자우편, 전자문서, 전자 자금 이체 등 전자적 방법에 의해 가상공간에서 이루어지는 상거래'로 정의되었으며, 거래 상품으로는 각종 실물뿐만 아니라 교육 진단 의료 등의 서비스도 포함한다. 하지만 '전자 거래 기본법'에서는 '전자 상거래(Electronic Commerce)' 대신에 '전자 거래(Electronic Transaction)'라는 용어를 사용하고 있다. 전자 거래는 민간부문을 중심으로 금전적인 대가를 전제로 하는 유상 거래와 금전적인 대가를 지불하지 않는 공공적 무상 거래를 모두 포괄하고 있다는 점에서 유상 거래를 전제로 하는 전자 상거래보다 광의의 개념이라고 할 수 있다. 즉, 생산자, 중개인, 소비자가 디지털 통신망을 이용해 상호 거래하는 가상 시장인 것이다.

전자 상거래의 보다 확장된 개념으로 e-비즈니스와 소셜커머스가 있다. 전자 상거래가 기업의 다양한 기능 중에서 특히 판매 및 마케팅에 중점을 두고 그와 관련된 전자적 활동을 지칭하는데 비하여 이러한 전자 상거래의 내면적 발전 형태가 e-비즈니스이며, 외면적 발전 형태가 소셜커머스라고 할 수 있다. e-커머스란 통상적으로 이야기하는 전자 상거래의 개념이다. 즉 웹 환경을 통한 거래를 의미한다. e-비즈니스의 인터넷 사전의 정의에 따르면 다음과 같다. e-비즈니스란 정보 기술(IT)을 활용한 새로운 비즈니스로 포괄적으로 표현하여 B2B(Business to Business), B2C(Business to Customer), C2C(Customer to Customer), B2G(Business to Government), G2C(Government to Customer) 등을 들 수 있다. 이는 e-비즈니스가 전자 상거래 즉 e-커머스를 포함하여 기업 내부의 모든 기간업무의 경영 정보 시스템을 포함한다는 것으로 SCM(Supply Chain Management), CRM(Customer Relationship Management) 등 모든 웹 환경에서 이루어지는 업무를 포함하는 것이다.

즉, e-비즈니스의 개념은 인터넷 기술을 기반으로 편리하게 핵심적인 비즈니스 업무 수행 과정과 시스템을 결합함으로써, 다양한 비즈니스 가치를 추구할 수 있는 통합된 비즈니스 방식이라고 정의할 수 있다. 이러한 e-비즈니스는 전자 상거래 이외에 정보 기술을 활용한 내부 자원의 최적화 혁신 도구인 CALS(Commerce At Light Speed)를 시작으로 MRP(Material Requirement Plan), MRPII, ERP(Enterprise Resource Planning), ERPII, SCM, CRM 등을 모두 포함한다.

e-비즈니스의 태동은 1970년대에 은행 간의 전자 자금 이체(EFT; Electronic Funds Transfer)가 그 시초라 할 수 있다. 이후로 전자 문서 교환(EDI; Electronic Data Interchange) 시스템과 이메일과 같은 전자메시징 기술이 등장하면서 급격히 발전하였다. 1980년대에는 미국의 군수물자 공급표준화의 미 정부 조달 프로세스 표준화인 CALS(Commerce At Light Speed)를 시작으로 MRP, MRPII, ERP, XRP, ERPII, SCM, CRM 등으로 발전하고 지금의 e-비즈니스까지 확산되었으며, 이제는 e-비즈니스를 넘어 모바일 시대와 함께 m-비즈니스 시대로 가고 있다.

표 3-1 e-비즈니스의 발전 과정

| | 1단계 | 2단계 | 3단계 | 4단계 | 5단계 |
|---|---|---|---|---|---|
| 년대 | 1970년대 | 1980년대 | 1990년대 | 2000년대 | 2010년대 |
| 단계 | Network 시스템의 태동 단계 | 제한적, 폐쇄적 전자 상거래 단계 | 개방적 전자 상거래 단계 | 유선 e-비즈니스 단계 | 무선 e-비즈니스 단계 |
| 범위 | EDI | CALS | e-Commerce | e-Business | m-Business |
| 특징 | 문서 교환 | 일부 분야에서만 제한적으로 전자 상거래 적용 | 상거래 중심 | 상거래와 경영 관리 중심 | 모바일 기기를 활용하는 상시 상거래 및 상시 경영 관리 |

제2절

# e-비즈니스의 특징

인터넷 서비스가 시작된 이후 인터넷 이용자의 폭발적인 증가와 함께 자연히 산업계에도 적용되어 e-비즈니스에의 활용이 활발하게 전개되어 왔다. 전자 상거래가 활성화되기 이전에 각 정부기관과 공공기관은 물론 각 기업체는 내부적인 경영과 관리의 효율화 및 최적화를 위하여 정보 기술(IT : Information Technology)을 업무에 활용하여 MRP, MRP II, ERP, ERP II, SCM, CRM을 적용하면서 기업형 전자 상거래가 활성화되었고, 20세기 들어서는 개인형 소규모 전자 상거래도 등장하기 시작하였다. 세계적인 e-비즈니스 사이트인 이베이(인터넷 경매쇼핑몰, www.ebay.com)에의 동시 접속자 수는 2011년 기준 9,700만 명에 달하였으며 같은 해에 600억 개의 상품이 거래되었다.

IDC(International Data Corporation)에 따르면 2010년 전 세계 e-비즈니스 시장 규모는 1조 1천 24억 달러에 달한다고 하였다. 이러한 e-비즈니스의 시장은 전자 결재 시스템의 진화와 m-커머스, RFID, SNS 등의 지속적인 발전과 함께 급속히 확대될 것으로 전망한다.

광의의 e-비즈니스는 내부적인 전사적 자원 관리(ERP)를 비롯하여 전자 통신 기술을 이용한 전자 상거래 그리고 대외적인 SCM과 CRM 등으로 모두 포함하지만, 여기서는 벤처 창업과 관련하여 전자 상거래에 중점을 두고 논하기로 한다. 협의의 e-비즈니스는 인터넷 기업을 기반으로 하므로 전통 기업과 달리 무점포 창업이 가능하여 투자 규모가 상대적으로 적으며 불행하게도 도산을 하는 경우 또한 후유증이 재정적인 면에서는 상대적으로 적다.

e-비즈니스 창업의 특징은 다음과 같다.

## ■ e-비즈니스의 특징

- 인터넷을 기반으로 한다.
- 모든 업무가 인터넷을 통한 진행으로 업무의 통합성이 있다.
- 정보 공개를 통한 오픈 경영이 가능하다.
- 소비자 파워가 증대된다.
- 고객 맞춤 서비스가 가능하다.
- 경험 공통체가 부상한다.
- 유통 단계가 축소된다.
- 재고 관리가 쉽다.
- 비용절감 효과가 있다.

또한 e-비즈니스의 장점과 단점은 다음과 같다.

## ■ e-비즈니스의 장점

- 제품과 서비스를 시간과 공간의 제약 없이 거래할 수 있다.
- 무점포 기업이 가능하여 자금 소요를 최소화 할 수 있다.
- 전 세계적으로 동시에 비즈니스를 전개할 수 있다.
- 물류비, 인건비 등의 운영비용이 상대적으로 적게 든다.
- 대금 결제가 네트워크상에서 이루어지므로 편리하다.
- 비용절감 효과와 가격인하의 효과가 있다.
- 소비자와 고객 간의 양방향 의사소통으로 고객만족도가 높다.

## ■ e-비즈니스의 단점

- 개인정보의 누출
- 실물을 직접 확인하지 않고 구매하므로 반품, 교환 분쟁 빈번
- 국가 간의 거래로 인한 관세 문제 발생 우려

제3절

# e-비즈니스의 형태

우리나라의 e-비즈니스는 인터넷 강국다운 면모를 보여주고 있다. 우리나라의 인터넷 이용률은 78%에 달하며 연령대별로는 10대, 20대, 30대는 100%에 육박한다.

**표 3-2** 연령대별 인터넷 이용자 수 및 이용률 단위: 천명, %

| 구분 | 연도 | 3~9세 | 10대 | 20대 | 30대 | 40대 | 50대 | 60 이상 |
|---|---|---|---|---|---|---|---|---|
| 이용자 수 | 2010 | 2,930 | 6,570 | 6,820 | 8,040 | 7,310 | 3,700 | 1,650 |
| | 2011 | 2,800 | 6,500 | 6,660 | 7,970 | 7,410 | 4,060 | 1,780 |
| 이용률 | 2010 | 85.5 | 99.9 | 99.9 | 99.3 | 87.3 | 55.2 | 21.8 |
| | 2011 | 86.2 | 99.9 | 99.9 | 99.4 | 88.4 | 57.4 | 22.9 |

출처 ; 한국인터넷 진흥원 인터넷백서, 2012

우리나라의 e-비즈니스의 규모는 2001년에 118조 원이었으나 불과 10년만인 2011년에 10배에 가까운 999조 25,00억 원을 기록하였다. 2012년에는 1,000조 원을 돌파할 것으로 예상했었다. 통계청 자료에 따르면 우리나라 전체 산업 매출액은 2,400조~3,500조 원이며, 이 중에서 28~29%가 e-비즈니스에 의한 것이라 한다. 참고로 미국 및 일본이 경우는 20% 정도이다. 주체별 비중으로는 B2B가 대부분으로 91.3%를 점유하고 있으며, 다음으로 B2G(5.8%), B2C(1.9%), C2C(1.0%)를 점유하고 있다. e-비즈니스 규모 및 산업별 규모는 다음과 같다.

**표 3-3** e-비즈니스 규모 단위: 조원,%

| 연도 | 2008 | 2009 | 2010 | 2011 | 2012 | 2013 |
|---|---|---|---|---|---|---|
| 총거래액 | 630.1 | 672.5 | 824.4 | 999.6 | 1,146.8 | 1,204.1 |
| 전년비 | 22.0 | 6.7 | 22.6 | 21.3 | 14.7 | 5.0 |
| (소셜 커머스제외) | | | | | 14.6 | 4.9 |

출처: 통계청, 2013년 연간 및 4분기 전자 상거래 및 사이버 쇼핑 동향 보도 자료
주) 2012년부터 사이버 쇼핑 거래액에 소셜커머스 거래액 포함

특히 일반 소비자를 상대로 하는 인터넷 쇼핑몰을 비롯하여 경매사이트 등 기업과 소비자 간의 직거래인 B2C의 상품별 비중은 의류와 패션 관련 상품의 비중이 가장 높은 16.8%를 차지한다. 이들은 오프라인 매장에서 실상품을 확인하고 가격이 상대적으로 저렴한 인터넷 쇼핑몰을 이용하는 추세로 변하고 있어 이의 비중은 갈수록 증가할 것으로 예상된다. 다음은 여행 및 예약 서비스이다. 이는 인터넷을 통하여 가격 비교가 수월하다는 장점이 있다.

이러한 e-비즈니스의 형태(Baltzan, 고석하 외 5 역저, 2012)들은 크게 뉴스, 음악, 동영상과 같은 디지털 콘텐츠들을 제공함으로써 수익을 창출하는 콘텐츠 제공(Content Providers), 제품과 서비스의 제공자와 그들의 잠재적 소비자들을 위해 특성화된 정보를 제공하는 정보 중개(Infomediaries), 제품과 서비스의 판매자와 구매자를 이어주는 온라인 시장(Online Marketplaces), 특성화된 콘텐츠들과 다른 서비스들에 사용자가 접속할 수 있도록 중앙 웹 사이트를 운영하는 포털(Portals), 사진과 동영상 공유, 온라인 백업과 자료 저장소와 같은 서비스 제공(Service Providers), 온라인 매매 거래를 처리하는 거래 중개(Transaction Brokers) 등의 6가지로 분류할 수 있다.

비즈니스는 어떠한 방법으로든지 수익을 창출하여야 하는 것으로 일반 오프라인의 경우는 상품이나 용역을 제공하고 그에 상당하는 가치를 재화로 교환한다. e-비즈니스 또한 인터넷을 통하여 고객에게 상품이나 서비스의 제공은 물론 광고 중개 허가 등의 용역을 제공하고 재화를 교환하게 된다.

제4절

# e-비즈니스의 분류

오늘날 전자 상거래라는 용어는 많은 사람들에게 친숙해져 있다. 이의 개념이 확대되어 e-비즈니스로 광의의 해석이 이루어지고 있으며 일부는 아직도 혼용되어 사용되고 있다.

인터넷 사용의 급격한 증가와 이를 활용한 비즈니스 모델의 창출은 날로 발전을 하고 있다. 그리고 앞으로도 정보 통신 기술의 발전과 함께 e-비즈니스도 지속적으로 새로운 비즈니스 모델이 창출될 것이다. 다양한 e-비즈니스에 대하여 여러 학자들이 여러 기준으로 분류하였다. 먼저 e-비즈니스 유형은 거래 주체에 따른 유형, 수익 창출에 따른 유형, 제품 취급 방식에 따른 유형, 거래 수단에 따른 유형의 4가지로 분류하였다. 비즈니스 모델은 학자별로 분류하여 티머스(Timmers, 1998)는 가치 사슬에 의거 분류하였으며, 주트라(Jutla, 2000)는 상품 전달 과정과 제품 근원지에 의한 분류를, 라파(Rappa, 1999)는 수익원과 수익 발생 방식에 따라 분류를, 베리만(Berryman, 1998)은 시장 주도자에 의한 분류 등을 하였다. 또한 데이틀(Deitel)은 온라인 쇼핑 모델, 경매 모델, 포털 모델, 동적 가격 모델, 온라인 증권 거래 모델, 온라인 대출 모델, 온라인 인재 선발 모델, 온라인 뉴스 서비스 모델, 온라인 여행 서비스 모델, 온라인 엔터테인먼트 모델, E-교육 모델로 분류하였다. 이외에도 포라(Porra, 2000)는 인터넷 전략에 근거하여 전통 기업형, 전환 기업형, 디지털 기업형으로 분류하였다.

## 4.1 수익원에 따른 분류 ; 라파

라파(Rappa, 1999)는 수익원과 수익 발생 방식에 따라 e-비즈니스 모델을 다음과 같이 9가지로 분류하였다.

### ■ 중개형 모델(Brokerage Model)

기업이 구매자와 판매자 또는 제조자를 중개하는 B2B, B2C, C2C와 같은 비즈니스 모델을 말한다. 실질적인 수익원은 중개 수수료로부터 나온다.

### ■ 광고형 모델(Advertising Model)

웹 사이트상에서 콘텐츠 등의 서비스를 제공하는 동시에 광고를 게시하는 모델을 말한다. 즉, 콘텐츠는 무상으로 제공하면서 실질적인 수익은 광고로부터 나온다.

### ■ 정보 중개형 모델(Informediary Model)

가공된 데이터베이스 또는 빅 데이터로 부터 생성된 고객 정보를 기업에게 판매하는 모델을 말한다. 즉, 고객에게 유료로 정보를 제공한다.

### ■ 상인형 모델(Merchant Model)

도매 소매의 형태로 상품을 판매하는 비즈니스 모델을 말한다.

① 가상 상인(Virtual Merchant) : 온라인에만 존재하는 모델

② 카탈로그 상인(Catalog Merchant) : 통신판매업자가 인터넷을 활용하는 사업을 하는 모델

③ 클릭 앤 모타르 상인(Click & Motar) : 오프라인 기업이 웹상점을 개설한 모델

④ 비트 벤더 상인(Bit Vendor) : 웹상에서 직접 유통될 수 있는 상품과 서비스만 취급하는 모델

### ■ 제조업체형 모델(Manufacturer Model)

제조업자가 직접 소비자와 거래하는 비즈니스 형태를 말한다. 유통비용 절감으로 판가 경쟁력을 갖는다는 장점이 있다.

### ■ 제휴형 모델(Affiliate Model)

제휴한 웹 사이트에 자사의 배너 광고를 내는 비즈니스를 형태를 말하며, 이에 의한 매출액의 일부를 제휴업체에 지불하거나 Pay-Per-Click 또는 상호 배너 광고를 교환하는 비즈니스 형태 등이 있다.

### ■ 커뮤니티형 모델(Community Model)

실질적인 거래가 아닌 지속적으로 사이트를 방문하는 이용자들에게 광고, 정보 제공, 포털 서비스 등의 기회를 제공하는 것을 말한다.

### ■ 가입형 모델(Subscription Model)

사이트 접속을 위하여 유료 회원으로 가입하고 이용료를 지불하는 비즈니스 형태를 말한다.

### ■ 과금형 모델(Utility Model)

정보를 사용한 이용량에 따라 비용을 지불하는 비즈니스 모델을 말한다.

**표 3-4** 수익원에 따른 분류

| 형태 | 형태 | 형태 |
|---|---|---|
| 중개형 모델 | 제휴형 모델 | 광고형 모델 |
| 커뮤니티형 모델 | 정보 중개형 모델 | 가입형 모델 |
| 상인형 모델 | 과금형 모델 | 제조업체형 모델 |

## 4.2 상품 전달 과정에 따른 분류 ; 주트라

주트라(Jutla, 2000)는 제품이 공급자로부터 최종 소비자에게 전달되는 과정을 기준으로 다음과 같이 3가지로 분류하였다.

■ **중개자형 모델(Broker Model)**

제조업자와 소비자를 연결하여 비즈니스를 추구하는 모델로, 대표적인 중개형 모델은 아마존이 있다. 직접 책을 만들지 않으면서 출판사와 소비자를 연결하며 비즈니스를 한다.

■ **제조업자형 모델(Manufacturer Model)**

제조업자와 소비자가 직접 거래하는 비즈니스 형태를 말한다.

■ **경매형 모델(Auction Model)**

구매측에서 희망 구매 가격을 제시하고 합의된 가격으로 거래가 이루어지는 비즈니스로 옥션(www.auction.co.kr), 이베이(www.ebay.com)가 대표적인 사이트이다.

**표 3-5** 상품 전달 과정에 따른 분류

| 형태 | 특징 |
|---|---|
| 중개자형 모델 | 제조업자와 소비자를 연결하는 비즈니스 |
| 제조업자형 모델 | 유무형 제품을 직접 제조하는 비즈니스 |
| 경매형 모델 | 가격 제시 및 합의에 의하여 이루어지는 비즈니스 |

## 4.3 시장주도자에 따른 분류 ; 베리만

베리만(Berryman, 1998)은 시장 주도자가 누구인가에 의하여 다음과 같이 3가지 비즈니스 모델로 분류하였다.

■ **판매자 통제 시장 모델(Seller–controlled Marketplaces)**

특정 판매자가 불특정 다수의 소비자를 통제하는 비즈니스 형태로서 경쟁사 대비 우월적 지위 또는 독점적 지위에 있을 때 이루어질 수 있다.

■ **구매자 통제 시장 모델(Buyer–controlled Marketplaces)**

다수의 구매자가 동일한 목적으로 결성하거나 막대한 구매력을 갖는 기업이 중개상을 배제하고 스스로 강력한 힘을 발휘하는 비즈니스 형태를 말한다.

■ **중립적 시장 모델(Natural Marketplaces)**

공급자와 구매자를 중개해 주는 비즈니스 형태를 말한다.

**표 3–6** 시장 주도자에 의한 분류

| 형태 | 특징 |
|---|---|
| 판매자 통제 시장 모델 | • 특정 판매자가 불특정 다수의 소비자를 통제<br>• 상품 및 서비스의 독점적 지위에 의한 시장 |
| 구매자 통제 시장 모델 | • 다수의 구매자가 생산자 또는 판매자를 통제<br>• 치열한 경쟁의 상품 및 서비스, 레드 오션 시장 |
| 중립적 시장 모델 | • 판매자와 소비자, 공급자와 구매자의 중개 형태<br>• 검색 및 정보 제공, 경매 등 |

## 4.4 가치 사슬에 따른 분류 ; 티머스

티머스(Timmers, 1998)는 전자 시장(Electronic Markets)지의 전자 시장의 비즈니스 모델(Business Model for Electronic Markets)에서 가치 사슬에 근거하여 11가지 e-비즈니스 모델을 제시하였다. 이는 가치 사슬의 분해와 재결합을 이용한 접근으로 가치 사슬상의 요소를 확인하고 거래 참가자의 상호작용 패턴을 분석하여 가치 사슬에 따라 정보를 통합하는 방법을 통하여 비즈니스 모델을 구분한 것이다.

① e-상점형(e-Shop) : 오프라인의 유통 경로를 온라인으로 진행하는 비즈니스 모델로, B2C 모델이 여기에 해당된다. 비용절감과 온라인의 편리성을 활용한다.

② e-조달형(e-Procurement) : 인터넷을 통하여 물품을 발주 및 구매하는 비즈니스 모델로, B2B 모델이 여기에 해당된다. 구매비용절감 및 판가 인하의 효과가 있다.

③ e-경매형(e-Auction) : 제품이나 서비스를 인터넷 경매 방식에 의거해 진행하는 비즈니스 모델이 여기에 해당된다.

④ e-몰형(e-Mall) : 종합백화점 형태의 하나의 브랜드로 다양한 상품과 서비스를 인터넷을 활용하여 제공하는 비즈니스 형태.

⑤ 제3 시장형(Third Party Marketplace) : 오프라인 업체들의 인터넷 마케팅을 대행하는 비즈니스 형태.

⑥ 가상 커뮤니티형(Virtural Community) : 콘텐츠 회원을 모집하여 활동 및 운영하며 소셜 네트워크에 커뮤니티를 형성한다.

⑦ 가치 사슬 서비스 제공형(Value Chain Service Provider) : 결재인증 서비스, 생산관리, 재고 관리 등의 가치 사슬상의 지원 서비스를 비즈니스로 하는 형태.

⑧ 가치 사슬 통합형(Value Chain Integrator) : 가치 사슬상의 단체들을 통합하여 새로운 가치를 창출하는 비즈니스 모델.

⑨ 공동 플랫폼형(Collaboration Platform) : 기업 간 공동 작업을 할 수 있는 도구 및 소프트웨어 등과 같은 환경을 제공하는 비즈니스 형태로 공동 프로젝트 컨설팅이 있다.

⑩ 정보 중개형(Information Brokerage) : 인터넷상의 정보를 수집, 가공하여 고객에게 정보를 제공하는 비즈니스 형태.

⑪ 신용 서비스형(Trust and Other Services) : 인터넷상에서 전자 결재 및 전자거래 등의 인증서비스를 제공하는 비즈니스 형태.

**표 3-7** 티머스의 e-비즈니스 모델 11가지 분류

| 형태 | 특징 |
|---|---|
| e-상점형 | • 유무선 인터넷을 이용하여 가상의 점포를 개설하며 제품 및 서비스를 거래하는 형태 |
| e- 조달형 | • 인터넷을 활용하여 구매를 위한 경매, 발주 및 조달업무 등을 하는 형태 |
| e- 경매형 | • 제품과 서비스를 인터넷을 통하여 경매하는 형태 |
| e- 몰형 | • 온라인의 백화점, 쇼핑몰, 마켓, 전문점 등과 유사한 형태로 특정 상품을 전문적으로 또는 여러 상품을 종합적으로, 인터넷을 이용하여 판매하는 형태 |
| 제3 시장형 | • Off-line의 인터넷 마케팅의 대행 서비스 형태 |
| 가상 커뮤니티형 | • Cafe, Blog 등과 같은 소셜 네트워크 커뮤니티를 형성하거나 Micro-Blog 등의 인터넷 커뮤니티 형태 |
| 가치 사슬 서비스 제공형 | • 비즈니스의 가치 사슬로 생산 관리, 재고 관리, 고객 관리 등의 경영 정보를 인터넷 기술을 활용하여 제공하는 형태 |
| 가치 사슬 통합형 | • 비즈니스의 가치 사슬에 속한 단체들을 통합하여 새로운 가치를 제공하는 형태 |
| 공동 플랫폼형 | • 기업 또는 소프트웨어 및 유틸리티 등과 같은 공동적으로 활용할 수 있는 환경을 제공하는 형태 |
| 정보 중개형 | • 인터넷을 통하여 정보를 수집, 가공하여 제공하는 형태 |
| 신용 서비스형 | • 전자 거래 및 전자 결재 등에서 인터넷 인증을 제공하는 형태 |

제5절

# m-비즈니스의 정의

유선 인터넷 시대에서 무선 인터넷 시대로 변화하고, 나아가 휴대용 전자기기가 대중화되면서 e-비즈니스가 m-비즈니스로 옮겨지고 있다. 기존 모바일을 이용한 상거래 중심의 m-커머스가 새로운 개념의 m-비즈니스로 서서히 진화하고 있는 것이다. m-비즈니스는 무선 인터넷을 활용한 제반 비즈니스를 말하며 유선 인터넷으로 시작된 e-비즈니스가 정보 기술(IT)에서 진화하여 정보 통신 기술(ICT)로 발전한 것이라 볼 수 있다. 한국정보통신기술협회(TTA: Telecommunication Technology Association)에 따르면 무선 인터넷은 휴대전화, 스마트폰, 태블릿 PC 등의 무선 단말기와 무선 랜, 블루투스와 같은 무선 데이터 통신망을 통해 인터넷에 접속하여 데이터 통신이나 인터넷 서비스를 제공하는 것으로 정의하였다. 유선 인터넷이 시간과 공간의 제한이 있다면 무선 인터넷은 시간과 공간에 더하여 장소의 제한도 없어진 것이다. 이에 근거하여 m-커머스는 이동전화 단말기나 PDA 같은 발전된 형태의 기기를 이용해 디지털 콘텐츠와 상품, 서비스를 판매하는 활동을 말한다. e-커머스가 PC 터미널을 이용해 거래 활동을 했다면 m-커머스는 핸드폰, 패블릿 PC, 태블릿 PC, PDA와 같은 휴대용 전자기기를 통해서 거래활동을 하는 것과 같다.

우리는 B2C나 B2B의 상거래 환경을 구별하지 않고 웹을 통한 영업 활동을 통칭하던 e-커머스에서 R&D – 구매 – 제조 – 판매 – 유통 – AS에 이르는 비즈니스 전 과정에 인터넷 정보 기술을 적용해 효율성을 높이거나 새로운 사업기회를 창출하는 활동인 e-비즈니스로 진화한 경험을 가지고 있다. m-커머스와 m-비즈니스의 진화 과정 역시 마찬가지이다. m-커머스는 이동전화 단말기 혹은 PDA와 같은 발전된 형태의 기기를 이용해 디지털 콘텐츠나 상품, 서비스를 판매하는 활동을 지칭한다.

즉, e-비즈니스가 그러하듯 m-비즈니스는 휴대용 이동전화 단말기를 포함한 모바일 단말기를 이용한 모든 비즈니스를 총칭한다. 즉 모바일 기기상에서 거래 활동 중심의 m-커머스를 포함한 m-커머스가 발생할 수 있도록 지원하는 모든 영역을 m-비즈니스라고 정의할 수 있다. 콘텐츠를 중심으로 설명되던 m-커머스에서 기업 활동과 전통적 SCM에 모바일을 결합한 비즈니스 모델이 최근 대두되는 것은 m-비즈니스가 본격적으로 자리 잡아가고 있는 예이다.

m-쇼핑 또한 스마트폰의 기능 향상으로 급속히 증가하고 있는 분야이다. 모바일 쇼핑객 수는 2013년 상반기 월평균 1,553만 명을 돌파하였으나, 유선 인터넷 쇼핑객 수는 2011년 하반기 월평균 3,085만 명에서 2012년 월평균 2,904만 명으로 감소하였다(2103년 8월 대한상공회의소의 '모바일 인터넷 쇼핑 소비자 동향 조사' 자료). 금액으로는 국내 모바일 쇼핑 시장 규모가 2010년 3,000억 원에서 2013년은 4조 7 500억 원으로 16배 성장하였으며, 2014년에는 10조 원 이상을 예상하고 있다(한국온라인쇼핑협회).

제6절

# 무선 인터넷의 특징

한 장소에 고정되어 있는 유선 인터넷과는 달리 무선 인터넷은 공간적 개념을 초월하게 된다. 이로 인하여 휴대하여 이동이 가능하며, 이동에 따라서 발생되는 다양한 부수적 특징들을 갖고 있다. 무선 인터넷 기반 시설이 되어 있는 곳에서는 어디서나, 언제든지, 자신만의 개인 휴대 단말기를 이용하여 접속이 가능하며, 또한 개인화 단말기 사용으로 인한 부가적인 서비스 활용이 가능한 것이다. 무선 인터넷의 특징을 정리하면 다음과 같다.

① 편재성(Ubiquity) : 무선 인터넷의 가장 큰 특징은 어디서나 인터넷을 통한 정보 검색이 가능하다는 것이다. 선으로 연결하여야만 하는 어느 한 지역에 고정되지 않고 무선 서비스가 제공되는 기반 시설이 있는 곳에서는 장소에 관계없이 접속할 수 있다.

② 도달성(Reachability) : 무선 인터넷의 경우는 개인이 휴대하는 단말기에 주로 사용되므로 언제든지 인터넷에 접속할 수 있다는 시간적 개념의 장점을 말한다.

③ 보안성(Security) : 유선 인터넷으로 연결된 경우는 공용의 개념이 있으나, 통상 무선 인터넷은 개인 전용 단말기를 사용함으로써 개인의 보안성을 강화할 수 있다는 특징이 있다.

④ 편리성(Convenience) : 항시 휴대할 수 있는 편리함이 있다.

⑤ 이동성(Localization) : 고정 위치에서 접속되는 유선 인터넷과는 달리 휴대하며 이동하는 무선 인터넷이 제공되는 서비스에 의거 사용자의 위치를 상시 알 수 있다.

⑥ 접속성(Instant Connectivity) : 휴대 용이성으로 언제 어디서 빠른 접속을 통하여 즉시 정보 검색 등을 할 수 있다.

⑦ 개인화(Personalization) : 휴대용 개인 단말기 사용으로 개인별 차별화 1:1서비스가 가능하다.

위의 특징에서 알 수 있듯이 시간, 공간, 장소를 구애받지 않고 필요로 하는 정보를 실시간으로 주고 받을 수 있는 특징을 이용하여 많은 비즈니스 창출이 가능하다. 이러한 무선 인터넷의 장점을 유선 인터넷과 비즈니스 측면에서 비교하였다.

**표 3-8** 유선 인터넷 vs 무선 인터넷

| | 유선 인터넷 | 무선 인터넷 |
|---|---|---|
| 편재성 | 고정된 장소 및 위치에서 접속 가능 | 무선 인터넷망이 있는 곳에서는 제한 없이 접속 가능 |
| 도달성 | 인터넷이 연결되어 있는 고정된 장소와 위치로 사람이 이동 | 임의적 이동 없이 무선 인터넷 연결이 가능한 단말기기를 소지하고 있으면 언제나 접속 가능 |
| 전송 속도 | 빠르다. | 다소 느리다 |
| 위치 기반 서비스 | 극히 제한적 제공 | 제공 가능 |
| 기술 확산성 | 제한적 | RFID, 증강 현실 등 다양한 신기술 확산 및 융합 |

이러한 모바일의 특징을 이용하는 대표적인 기술 서비스로는 전자식별(RFID), 위성위치 확인 시스템(GPS), 지리 정보 시스템(GIS), 위치 기반 서비스(LBS) 등이 있다.

### ■ 전자식별(RFID : Radio-Frequency Identification)

전자 태그나 라벨을 이용하여 물체를 무선 방식으로 가까운 거리에서 식별하는 기술이다. 간단히 말하면 태그가 달린 물체와 판독기 간에 무선으로 정보가 이동하는 것이다. RFID 태그를 초소형 칩(Micro Chip)화하여 동물에 주사하여 추적하는 등에 활용하여 생태계의 변화 등을 연구하기도 한다. 또한 각종 제품에 태그를 부착하여 제품에 관한 이동 경로 등의 다양한 정보를 수집하고 분석하는 무수한 분야에 적용되는 기술이다.

### ■ 위성 위치 확인 시스템(GPS : Global Positioning System)

위성을 통하여 위치를 확인하는 시스템으로 지구상의 어떤 위치에서도 확인이 가능하며 통상 네비게이션 시스템으로 많이 활용되어 알려져 있다. GPS는 24개의 위성을 사용하여 수신기에 신호를 보내며 수신기는 동시에 3~4개의 위성과 통신한다. 이러한 신호의 속도를 이용하여 거리를 결정하고 정확한 위치 정보를 제공한다.

### ■ 지리 정보 시스템(GIS : Geographic Information System)

이는 다차원의 지도상에 표시할 수 있는 정보를 제공해 주는 하드웨어와 소프트웨어 그리고 데이터로 구성되며 GPS와 결합하여 활용된다. 예를 들어 지정하는 위치에서 가까운 주유소가 어디에 있는지, 길 찾기와 같이 특정 목적지에 가는 방법은 무엇인지와 같이 특정 지역에 있는 목적물 찾기 서비스, 경로 정보, 사용자의 주변 정보, 밀도 표시, 수량 표시 등에 활용된다.

### ■ 위치 기반 서비스(LBS : Location Based Service)

GPS와 GIS의 근간이 되는 기술로써 이동하는 사용자들이 개인에 맞춘 지역 콘텐츠에 바로 접속하도록 설계되어 있어서 이를 통하여 무수히 많은 모바일 애플리케이션이 등장하고 있다.

제7절

# m-비즈니스 모델

e-비즈니스와의 다른 특징적인 측면에서 m-비즈니스 또한 여러 방법으로 구분할 수 있다. 비즈니스의 형성을 큰 틀에서 보면 e-비즈니스 모델과 m-비즈니스 모델에는 큰 차이는 없을 것이다. 다만 m-비즈니스의 특징인 휴대성 등이 m-비즈니스에 더해져서 새로운 비즈니스 모델이 창출될 수 있을 것이다. m-비즈니스는 크게 서비스 유형에 따른 분류와 형태에 따른 분류로 나누어 생각할 수 있다.

## 7.1 서비스 유형에 따른 분류

m-비즈니스를 서비스 유형에 따라 분류하면 다음과 같다.

### 7.1.1 B2C 서비스 유형

모바일 B2C 서비스는 크게 m-뱅킹, m-증권, m-쇼핑, m-광고, m-러닝, m-맵, m-카드 등의 정보 서비스와 m-게임, m-동영상, m-예매 등의 엔터테인먼트 서비스가 있다. 서비스 및 비즈니스 내용은 e-비즈니스와 유사하다. 정보 서비스 측면에서 특징적인 것은 모바일 단말기를 이용한 요금 지불 서비스이다. 이는 지하철 및 대중교통 요금을 단말기를 통하여 지불하며 기존의 신용카드 기능을 흡수한 것이다. 신용카드 기능의 흡수는 교통 분야 뿐만 아니라 일반 요식업을 비롯하여 그 분야는 더욱 확산되어 가고 있으며 기술 진화와 함께 m-머니, m-전자지갑 등의 다양한 융복합 시스템이 적용되고 있다. 이 분야에서는 일본이 상당히 앞서 나가고 있다. 이 기술의 근간은 근거리 통신 기술(NFC : Near Field Communication)이 적용되며 주체에 따라 많은 영향을 받는다. 즉 주체가 단말기 제조업체, 통신사 그리고 제3자로 나누어진다.

### 7.1.2 B2B 서비스 유형

모바일 기능을 활용한 오피스 즉 스마트 워크, 모바일 물류, m-CRM 등이 m-비즈니스의 B2B 서비스 대표적 사례일 것이다. 구매 승인, 지불 등의 전자 조달(e-Procurement), 재고 관리 로지스틱스, 주문 처리 등의 공급망 실행(Supply Chain Execution), 자산 추적, 수금, 데이터 수집 등의 공급망 가시화(Supply Chain Visibility), 역 로지스틱 판매점 자동화 등의 서비스 관리(Service Management) 등에 활용되는 유형이다.

스마트 워크(Smart Work)란 ICT 인프라를 활용해 시간과 장소의 제약 없이 업무를 수행하는 유연한 근무 형태로 정의된다. 주로 재택이나 스마트 워크 센터, 이동근무 등의 형태를 띠게 된다. 기존의 원격근무 개념과 상당히 유사하지만 스마트 워크는 이를 포괄하는 상위 개념으로 파악하는 것이 마땅하다. 다양한 정보, 지식의 통합과 활용, 대인 간 협력 등을 통한 효율성 개선이라는 의미도 함축하고 있기 때문이다.

모바일 물류배송, 관리 및 m-CRM 모두 유선 인터넷 비즈니스를 무선으로 확장한 것이다.

## 7.2 형태에 따른 분류

m-비즈니스의 형태별 분류는 모바일 포털(Mobile Portal), 모바일 금융(Mobile Financial), 모바일 사업(Mobile Enterprise), L-커머스(L-Commerce)로 나눌 수 있다.

■ **모바일 포털**

일반 포털과 전문 포털로 구분되며, 일반 포털은 검색 및 커뮤니티를, 전문 포털은 음악 포털 및 동영상 포털과 같은 특정 분야의 전문 사이트를 말한다.

### ■ 모바일 금융

유선 인터넷에서의 인터넷 금융이 무선화한 것으로 모바일 뱅킹, 모바일 주식 등이 해당된다.

### ■ 모바일 사업

e-비즈니스 초기에 유선 인터넷에 구축한 인프라를 무선 인터넷에도 구축하는 것으로 모바일 기기를 통하여 언제, 어디서나 비즈니스 업무를 할 수 있다. 모바일 쇼핑, 모바일 마케팅을 비롯하여 모바일 헬스케어, 모바일 오피스 등이 해당된다.

### ■ L-커머스

모바일의 가장 큰 특징인 LBS(Location Base Service)를 활용한 비즈니스로 네비게이션, 지도, 길찾기, 위치추적뿐만 아니라 특정 장소에서 인근 업체의 할인용 쿠폰 메시지 마케팅 등도 이 기능을 활용하는 것이다.

CHAPTER 4

# 사업 계획서

창업의 3가지 요소가 모두 갖추어지면 본격적으로 사업성 검토를 진행한다. 창업 아이디어가 궁극적으로 창업을 하여 사업화하고 매출과 수익이 발생할 수 있는지 및 사업으로써 장래성과 성장성이 있는지를 면밀히 검토하여야 한다. 이를 위해서는 먼저 예비 사업 타당성 분석과 본 사업 타당성 분석 그리고 사업 계획서 작성 단계로 진행한다.

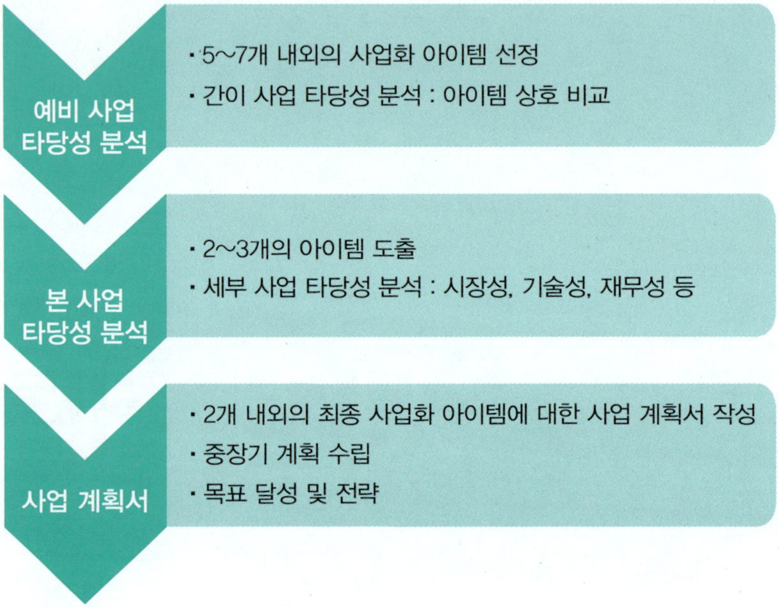


**그림 4-1** 사업 타당성 분석 및 사업 계획

제1절

# 사업 타당성 분석

## 1.1 사업 타당성 분석의 필요성

사업 타당성 분석은 창업의 성공률을 높이고 창업 이후로도 성장과 영속적 경영이 될 수 있도록 사전 검토하는 것이다. 필요성을 정리하면 다음과 같다.

① **사업의 객관적 분석** : 창업자 자신의 주관적 사업구상을 객관적이고 체계적으로 분석하여 창업 성공률을 높일 수 있다.

② **창업기간 단축** : 창업 초기에 발생 가능한 많은 시행착오를 타당성 분석을 통하여 미리 점검함으로써 창업기간을 단축하고 창업 추진을 효율적으로 진행할 수 있다. 창업 과정은 여러 가지 법규와 행정관처 및 구비서류들이 많으므로 이를 미리 준비하고 확인하여 조치할 수 있다.

③ **효율적 창업** : 예비 창업 아이템에 대한 기술성, 시장성, 수익성, 자금 수지 계획 등을 통하여 세부사항을 사전에 파악하여 창업의 효율화를 기할 수 있다.

④ **사전 경영 수업** : 사전 사업 분석을 통하여 경영에 필요한 지식을 사전에 균형 있게 확보하여 창업자의 경영 능력 배양에 도움이 된다.

## 1.2 사업 타당성 분석 체계

사업 타당성 분석은 크게 예비 사업성 분석 단계와 본 사업성 분석 단계의 2단계로 나눈다. 예비 사업성 분석 단계에서는 다수의 창업 아이템을 선별해 가는 단계이다. 후보 아이템을 도출하고 예비 사업성 분석을 통하여 창업 후보 예비 아이템 5내지 7개를 1차적으로 선정한다. 2단계에서는 1단계에서 선정된 후보 아이템을 구체적이고 체계적인 사업 타당성 분석을 통하여 최종 창업 아이템을 선정한다.

**표 4-1** 사업 타당성 분석 체계

| 진행 과정 | 세부 절차 |
|---|---|
| 창업 아이템 도출 | 1. 세부 아이디어 탐색 |
| | 2. 예비 창업 아이템 도출 |
| 예비 사업성 분석 | 3. 예비 창업 아이템 1, 2차 선별 |
| | 4. 예비 사업성 분석 |
| 본 사업성 분석 | 5. 상세 분석 계획 수립 |
| | 6. 시장성 분석 |
| | 7. 기술성 분석 |
| | 8. 재무성 분석 |
| | 9. 자금수지 분석 |
| | 10. 위험 요소 및 성장성 분석 |
| | 11. 공익성 분석 |
| 사업 계획서 작성 | 12. 사업 계획서 준비 |

창업 아이디어가 사업으로 타당한가를 분석하기 위하여 몇 가지 측면에서 상세히 분석되어야 한다. 이러한 철저한 사업 타당성 분석은 사업 추진 단계에서의 시행착오를 최소화하며, 사전에 철저한 분석을 통하여 전체적인 사업추진 일정을 단축시킬 수 있을 뿐만 아니라 창업 추진자의 주관적 견해를 최소화하여 객관적이고 체계적으로 사업에 대하여 분석함으로써 창업 성공률을 높일 수 있다.

사업 타당성 분석은 창업 예비 후보 아이템에 대하여 실시하는 예비 타당성 분석과 창업 최종 아이템에 대하여 실시하는 본 사업 타당성 분석이 있다. 물론 최종적으로 선정된 아이템에 대한 사업 타당성 분석은 최대한 자세하고 철저하게 분석하여 시행착오가 유발되지 않도록 하여야 할 것이다.

사업 타당성 분석의 세부 내용으로는 사업의 내용에 따라 다소 차이가 있을 것이나 일반적으로 시장성 분석(Market Analysis), 기술성 분석(Technical Analysis), 재무성 분석(Financial Analysis)을 필수항목으로 하여 성장성 분석(Growth Analysis), 적합성 분석(Compatibility Analysis), 공익성 분석(Social Profitability Analysis), 위험 요소 분석(Risk Analysis) 등을 실시한다.

### 1.2.1 시장성 분석

창업을 결심하는 데는 무엇보다도 아이템과 그 해당 아이템이 시장에서 팔릴 것인가이다. 창업자 주관적으로 좋을 것이라 생각하고 잘 팔릴 것이라고 해서 시작하여도 막상 시장에 내 놓으면 아무런 반응이 없을 수 도 있다. 실제로 쇼핑몰을 개설하여도 3개월 동안 전혀 한 건도 판매로 연결되지 않는 쇼핑몰이 많다. 통상 시장이 넓고 진입장벽이 낮으면 그 만큼 기존 시장에는 많은 사업자가 있으며 격심한 경쟁으로 인하여 매출로 연결하는 것이 어려울 뿐만 아니라 수익을 낸다는 것은 더욱 어려운 일이다.

사업을 위해서는 무엇보다 상품 또는 서비스를 소비하는 시장이 있어야 한다. 기업이 존재하는 근본이 판매를 통하여 재화를 획득하는 것이므로 시장이 없는 상품은 기업의 존재가치를 무의미하게 만드는 것이다. 또한 그 시장이 충분히 사업성 및 경제성이 있어야 한다. 소비자층이 얇거나 해당 업종이나 산업의 성장세가 둔화되고 감소하는 추세에서 시장에 뛰어들면 기업 생존에 어려움을 겪게 된다. 이와 같이 창업 시점에서의 시장과 향후에 전개될 시장 예측은 사업 성패의 기본적인 사항이다. 이러한 시장 분석의 기본 목적은 시장의 존재여부와 시장의 크기를 파악하여 수요 예측, 시설 투자 계획, 판로 및 생산 계획, 판매 전략 등 사업의 전체적인 틀을 만드는데 활용하게 된다.

즉, 시장 분석을 위해서는 무엇보다 분석 대상을 명확히 하여야 한다. 첫째, 세계 시장 규모, 국내 시장 규모를 비롯하여 연관 산업의 규모를 조사함은 물론 소비자 구성 분포와 변화 추세 등에 대하여도 분석되어야 한다. 아울러 현재 시점의 시장뿐만 아니라 중장기 미래 시장도 예측 분석되어야 한다. 시장에서의 주요 소비처가 어디인지, 주요 고객사 및 고객사별로 어느 정도의 시장 수요가 있는지도 분석되어야 한다. 둘째, 공급 현황을 분석하여야 한다. 전체 시장에 비하여 얼마나 공급되고 있는지, 공급자는 누가 있는지, 주요 공급자의 경쟁력은 무엇인지 등을 분석한다. 시장성 분석은 이러한 의미에서 시장이 얼마나 큰 가를 볼 뿐만 아니라 해당 시장에 현재의 공급자가 얼마나 공급되고 있는지 즉, 수요와 공급의 관계를 상세히 분석하는 것이다. 수요보다 공급이 많다면 창업의 의미는 크지 못할 것이다. 또한 수요보다 공급이 적어도 기존 공급자의 독점적 공급 여부 등 시장 점유율을 분석하여야 한다. 소위 레드 오션(Red Ocean)과 블루 오션(Blue Ocean)을 구분하여야 할 것이다.

시장성 분석 요소는 다음과 같다.

① **시장 환경 분석** : 창업 아이템과 관련하여 해외 및 국내의 산업동향을 분석하며, 문화 트렌드 및 소비 트렌드를 비롯하여 창업 아이템이 산업 트렌드와 함께 시장에서 상품성으로 가치를 창출할 수 있는지를 분석한다.

② **고객 수요 분석** : 창업 아이템과 관련 산업 및 전후방 산업의 수요를 중장기적으로 분석하고 이와 연계하여 해당 창업 아이템에 대한 직접적인 수요 분석을 실시한다. 기존 시장에 존재하지 않는 창조적 창업 아이템에 대하여는 사전 설문조사, 체험단을 통한 조사, 연관 제품에 대한 수요 분석 등을 통하여 수요 분석을 진행한다.

③ **공급 현황 분석** : 창업 아이템에 대한 현재의 시장에의 공급 상태를 분석한다. 기존 공급업체와 직접 경쟁하는 경우와 대체재로 경쟁하는 경우 및 새로운 시장을 창출하는 경우 등이 있으며 분석 시에는 최대한 현실적이고 냉정한 분석이 되어야 한다. 생산 규모 및 생산 실적을 비롯하여 시장 점유율을 분석한다.

④ **경쟁력 분석** : 경쟁우위 요소인 가격, 품질, 시간(리드 타임 및 납기), 유연성 등에 대하여 회사 및 제품의 경쟁력을 경쟁사 및 경쟁 제품과 함께 철저히 분석한다.

⑤ **유통 구조 분석** : 공급 체계를 비롯하여 유통 조직, 유통 경로 등을 분석한다.

### 1.2.2 기술성 분석

현대는 정보 통신 기술(ICT)의 발달로 정보의 개방과 전파 속도가 매우 빠른 무한 경쟁의 시대이다. 또한 대부분의 경우 공급자가 수요자를 초과하고 있으며 대량생산 시스템의 눈부신 발달과 제조 기술의 안정화로 제품 간 기술의 격차가 크지 않다. 이러한 현실은 제품을 파는 것이 아니라 고객에게 진정한 가치를 부여하지 못하는 창업 아이템은 고객으로부터 외면당하게 될 것이다. 이러한 관점에서 창업 제품에 대한 모든 것을 면밀히 검토하여야 한다. 특히 기술형 창업, 벤처 창업의 경우는 이에 대하여 각별한 차별화를 구사할 수 있어야 한다. 이러한 의미에서 기술성 분석은 창업기업의 성패를 좌우하는 매우 중요한 요소이며 보유 기술력이 곧 원가와 품질에 직결된다는 것을 잊지 말아야 한다. 여기서의 기술성 분석은 완제품의 기술만을 언급하는 것이 아니라 제품의 제조 기술, 생산 기술, 관리 기술, 품질 기술 등 제반 사항을 포함한다. 경쟁 제품보다 뛰어나고 혁신적인 제품, 경쟁사보다 간단한 제조공정의 짧은 리드 타임으로 생산성이 뛰어나며, 결국 원가 경쟁력을 확보하여 경쟁사보다 관리하기 쉬우며, 안정된 제조 기술은 탁월한 품질 안정성을 확보하여 제조 프로세스의 선순환으로 경쟁력을 확보한다. 이러한 제조 기술 및 생산 기술은 제조설비, 유틸리티 뿐만 아니라 모든 공장입지 및 환경, 건물 규모 등 모든 것을 포함하여 분석하여야 한다.

기술성 분석은 창업 아이템(제품 또는 용역)의 생산과 판매에 대한 기술적 제반 사항을 분석하는 것이다. 제품의 특성, 기술, 기계와 장치, 기계적 기능, 생산 시스템, 공정, 원부자재, 노동력 등 제반의 기술적 사항을 분석하고 평가한다. 제조업을 창업하려는 경우 생산 기술은 자체 개발 기술, 이전 기술, 체득 기술로 분류할 수 있으며 기술 분석은 이와 같은 기술 유용성을 검증하고 제품을 생산하는데 필요한 물적, 기술적 요소를 파악하는 것이다.

① **자체 개발 기술** : 창업자 자신이 직접 개발한 기술. 지적 재산권 보유
② **외부 획득 기술** : 국내외의 제3자가 개발한 기술을 이전받은 기술
③ **자체 습득 기술** : 본인이나 창업 관련자가 업계에 종사하면서 습득한 기술

특히 지적 재산과 관련된 공업 소유권의 아이템을 기초로 창업하는 경우는 이론과 실제와의 격차를 파악하여야 한다. 실제로 생산 가능성, 생산 효율성, 수율 및 양산 시 양품율 등에 대하여 면밀한 사전 분석이 필요하다. 실험실적 생산과 대량생산에는 많은 격차가 있으며 실제로 소비자의 구매력을 확보할 수 있는 양산 품질, 양산 가격, 양산 제조 리드 타임을 갖지 못하면 제품의 상품화 가능성은 희박하다.

기술성 분석 요소는 다음과 같다.

① **제품 경쟁력 분석** : 창업 제품에 대한 성능, 디자인, 서비스 등 제품과 관련된 제반 사항에 대하여 경쟁 제품 및 관련 제품과 상세하게 비교 분석한다. 제품의 특성과 특징을 비롯하여 화학적 물리적 특성까지 분석한다. 국내외 경쟁 제품에 대하여도 분석하여 자사 제품과 비교 분석함으로써 제품별 비교 우위성을 파악하고 자사 제품의 경쟁력 확보와 차별화를 갖도록 하여야 한다. 유통 경로 또한 원가에 많은 영향을 미칠 뿐만 아니라 판매와 직접적인 관계가 있으므로 이에 대한 경쟁사 분석도 이루어져서 자사의 방안도 강구하여야 한다.
② **기술 경쟁력 분석** : 제품의 경쟁력과 차별화는 제조 공법과 공정 기술에서 나오게 되므로 경쟁사와 같거나 유사한 제조 공법과 공정 기술로는 경쟁에서 이길 수 없다. 차별화된 제조 공법과 공정 기술로 원가 및 품질, 생산성을 혁신적으로 개선하여야 한다. 보유 기술에 대하여 경쟁사와 비교 분석한다. 또한 장 단기적으로 기술

확보 계획을 분석한다. 생산 공법 등의 생산 기술과 제조 기술, 기술 인력, 특허 등의 실질적인 지표를 사용하여 비교하는 것이 좋다. 제조업 창업의 경우 제조 공법과 공정 기술은 무엇보다 중요하다. 이는 또한 수율과 양품율과도 밀접한 관계에 있다. 제조 공법과 공정 기술은 시설 투자 및 소요 자금에도 영향을 미친다. 물론 충분한 양산성 검증이 되어야 하는 것은 기본이다.

③ **시설 규모 및 생산성 분석** : 투자는 원가에 직결된다. 생산성과 수율도 원가에 직결된다. 첨단 제품들은 설비의 정교함이 곧 품질과 제품의 성능을 크게 좌우한다. 따라서 경쟁사와 생산 설비를 비롯하여 제반 사항을 비교 분석하여, 장단기 경쟁에서 이길 수 있는지 분석하여야 한다. 공장의 입지 환경, 접근성, 전력, 용수, 폐수 등의 유틸리티 환경 등도 생산성과 품질은 물론 운영에도 매우 민감한 요소이다.

④ **대체 기술 분석** : 창업 아이템이 경쟁사보다 우수하다고 하여도 제품을 출시하면 경쟁사는 바로 추격하여 올 것이다. 경쟁사가 동일한 제품을 빠른 시간에 출시하며 판가를 대폭적으로 내리면 창업자는 그동안 기술 개발, 제품 개발에 투자한 비용을 회수하기도 전에 가격인하를 단행하여야 하는 등의 어려움에 직면하게 된다. 창업 시에는 이에 대한 대비를 하여야 한다. 실제로 창업 후 경쟁사가 모방 제품을 파격적인 가격으로 출시하여 창업자는 결국 파산을 하는 사례도 많다.

⑤ **전·후방 기술 분석** : 원 부자재 관련 기술 또한 창업 제품의 생산성 및 품질안정에 지대한 영향을 미친다. 원 부자재의 기술력 또한 창업 제품의 기술력인 것이다. 완제품의 기술 동향도 면밀히 분석하여 기술 수명 주기, 제품 수명 주기를 예측하고 차기 기술과 차기 제품에 대한 트렌드를 분석하여 창업 회사가 같이 성장할 수 있도록 하여야 한다.

⑥ **생산 능력 분석** : 예비 창업 아이템에 대한 현재와 미래 수요를 감안하여 최적의 생산 능력을 확보하여야 한다. 창업 초기 막대한 자금이 소요되므로 과도한 생산 능력 확보를 위하여 무리한 투자를 하는 것보다는 순차적 단계로 시설과 생

산 능력을 확충하는 것이 좋다. 예상 수요, 시장 점유율, 손익분기점, 경쟁업체의 생산 능력, 기술 및 기능 인력 확보, 설비별 생산 능력, 자금 조달 능력 등을 감안하여 최적 생산 능력을 산출하여 결정하여야 한다.

### 1.2.3 재무성 분석

창업의 3요소에 창업 자금이 해당된다. 창업 자금 및 운영 자금은 사람 인체의 혈액과 같은 존재이다. 그리고 좋은 혈액이 공급되어야 건강한 몸을 유지할 수 있듯이 재무 건전성이 있어야 한다. 또한 자금이 필요한 때에 필요한 만큼 준비가 되며 매출과 수익을 통하여 원활하게 운영되어야 정상적인 경영을 할 수가 있을 것이다. 특히, 창업 초기에는 당초 예상하였던 자금 규모보다 더 소요되는 경우도 많으며 예상치 않은 자금이 필요할 수도 있다. 이러한 사태를 미리 예견하고 준비하여 원활한 창업과 기업 운영이 하여 지속 성장하여야 할 것이다. 재무성 분석은 이러한 측면에서 다른 요인에 비하여 명확하고 객관적이면서 사실적인 분석이다.

재무성 분석 요소는 다음과 같다

① **중장기 수익 분석** : 창업 초기의 자금은 준비한다 하여도 제품 생산 등의 기업 운영을 하면서 지속적으로 운영 자금이 소요된다. 재료비를 비롯하여 소모품비, 인건비, 물류비, 영업비 등 제반 소요 자금에 대한 운영 자금의 조달을 위하여 매출과 수익이 이루어져야 한다. 단기는 물론 중장기적으로 매출액과 손익 구조, 투자와 현금 흐름을 등을 분석하고 자사의 원가 구조가 동종 산업계의 원가 구조 및 경쟁사 경쟁 제품의 원가 구조와 비교하여 경쟁력이 있는지를 분석하여야 한다.

② **손익분기점 분석** : 시설 투자를 비롯한 총투자에 의한 생산 및 매출과 이익의 관계를 나타내는 것으로, 어느 시점(매출액 및 매출 수량)부터 이익이 발생하는지

를 분석한다. 이는 시설 등의 투자에 따라 설정한 원가 구조가 이행되었을 시의 적자에서 흑자로 전환되는 시점 즉, 초기 이익 발생 시점을 나타낸다. 투자의 증가와 원가 구조의 변동은 이익 전환 시점의 변경을 가져온다. 이러한 손익분기점 분석은 소요 자금의 분석과 소요 자금 계획 수립의 기초가 된다. 추정 손익계산서, 추정 대차대조표, 추정 현금 흐름표 등을 작성한다.

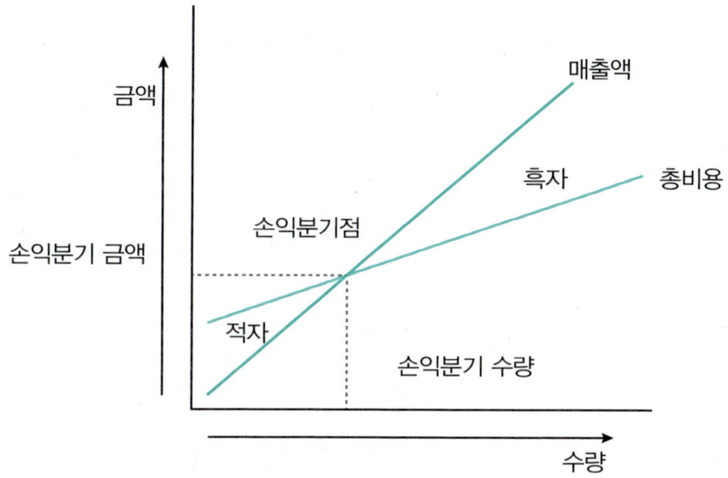


그림 4-2 손익분기점

③ **투자 수익성 분석** : 총투자비용의 회수기간을 분석한다. 이를 분석하는 대표적인 방법으로는 회계적 이익률법, 회수기간법, 순현재 가치법, 내부 수익률법 등이 있다.

- 회계적 이익률법 : 가장 간단한 분석법으로 연평균 순이익을 연평균 투자액으로 나눈 값이다.
- 회수기간법 : 수익과 감가상각에서 설비에 대한 초기 투자를 회수하는데 필요한 기간을 말한다. 투자의 수익성이나 유동성을 알 수 있는 척도가 된다. 투자에 소요된 순수고정비용을 연간 이익금으로 나눈 값이다. 창업 시 목표 회수기간과 비교한다.
- 순현재 가치법 : 투자로 인하여 발생되는 현금 유입의 현재 가치에서 현금 유출의 현재 가치를 뺀 값을 말한다. 값이 0보다 크게 나오는 것이 좋다.

– 내부 수익률법 : 현금 유입과 현금 유출의 현재가치가 같아지는 할인율을 말한다.

④ 자금 조달 방안 분석 : 적정 소요 자금이 책정되면 초기 창업 자금은 물론 운전 자금에 대하여 면밀한 분석이 필요하다. 필요한 시기에 필요한 액수의 자금이 조달 되어야 한다.

⑤ 차입금 상환 능력 분석 : 창업 초기 및 운영 시 100% 자기 자본만으로 운영하지는 않을 것이다. 가능한 좋은 조건으로 차입을 하여 경영을 하게 되는데, 이는 무엇보다도 상환 능력을 면밀히 분석하여야 한다. 창업자의 신념으로 무차입 경영을 하는 회사도 있다.

### 1.2.4 성장성 분석

창업의 목표는 먼저 안정적인 수익 구조를 갖추는 것이며, 이 후로는 증설과 확장을 통한 수익 구조의 극대화일 것이다. 이를 위하여 창업 아이템 및 관련 산업의 트렌드를 분석하고 성장성, 성장 속도 등을 분석하여야 한다. 즉, 창업 아이템의 제품 수명에 대한 분석은 물론 제2, 3의 아이템도 염두에 두어야 한다.

성장성 분석 요소는 다음과 같다.

① 제품 수명 주기 분석 : 창업 아이템의 제품 수명 주기를 분석하고 수명 주기상의 태동기 또는 성장기에 속하는지를 객관적으로 분석하여야 한다. 또한 차기 아이템에 대한 분석도 한다.

② 기술 수명 주기 분석 : 보유 기술은 물론 창업 아이템에 대한 핵심 기술들에 대한 수명 주기를 분석하여 태동기 또는 성장기에 속하는지를 객관적으로 분석하여야 한다.

### 1.2.5 적합성 분석

창업의 3요소에서도 거론되었듯이 창업에는 창업 아이템(아이디어), 창업 자금, 그리고 기업가 정신이 필수요건이다. 인간에게는 누구나 자신의 자질과 능력이 있고 좋아하는 것 그리고 잘하는 것이 있다. 자신의 능력과 자질을 무시하고 무리한 욕심으로 막연히 잘 될 것이라는 생각만으로 창업을 하여 실패 할 시에는 자신, 그리고 자신의 가정뿐만 아니라 함께 하는 모든 사람과 그 가정에 많은 타격과 상처를 주게 된다. 창업에 앞서 자신이 진정한 창업가로서 기업가 정신이 있는지 확인할 필요가 있다. 적합성 분석이란 창업 아이템을 비롯하여 창업을 하려는 사업 분야가 창업자에게 적합한지를 분석하며 또한 사회적, 윤리적, 문화적, 환경적으로 적합한지를 분석한다. 사회적, 윤리적으로 아무런 장애가 없는 아이템이어도 창업자의 성격에 부합되지 못하면 창업의 열정 및 끈기가 충분한 결실을 맺지 못하는 경우도 있다. 또한 창업자의 무모한 욕심만으로 창업하여서도 안 된다. 최소한의 경영적 마인드는 물론 경영 능력을 보유하고 있어야 한다. 최근에는 1인 창업을 제외하면 대부분 직원을 채용하여 같이 일을 하게 된다. 창업자는 종업원에 대한 책임도 있다. 직장은 직원의 생계 수단이며 가정과 가족도 있다는 것을 명심하여야 한다. 창업자의 기업가 정신의 요소 중에서 무엇보다 중요한 것은 열정이다. 기업가 또는 창업자가 창업 및 창업 아이템에 대하여 무한한 열정을 갖고 있어야 창업의 수많은 난관을 헤쳐 나갈 수 있다. 창업은 무에서 유를 만드는 것이다. 이전에는 겪어보지 못하였던 난관이 기다리고 있을 것이다. 물론 예상하고 생각은 해 보았을 수도 있지만 실제로 직접 난관에 봉착하면 이를 극복한다는 것은 그리 쉬운 일이 아니다. 그리고 이러한 난관이 연속적으로 발생할 경우에는 열정과 끈기와 인내 없이는 성공 창업의 결실을 거둘 수 없다. 또한 사업이란 혼자서 하는 것이 아니다. 좋은 제품을 만드는 것도 중요하지만 거래선을 확보하여 만든 제품을 판매하여야 하며, 이때 많은 거래처 사람을 만나서 인간관계를 형성하여야 한다. 원부자재 구매도 돈만 있으면 구매할 수 있다는 생각을 버려야 한다. 좋은 원부자재를 경쟁력 있는 가격으로. 그리고 항상 안정적인 가격으로 구매하여 구매 경쟁력을 높여야 한다. 이러한 일련의 사항들이 자신이 성격 및 자질과 부합되어야 하는 것이다. 또한 업무 추진력, 업무 수행 능력, 위험 관리 능력 등 수치적으로 표현하기 어려운 사항들로써 자신에 대하여 잘 알고 있는 친구 지인 및 전문가로부터 자신에 대한 경영자로서의 자질과 능력을 객관적으로 평가받아 보아야 한다. 또한 선택한 업종에 대하여 객관적으로 평가받고 자신과 창업하고자 하는 업종과의 적합성을 분석하는 것이 필요하다. 적합성에 대하여 본인은 물론, 가족, 지인, 선후배, 전문가 등 다방면으로 의견을 수렴하여 결정하여야 할 것이다.

### 1.2.6 공익성 분석

공공성이 있는 사업의 경우는 공익성 분석을 한다. 공익성이란 영리를 목적으로 하지 않고 공공의 이익을 추구하는 성질을 말한다. 창업 및 경영의 목적이 돈을 버는 것이기는 하지만 수단과 방법을 가리지 않고 돈을 벌어서는 안 된다. 창업과 관련된 산업 분야에 따라 다소 정도의 차이는 있지만 창업에는 공익성을 내포하고 있다.

### 1.2.7 위험 요소 분석

앞에서도 언급하였지만 창업과 기업 경영에는 수많은 난제에 봉착케 된다. 이러한 위험 요소들을 미리 점검하고 대비책을 수립하여 실제 상황에서 충격을 최소화하여야 한다. 성공 창업과 기업 경영의 성패에 중대한 영향을 미치는 위험 요소는 어떤 것들이 있는지 사전 분석을 통하여 대비책을 마련하여 향후 발생 시 충격을 최소화하며 이의 극복을 통하여 미래 지향적 성장 가능성을 분석한다. 위험 관리(Risk Management)는 경영자의 업무 중에서 1순위이다. 회사의 종업원은 일상적이고 반복적인 업무를 행하며 직급이 높아질수록 부서 간의 갈등 관리, 대외 갈등 관리를 통하여 기업이 고객을 비롯하여 내외부적으로 원활한 업무 처리와 경영이 이루어지도록 하며, 특히 창업주인 최고 책임자는 정치적, 정책적, 사회적, 국제적 환경 변화에 따른 위험 요소에 대하여 즉각적이고 적절히 관리하여야 한다. 바로 위험 관리 능력이 필요한 것이다.

특히 창업의 경우는 실질적으로 공장을 가동하고 제품을 판매하지 않은 시점에서 많은 계획을 추정하여 수립하게 되므로 다음 사항들을 객관성을 갖고 분석하여야 한다.

① **제품의 수명 및 신제품 개발 전망** : 제품 수명 주기(PLC, Product Life Cycle)를 분석하여 창업 아이템의 도입기, 성장기, 성숙기, 쇠퇴기를 예측하며 각각의 단계에서의 대응 전략을 수립하여야 한다.

② **재무 적정성 분석** : 매출 계획, 원가 계획, 이익 계획 등의 적정성과 기업의 중장기 대내외적 성장 계획에 대한 타당성과 가능성을 분석한다.

③ **조직 및 인력의 성장성 분석** : 기업의 조직은 살아있는 생물체와 같다. 기업의 규모와 내적 외적 환경 변화에 따라 조직에 변동 요인이 생기면 환경 변화에 능동적으로 대처하여 근무의욕과 동기부여 및 조직의 활력을 도모하여 경영에 활력을 불어넣으면, 전 조직원이 비전을 갖게 되므로 기업이 성장할 수 있다.

**표 4-2** 사업 타당성 분석

| 분석 항목 | 분석 내용 |
|---|---|
| 시장성 분석 | 시장 환경 분석, 고객 수요 분석, 공급 분석, 경쟁력 분석, 유통 구조 분석 |
| 기술성 분석 | 제품 경쟁력 분석, 기술 경쟁력 분석, 시설 규모 및 생산성 분석, 대체 기술 분석, 전후방 기술 분석 |
| 재무성 분석 | 중장기 수익 분석, 손익분기점 분석, 투자 수익성 분석, 자금 조달 및 운영, 차입금 상환 능력 분석 |
| 성장성 분석 | 제품 수명 주기 분석, 기술 수명 주기 분석 |
| 적합성 분석 | 창업주의 성향이 창업 내용과 적합 여부를 분석 |
| 공익성 분석 | 공공성이 있는 창업 아이템의 경우 분석 |
| 위험 요소 분석 | 창업 및 운영 시의 위험 요소와 대안에 대한 분석 |

제2절

# 사업 계획서

사업 계획서란 창업과 관련된 모든 요소를 문서로 작성한 것으로 사업 내용, 창업 아이템에 대한 특성과 시장 규모, 경쟁사 현황, 시장 진입 전략과 안정 성장 전략, 자금 계획, 생산 계획, 인력 수급 계획 등 회사설립과 회사 운용 및 경영 계획 모두를 포함한다. 그리고 작성자는 이를 제3자에게 정확히 설득력 있게 전달하기 위하여 객관성을 갖고 명확히 작성하여야 한다.

## 2.1 사업 계획서의 의미

사업 계획서는 창업자로 하여금 창업 시에 발생할 수 있는 혼란을 방지하고 창업기간의 단축 등 창업활동의 효율성을 극대화하여 준다. 사업 계획서를 작성함에 많은 시간과 비용과 에너지가 소모되지만 철저한 준비와 작성을 통하여 창업의 원활화를 도모할 수 있다. 또한 사업 계획서를 통하여 투자 및 자금 조달의 방편으로 사용할 수 있다. 예비 투자자를 비롯하여 금융기관과 정부 관련기관에 창업의 설득력을 가져다 줄 수 있다. 이러한 사업 계획서는 무엇보다 객관성, 전문성, 독창성, 보편타당성이 확보되어야 한다. 사업 계획서의 의미와 필요성은 다음과 같다.

① 창업의 시행착오를 최소화하여 준다.

② 창업 및 사업의 지침서가 된다.

③ 예비 투자자 및 금융기관, 관련기관에 창업의 타당성을 제공한다.

④ 인허가에 필요하다.

⑤ 이해관계자들에게 사업의 잠재성을 이해시키고 지원을 구한다.

## 2.2 사업 계획서 작성 원칙

사업 계획서는 창업자의 얼굴이다. 창업자 자신이 효율적으로 기업을 설립하여 사업을 지속적으로 성장 발전시켜 가고자 하는 창업자의 구체화된 의지를 체계적으로 정리 기술한 것이다. 따라서 창업의 자신감을 유감없이 나타내되 객관성을 갖고 과장되거나 자만심이 들어가서는 안 된다. 이에 사업 계획서의 작성원칙은 다음과 같다.

### ■ 성공에 대한 확신

창업자가 가지고 있는 창업 아이템에 대하여 제3자에게 설득력 있게 납득시킬 수 있어야 한다. 충분히 구체적이면서도 사실적 데이터의 기초하에 객관적으로 설명되어야 한다. 그래야 다른 사람에게 사업 성공의 확신을 심어줄 수 있다.

### ■ 자료의 객관성

창업자가 갖는 오류 중의 하나는 자신감이 넘친 나머지 객관성을 잃는 것이다. 이럴 경우 제3자에게 허황되고 실현 가능성이 없는 사업으로 비출 수 있으므로 객관성을 충분히 보장할 수 있는 자료와 검증이 필요하다. 전문기관의 자료와 이를 근거로 한 계획은 많은 도움이 된다.

### ■ 단순 보편적인 계획서

기술 창업의 경우 너무 전문적인 용어의 사용은 제3자의 이해도와 설득력을 저하시킬 수 있다. 해당 제품 자체의 설명에만 치우치지 말고 거시적 관점에서 관련 사업, 관련 업종 등을 통하여 접근하며 생산 공정을 비롯하여 제품 특성 기술성 분석들을 제시하고 우수 경쟁제품과 비교하여 단순하면서도 이해를 높일 수 있도록 한다.

### ■ 자금 조달 및 운용의 실현 가능성

창업 자금의 출발은 창업자의 자기 자본이다. 창업자 자신이 조달 가능한 자기 자본(현금, 예금, 부동산 담보 등)에 대하여 구체화하며 동업자를 비롯하여 확정된 엔젤 투자자 등 현실화된 창업 자금 중 시드 머니를 명확히 하여야 한다. 그 다음은 금융기관, 중소기업청, 창업투자회사 등 조달 가능한 자금과 규모에 대하여 구체적으로 밝히며 제3자가 실현 가능성을 판단할 수 있도록 하여야 한다. 자금은 창업자의 욕심만으로 조달되는 것이 아님을 명심하여야 한다.

### ■ 위험 요소의 분석과 대응 전략 수립

창업을 하여 경영 안정기까지는 많은 위험 요소들이 있다. 이러한 예측 가능한 위험 요소들이 무엇이며 창업자와 창업 멤버들이 이들에 대하여 어떠한 대응 전략을 갖고 있는지에 대하여 구체적으로 표현하여 제3자로 하여금 창업에 대한 확신을 심어주어야 한다.

## 2.3 사업 계획서의 구성

사업 계획서는 크게 2종류로 창업용 사업 계획서와 기존업체용 사업 계획서가 있다. 기존업체용 사업 계획서는 중장기 경영 계획서 또는 증설 계획서 등으로 기존 사업과 사업 확장, 공장 확장, 신공장 건설 등의 경우에 작성되는 것을 말한다. 창업용 사업 계획서는 다시 나누어 외부기관 제출용 사업 계획서와 자체 검토용 사업 계획서로 구분되며 외부기관 제출용은 인허가용 사업 계획서와 금융지원을 위한 사업 계획서, 공업단지 등의 입주를 위한 사업 계획서 등이 있다. 이들은 단지 해당 분야에 대하여 더욱 구체화하여 설득력을 보완한 것으로 기본 사업계획 전체의 틀이 바뀌는 것은 아니다. 창업은 창업주 혼자만의 힘과 노력과 자금으로 되는 것이 아니다. 뜻을 같이 하는 사람들과 함께하며, 필요한 자금도 가깝게는 부모, 친구, 선후배를 비롯하여 금융기관 또는 중소기업청을 비롯한 정부기관 등 적합한 자금원으로부터 지원을 받아야 한다. 이를 위하여 창업주가 생각하고 계획한 사업에 대한 비전과 전략 그리고 장래성과 계획 등의 상세한 내용을 설명하고 설득하여 협조를 구하여야 할 것이다.

사업 계획서의 작성 목적은

첫째, 창업주가 계획하고 있는 사업에 대하여 세부적으로 그 내용과 추진 일정 그리고 중장기 목표와 비전을 수립하는 것이다. 앞서 진행한 사업 타당성 분석의 결과에 의거 창업의 타당성이 확보된 창업 아이템에 대하여 항목별 세부적인 추진 계획과 일정을 수립한다. 또한 연도별 목표와 중장기 비전을 수립하여 창업 본연의 뜻과 함께 사업 방향을 확립하여야 한다.

둘째, 수립된 목표에 대한 달성 전략을 수립한다. 사업 타당성 분석을 통하여 나온 결과와 사업 목표의 차이(Gap)을 분석하고 목표 달성을 위한 추진 전략과 전술을 수립한다. 전략과 전술은 구체적이고 실현 가능하여야 하며 이의 실행 결과가 목표 달성으로 연결되어야 할 것이다.

셋째, 사업 계획서는 본 창업에 대하여 제3자에게 설명하고 설득하기 위한 자료이다. 창업 멤버 및 자금 지원처에 창업 내용에 대하여 충분히 납득하도록 하여 창업주가 계획한 사항들을 이루어 내야할 것이다. 창업 및 사업의 경쟁력을 갖기 위한 우수한 인재 확보와 소요 자금을 확보하기 위하여 구체적인 사업 계획을 수립하여야 한다.

넷째, 인허가를 취득하기 위한 기관 제출에 필요하다. 정부기관을 비롯하여 유관기관으로 부터의 인허가를 취득하기 위해서는 인허가에 합당한 법적 근거를 구비한 사업 계획이 수립되어야 한다, 제조업의 경우는 환경 유해 시설 및 이의 처리, 방지에 대하여 허가를 받아야 하며, 서비스업 및 도소매업의 경우는 업종에 따라 허가업종, 신고업종,

등록업종, 면허업종, 지정업종들이 있으므로 관련 법령을 확인하고 합당한 인허가를 취득하여야 한다.

사업 계획서 작성 시 중요한 사항은 객관성과 차별성이다. 편향되지 않고 공신력이 있는 자료와 데이터에 근거한 계획과 목표의 수립으로 창업 및 사업이 격심한 경쟁 속에서도 차별화되어 성장하고 성공할 수 있다는 것을 보여주어야 한다. 사업 계획서 작성 시 유념하여야 할 사항은 다음과 같다.

첫째, 객관성이 있어야 한다. 창업 및 사업 내용에 대하여 제3자가 충분히 납득하고 타당하게 생각하며 계획서에 신뢰를 가질 수 있도록 작성되어야 한다. 그러기 위해서는 주관적인 생각은 최소화하며 공신력이 있는 자료를 인용하여야 한다. 또한 추정 및 예측 사항이 많은데 이에 대한 근거를 객관화하여야 할 것이다

둘째, 간단명료 하고 핵심을 강조하여야 한다. 사업 계획서를 작성하다 보면 자칫 서술적으로 나열하게 된다. 너무 방대하게 작성할 경우 창업자의 의도와는 다르게 핵심 내용이 희석될 수 있으므로 핵심 내용 위주로 창업 내용이 무엇이며, 경쟁력이 왜 있으며, 사업의 목표가 무엇인지, 그리고 어떠한 전략으로 목표를 달성할 것인지를 표현하는 데 주력하여야 한다. 부수적인 설명 사항은 부록 또는 별첨하여 이해를 돕도록 한다.

셋째, 차별성이 있어야 한다. 정상적인 목적을 갖고 있다면 누구나 창업하면 성공할 것이라는 신념으로 시작한다. 하지만 이는 모든 창업자의 희망사항이다. 극심한 경쟁사회 속에서 특별한 차별화가 되지 않으면 결코 성공할 수 없다. 창업 회사 및 창업 아이템에 어떠한 경쟁력이 있으며 앞으로도 경쟁력을 어떻게 유지할 것인지를 나타내야 한다. 지적 자산을 비롯하여 기술 차별화, 서비스 차별화 등의 핵심사항을 설득력 있게 표현하여야 한다.

넷째, 자금 조달의 타당성이다. 소요 자금이 얼마이며, 필요한 자금에 대한 확보 전략이 객관적이고 현실적으로 타당하여야 한다. 받으려는 입장이 아니라 주는 입장에서 생각하여 합리적인 조달 계획이 수립되어야 한다.

다섯째, 위기관리의 합리성이다. 창업 및 기업을 운영하다 보면 수많은 위기가 닥친다. 이를 예상하고 이에 대한 대비책도 명시되어야 한다. 모든 절차와 상황 전개가 순탄하면 가장 이상적이지만 많은 이해관계가 있는 문제이므로 돌발 상황이 항상 도사리고 있다. 이에 대한 주요 내용을 적출하고 대책을 수립하여야 한다. 이것은 제3자가 경영자의 능력과 자질을 가늠하는 요소이다.

사업 계획서 양식은 정해져 있지는 않고 용도에 따라 다소 차이가 있으며 특히 정부기관을 비롯하여 인허가 등의 제출용 사업 계획서는 요구 양식에 준하여 작성되어야 한다. 사업 계획서에는 사업에 대한 내용이 포함되어야 함은 물론 사업목표를 달성하기 위한 전략이 포함되어야 한다. 또한 사업 타당성 분석에 대한 내용도 그 결과가 포함되므로 사업 타당성 분석의 전반적이 내용도 첨부하는 것이 좋다. 창업 계획서의 경우는 특별히 창업동기를 비롯하여 창업팀(멤버)에 대한 내용을 명확하게 표현하여야 한다.

**표 4-3** 기본 사업 계획서 목차(예시)

**Ⅰ. 기업체 현황**
1. 회사 개요
2. 회사 연혁
3. 창업 동기
4. 기대 효과
5. 사업 전개 방안과 향후 계획

**Ⅱ. 조직 및 인력 현황**
1. 조직도
2. 조직 및 인력 구성의 특징
3. 대표자 및 경영진 현황
4. 주주 현황
5. 종업원 현황 및 고용 계획

**Ⅴ. 생산 및 시설 계획**
1. 생산 공정 소개
2. 생산 능력 보유 현황 및 계획
3. 시설 및 설비 보유 현황 및 투자 계획
4. 공정별 핵심 기술 소개
5. 제조 기술 확보 현황 및 계획
6. 제품 단위당 소요량
7. 재료비 계획
8. 인원 및 인건비 계획
9. 경비 계획

**Ⅵ. 제품 및 기술 개발 계획**
1. 신제품 개발 계획
2. 신기술 개발 계획

3. 핵심 기술 인력 현황 및 확보 계획
4. 선진 제품 및 기술 차이 분석

**Ⅲ. 제품 및 기술 개요**
1. 제품의 내용 및 특성
2. 핵심 기술의 내용 및 특성
3. 아이템 선정 과정과 사업 전망
4. 제품 및 기술의 차별화
5. 제품 및 기술의 파급 효과 및 활용 방안

**Ⅳ. 수요 현황 및 사업화 계획**
1. 시장 현황 및 전망
2. 경쟁업체 현황
3. 판매(매출) 계획 및 시장 점유율
4. 마케팅 전략

**Ⅶ. 재무 계획**
1. 소요 자금 및 조달 계획
2. 자금 수지 예상표
3. 추정 대차대조표
4. 추정 손익계산서
5. 추정 현금 흐름표
6. 손익분기점 분석
7. 투자 수익률 분석

**Ⅷ. 사업 추진 일정 계획**

**표 4-4** 사업 계획서 양식 예

## Ⅰ. 기업체 현황

1. 회사 개요

| 업체명 | | | | |
|---|---|---|---|---|
| 대표자 | | | 설립일(예정일) | |
| 업종 | | | 상시 종업원 수 | |
| 주제품 | | | 기업 형태 | |
| 주소 | 본사 | | | |
| | 공장 | | | |
| 사업장 현황 | 소유 형태 | | 자본금 | |
| | 용도 지역 구분 | | 자산 총액<br>(부채 총액) | |
| | 규모(대지, 건물, 기계) | | 연간매출액/<br>당기순이익 | |
| 사업자등록번호 | | | 결산일 | |
| 협회 단체<br>가입 현황 | | | 인허가 등록 | |
| 공업 소유권 현황 | | | 주거래 은행 | |
| 특이사항 | | | | |

2. 회사 연혁

| 년 월 일 | 주 요 내 용 |
| --- | --- |
| | |

3. 창업 동기

| 창업 동기 |
| --- |
| |

4. 사업의 기대 효과

| 기대 효과 |
| --- |
| |

5. 사업 전개 방안과 향후 계획

| 사업 전개 방안과 향후 계획 |
| --- |
| |

## II. 조직 및 인력 현황

1. 조직도
2. 조직 및 인력 구성의 특징

| 조직 및 인력 구성의 특징 |
| --- |
| |

3. 대표자 및 경영진 현황

| 직위 | 성명 | 연령 | 학력 | 경력 | 교육 | 자격증 |
| --- | --- | --- | --- | --- | --- | --- |
| | | | | | | |
| | | | | | | |
| | | | | | | |
| | | | | | | |
| | | | | | | |

4. 주주 현황

| 주 주 현 황<br>년 월 일 기준 | | | | | | 총주식 수 | 주 |
| --- | --- | --- | --- | --- | --- | --- | --- |
| | | | | | | 주당 액면가 | 원 |
| 성명 | 주민등록번호 | 보유 주식 수 | 금액 | 지분 | 주식 취득일 | 주주와의 관계 | 특기사항 |
| | | | | | | | |

5. 종업원 현황 및 고용 계획

| 구분 | 현재원 | 1차 년도 | 2차 년도 | 3차 년도 | 4차 년도 | 5차 년도 |
| --- | --- | --- | --- | --- | --- | --- |
| 임원 | | | | | | |
| 간부사원 | | | | | | |
| 관리직군 | | | | | | |
| 기술직군 | | | | | | |

| 구분 | 현재원 | 1차 년도 | 2차 년도 | 3차 년도 | 4차 년도 | 5차 년도 |
|---|---|---|---|---|---|---|
| 생산직군 | | | | | | |
| 일용직 | | | | | | |
| 종업원 계 | | | | | | |

### Ⅲ. 제품 및 기술 개요

1. 제품의 내용 및 특성

| 구분 | 제품명 | 규격 | 성능 및 특성 | 경쟁 제품 |
|---|---|---|---|---|
| 주생산품 | | | | |
| 부생산품 | | | | |
| 상품의 개요 | | | | |
| 용도 | | | | |

2. 핵심 기술의 내용 및 특성

| 기술명 | 내용 | 경쟁사 보유 현황 | 기술 격차 |
|---|---|---|---|
| 핵심 기술 1 | | | |
| 핵심 기술 2 | | | |
| 핵심 기술 3 | | | |
| 핵심 기술 4 | | | |

3. 아이템 선정 과정과 사업 전망

| | |
|---|---|
| 선정 과정 | |
| 사업 전망 | |

4. 제품 및 기술의 차별화

| 구분 | 경쟁사 1 | 경쟁사 2 | 경쟁사 3 |
|---|---|---|---|
| 제품 차별화 | | | |
| 기술 차별화 | | | |

5. 제품 및 기술의 파급 효과 및 활용 방안

| | 제품 | 기술 |
|---|---|---|
| 파급 효과 | | |
| 활용 방안 | | |

## Ⅳ. 수요 현황 및 사업화 계획

1. 시장 현황 및 전망

| 구분 | Y-3 | Y-2 | Y-1 | Y | Y+1 | Y+2 | Y+3 | Y+4 | Y+5 | 신장률 |
|---|---|---|---|---|---|---|---|---|---|---|
| 총수요 | | | | | | | | | | |
| 수요처 1 | | | | | | | | | | |
| 수요처 2 | | | | | | | | | | |
| 수요처 3 | | | | | | | | | | |

2. 경쟁업체 현황

| 구분 | 주소 | 대표자 | 매출액 | 주요 제품 | 특징 |
|---|---|---|---|---|---|
| 해외 경쟁사 1 | | | | | |
| 해외 경쟁사 2 | | | | | |
| 국내 경쟁사 1 | | | | | |
| 국내 경쟁사 2 | | | | | |

3. 판매(매출) 계획 및 시장 점유율

| | 구분 | Y | Y+1 | Y+2 | Y+3 | Y+4 |
|---|---|---|---|---|---|---|
| 총매출 | 금액 | | | | | |
| | 수량 | | | | | |
| 제품 1 | 금액 | | | | | |
| | 수량 | | | | | |
| 제품 2 | 금액 | | | | | |
| | 수량 | | | | | |

4. 마케팅 전략
- 주요 거래선 확보 전략
- 판매촉진 전략
- e-마케팅 전략
- 차별화 전략
- 해외 마케팅 전략

## V. 생산 및 시설 계획

1. 생산 공정 소개

| 공정명 | 작업 내용 | 소요 원부자재 |
| --- | --- | --- |
| | | |
| | | |
| | | |
| | | |

2. 생산 능력 보유 현황 및 계획

| | 현재 | Y+1 | Y+2 | Y+3 | Y+4 |
| --- | --- | --- | --- | --- | --- |
| 제품 1 | | | | | |
| 제품 2 | | | | | |
| 산출 근거 | 월 작업일 수<br>일 작업시간<br>설비 가동률<br>양품률 | | | | |

3. 시설 및 설비 보유 현황 및 투자 계획

시설 현황

| 구분 | | Y | Y+1 | Y+2 | Y+3 | Y+4 |
| --- | --- | --- | --- | --- | --- | --- |
| 토지 | 면적 | | | | | |
| | 금액 | | | | | |
| 건물 | 면적 | | | | | |
| | 금액 | | | | | |
| 총계 | 금액 | | | | | |

설비 현황

| 공정명 | 설비명 | 단가 | Y | | Y+1 | | Y+2 | | Y+3 | | Y+4 | |
| --- | --- | --- | --- | --- | --- | --- | --- | --- | --- | --- | --- | --- |
| | | | 대수 | 금액 | 대수 | 금액 | 대수 | 금액 | 대수 | 금액 | 대수 | 금액 |
| | | | | | | | | | | | | |
| | | | | | | | | | | | | |

| 공정명 | 설비명 | 단가 | Y | | Y+1 | | Y+2 | | Y+3 | | Y+4 | |
|---|---|---|---|---|---|---|---|---|---|---|---|---|
| | | | 대수 | 금액 | 대수 | 금액 | 대수 | 금액 | 대수 | 금액 | 대수 | 금액 |
| | | | | | | | | | | | | |
| | | | | | | | | | | | | |
| 총 금 액 | | | | | | | | | | | | |

4. 공정별 핵심 기술 소개

| 공정명 | 핵심 기술 | 원천 기술 | 보유 인력 |
|---|---|---|---|
| | | | |
| | | | |
| | | | |
| | | | |

5. 제조 기술 확보 현황 및 계획

| 제조 기술 확보 현황 및 계획 |
|---|
| |

6. 제품 단위당 소요량

| 재료명 | 단위당 소요량 및 금액 | | | | 주요 공급처 | 산출 근거 |
|---|---|---|---|---|---|---|
| | 단위 | 단가 | 수량 | 금액 | | |
| | | | | | | |
| | | | | | | |
| | | | | | | |
| | | | | | | |
| | | | | | | |
| | | | | | | |

7. 재료비 계획

| | Y | Y+1 | Y+2 | Y+3 | Y+4 |
|---|---|---|---|---|---|
| 생산 계획 | | | | | |
| 원자재 | | | | | |
| 부자재 | | | | | |
| 총재료비 | | | | | |

8. 인원 및 인건비 계획

| 구분 | | Y | Y+1 | Y+2 | Y+3 | Y+4 |
|---|---|---|---|---|---|---|
| 임원 | 인원 | | | | | |
| | 금액 | | | | | |
| 간부사원 | 인원 | | | | | |
| | 금액 | | | | | |
| 관리직군 | 인원 | | | | | |
| | 금액 | | | | | |
| 생신직군 | 인원 | | | | | |
| | 금액 | | | | | |
| 일용직 | 인원 | | | | | |
| | 금액 | | | | | |
| 총 계 | 인원 | | | | | |
| | 금액 | | | | | |
| 비고 | 산출 근거 | | | | | |

9. 경비 계획

직접 경비

| 구분 | | Y | Y+1 | Y+2 | Y+3 | Y+4 |
|---|---|---|---|---|---|---|
| 수도 | 수량 | | | | | |
| | 금액 | | | | | |

| 구분 | | Y | Y+1 | Y+2 | Y+3 | Y+4 |
|---|---|---|---|---|---|---|
| 전기 | 수량 | | | | | |
| | 금액 | | | | | |
| 생산성 소모품 | 수량 | | | | | |
| | 금액 | | | | | |
| 기타 | 수량 | | | | | |
| | 금액 | | | | | |
| 계 | 수량 | | | | | |
| | 금액 | | | | | |
| 비고 | 산출 근거 | | | | | |

간접 경비

| 구분 | | Y | Y+1 | Y+2 | Y+3 | Y+4 |
|---|---|---|---|---|---|---|
| 교통비 | 인원 | | | | | |
| | 금액 | | | | | |
| 교육비 | 인원 | | | | | |
| | 금액 | | | | | |
| 비품 | 인원 | | | | | |
| | 금액 | | | | | |
| 기타 | 인원 | | | | | |
| | 금액 | | | | | |
| 계 | 인원 | | | | | |
| | 금액 | | | | | |
| 비고 | 산출 근거 | | | | | |

## Ⅵ. 제품 및 기술 개발 계획

1. 신제품 개발 계획

| 구분 | 내용 | 출시 연도 | 경쟁 제품 |
|---|---|---|---|
| | | | |
| | | | |
| | | | |

2. 신기술 개발 계획

| 기술명 | 기술 내용 | 개발 연도 | 보유 경쟁사 |
|---|---|---|---|
| | | | |
| | | | |
| | | | |

3. 핵심 기술 인력 현황 및 확보 계획

기술 인력 현황

| 핵심 기술 | 성명 | 학력 | 경력 | 당사 근무기간 |
|---|---|---|---|---|
| | | | | |
| | | | | |
| | | | | |
| | | | | |
| | | | | |

기술 인력 확보 계획

| 구분 | | Y | Y+1 | Y+2 | Y+3 | Y+4 |
|---|---|---|---|---|---|---|
| 전공1 | 신입 | | | | | |
| | 경력 | | | | | |
| 전공2 | 신입 | | | | | |
| | 경력 | | | | | |

## Ⅶ. 재무 계획

1. 소요 자금 및 조달 계획

<table>
<tr><th colspan="3">소요 자금</th><th colspan="3">조달 계획</th></tr>
<tr><th colspan="2">내용</th><th>금액</th><th colspan="2">내용</th><th>금액</th></tr>
<tr><td rowspan="2">사업장</td><td>대지취득<br>공장건축<br>부대설비</td><td></td><td rowspan="4">자기 자본</td><td rowspan="3">납입 자본금</td><td></td></tr>
<tr><td>소　계</td><td></td><td></td></tr>
<tr><td rowspan="2">생산설비</td><td>기계설비<br>부대시설</td><td></td><td></td></tr>
<tr><td>소　계</td><td></td><td>소　계</td><td></td></tr>
<tr><td rowspan="2">유형<br>고정 자산</td><td>차량운반구<br>집　기<br>비　품<br>기　타</td><td></td><td>차입금 및<br>특수금융</td><td>회사채 발행<br>은행차입<br>제2금융권 차입<br>주주일시 차입</td><td></td></tr>
<tr><td>소　계</td><td></td><td></td><td>소　계</td><td></td></tr>
<tr><td rowspan="2">운전 자금</td><td>원부자재 매입<br>기타 운전 자금</td><td></td><td></td><td>기타 가용 자금</td><td></td></tr>
<tr><td>소　계</td><td></td><td></td><td>소　계</td><td></td></tr>
<tr><td colspan="2">예비비</td><td></td><td></td><td>예비비</td><td></td></tr>
<tr><td colspan="2">합 계</td><td></td><td></td><td>합 계</td><td></td></tr>
</table>

2. 자금 수지 예상표

<table>
<tr><th colspan="2" rowspan="2">구분</th><th>기준 연도</th><th colspan="4">재무 추정</th><th rowspan="2">추정<br>근거</th></tr>
<tr><th>Y</th><th>Y+1</th><th>Y+2</th><th>Y+3</th><th>Y+4</th></tr>
<tr><td>자금의 유입</td><td>자본금<br>당기순이익<br>감가상각비<br>고정 자산 처분<br>(금융기관 차입)<br>– 시설 자금<br>– 운전 자금<br>주주 차입<br>기타 자금의 유입<br>이월 현금, 예금</td><td></td><td></td><td></td><td></td><td></td><td></td></tr>
</table>

| 구분 | | 기준 연도 | 재무 추정 | | | | 추정 근거 |
|---|---|---|---|---|---|---|---|
| | | Y | Y+1 | Y+2 | Y+3 | Y+4 | |
| 합계 | | | | | | | |
| 자금의 유출 | 토지취득<br>건물취득<br>기계취득<br>차량운반구 기타<br>차입금 상환<br>사채의 상환<br>배당금<br>기타 자금의 유출<br>소요 운전 자금 | | | | | | |
| 합계 | | | | | | | |
| 과부족 | | | | | | | |

3. 추정 대차대조표

| | 실적 | 추정 | | | | |
|---|---|---|---|---|---|---|
| | 년 | 년 | 년 | 년 | 년 | 년 |
| 〈유동 자산〉<br>당좌 자산<br>재고 자산<br>기타 유동 자산<br>〈고정 자산〉<br>토지<br>건물<br>기타<br>기타 고정 자산 | | | | | | |
| 〈유동 부채〉<br>매입채무<br>단기차입금<br>기타 유동 부채<br>〈고정 부채〉<br>장기차입금<br>기타 고정 부채 | | | | | | |
| 부채 총액 | | | | | | |
| 자본금<br>잉여금<br>(당기순이익) | | | | | | |

| | 실적 | 추정 | | | | |
|---|---|---|---|---|---|---|
| | 년 | 년 | 년 | 년 | 년 | 년 |
| 자본 합계 | | | | | | |
| 부채와 자본 합계 | | | | | | |

4. 추정 손익 계산서

| | 실적 | 추정 | | | | |
|---|---|---|---|---|---|---|
| | 년 | 년 | 년 | 년 | 년 | 년 |
| 매출액<br>매출원가<br>(+)기초 제품 재고액<br>(–)당기 제품 제조 원가<br>(–) 기말 제품 재고액 | | | | | | |
| 매출 총이익 | | | | | | |
| 판매비 및 일반 관리비 | | | | | | |
| 영업이익 | | | | | | |
| 영업외 수익(비용) | | | | | | |
| 경상이익 | | | | | | |
| 특별이익(손실) | | | | | | |
| 법인세차 감순이익 | | | | | | |
| 법인세 | | | | | | |
| 당기순이익 | | | | | | |

5. 추정 현금 흐름표

| 과목 | Y | | Y + 1 | |
|---|---|---|---|---|
| | 금 액 | | 금 액 | |
| 1. 영업 활동으로 인한 현금 흐름 | | | | |
| 1) 매출 등 수익 활동으로부터 유입액 | | | | |
| 2) 매입 및 종업원에 의한 유출액 | | | | |
| 3) 이자수익 유입액 | | | | |
| 4) 배당금 수익 유입액 | | | | |
| 5) 이자 비용 등 유출액 | | | | |
| 6) 법인세 등 유출액 | | | | |
| | | | | |
| | | | | |
| 2. 투자 활동으로 인한 현금 흐름 | | | | |
| 1) 투자 활동으로 인한 현금 유입액 | | | | |
| 가) 유가증권의 처분 | | | | |
| 나) 장기성 예금의 감소 | | | | |
| 다) 토지의 처분 | | | | |
| 2) 투자 활동으로 인한 현금 유출액 | | | | |
| 가) 현금의 단기 대여 | | | | |
| 나) 유가증권의 취득 | | | | |
| 다) 토지의 취득 | | | | |
| 라) 연구 개발비의 지급 | | | | |
| | | | | |
| | | | | |
| 3. 재무 활동으로 인한 현금 흐름 | | | | |
| 1) 재무 활동으로 인한 현금 유입액 | | | | |
| 가) 단기 차입금 | | | | |
| 나) 사채 발행 | | | | |
| 다) 보통주 발행 | | | | |
| 2) 재무 활동으로 인한 현금 유출액 | | | | |
| 가) 단기 차입금 상환 | | | | |
| 나) 사채 상환 | | | | |
| | | | | |
| | | | | |
| 4. 현금의 증가 또는 감소 | | | | |
| 5. 기초 현금 | | | | |
| 6. 기말 현금 | | | | |

## Ⅷ. 사업 추진 일정 계획

| 구분 | 창업 추진 당해 연도 | | | | Y+1 | | | | 비고 |
|---|---|---|---|---|---|---|---|---|---|
| | 1/4 | 2/4 | 3/4 | 4/4 | 1/4 | 2/4 | 3/4 | 4/4 | |
| 자금 조달 | | | | | | | | | |
| 법인설립 및 등기 | | | | | | | | | |
| 사업자등록 신청 | | | | | | | | | |
| 법인설립 신고 | | | | | | | | | |
| 공장 건설 | | | | | | | | | |
| 공장 준공 및 등록 | | | | | | | | | |
| 시험 가동 | | | | | | | | | |
| 공장 건설완료 보고 | | | | | | | | | |

제3절

# 사업성 지표

사업의 전체적인 내용이 투자 및 매출 그리고 제반 자금과 수익 등의 재무적인 측면에서 지표화하여 분석함으로써 객관적 판단에 근거하여야 한다. 항목으로는 손익분기점의 분석과 유동성, 안정성, 수익성, 생산성을 분석하여 일반적 산업의 지표 및 해당 산업의 지표와 비교 분석하여 참고한다.

## 3.1 손익분기 분석

손익분기점이란 일정기간의 매출액과 그 매출액을 실현하기 위해서 지출된 총비용이 일치하는 시점의 매출액을 말한다. 손익분기점 분석을 위해서는 총비용을 매출액의 변동에 관계없이 일정하게 발생하는 고정비와 매출액의 변동에 비례하여 발생하는 변동비로 구분하여야 한다. 그러나 현실적으로 모든 비용 항목들이 반드시 매출액에 비례하여 발생하거나 또는 일정하게 발생하는 것이 아니므로 월별 손익 계산서를 토대로 고정비와 변동비를 적정하게 분류하여야 한다. 손익분기점 분석은 수입내용을 분석하고 또 손실을 발생시키지 않기 위한 최저 한계 매출액을 알 수 있어 상당히 편리한 분석 방법이다. 한계이익, 변동비율 등을 활용하여 목표이익을 확보하기 위한 매출액 산정에도 쓰이며, 설립계획이나 신규지점 계획의 타당성 판정 등에도 유용하게 쓰인다. 비용을 고정비와 변동비로 나누어 매출과 이익이 어떻게 변하는가의 감도 분석을 손쉽게 하는 방법으로 흔히 손익분기점 분석 기법을 사용한다.

■ 산출 방법

- 손익분기점의 매출액 = X
- 일정기간의 고정비 = F
- 동기간의 변동비 = V
- 동기간의 매출액 = S
- 변동비율 = V/S

■ 기본 공식

$$X = F / (1 - V / S)$$

## 3.2 재무비율 분석

### 3.2.1 유동성비율

유동성비율이란 현금이 아닌 자산을 현금으로 용이하게 전환시킬 수 있는 능력 또는 용이하게 현금을 획득할 수 있는 능력을 말한다. 단기 채무의 지급 능력을 판단하는 비율로써 현금화시킬 수 있는 확실성의 정도를 의미한다. 기업의 부채 상환 능력 또는 신용을 평가하는데 이용되며 표준비율은 200% 이상이 바람직하다.

**유동성비율 = 유동 자산/유동 부채 X 100%**

### 3.2.2 안정성비율

레버리지비율(Leverage Rate)이라고도 하며 기업이 어느 정도 타인 자본에 의존하고 있으며 조달된 자본이 기업의 자산에 얼마나 적절히 배분되고 있는가를 나타내어 기업의 부실 정도를 나타낸다. 부채비율, 유동 부채비율, 자기 자본비율이 해당된다.

① 부채비율 : 자기 자본과 타인 자본의 관계비율로 자본 구성의 안정성을 나타내며 100% 이하가 좋다.

**부채비율= 부채/자기 자본 X 100%**

② 유동 부채비율 : 자기 자본과 유동 부채와의 관계비율로 자본 구성의 채권자에 대한 지급 능력을 판단하는 비율이며 100% 이하가 좋다.

**유동 부채비율= 유동 부채/자기 자본 X 100%**

③ 자기 자본비율 : 총자본(총자산)에 대한 자기 자본의 비율이며 50% 이하가 좋다.

**자기 자본비율= 자기 자본/총자본 X 100%**

### 3.2.3 수익성비율

일정기간 동안 기업이 조달한 자본 또는 보유 자산이 특정의 이익을 실현하는데 얼마나 기여했는가를 나타내는 비율로 총자산 이익률(총자본 이익률), 자기 자본 이익률, 매출액 총이익률이 있다.

① 총자산 이익률 : 당기순이익을 총자산(총자본)으로 나눈 비율

**총자산(자본) 이익률= 당기순이익/총자산(총자본) X 100%**

② 자기 자본 이익률 : 당기순이익을 자기 자본으로 나눈 비율로 높을수록 좋다.

**자기 자본 이익률= 당기순이익/자기 자본 X 100%**

③ 매출액 총이익률 : 매출액이 얼마나 매출 총이익을 실현했는가를 나타내며, 판매 능력과 생산 효율 측정의 척도이기도 하다. 비율은 높을 수록 좋다.

**매출액 총이익률= 매출 총이익/매출액 X 100%**

### 3.2.4 생산성비율

기업의 노동력 및 설비 등이 얼마나 효율적으로 활용되고 있는가를 나타내는 지표로 노동 생산성과 자본 생산성 지표가 있다.

① 노동 생산성 : 종업원 1인당 부가가치 생산액으로 높을수록 좋다.

**노동 생산성= 부가가치/종업원 수**

② 자본 생산성 : 총자본 투자 효율이라고도 하며 투하된 단위 자본당 생산된 부가가치를 나타내며 높을수록 좋다.

**자본 생산성= 부가가치/총자본**

CHAPTER 5

# 지식 재산권

현대 사회를 지식 정보화 사회라고 한다. 위키 백과사전에 의한 정의로 지식 재산권(Intellectual Property Right)은 인간이 창조적 활동 또는 경험 등을 통해 창출하거나 발견한 지식, 정보, 기술이나 표현, 표시 그 밖에 무형적인 것으로 재산적 가치가 실현될 수 있는 지적 창작물에 부여된 재산에 관한 권리라고 하였으며, 지적 재산권이라고도 한다. 지식 재산 기본법(2011.5.19.) 제3조의 정의에 따르면 인간의 창조적 활동 또는 경험 등에 의하여 창출되거나 발견된 지식, 정보, 기술, 사상이나 감정의 표현, 영업이나 물건의 표시, 생물의 품종이나 유전자원, 그 밖에 무형적인 것으로써 재산적 가치가 실현되는 것이라 하였으며 신지식 재산이란 경제, 사회 또는 문화의 변화나 과학 기술의 발전에 따라 새로운 분야에서 출현한 지식 재산을 의미하는 것으로 반도체 배치 설계나 온라인 디지털콘텐츠와 같이 전통적인 지식 재산의 범주에 속하지 않은 것들을 말한다. 이러한 지식 재산권은 법령 또는 조약 등에 따라 인정되거나 보호되는 지식 재산에 관한 권리를 말한다.

제1절

# 지식 재산권의 종류

## 1.1 개요

지식 재산권과 관련된 법률로는 특허법, 저작권법, 실용신안법, 디자인법, 상표법, 발명 보호법 등이 있으며 국제적으로도 협약하여 준행되고 있는 '공업 소유권의 보호를 위한 파리협약', '한일 상표권 상호 보호에 관한 협정' 등으로 국제적으로 상호 지적 재산을 보호하고 있다. 지적 재산권 보호 조약은 파리협약을 포함하여 총 14개가 있으며, 국제 보호 등록 조약은 총 6개, 국제 분류 조약은 총4개가 있다.

**표 5-1** 국제조약 현황

| 구분 | 협약 |
|---|---|
| 지적 재산권 보호 조약 | 파리 협약, 마드리드 협정, 상표법 조약, 나이로비 조약, 특허법 조약, 베른 협약, 로마 협약, 상표법에 관한 싱가포르 조약, 음반 불법복제 방지를 위한 제네바 협약, 통신 위성 송신 프로그램 신호 배분에 관한 브뤼셀 협약, 워싱턴 조약, WIPO 저작권 조약, WIPO 실연음반 조약, 시청각 실연에 관한 베이징 조약 |
| 국제 보호 등록 조약 | 특허협력 조약, 마드리드 협정, 부다페스트 조약, 헤이그 협정, 마드리드 의정, 리스본협정 |
| 국제 분류 조약 | 스트라스부르 협정, 니스 협정, 비엔나 협정, 로카르노 협정 |

이와 같은 지식 재산은 크게 5가지로 분류할 수 있다.

① **마케팅 관련 지식 재산** : 브랜드명, 상호, 상표, 서비스표, 단체표장, 인증마크, 도메인명 등

② 예술 관련 지식 재산 : 연극, 오페라, 발레, 서적, 잡지, 신문 등 문학 작품, 작곡, 작사, CF송과 같은 음악 작품, 그림, 사진

③ 기술 관련 지식 재산 : 특허 기술(실용신안, 디자인 포함), 특허 받지 않은 기술(식물육성자의 권리) 컴퓨터 소프트웨어, 비밀공식 및 공법과 같은 영업비밀 등

④ 고객 관련 지식 재산 : 고객 목록, 고객 계약 및 관련 고객 관계, 주문 잔고 등

⑤ 계약 관련 지식 재산 : 실시권, 로열티, 유지보수 계약, 광고 및 용역 계약, 프랜차이즈 계약

## 1.2 지식 재산권의 종류

지식 재산권은 전통적인 산업에서 생성되는 산업 재산권과 저작권이 있으며 반도체 설계나 디지털콘텐츠와 같이 전통적인 지식 재산권의 범주에 속하지 않는 새로운 분야에서 생성되는 신지식 재산권이 있다.

### 1) 산업 재산권

① 특허권 ② 실용신안권 ③ 디자인권

② 상표권

### 2) 저작권

① 저작 인격권 ② 저작 재산권 ③ 저작 인접권

### 3) 신지식 재산권

① 첨단산업 재산권 ② 산업 저작권 ③ 정보 재산권

④ 기타

제2절

# 특허

특허는 발명가에게 일정기간 동안 발명에 대한 독점권을 인정하고 그 기간이 만료되면 해당 특허 내용을 일반인에게 공개하여 사용할 수 있도록 하는 제도로, 「기술 공개의 대가로 특허권을 부여」하는 것을 구체적인 수단으로 사용하며 특허권자의 권익을 보호하는 것으로 우리나라에서는 특허법, 실용신안법, 의장법으로 구분하여 해당 권리를 보호하고 있다. 특허의 권리 보호기간은 20년이며 의약특허 등과 같이 특수한 경우는 5년 연장이 된다. 또한 특허는 속지주의를 표방하여 권리를 획득한 국가 내에만 효력이 발생한다. 지식에 대한 구분은 발명에 의한 지식과 고안에 의한 지식으로 구별하며 특허권은 발명에 대하여 부여하고 실용신안권은 고안에 대하여 부여하는 권한이다. 발명이 고안보다 상위적 개념이 있으며 발명을 자연법칙을 이용한 기술사상의 창작으로 고도(高度)한 것으로, 고안은 자연법칙을 이용한 기술사상의 창작으로 나눈다.

특허 요건으로는 먼저 산업에 이용할 수 있어야 하는 산업상 이용 가능성과 출원하기 전에 이미 알려진 기술이 아니어야 하는 신규성, 그리고 선행 기술과 다른 것이라 하더라도 그 선행 기술로부터 쉽게 생각해 낼 수 없는 것이어야 하는 진보성을 갖추어야 한다.

특허의 권리부여의 기준으로는 선출원주의와 선발명주의의 2가지 있다. 동일한 발명이 2 이상 출원되었을 때, 어느 출원인에게 권리를 부여할 것인가를 결정하는 기준으로 선출원주의와 선발명주의가 있다. 우리나라는 선출원주의를 채택하고 있다. 선출원주의는 발명이 이루어진 시기에 관계없이 특허청에 먼저 출원한 발명에 권리를 부여하는 것으로 기술의 공개에 대한 대가로 권리를 부여한다는 의미에서 합리적이며 신속한 발명의 공개를 유도할 수 있다는 장점이 있으며, 발명의 조속한 공개로 산업발전을 도모하려는 특허 제도의 취지에 부합된다고 할 수 있다. 선발명주의란 출원의 순서와 관계없이 먼저 발명한 출원인에게 권리를 부여하는 것으로 발명가 보호에 장점이 있으며 특히 사업체를 가지고 있지 않은 개인 발명가들이 선호하는 제도이기도 하다. 발명가는 발명에 관련된 일지를 작성하고 증인을 확보해야 하며 특허청은 발명의 시기를 확인하여야 하는 불편이 있다. 미국 1개국만이 선발명주의를 운용하고 있으며 특허 제도의 국제적 통일에 최대 장애 요인으로 되고 있다.

특허권 청구 절차는 다음과 같다.

### ■ 방식 심사

출원인이 제출한 출원 서류에 대한 심사를 한다. 서식의 필수사항 기재 여부, 기간의 준수 여부, 증명서 첨부 여부, 수수료 납부 여부 등 절차상의 흠결을 점검한다.

출원 서류

① 출원서 : 출원인, 대리인 및 발명(고안)의 명칭 등

② 명세서

③ 발명 상세 설명서

④ 청구범위 : 특허 발명의 보호범위

⑤ 도면 : 필요한 경우 기술구성을 도시하여 발명을 명확히 표현

⑥ 요약서 : 발명을 요약, 정리

출원 공개 제도는 출원 후 1년 6개월이 경과하면 그 기술 내용을 특허청이 공보의 형태로 일반인에게 공개하는 제도로써 심사가 지연될 경우 출원 기술의 공개가 늦어지는 것을 방지한다. 출원 공개가 없다면, 출원 기술은 설정등록 후 특허공보로써 공개되며 출원 공개 후, 제3자가 공개된 기술 내용을 실시하는 경우에는 출원인은 그 발명이 출원된 발명임을 서면으로 경고할 수 있으며, 경고일로부터 특허권 설정 등록일까지 실

시에 대한 보상금을 권리획득 후 청구할 수 있다.

### ■ 심사 청구

출원인은 출원한 내용에 대하여 5년 이내에 심사 청구를 하여야 한다. 심사업무를 경감하기 위하여 모든 출원을 심사하는 대신 출원인이 심사를 청구한 출원에 대해서만 심사하는 제도로써 특허 출원에 대하여 출원 후 5년 이내에 심사 청구를 하지 않으면 출원이 없었던 것으로 간주한다.

### ■ 실체 심사

특허 요건, 즉 산업상 이용 가능성, 신규성 및 진보성을 판단하는 심사를 말하며 이와 함께 공개의 대가로 특허를 부여하게 되므로 일반인이 쉽게 실시할 수 있도록 기재하고 있는가를 동시에 심사한다.

심사관은 심사에 착수하여 해당 출원 내용에 대하여 특허로써 거절 이유를 발견하면 최초 거절 이유를 통지하고, 심사 착수 후 보정서가 제출되어 다시 심사한 결과 보정에 의해 발생한 거절 이유를 발견하면 최후 거절 이유를 통지한다. 심사관은 최후 거절 이유를 통지한 후 보정에서 보정 각하 사유를 발견하면 심의하여 보정을 각하하고 이전 명세서로 심사를 한다. 거절 이유가 해소되면 특허 결정을 한다.

### ■ 특허 결정

해당 출원이 특허요건을 충족하는 경우, 심사관이 특허를 부여한다.

### ■ 설정 등록과 등록 공고

특허 결정이 되면 출원인은 등록료를 납부하여 특허권을 설정 등록한다. 이때부터 권리가 발생하며 설정 등록된 특허 출원 내용을 등록 공고로 발행하여 일반인에게 공표한다.

특허 심사 과정 또는 등록 후 이의 제기에는 다음과 같은 것들이 있다.

### ■ 거절 결정

출원인이 제출한 의견서 및 보정서에 의하여도 거절 이유가 해소되지 않은 경우 특허를 부여하지 않는 처분을 말한다.

### ■ 거절 결정 불복 심판

거절 결정을 받은 자가 특허 심판원에 거절 결정이 잘못되었음을 주장하면서 그 거절 결정의 취소를 요구하는 심판 절차를 말한다.

### ■ 무효 심판

심사관 또는 이해관계인이 특허에 대하여 무효 사유(특허요건, 기재불비, 모인출원 등)가 있다고 판단될 시 특허권의 설정등록이 있는 날부터 등록 공고일 후 3월 이내에 그 특허권을 무효 시켜줄 것을 요구하는 심판 절차를 말한다. 해당 특허에 대하여 무효 심판이 확정되면 그 특허권은 처음부터 없었던 것으로 간주된다.

특허권은 많은 이해관계를 갖고 있으며 특허의 출원 및 취득 시기가 특허 출원인 및 해당 지식을 보유하고 있는 관계자들에게 많은 영향을 미치게 된다. 이에 관련하여 특허 심사 주요 제도를 살펴보면 다음과 같다.

### ■ 우선 심사 제도

특허 출원은 심사 청구 순서에 따라 심사하는 것이 원칙이나, 모든 출원에 대해서 예외 없이 이러한 원칙을 적용하다 보면 공익이나 출원인의 권리를 적절하게 보호할 수 없는 면이 있어 일정한 요건을 만족하는 출원에 대해서는 심사 청구 순위에 관계없이 다른 출원보다 먼저 심사하는 제도를 말한다.

### ■ 특허 청구범위 제출 유예 제도

출원일부터 1년 6개월이 되는 날까지(출원 심사 청구의 취지를 통지받은 경우에는 통지받은 날부터 3개월이 되는 날까지) 명세서의 특허 청구범위 제출을 유예할 수 있는 제도를 말하며 제출기한 이내에 특허 청구범위를 제출하지 않으면 취하 간주되며, 특허 청구범위가 제출된 경우에 한하여 심사 청구가 가능하다.

### ■ 심사 유예 신청 제도

늦은 심사를 바라는 고객의 요구를 충족시키기 위해 특허 출원인이 원하는 유예 시점에 특허 출원에 대한 심사를 받을 수 있는 제도로써 늦게 심사받는 대신 희망 시점에 맞춰 심사한다. 심사 청구 시 또는 심사 청구일로부터 9개월 이내에 유예 희망 시점을 기재한 심사 유예 신청서를 제출하면 이용 가능하다.

### ■ 분할 출원

2 이상의 발명을 하나의 특허 출원으로 신청한 경우 그 일부를 하나 이상의 출원으로 분할하여 출원 할 수 있다.

### ■ 변경 출원

출원인은 출원 후 설정등록 또는 거절 결정 확정 전까지 특허에서 실용신안 또는 실용신안에서 특허로 변경하여 자신에게 유리한 출원을 선택할 수 있다.

### ■ 조약 우선권 주장

파리 협약이나 WTO 회원국 간의 상호 인정되는 제도로 제1국 출원 후 1년 내에 다른 가입국에 출원하는 경우 제1국 출원에 기재된 발명에 대하여 신규성, 진보성 등 특허 요건 판단일을 소급하여 주는 제도를 말한다.

■ 국내 우선권 주장

선출원 후 1년 이내에 선출원 발명을 개량한 발명을 한 경우 하나의 출원에 선출원 발명을 포함하여 출원할 수 있도록 하는 제도를 말한다.

■ 직권보정 제도

출원에 대해 심사한 결과 특허 결정이 가능하나 명백한 오탈자, 참조부호의 불일치 등과 같은 사소한 기재불비만 존재하는 경우, 의견 제출통지를 하지 않고도 보다 간편한 방법으로 명세서의 단순한 기재불비 사항을 수정할 수 있도록 함으로써 심사 지연을 방지하고 등록 명세서에 완벽을 기하고자 마련된 제도이다.

■ 재심사 청구(심사전치) 제도

심사 후 거절 결정된 경우 거절 결정 불복 심판을 청구한 후 명세서를 보정한 건에 대해 다시 심사를 하였으나(심사전치 제도) 개정 특허법에 따라 거절 결정 후 심판 청구를 하지 않더라도 보정과 동시에 재심사를 청구하면 심사관에게 다시 심사받을 수 있다.

제3절

# 실용신안

실용신안권은 고안에 대하여 부여하는 권한이다. 고안은 자연법칙을 이용한 기술사상의 창작으로 발명에 비하여는 하위적 의미를 갖는다. 특허 행사 시 권리 존속의 기간이 특허가 20년인 것에 비하여 실용신안권은 10년이다. 여타의 사항들은 특허권과 크게 다를 바가 없다. 실용신안 출원, 방식 심사, 출원 공개, 실제 심사 착수 및 등록 결정한다. 물품의 형상·구조 또는 조합에 관한 자연법칙을 이용한 기술적 사상의 창작이 실용신안의 보호 대상인 반면에 특허는 자연법칙을 이용한 기술적 사상의 창작으로서 고도한 것을 보호 대상으로 한다.

제4절

# 디자인

디자인(Design)은 외래어로 제품에 관한 제품디자인, 광고포스터·그래픽디자인·디지털디자인 등과 같은 시각디자인, 생활공간이나 환경에 관한 환경디자인 등을 포괄하는 광의의 개념을 포함한다. 디자인 보호법에는 '디자인이라 함은 물품의 형상, 모양이나 색채 또는 이들을 결합한 것으로써 시각을 통하여 미감을 일으키게 하는 것을 말한다.(제2조 제1호)'고 규정하고 있다. 따라서 디자인보호법상 디자인은 독립 거래의 대상이 되는 유체 동산인 물품의 외관(형상, 모양, 색채)에 관한 디자인으로 특정될 수 있다.

디자인의 성립 요건은 다음과 같다.

### ■ 물품성

디자인은 물품과 불가분의 관계이며, 물품을 떠나서는 존재할 수 없다. 즉, 창작된 도안을 보호하는 것이 아니라, 그 도안이 적용된 물품을 보호하는 것이다.

### ■ 형태성

디자인 보호법상 형태란 형상(Shape), 모양(Pattern), 색채(Colour) 또는 이들의 결합을 말하는 것으로 형태성을 필요로 하는 이유는 물품에 표현된 형태에 미적 가치가 요구되기 때문이다.

### ■ 시각성

디자인은 인간의 육안으로 식별할 수 있는 것만을 대상으로 한다. 즉, 시각 이외의 감각에 의하여 인식 가능한 것, 육안으로는 식별할 수 없는 것, 외부에서 볼 수 없는 것은 디자인 보호의 대상이 될 수 없다.

■ 심미성

디자인은 미감을 일으키는 것이어야 한다.

등록출원한 디자인을 등록받기 위해서는 디자인의 성립 요건(신규성, 창작성, 공업상 이용가능성 등)을 충족하여야 하고 확대된 선출원주의에 위배되지 말아야 한다. 그러나 이와 같은 요건을 충족한 디자인 또는 이와 유사한 디자인이 2이상 출원된 경우에는 가장 먼저 출원한 자만이 등록받을 수 있다.

디자인 등록출원에는 디자인 심사 등록출원과 디자인 무심사 등록출원이 있다. 물품의 특성상 유행성이 강하고 라이프 사이클이 짧은 식품류(A1), 의복류(B1), 침구류(C1), 용지·인쇄물류(F3), 포장용기류(F4), 직물지류(M1), 잡화류(B2), 신발류(B5), 교재류(F1), 사무용품류(F2), 신변용품(B3), 가방 등(B4), 의복 및 신변용품의 부속품(B9), 가정용 보건위생용품(C4), 경조용품(C7), 실내 소형 정리용구(D1), 광고용구 등(F5), 전자계산기(H5) 등 그 외 다수가 디자인 무심사 등록출원 대상품목이며 기타 물품에 대해서는 디자인 심사 등록출원 대상이다.

디자인권의 존속기간은 디자인의 설정등록일로부터 15년이며 다만 유사 디자인권의 존속기간은 기본 디자인권의 존속기간과 같아 기본 디자인권이 소멸되면 유사 디자인권도 함께 소멸된다.

제5절

# 상표

상표란 자신의 상품에 이름을 부여하여 유사한 다른 상품과 식별하게 한다. 즉 상품에 대한 소유권한이 있는 자신이 직접 또는 간접적인 방법으로 부여하는 식별표시인 것이다. 국어사전에서는 사업자가 자신의 상품을 다른 상품과 구별하거나 그 고유성을 나타내기 위해서 드러내는 기호나 문자, 도형 따위의 표지로 상표에 대하여 정의하고 있다. 상표 등록 절차 즉, 상표 출원 절차는 간단하다. 먼저, 등록하려는 상표를 특허청에 출원하면 된다. 특허청이 평균 10개월에서 1년간에 걸쳐 심사 후 결과에 따라 등록비를 제출하여 등록하면 된다. 특허청에 상표를 출원하면 특허청은 이를 일반에 공고한다. 공고 제도는 상표의 공익성과 출원 상표의 다양성에 비추어 특허청 내부 심사관의 심사만으로는 부족하다는 견지에서 상표로서의 권리를 설정등록하기 전에, 이를 일반에게 공개하여 공중심사에 회부함으로써 각계의 의견을 듣고 이의가 있으면 이의신청을 할 수 있다. 이러한 과정을 통하여 등록된 상표권의 존속기간은 설정등록이 있는 날로부터 10년이며, 상표권의 존속기간 갱신 등록출원에 의하여 10년간씩 그 기간을 갱신할 수 있으므로 계속 사용을 하는 한 반영구적인 효력을 갖고 있다.

상표가 유형 재화를 인식하기 위한 것인 반면 서비스와 같은 무형 재화에는 '서비스표'라고 한다. 즉, 서비스업을 영위하는 자가 자기의 서비스업을 타인의 서비스업과 식별되도록 하기 위하여 사용하는 표장을 말한다. 이외에도 상품을 공동으로 생산·판매 등을 하는 업자 등이 설립한 법인이 직접 사용하거나 그 감독하에 있는 단체원으로 하여금 자기의 영업에 관한 상품 또는 서비스업에 사용하게 하기 위한 '단체표장'과 영리를 목적으로 하지 아니하는 업무를 영위하는 자가 그 업무를 나타내기 위하여 사용하는 '업무표장'이 있다.

이러한 상표에는 다양한 형태가 있으며 우리나라에서 인정하는 상표는 다음과 같다.

① 문자상표 : 한글, 한자, 영어 등의 문자로 구성된 상표

② 도형상표 : 사실적 또는 기하학적 등의 도형으로 표현한 상표

③ 기호상표 : 무슨 뜻을 나타내거나 적어 보이는 표로 대체로 문자나 도형을 기호로 간략히 구성된 상표

④ 입체상표 : 형상화한 상표

⑤ 색체상표 : 색체를 상표의 구성 요소로 한 것

⑥ 결합상표 : 상기의 상표를 결합하여 표현된 상표

제6절

# 저작권

저작권은 학문적 또는 예술적 저작자의 권리와 이에 인접하는 권리를 보호하고 저작물의 공정한 이익을 도모하기 위하여 1986년 제정된 법률로 문학, 학술, 예술의 범위에 속하는 창작물에 대하여 다른 사람이 무단으로 복제, 공연, 공중송신, 전송, 전시, 배포, 대여 및 2차적 저작물 등의 작성 등의 행위를 하거나 그 창작물에 대한 창작자의 인격권을 침해하는 행위를 금지하는 권리로서 법이 일정기간 동안 그 창작물에 대하여 창작자에게 독점권을 부여하는 것이다.

저작물이 저작권으로 보호를 받기 위하여서는 일정수준 이상의 창작성이 있어야 한다. 단, 저작권은 아이디어에 대한 표현을 보호하는 것이지 그 아이디어 자체를 보호하는 것은 아니다.

### 1) 저작 인격권

저작 인격권은 저작자가 자기의 저작물에 대한 인격적·정신적 권리를 말한다. 일반적으로 공표권, 성명표시권 및 동일성유지권으로 구성되어 있으며 양도나 상속의 대상은 되지 않는다.

### 2) 저작 재산권

저작 재산권은 저작물의 이용으로부터 생기는 경제적 이익을 보호하기 위한 권리를 말한다. 저작권법은 저작 재산권에 포함되는 권리의 종류를 복제권, 공연권, 공중송신권, 전시권, 배포권, 대여권, 2차적 저작물 작성권의 7가지를 인정하고 있다. 이러한 권리는 배타적인 지배권으로 저작권법에서 규정하고 있는 종류에 한하여 인정되고 양도나 상속이 가능하며, 지분권별로 분리하여 양도할 수도 있다.

### 3) 저작 인접권

저작 인접권이란 실연자, 음반제작자 및 방송 사업자에게 부여되는 저작권과 유사한 권리이다. 실연자는 실연을 하는 자 및 실연을 지휘, 연출 또는 감독하는 자를, 음반제작자는 음을 음반에 고정하는데 있어 전체적으로 기획하고 책임을 지는 자를, 방송사업자는 방송을 업으로 하는 자를 말한다. 이는 실연자, 음반 제작자, 방송 사업자는 저작물의 직접적인 창작자는 아니지만, 저작물의 해석자 내지는 전달자로서 창작에 준하는 활동을 통해 저작물의 가치를 증진시킨다는 점에서 저작권법이 저작권에 준하는 권리를 부여한다.

제7절

# BM 특허

BM은 "Business Method'의 약어로 우리나라 표현으로는 '영업 방식'이라 한다. 즉 BM 특허란 영업 방법 등 사업 아이디어를 컴퓨터, 인터넷 등의 정보 통신 기술을 이용하여 구현한 새로운 비즈니스 시스템을 말하는 것으로 정보 통신 기술 시대에 등장하는 e-비즈니스 관련 분야의 발명이라 할 수 있다. 이의 특허 대상은 순수한 영업 방법 자체는 자연 법칙을 이용하지 않는 것으로 특허 대상이 될 수 없으나 영업 방법이 컴퓨터나 정보 통신 기술을 이용하여 소프트웨어에 의한 정보 처리가 하드웨어를 이용하여 구체적으로 구현되는 경우에는 BM 특허의 대상이 된다.

표 5-2 BM 특허의 대상 제외 항목 예시

| | BM 특허 대상 제외 항목 예 |
|---|---|
| 1 | 순수 영업 방법 자체 |
| 2 | 추상적인 아이디어, 인위적인 결정, 인간의 정신 활동, 오프라인상의 인간의 행위를 포함하는 경우 |
| 3 | 소프트웨어에 의한 정보 처리가 하드웨어를 이용해 구체적으로 실현되고 있지 않은 경우 |
| 4 | 온라인상의 행위와 오프라인상의 행위가 결합된 경우 |
| 5 | 컴퓨터 프로그램 리스트, 데이터 구조 등 정보의 단순한 제시 |
| 6 | 컴퓨터 프로그램 자체 |
| 7 | 수학 알고리즘 또는 수학 공식, 경제 법칙, 금융 법칙, 게임 규칙 |
| 8 | 발명의 과제를 해결하기 위한 구체적인 수단이 결여된 미완성 발명 |

BM 특허의 출원 및 등록 절차는 첫째, 선행 기술 조사 단계로 특허 출원하고자 하는 발명과 동일 또는 유사 선행 기술의 존재 여부를 조사한다. 둘째, 출원 단계로 특허 출원서를 작성하여 전자 출현 또는 서면(우편, 방문)으로 출원을 한다. 셋째, 방식 심사

단계로 특허 출원 등의 제반 서류가 특허법 및 기타 법령에서 정한 형식적 절차적 방식에 위배되는 사항이 있는지 심사한다. 넷째, 심사 청구 단계로 특허 출원을 심사받고자 하는 경우에는 특허 출원 후 5년 이내에 심사 청구를 한다. 다섯째, 실체 심사 단계로 특허 출원이 특허요건을 만족하는지 여부를 심사하고 특허 결정서 또는 의견 제출 통지서를 심사 청구자에게 발송한다. 여섯째, 보정서 및 의견서 제출 단계로 출원인은 심사관의 의견 제출 통지서에 준한 보정서 및 의견서를 작성 제출한다. 마지막으로 등록 또는 거절 단계로 출원인이 제출한 보정서 및 의견서를 통해 거절 이유 해소 여부를 판단하고 등록 또는 거절을 결정한다.

### ■ 선행 기술 조사

특허 출원을 하기 전에 특허를 받고자 하는 발명과 동일 또는 유사한 발명이 먼저 출원되었거나 등록받았는지를 검색을 하여 조사한다. 먼저 출원되어 존재하는 경우는 특허로써의 신규성 또는 진보성 등이 인정되지 않아 특허를 받을 수 없게 된다. 선행 기술 조사는 www.kipris.or.kr 및 library.kipo.go.kr에서 검색이 가능하다.

### ■ 특허 출원

발명을 한 자 또는 승계인은 누구나 출원이 가능하며 2인 이상의 공동 발명인 경우는 특허 받을 수 있는 권리를 공유하게 된다. 특허 출원 시 필요한 서류는 요약서, 명세서, 필요 시 도면 등을 첨부한 출원서를 작성 제출하며 대리인의 경우는 대리권을 증명하는 서류가 필요하다. 제출 방법으로는 온라인 제출과 방문 및 우편을 통한 서면 제출이 가능하다. 출원 절차는 먼저 출원인 등록(출원인 코드)을 한 후 온라인 출원일 경우, 전자 문서 이용 신고를 하여 인증서를 발급받고 출원서를 작성하여 온라인으로 출원하며, 서면 출원인 경우는 출원서를 작성하여 우편 또는 방문하여 접수시키면 된다. 출원서 제출 시 수수료가 소요된다.

### ■ 출원 방식 심사

출원인이 특허청에 제출한 서류에 대하여 특허법이 정한 방식요건의 충족 여부를 심사한다. 서류의 기재 방식, 출원인, 대리인의 절차 능력, 수수료 납부 사항 및 첨부 서류 제출 등의 적합성을 심사하여 방식요건이 충족되면 서류를 수리한다. 방식 심사 결과 보정이 가능한 서류는 1개월 이내의 기간을 정하여 출원인에게 보정을 요구하며 해당 기간 내에 보정서를 제출받아 흠결을 치유할 수 있다. 그러나 제출기일 내에 보정서를 제출하지 않거나 보정서의 내용의 흠결을 치유하지 못하는 경우는 해당 서류를 무효 처리 한다. 이때에는 반려 이유 통지서를 발급하게 된다. 반려 이유 통지서를 접수한 출원인은 소명을 통해 흠결을 치유할 수 있으며, 반려 이유 통지서를 받고 소명서 제출기일 이전에 서류를 반려 받으려면 반려 요청서를 제출하여야 한다.

### ■ 출원 공개

특허 출원 후 1년 6개월이 경과하면 그 출원 발명의 내용을 일반에게 공표한다. 단, 출원인의 조기 공표 신청이 있을 경우에는 조기 공개가 가능하다. 출원 공개를 통하여 출원인과 제3자는 다음과 같은 효과를 거둘 수 있다.

### ■ 특허 심사

특허 출원에 대한 심사는 심사 청구가 있는 경우에만 심사관에 의해 이루어진다. 정해진 기간 내에 심사 청구가 없는 출원은 취하된 것으로 간주한다. 출원인은 심사 청구 시 빠른 심사(우선 심사), 일반 심사, 늦은 심사(심사 유예) 중에서 선택하여 청구한다.

전자 거래와 직접 관련된 출원의 우선 심사 대상은 전자 거래 기본법 제2조에서 규정하는 전자 거래를 촉진하는 전자 거래 관련 출원으로, 전자 거래에 있어서 거래 방법에 관한 특허 출원, 전자 거래를 위한 전자지폐 또는 결제 기술에 관한 출원, 전자 거래를 위한 보안 또는 인증 기술에 관한 출원 및 기타 전자 거래의 촉진을 위하여 특별히 우선 심사해야 할 필요성이 인정되는 출원의 경우 해당되며 초고속 심사에는 녹색 기술 관련 특허 등이 해당된다.

**표 5-3** 심사의 종류

| 구 분 | 심사기간 |
|---|---|
| 빠른 심사(우선 심사) | 우선 심사 신청 후 약 2~3개월 소요<br>초고속 심사는 신청 후 약 1개월 이내 |
| 일반 심사 | 심사 청구 후 약 16개월 소요 |
| 늦은 심사(심사 유예) | 유예 희망 시점으로부터 약 3개월 이내 |

### ■ 실체 심사

특허 출원한 발명이 특허를 받기 위해서는 특허법이 정한 특허 요건을 만족해야 한다.

### ■ 특허 여부 결정

특허 출원이 특허 요건을 만족하는 것으로 인정되는 경우 심사관은 특허 결정하고 출원인에게 특허 결정서를 송부한다. 출원인은 특허 결정서와 함께 송부된 납입고지서로 등록료와 등록세를 납부하여야 특허권의 효력이 발생한다.

특허 출원이 의견서 및 보정서를 통하여 특허요건을 만족하지 못하면 심사관은 거절 결정을 하며 거절 결정서를 발부한다. 출원인은 이에 재심사 청구 또는 거절 결정 불복심판 청구를 할 수 있다. 이러한 청구가 없을 시는 거절 결정이 확정된 것으로 한다.

## | 참고문헌 |


1) 구자룡, '지금 당장 마케팅 공부하라', 한빛비즈, 2012

2) 김철교, 곽선호, '최신 벤처 창업경영', 탑북스, 2012

3) 김효준, '창의성의 또 다른 이름 트리즈', INFINITYBOOKS, 2009

4) 노기엽, ' 창업 마케팅론', 학현사 2011

5) 민경호, '벤처기업과 기업가 정신', 무역경영사, 2004

6) 박운성, '현대 조직 행동', 박영사, 1998

7) 박정용, 김학진, 박재수, '창업방정식', 가치혁신연구소, 2012

8) 박찬효, '우리나라 벤처비즈니스의 당면과제와 개선방향', 대한증권협회, 1985

9) 신동형, 송재용, '이노베이션 3.0', 알키, 2011

10) 서상종, '벤처 중소기업 창업실무', 세화사, 2006

11) 신용하, '기술경영의 이해', 도서출판 남양문화, 2013

12) 신유근, '인간 존중의 경영', 다산출판사, 1997

13) 위선주 옮김(애시 모리아 저), '린 스타트업', 한빛미디어, 2012

14) 윤종훈, 김용민, 'SNS 시대의 e-비즈니스', 학현사, 2013

15) 이경근, 노영, 'e-biz A to Z', 이프레스, 2002

16) 이덕훈, '창업과 경영', 도서출판 서연, 2008

17) 이덕훈, '창업과 벤처', 교우사, 2008

18) 이명헌, '경영스쿨', 1999 www.emh.co.kr

19) 이선영, 홍난영, '대한민국에서 공짜로 창업하기', 명진출판, 2013

20) 이언오, '창업경제', 삼성경제연구소, 1998

21) 이영곤, 'm-비즈니스 개념과 환경', 아이비젠, http://oldconan.tistory.com

22) 이장우, '이코노믹 리뷰', 2006

23) 이창수, 송우일 옮김(에릭기스 저), '린 스타트업', 인사이트, 2011

24) 이필규, '비즈니스모델의 분류 및 표현의 정형화', IT Fourm Korea 2001, 2001

25) 이홍규, 김성철, '뉴미디어 시대의 비즈니스 모델', 한울 아카데미, 2011

26) 임충성, 장기진, '스마트 정보경영론', 도서출판 청람, 2011

27) 정수영, '신경영학원론', 박영사, 1994

28) 정승화, '벤처 창업론', 박영사, 2000

29) 조형래, 유정상, 안연식, '기술경영', 학현사, 2013

30) 주재원·류시욱, '전자 상거래 E-비즈니스', 삼영사, 2003

31) 최용록, 'e-비즈니스의 전략경영과 웹마케팅', 보명, 2011

32) 트리즈 노리터, '트리즈로 풀어보는 민담', 성안당

33) 홍승표, '디지털 경영과 ERP', 도서출판 대경, 2011

34) 황진수, '벤처기업&창업', 도서출판 대경, 2010

35) 위키 백과사전

36) 특허청 홈페이지 www.kipo.go.kr

37) Baltzan, Business Driven Information Systems, McGrowHill

38) F.K Donald & Richard. M. Hodgetts, op.cit.,

39) H.G.Hicks, The Management of Organizations, McGraw-Will, 1967

40) Jaffery A Timmons, New Venture Creation, Irwin, 1994

41) Margaret A. White & Garry D.Bruton, 'The Manangement of Technology and Innovation: A Strategic Approach, Cengage Learning, 2007

42) Peter Skarzynski and Rowan Gibson, Innovation to the Core, A Blueprinter for transforming the Way Yoyu Company Innovates, Harvard Business School Press, 2008

43) Porra J, 'Electronic Commerce Internet Strategies and Business Model-A Survey', Information System Frontiers, 1(4)

44) Timmers, 'Business Models for Electronic Markets', Electronic Markets 8(2), 1998

45) Stevens, Greg A.; Burley, James, 3000 Raw Idea Equals 1 Commercial Success!, Industrial Rearch Institute Inc, Research-Technology Management, Vol. 40, No. 3, 1997

46) Well, P. Malone, T. W. D'Urso, V. T. Herman, G. Woerner, S. 'Do Some Business Models Perform Better than Others?, A Study of the 1000 Largest US Firms', MIT Center for Coordination Science Working Paper, 2004

47) Willam J. Gdrdon, Synetics: The Development of Creative Capacity, New York Harper & Row, 1961

48) http://nownews.seoul.co.kr

49) www.sensoriafitness.com

PART 2

# 기업 경영

COMPETITOR
ANALYSIS
1
2
3
4
5
SOCIAL MEDIA
BLOGS
WEB SITE
INTERNET
VIRAL
MARKETING
NETWORKING
CUSTOMER

성경에 창조주께서는 인간을 창조하시고 에덴동산에서 마음껏 즐기며 선악과를 제외하고는 모든 것을 먹을 수 있도록 하였다. 그러나 선악과를 따먹는 하와의 죄악으로 인하여 인간이 에덴동산에서 쫓겨난 이후부터 남자는 열심히 밭은 갈고 일을 하여야 먹을 수 있는 고통을, 여자는 해산의 고통을 주셨다. 자신과 가정을 위하여 남자는 열심히 일을 하여야 된다. 그렇게 농경 사회가 시작되었다. 창조주께서는 인간에게 지혜를 주시어 우리의 선조들은 지속적으로 더 편하게, 더 빠르게, 더 생산적으로, 더 효율적으로 사는 방법을 생각하며 연구하여 농기구를 만들고 창과 검을 만들더니, 증기를 만들고 전기를 만들고 자동차를 만들었으며, 만드는 방법도 혁신적으로 바뀌어 컨베이어 생산 시스템을 시작으로 대량생산의 산업 시스템을 만들었다. 이제는 지능형 로봇까지 만들어질 것이며, 사람이 하기 어려운 모든 일들을 로봇이 대신하고, 매우 정밀한 일들도 모두 로봇의 몫이 되어가고 있다. 최근에 미국의 유명한 IT 소프트웨어 회사인 구글이 로봇회사를 6개나 인수하였다고 한다. 로봇이 인간의 일자리를 대신하게 되면 사람들은 무슨 일을 할까? 로봇을 개발하는 일? 이제 사람은 창조적인 일을 하지 않으면 설자리를 잃게 된다. 결국 양극화 현상의 심화는 깊어지게 되는 것이다.

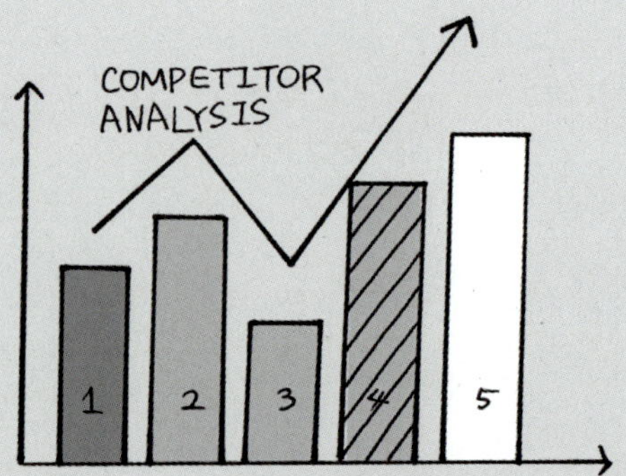

CHAPTER 6

# 경영 전략 및 원가 관리

전략(Strategy)이란 단어는 군대에서 사용되는 것을 기업에서 적용하고 있는 것으로 'Strategy'는 그리스어 'Strategos'에서 유래되었다. 이는 '장군'을 의미하며, 또 다른 의미로는 '자원을 효율적으로 활용하여 적을 섬멸하는 계획'이라는 의미를 갖고 있다. 사전적으로 전쟁을 전반적으로 이끌어 가는 방법이나 책략이며 전술의 상위 개념으로 전쟁 목적을 달성하기 위하여 한 나라의 군사와 경제 및 정치를 비롯한 모든 자원을 이용하는 기술로 정의하고 있다. 전술(Tatics)은 군사적으로는 전투나 작전에서 사용되는 군사적 기술과 방법이며, 보통 장기적이고 광범위한 계획으로써의 전략의 하위 개념이다. 다르게는 일정한 목적을 달성하기 위한 기본적인 수단과 방법을 비유적으로 이르는 말로 정의하고 있다. 전술은 전략을 이행하기 위해서 하는 구체적인 실행수단이나 방법 등으로, 단기적인 관점으로 볼 수 있는 반면에, 전략은 장기적이고 근본적인 관점이며 쉽게 변하지 않는 특징이 있다. 따라서 전략에 근거하여 전술이 세워져야 한다. 즉, 전술은 전략에 부합되는 내용들이어야 한다.

기업에서의 전략은 회사의 사명과 목표를 추구하기 위한 수단으로 최적화한 것이며 기업이 경쟁하는 시장과 산업의 범위를 결정하게 된다. 이러한 기업의 전략은 크게 기업 전략(Corporate Strategy), 사업 전략(Business Strategy), 기능 전략(Function Strategy)으로 세분한다.

① 기업 전략 : 다양한 사업의 포토폴리오를 전사적인 차원에서 구성하고 조정하는 상위 차원의 전략
② 사업 전략 : 사업 단위별로 수립하는 경쟁우위 전략
③ 기능 전략 : 기업의 하부 기능 조직별로 사업목표와 부합되는 전략

여기서는 기술형 벤처 사업 및 인터넷 사업에 대한 경영 전략을 살펴보기로 한다.

제1절

# 기술형 사업 경영 전략

## 1.1 창업 단계

창업 단계에서는 무엇보다 기업의 틀을 만드는 것과 관련하여 의사 결정을 하여야 하는 매우 중요한 단계이다. 창업 예비 단계에서 어떤 사업을 할 것인가, 언제부터 시작하는 것이 좋은가, 기업의 규모는 어느 정도로 시작하고 언제까지 어느 정도로 기업 규모를 가져갈 것인가 등 마케팅 전반에 대한 전략을 비롯하여 누구와 함께하며 초기 자본과 자금 확보는 어떻게 할 것인가 등에 대한 전략을 수립하여야 한다. 통상 창업 단계는 부족한 자금과 인재로, 새로운 보유 기술과 경험을 바탕으로 사업을 시작하게 된다. 이 단계에서는 창업자의 심리적 압박과 제한적인 자원 및 여타 부문의 지식 및 경험부족으로 경영의 기본적 사안들이 도외시 되어 심각한 경영상 위험에 노출된다. 창업 단계에서는 무엇보다 수립된 사업계획을 수시로 점검하며 사업계획의 각 부문이 계획대로 진행되는지를 확인하고 미진한 부분은 즉시 수정하여 전체적인 틀이 유지되면서 창업 및 창업 초기 운영이 이루어져야 한다. 전체를 보지 않거나, 임시방편적 대처를 할 경우 산발적, 다발적인 문제 발생으로 커다란 위험 상황에 빠질 수 있다.

## 1.2 성장 단계

창업 단계에서의 여러 가지 난관과 위험 요소들을 극복하여 상품이 시장에서 좋은 반응을 얻고 매출도 증가하여 자금이 회전되면 초기 성장하는 단계이다. 통상 손익분기점 전후로 기업의 미래 모습이 좀 더 명확하게 그려지는 시기이기도 하다. 이 시기에는 자금의 선순환 구조를 갖게 되어 벤처 캐피탈, 기술보증보험 등 벤처 관련 자금의 확보가 훨씬 수월해 진다. 반면 고객의 수요에 대비하여 시설 확장, 신규 상품 연구 개발이 요구되며 기업 확장에 따른 관리 능력의 향상도 필요하다. 이러한 기업환경 변화에 적절히 대응하지 못할 경우 많은 경영 손실 현상이 발생하여 비효율과 낭비 및 고객대응 지연이 초래되면 성장 초기에 안정적으로 진입을 못하고 쇠퇴할 수도 있어 각별한 유의가 요구된다. 따라서 이 단계에서는 생산 능력 확충에 따른 생산 기술 및 제조 기술의 확보와 확충 물량을 소화하는 마케팅 능력으로 신규 고객 창출과 새로운 시장 진출에 대한 적극적 전략이 필요하며, 확충된 기업 규모에 맞는 재무 관리 시스템이 구비되어야 한다. 이를 통하여 각 부문의 낭비 요소와 비효율 요소를 조기에 발견하고 제거하여야 한다. 규모가 작을 때는 잘 보이지만 규모가 커질수록 밖으로 드러나는 것은 빙산과 같은 형상이 될 것이다. 이러한 사항을 시스템적으로 갖추어야만 할 것이다. 또한 기술의 발전과 변화에서 가장 변화가 늦은 것은 사람이다. 새로운 설비, 새로운 기술 및 상응하는 경영 관리 도구를 구비하여도 이의 관리와 사용은 사람의 몫이다. 사람의 변화는 물리적으로 되는 것이 아니다. 부단한 교육과 훈련, 최고 경영자의 지속적인 관심이 필요하다.

### 1.3 도약 단계

경영 상태가 매우 호전되어 손익분기점을 넘어 기업이 완전히 한 단계 상승하는 시기이다. 기존 제품의 수요가 증가하고 이익은 안정화 단계에 진입하였으며, 기업의 규모가 창업 단계에 비하여 상당히 커지는 단계로 기업의 다각화, 제품의 다각화 등을 생각하게 한다. 성장 단계가 창업의 연장선이라면 도약은 제2의 창업이라 할 수 있다. 창업 단계의 단일 품목으로는 급변하는 외부 경영환경에 능동적으로 대처하기 어렵다. 이 단계에서는 경영 체제에 대한 전면적인 진단과 재조정이 필요하다. 다각화, 다원화가 방대한 조직으로 인한 조직 및 업무의 비효율이 생기지 않도록 하여야 한다.

## 1.4 안정 단계

앞의 도약 단계는 회사 전체의 내부적 재정비를 하여야 한다. 그러한 과정에서 다소 시행착오가 생기기도 한다. 안정 단계는 이러한 도약 단계에서의 여러 가지 사안들이 정리되고 정립되어 안정화되는 것을 말한다. 효율적인 조직의 재확립과 업무 재분담을 비롯하여 새로운 경영 비전과 경영 목표, 경영 전략을 수립 실천하는 실질적 제2창업을 맞는 단계이다

## 1.5 성숙 단계

기업의 지속적인 안정 성장의 결과 대내외적으로 기업 인지도가 높으며 공적기업으로 기업 공개 등을 통하여 성숙화 된 단계이다. 기존 사업 및 체제 등 일상적인 사항들은 시스템적으로 움직인다. 그러나 기업 환경과 경영 환경은 항상 변화하며 움직이므로 이에 적극적이고 능동적으로 빠르게 대처하지 못하면 언제든지 어려운 상황에 부딪히게 된다. 성숙 단계라고 하여 방심하는 것은 금물이다. 무한 경쟁 시대에서 살아남기 위해서는 부단한 노력과 지속적인 변화 대응 및 위기관리 능력이 요구된다.

**표 6-1** 기술형 사업 경영 전략

| 구분 | 내용 |
|---|---|
| 창업 단계 | 창업 아이템, 창업 자금, 창업팀 결성 등의 창업 준비 및 창업 |
| 성장 단계 | 초기 창업의 성공과 실적으로 추가 자금 확보 및 매출 성장과 이익 전환 |
| 도약 단계 | 이익 기반 구축 및 제품의 다각화, 기업 다각화, 확장 및 증설 |
| 안정 단계 | 기업 확장의 재정비 및 안정화 |
| 성숙 단계 | 지속 성장을 위한 시스템 구축 및 성숙화 |

제2절

# 인터넷 사업 경영 전략

매장에서 직접 상품과 고객을 상대하는 오프라인과는 달리 전 세계의 불특정 다수 고객을 상대하는 온라인의 인터넷 사업 전략은 오프라인과는 또 다른 전략이 필요하다. 오프라인보다 더욱 엄격한 윤리와 신뢰가 강하게 요구되고 이를 위한 부단한 노력과 전략이 필요하다.

전략을 수립하기 위해서는 철저한 현상 분석과 인터넷 시장의 분석 그리고 고객 분석에 이은 전략 수립이 필요하다.

## 2.1 현상 분석

인터넷과 관련 산업이 어떠한 산업이며 문화인지 면밀히 분석하여야 한다. 이러한 것이 사회 문화 및 인식의 변화와 어떠한 관계에 있는지 현상을 분석하고 미래의 변화에 대한 예측이 이루어져야 한다. 예를 들어 인터넷 산업에 따른 e-비즈니스의 동향, 인구 구조의 변화에 따른 연관 관계로써 1인 가구, 고령화 사회의 변화, 결혼 연령기의 지연, 소득의 변화, 이러한 가운데 인터넷 사용 연령 및 사용 시간, 사용 목적과 관련하여 지불하는 비용 등 다방면으로 현상을 철저히 분석하여야 한다.

## 2.2 인터넷 시장 분석

인터넷 시장은 새롭게 태동하는 시장으로 혁신적인 아이디어로 새로운 시장을 시시각각 창출하고 있다. 인터넷 시장은 거래 형태에 따라 크게 직접 판매(Direct Selling), 수수료(Commission), 저작권 수집(Copyright Collection) 관련 시장으로 나눌 수 있다. 사업 모델로 구분하면 온라인 쇼핑몰, 경매, 포털, 가격비교, 증권 거래, 은행 업무, 인재 개발, 뉴스 서비스, 여행 서비스, 엔터테인먼트, e-교육, 게임 등이 있다. 또한 애플리케이션 개발 등 매우 다양하며 항상 새로운 시도로 새로운 시장을 개척하고 있다.

## 2.3 벤치마킹과 고객 분석

벤치마킹이란 사전적 의미와 같이 기업들이 특정 분야에서 뛰어난 업체를 선정해서 상품이나 기술, 경영 방식을 배워 자사의 경영과 생산에 합법적으로 응용하는 것을 말한다. 자사와 경쟁사에 대한 벤치마킹을 통하여 경쟁 열세를 극복하고 또한 고객의 욕구를 수집 분석하여 실제적인 전략을 수립하는 데 기초를 만든다.

## 2.4 전략 수립

e-비즈니스의 경쟁 전략은 크게 장벽 전략(Block Strategies), 혁신 전략(Innovation Strategies), 융합 전략(Convergence Strategies)으로 분류할 수 있다. 이는 기업이 경쟁우위를 확보하고 유지하며 다른 경쟁업체와의 차별화를 통하여 경쟁업체의 진입을 저지하는 전략이 필요하며, 끊임없는 혁신을 통하여 차별화되면서 고객의 요구를 충족시킴으로써 지속적으로 충성 고객을 유지하여야 하는 것이다.

### 2.4.1 장벽 전략

다른 경쟁업체가 진입하지 못하도록 장벽을 쌓는 전략이다. 장벽 전략은 기업의 수행 능력이 특별하거나 모방할 수 없도록 하며 지적 재산권의 형태로 최대한 보호하고 장벽을 높일 수 있다. 이러한 진입 장벽을 쌓기 위해서는 첫째, 기업이 보유하고 있는 기술, 상품구성, 혁신적 기술에 의거한 가격 등 기업 특유의 우월한 경쟁력을 보유하여야 한다. 예를 들어 성능, 디자인, 특허, 저작권, 상표권, 소프트웨어, 도메인 등 정량적인 부문에서의 진입 장벽을 말한다. 둘째, 정성적 부문의 서비스 경쟁력, 가격 경쟁력, 납기 경쟁력 등이 있다. 예를 들어 경쟁업체에서 가격을 인하하면 추가로 인하한다든지 주문 후 30분 후에 배달되면 무상 제공하는 것 등의 차별화를 통한 진입 장벽을 쌓는 것이다.

이러한 진입 장벽은 경쟁기업도 언제든지 모방하며 우회적인 방법으로 자사의 장벽을 무너뜨릴 수 있다는 생각을 갖고 항상 대비하여야 한다. 특히 e-비즈니스 관련 업계는 정보 전쟁에 매우 익숙하기 때문에 경쟁사의 동향을 수시로 파악하여 대응하여야 한다. 유사 어플리케이션, 유사 서비스(할인제, 쿠폰제 등)가 항상 등장하므로 항상 새로운 장벽을 쌓을 수 있도록 기업 경영 전략을 수립하여야 한다.

### 2.4.2 혁신 전략

장벽 전략이 동일 및 유사 상품, 유사 기술에서의 전략이라면, 혁신 전략은 새로운 시장을 창출하며 새로운 기술과 상품을 개발하여 완전히 새로운 장벽을 형성하는 것이다. 미국의 애플사가 2007년 스마트폰을 출시하고 2010년 태블릿 PC를 출시한 것과 같은 새로운 시장을 창출하는 것이다. 이러한 혁신 전략은 최초 진입자가 얼리어답터, 혁신가로서 많은 위험을 감수하여야 하지만 전략의 성공은 그에 상응하는 경쟁우위를 누리게 된다. 그러나 이러한 혁신도 제품 수명 주기, 기술 수명 주기에서와 같이 경쟁사들의 추격으로 많은 시간을 향유할 수가 없다. 그래서 기업은 지속적으로 혁신 제품을 출시하여 자사의 충성 고객을 지속화하는 데 심혈을 기울이고 있다. 특히 정보 기술 부문,

e-비즈니스 부문은 혁신속도가 매우 빠르며 제품의 라이프 사이클(Life Cycle)이 갈수록 짧아지고 있어 조직의 운영과 기업문화의 변혁을 통하여 창의적 기업을 만들며 종업원이 항상 창의성과 혁신성을 발휘하도록 하여야 할 것이다.

### 2.4.3 융합 전략

정보화 시대, 스피드 시대에 외부적 환경 변화와 고객의 끝없는 욕구를 자사에서 모두 흡수하고 소화한다는 것은 매우 어렵다. 더욱이 갈수록 융합 기술(Convergence)의 보편화로 새로운 혁신 제품이 창출되어 있는 것 또한 현실이다. 이에 이 모든 것을 자사 혼자 해결하는 것이 아니라 필요할 때는 언제든지 누구와도 함께 팀워크(Team Work)로 업무제휴, 사업제휴를 할 수 있는 유연한 생각과 조직 및 경영 마인드를 가져야 한다. 예를 들어 스마트폰 분야에서 삼성전자가 구글과 함께 함으로써 하드웨어와 소프트웨어의 결합을 하는 것, 혁신적인 제품과 이에 맞는 디스플레이 제품 개발을 위하여 애플사와 LG 전자가 함께 손을 잡고 스마트폰용 디스플레이 판넬을 개발하는 것 등이 여기에 속한다.

제3절

# 비즈니스 추진 전략

전략이란 기업의 목적과 목표를 달성하는 데 필요한 일련의 통합된 행동을 말한다. 넓은 의미에서는 기업의 전략적 목표와 목적을 성공적으로 달성하기 위해 일관성 있게 노력하도록 하는 정책과 계획을 설정하는 모든 프로세스를 말한다. 또한 조직체의 사회적 역할에 따라 목적을 설정하고, 그 목적을 달성하기 위하여 외부 환경으로부터 주어지는 기회를 내부의 능력으로 포착하는 전략적인 의사 결정을 하는 활동이라고도 정의하였다. 여기서 성공적인 달성을 위하여 여러 가지 경영 환경 즉, 경쟁에서 우위를 확보하여야만 성공할 수 있을 것이다. 이는 e-비즈니스뿐만 아니라 모든 비즈니스에서도 마찬가지이다. 미국 하버드대 경영대학원 교수인 마이클 포터(Michael Porter, 2008)는 경쟁우위를 확보하기 위하여 3가지 본원적 경쟁 전략(Generic Competitive Strategy)을 제시하였으며, 이는 원가우위 전략(Cost Leadership Strategy), 차별화 전략(Differentiation Strategy), 집중화 전략( Focus Strategy)이다. 또한 경쟁 요인으로는 5가지(Five Forces Model)를 제시하였으며 이들로는 기존 기업 간의 경쟁, 잠재적 진입자, 공급자 교섭력, 구매자 교섭력, 대체재 위협을 말하며 이에 대하여는 9장에서 논하기로 한다. 경쟁우위 확보를 위한 본원적 경쟁 전략은 다음과 같다.

그림 6-1 마이클 포터의 본원적 경쟁 전략

## ■ 원가우위 전략

극심한 경쟁 환경 속에서 가격은 소비자에게 체감되는 가장 중요한 요인이다. 인터넷 시대에 제품의 성능은 빠른 시간에 평준화되고, 품질은 더 이상 거론의 대상이 아닌 필수적인 항목이 되었다. 이에 소비자가 선택하는 기준의 첫 번째가 가격인 것이다. 이러한 가격의 근간은 원가에서 비롯된다. '경쟁회사보다 낮은 원가를 실현한다.' 즉, 낮은 원가는 그 무엇보다도 경쟁우위를 확보할 수 있는 결정적 요인이다. 물론 여타의 경쟁우위를 위한 전략이 있지만 산업의 특성에 따라서, 제품의 특성에 따라서 다소 차이가 있겠지만 원가 경쟁력 확보는 모든 경쟁 요인에서 가장 중요한 것이다. 또한 낮은 원가를 구현함으로써 전체적으로 선순환 구조를 만들 수 있다. 첫째, 대규모 생산 설비에 대한 적극적인 투자가 가능하며 대량생산 체제를 구축할 수 있다. 둘째, 시장 진입 초기의 적자를 극복하기 위한 공격적인 침투 가격 전략을 구사하여 신속한 시장 점유율의 확대와 규모의 경제 효과를 실현할 수 있다. 셋째, 높은 시장 점유율은 원자재 등의 대량 구매가 가능하며, 대량 구매는 구매 원가를 낮추는 비용절감의 효과가 있다. 넷째, 비용절감을 통하여 원가를 낮추며 높은 이익률을 확보할 수 있다. 다섯째, 축적된 이익은 새로운 재투자 등을 통하여 지속적인 경쟁우위 확보를 가능하게 한다.

## ■ 차별화 전략

인터넷이 범용화되기 이전 시대에는 정보의 공유에 한계가 있어 소비자의 구매 환경이 다소 제한적이었으나 인터넷의 보편화는 전 세계 산업과 기업 간의 한계가 없어짐으로 인하여 무한 경쟁에 돌입하게 되었다. 수많은 경쟁자들로 인하여 제품 간의 차별점은 사라지고 유사한 제품, 비슷한 제품이 신속히 등장하고 있다. 그래도 경쟁우위를 확보하여야만 살아남을 수 있기 때문에 모든 기업들이 경쟁사, 경쟁 제품과의 차별화를 갖기 위하여 고심하고 있다. 차별화는 제품의 품질, 제품의 성능, 서비스, 가격, 디자인, 유통 등 모든 부문에 해당된다. 그래서 대부분의 기업들은 기업의 특화, 차별화를 위하여 끊임없이 기술 개발에 혼신을 다하며 소비자로부터 인지도를 높이기 위하여 구사할 수 있는 모든 마케팅 전략을 수립 추진한다.

■ **집중화 전략**

집중화 전략은 한정된 경영 자원을 일정 분야에 집중적으로 투입하여 차별화 시키는 전략이다. 경쟁사 및 경쟁 제품과 차별화된 분야에 경영자원을 집중하여 경쟁우위를 확고히 하는 전략인 것이다. 따라서 원가우위 전략이 전체적인 전략이라면 차별화 전략과 집중화 전략은 특화된 전략인 것이다. 집중화 전략은 제품에 국한되는 것은 아니다. 고객층을 특정 고객 세분화를 통하여 집중화하며 지역적으로도 특정 지역에 집중하여 사업을 하는 전략 등이 모두 포함된다.

이러한 전략을 수립하는 e-비즈니스 전략 수립은 환경 변화 평가, 기업의 강·약점 분석, e-비즈니스 거시 전략 수립, e-비즈니스 실행 전략 수립, e-비즈니스 전략 추진의 5단계로 진행한다.

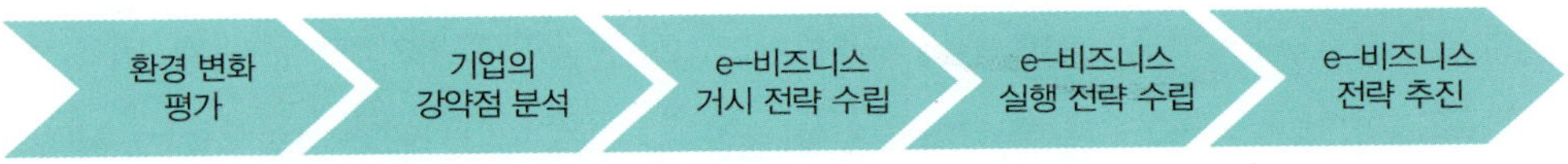


**그림 6–2** e–비즈니스 전략 수립

■ **제1단계 : 환경 변화 평가**

구체적인 전략을 수립하기 위해서는 먼저 환경 분석이 이루어져야 한다. 최근에는 인터넷의 활용이 유선 인터넷에서 무선 인터넷으로 옮겨지고 있으며 e-비즈니스의 고객을 세분화하여 고객들의 인터넷 접속 현황을 비롯하여 접속 시간, 접속 환경, 선호도 등에 대한 충분한 환경 분석과 평가가 이루어져야 한다.

■ **기업의 강·약점 분석**

비즈니스를 추진함에 있어 기업이 보유하고 있는 강점과 약점을 분석한다. 자사에 대한 분석을 할 때도 항목별로 세분화하여 전략 수립의 토대가 되도록 하여야 한다. 정확하고 세밀한 분석이 결여된 상태에서는 구체적이고 올바른 전략이 수립될 수 없다.

### ■ e-비즈니스 거시 전략 수립

외부 환경 평가와 자사의 강·약점에 대한 분석 결과를 토대로 e-비즈니스 전략을 수립한다. e-비즈니스가 인터넷을 기반으로 하는 비즈니스이므로 e-비즈니스의 특성에 맞추어 적절한 전략을 수립하여야 할 것이다. 무엇보다도 e-비즈니스는 고객 맞춤형 비즈니스가 되어야 하며 일반적으로 진입 장벽이 낮은 대신 극심한 경쟁자와의 차별화 전략, 충성 고객의 유지 전략 등 세심한 e-비즈니스 고유의 전략이 수립되어야 한다.

### ■ e-비즈니스 실행 전략 수립

e-비즈니스는 정보화 시대와 함께 새롭게 형성된 것이다. 빠른 정보화인 만큼 경영의 외부 환경 또한 빠르게 급변하고 있다. 이러한 경영 환경 변화에 기업이 능동적으로, 적극적으로 전환 전략을 수립하고 대처하여야만 한다. 끊임없이 변화하는, 상시 적응하는 조직 문화와 전략 수립이 무엇보다 중요하다. 자만은 금물이다. 순간에 경쟁에서 멀어질 수 있으며 한 번 벌어진 간격은 만회하기가 쉽지 않다.

### ■ e-비즈니스 전략 추진

수립된 전략, 변화된 전략을 이행하는 단계이다. 모든 변화에는 대부분의 경우 저항이 생기게 된다. 이러한 변화를 성공적으로 진행하기 위해서는 최고 경영자의 마인드와 조직원들의 능동적인 적응 자세가 필요하다. 항시 변화하는 조직 문화의 형성, 타인을 인정하고 받아들이는 문화가 e-비즈니스의 문화에 무엇보다 필요하다.

제4절

# 원가 관리

## 4.1 원가의 개념

재화 및 서비스의 과정은 투입물에 여러 가지 변환을 통하여 목적의 산출물을 만드는 것이며 이 변환의 과정에는 많은 것들이 소요된다. 스마트폰을 예를 들면 투입물로서 디스플레이 모듈, 케이스를 비롯하여 밧데리, 각종 반도체 부품, 콘덴서, 저항 등 각종 전자부품 등이 하드웨어를 만드는데 필요하다. 그리고 이러한 부품들을 가공하고 조립하는 변환을 통하여 스마트폰이라는 완제품이 만들어 진다. 변환 과정에는 각종 설비와 현장 작업자를 비롯하여 검사하는 장비들과 조립작업을 위한 각종 소모성 부자재들도 필요하다. 또한 이들을 구매하고 사람을 채용하며 교육하고, 완성품을 창고에 저장하는 등의 과정이 변환 과정이 된다. 우리는 이를 통상 가치 사슬(Value Chain)이라 한다. 이러한 모든 것들, 원부자재와 조립 및 관리 인력 그리고 설비 등 이 모든 것들은 돈이 들어가는 것이다. 이를 원가라고 한다. 유형 재화의 산업에서는 재료가 소요되지만 무형 재화의 산업에서는 재료가 소요되지 않는다. 이렇게 목적으로하는 산출물을 만들거나 특정 목적을 달성하기 위하여 발생되는 모든 것을 화폐가치로 환산한 것이 원가이다.

이러한 원가는 산업사회가 다양화 및 복잡화되면서 여러 가지로 해석되고 있다. 예를들어 제조업에서의 원가구조와 서비스업에서의 원가구조를 동일하게 하는 것은 관리상 매우 불편할 것이다. 이에 미국의 클라크 교수(John M. Clark, 1923)가 '다른 목적에는 다른 원가'라는 개념을 주장하였다. 이는 모든 원가개념은 목적에 따라 달리 표현할 수 있다는 것이다. 즉 용도의 목적에 따라 원가를 달리 표현하는 것이다. 예를들어 제조회사에서 내부적인 원가 관리를 하기 위한 원가 구조와 외부 공시 또는 공개적 자료 제출을 위한 경우는 표현 방식이 다를 수 있는 것이다. 하지만 표현 방식에 차이가 있을 뿐 원가 자체의 전체적인 숫자가 바뀌어 사실과 다르게 되는 것은 아니다.

## 4.2 원가의 구조와 분류

전체적인 원가 즉 총원가는 제조원가와 비제조원가로 나눈다. 제조원가를 제품원가, 비제조원가를 기간원가라고도 한다. 제조원가는 제품을 제조하는데 소요되는 모든 원가를 말하며 비제조원가는 만들어진 제품을 판매하는데 소요되는 비용 및 광고 등의 마케팅 비용은 물론 제조와 관계없는 비용도 포함한다. 제조관련 재료비, 노무비, 제조경비의 합을 매출원가라고 하며 매출원가에 판매관련 비용과 영업외 비용, 법인세 등을 합하여 총원가라고 하는 것이다.

또한 제조원가 구조는 직접원가와 간접원가로 나누어진다. 직접원가는 생산물량의 변동이 원가에 직접적인 영향을 미치는 것으로 원자재, 현장 근로자, 생산설비 가동비 등과 같은 것으로 변동원가라고도 한다. 반면 생산물량의 변동과는 관계없이 고정적으로 발생하는 원가 즉, 임원 급여, 관리직 인원의 급여, 복리 후생비, 공장 관리비 등과 같은 원가를 간접원가라고 하며 고정원가라고도 한다. 통상 직접원가 및 간접원가로 구분하는 원가분류를 추적 가능성에 의한 분류, 변동원가와 고정원가로 구분하는 원가 분류를 원가형태에 따른 분류로 구분하고 있다. 이를 정리하면 다음과 같다.

**판매가격 = 총원가 + 이익**

**총원가 = 매출원가 + 판매 관리비 + 영업외비용 + 법인세비용**
**= 제조원가 + 기간원가 (판매 관리비 + 금융비용)**

- 매출원가 = 재료비+노무비+제조경비(직접경비+간접경비)
- 판매 관리비 = 판매비+물류비+구매비+관리비

- 영업외비용 = 금융비용+환율변동비용+기타비용
- 간접경비는 제조와 무관한 통신비 건물 임차료 세금 보험 등의 경비를 말한다.

- 직접원가(변동원가) = 직접 재료비 + 직접 노무비 + 직접경비
- 간접원가(고정원가) = 간접 노무비 + 간접경비

제품을 개발하고 가격을 결정하기 위한 의사 결정에 필요한 것인 표준원가가 있다. 표준원가란 설계자가 제품 1개를 만드는데 소요되는 각각의 부품 및 자재와 인건비 등을 산출하고 기타 제반 비용 또한 1개 만드는데 소요되는 비용을 계산하여 산출한다. 표준원가를 사전원가라고도 한다. 그러나 실제로 생산을 하게 되면 표준원가와는 다소 다른 결과가 나올 수 있으며 이를 실제원가라고 한다. 실제원가를 사후원가라고도 한다. 관리자는 표준원가와 실제원가의 차이를 최소화하는 노력이 필요하다.

여기서 잠시 원가(Cost)와 비용(Expense)에 대하여 개념을 정리하고자 한다. 원가는 재화나 용역이 외부로부터 취득시점에서 발생되고 비용은 재화나 용역의 판매시점에서 발생하는 것으로 본다. 예를 들어 제품을 생산하였으나 판매되지 않았다면 이로 인하여 발생되는 것은 원가에 귀속되며 비용이 아닌 것이다. 제품이 판매되는 시점에서 비용화 되기 때문이다. 따라서 비용은 원가가 소멸 되면서 발생하게 되고 판매되지 않은 재고상태에 있는 것은 자산이 된다. 결산시점에서 총 투입된 원가 중 판매된 제품의 원가는 비용으로 되고 판매되지 않은 제품의 원가는 자산이 되는 것이다.

## 4.3 원가 계산

원가는 정확히 그리고 철저하게 계산되고 관리되어야 한다. 극심한 경쟁 체제 하에서 원가 경쟁력은 그 무엇보다도 강력한 경쟁력을 갖게 되므로 정확한 원가를 계산하여 판가의 근간을 마련하고 가격결정의 핵심이 되기 때문이다. 또한 원가는 회계에서의 각종 재무상태를 나타내는 것들의 기본이 된다. 기업체에서 생산 과정에서 정확한 원가를 계산한다는 것은 쉬운 일이 아니다. 왜냐하면 투입시점에서 완성품을 만드는 기간이 소요되며 그 기간에 공정에 많은 재고가 있게 되기 때문이다. 또한 완성품을 만들었다고 끝나는 것이 아니다. 실제로 판매가 되고 매출로 연결이 되어야 하는 것이다. 가급적 정확한 원가 계산을 위해서는 기초재공과 기말재공을 정확히 파악하여 반영되어야 한다. 통상 내부적인 원가 관리의 목적일 경우는 완제품 입고기준으로, 실질원가 관리의 목적일 경우는 매출액 발생기준으로 계산을 한다. 손익계산서 등의 재무제표를 보면 기초재공, 당기재공, 기말재공 등의 용어들이 자주 등장하는 이유도 여기에 있다. 손익계산서의 매출원가는 '당기 제품 제조원가'에 기초에 이월된 제품의 원가 '기초 제품 재고금액'을 더하고 기말에 남은 제품의 원가 즉 '기말 제품 재고금액'을 차감한 것을 말한다.

**매출원가 = 당기 제품 제조원가 + 기초 제품 재고금액 − 기말 제품 재고금액**

여기서 당기란 재무제표 상의 기간을 말하며 1달, 6개월, 1년 등 작성 목적에 따라 달라질 수 있다.

당기 제품 제조원가란 당기 총제조원가에서 기초 재품 재고금액과 기말 세품 재고금액을 뺀 것을 말한다. 또한 당기 총제조원가란 앞 절에서 살펴본 것과 같이 재료비, 노무비 및 경비의 합을 말한다. 재료원가는 기초 재료 재고금액에 당 기간에 매입한 총 재료금액을 더한 후 기말 재료 재고금액을 빼면 된다.

CHAPTER 7

# 인사 조직 관리

'인사(人事)가 만사(萬事)'라는 말이 있다. 기업은 살아있는 생명체이다. 기업 경영의 여러 환경에 따라 적절히 그리고 빠르게 대응하여 변하지 않으면 그 기업은 살아남을 수 없다. 한때 전 세계 휴대폰 시장 점유율 1위인 노키아는 스마트폰의 변화를 받아들이지 않고 결국은 자멸하였다. 창업의 3요소에 창업자와 창업 아이템이 있듯이 기업에도 판매하는 유무형 재화가 있고 사람이 있다. 그러나 재화 또한 사람이 만드는 것이다. 그만큼 기업에 속한 사람이 기업의 성패를 좌우하는 가장 핵심적인 요소이다. 창의적이고 도전적인 사람이 많고 그러한 재능을 충분히 발휘하여 결과물로 만들 수 있는 조직이라면 성공할 수 있을 것이다. 하지만 창의적이고 도전적인 사람이 많다고 해도 조직에서, 기업 문화가 이를 끄집어내서 결과물로 만들지 못하면 의미가 없다. 그래서 많은 학자들이 조직에 대하여, 인사에 대하여 연구하고 있는 것이다. 하지만 이상적인 조직과 현실적인 조직에는 많은 괴리가 있으며 이 또한 내·외부 환경에 따라서 최적의 조직이 되도록 하여야 한다.

인사 조직 관리의 기본은 핵심가치의 지향이다. 성향과 자라온 환경이 다른 많은 사람들을 하나로 묶을 수 있는 방법은 기업의 핵심가치이다. 그 핵심가치를 가능한 구체적으로, 그리고 목표화하며 명확히 할 필요가 있다. 더욱이 현대사회가 정보화 시대로 급격히 발전함에 따라 개인화가 강해지면서 집단의식, 공동의식이 많이 약해지고 있다. 이러한 와중에 인터넷을 비롯하여 첨단 스마트기기들은 전 세계를 하나의 시장으로 만들면서 치열한 경쟁 세계를 만들어 가고 있다. 이에 창의적, 혁신적 제품과 서비스가 아니면 경쟁에서 살아남지 못하며 갈수록 부의 편중이 심화되고 있는 현실이다. 2등이 무의미한 세상이 되어 가고 있다. 그래서 기업의 핵심가치는 더욱 중요하며 이것만이 조직원의 마음을 하나로 모아 경쟁할 수 있는 것이다. 그러나 이 핵심가치를 조직에 문화화하고 조직원의 마음에 심고 결과물로 만들어 기업 경영에 이바지하는 선순화 구조를 만드는 것은 그리 쉬운 일이 아니다. 이는 창업의 첫 단계부터 긴 안목으로 만들어 가야 한다. 조직의 문화는 한 순간에 만들어 지는 것도 아니며 한 순간에 무너지는 것도 아니다. 창조 혁신의 시대, 첨단 정보 통신 시대, 지식 산업 시대에 맞는 창조 지식 경영을 위한 조직의 큰 그림을 그리고 씨를 뿌려야 할 것이다.

제1절

# 인적 자원 관리

## 1.1 인적 자원 관리의 정의와 범위

위키 백과사전에서 인적 자원에 대한 정의를 다음과 같이 하고 있다. 오늘날 조직들은 물적 자원, 재정 자원, 인적 자원의 세 종류의 자원을 보유한다. 이 중 인적 자원은 그 가치 측정이 어렵기 때문에 조직의 건전성과 성과를 보여줄 수 없다고 믿는 경향이 있다. 그러나 인적 자원은 물적 자원과 재정 자원만큼 매우 중요한 자원으로, 그 중요성을 결정할 때 유능한 인적 자원의 교체 시 발생하는 선발비용, 재배치, 생산, 교육의 비용이 가치척도가 될 것이고, 나아가 조직 구성원이 지닌 지식, 기술, 역량도 가치측정의 대상이 될 것이다. 또한 조직 구성원이 발휘하는 생산성과 효율성도 인적 자원의 가치로 간주돼야 한다. 인적 자원 관리(Human Resource Management, HRM)는 조직의 목표를 이루기 위해 필요한 인적 자본을 확보·개발·활용하는 활동을 계획하고 관리하는 일련의 과정으로 정의하고 있다. 이는 통상적인 인사 관리와 유사한 개념이나 인적 요소를 기업 경영의 핵심 자원으로 간주하는 시각이다. 기업 경영에 있어서 주요 자원으로는 경영학에서 크게 3가지로 구분한다. 공장, 기계, 건물 등 물적 자산과 금융 자산의 유형 자원과 기업이 갖고 있는 이미지, 명성, 브랜드, 기술, 특허, 노하우 등 무형의 자산 그리고 인적 자원이 있다. 인적 자원은 살아있는 자원으로 유형인 기업의 인재에 의거 경쟁우위가 되는 무형의 기술이나 노하우를 축적하고 관리하는 근본적인 주체이다. 이러한 의미에서 인적 자원은 유형, 무형, 인적 자원을 하나로 결집시키는 역할을 한다.

이러한 인적 자원의 중요성으로 인적 관리의 목표는 우수하고 적합한 인재를 확보하고 확보된 인재가 내재된 능력 이상을 발휘할 수 있도록 직무 만족도를 높이며 결과물로써 기업이 경쟁우위를 갖도록 하는 것이다. 인적 자원의 주체가 사람이며 기업 및 조직에 속한 다양한 사람들의, 다양한 성향과 욕구를 잘 조절하고 각자가 최고의 역량을 발휘하고 팀 또는 조직 그리고 회사가 최고의 경영 효율을 통하여 조직 목표를 달성하는 것은 그리 쉬운 일이 아니며 경영에 있어서 매우 중요한 사안이다.

### 1.1.1 채용

사원 채용은 장단기 인적 자원 소요 계획에 의거하여 철저한 계획에 의해 진행되어야 한다. 사전에 인재 풀(Pool)을 만들어 가능한 검증된 인재를 채용하여야 한다. 일단 채용이 이루어지면 그 사람에 대하여는 끝까지 책임진다는 각오를 가져야 한다. 이력서와 자기소개서 그리고 짧은 면접으로 사람을 판단할 경우 많은 시행착오를 겪게 된다. 평상시에 다방면의 많은 인적 네트워크를 확보하는 것이 필요하다. 많은 기업들이 회사에 적합한 인재를 채용하기 위하여 많은 방법을 강구하고 있다. 대기업과 같은 경우는 최소 성적, 어학 점수 등의 기본 채용 기준, 필기시험, 적성검사는 물론 영어회화 면접, 발표 면접, 토의 면접 등의 실력과 인성 및 적성을 가능한 검증하려고 노력하고 있다. 물론 소기업의 경우는 지원자가 부족하여 인력확보에 어려움을 겪기도 한다.

### 1.1.2 임금

인사 담당자의 어려움이 있는 부분이다. 임금은 받는 사람과 주는 사람의 입장 차이가 가장 큰 부분이다. 이를 극복하는 단 하나의 방법은 공정성이다. 먼저 임금과 보상은 다르다. 임금은 외부로부터 영향을 받으며 보상은 내부로부터 영향을 받는다. 통상 급여인 임금은 동종업계 및 경쟁사의 임금 수준을 고려하여 책정하여야 한다. 보상은 직원들 간의 동기부여, 부서별 동기부여, 사업부별 동기부여 등 실적 향상을 도모하기 위한 수단의 하나이다. 우리나라의 임금 체계는 연공급(호봉급)과 직능급 및 직무급으로 분류한다. 연봉급은 학력 및 근속 등에 따라 결정하며, 직능급은 직무수행능력에 따라, 직무급은 역할 책임 등의 직무의 가치에 따라 차등을 두는 것이다. 임금의 구성은 통상 기준 임금과 기준 외 임금으로 구성되며, 기준 임금은 기본급과 각종 수당(가족 수당 및 지역 수당)으로, 기준 외 임금은 초과 근무 및 특수 직종 근무 시 지급된다. 상여는 정기 상여와 보상 상여로 구성된다. 정기 상여란 일종의 통상 임금 성격으로 명절 등 업무 성과와 관계없이 지급 여부 및 지급 액수가 결정되며, 보상 상여는 업무 실적에 따라 보상적 차원에서 지급된다. 이러한 임금 구성은 회사별로 차이가 있다. 최근 고용노동부에서 우리나라의 임금 체계 개선을 위하여 개편 안을 발표하였다(2014. 3).

**표 7-1** 임금 구성

| 분류 | 내용 | 예 |
|---|---|---|
| 기준 임금 | 기본급 | 학력, 근속 년수 등에 따라 책정 |
| | 장려금 | 자녀 교육비, 휴가비, |
| | 각종 수당 | 근속 수당, 가족 수당, 복지 수당, 직위 수당, |
| 기준 외 임금 | 법정 수당 | 초과근무 수당, 특수 근무 수당 |
| 상여 | 정기 상여 | 구정 상여금, 추석 상여금, 연말 상여금 |
| | 보상 상여 | 업무 실적에 따라 평가에 의거 지급 여부 결정 |

주) 내용 및 귀속 사례는 회사에 따라 차이가 있다.

### 1.1.3 교육 훈련

인적 자원 관리의 중요한 목표 중의 하나가 채용한 인력을 교육 훈련을 통하여 더욱 훌륭한 인재로 양성하며, 기존 인력이 항상 새로운 기술과 직무를 수행할 수 있는 능력으로 무장케 하는 것은 물론, 기업 및 조직의 폐쇄적 환경에서 폭넓은 사고를 하고 인성을 더욱 배양하여야 할 것이다. 이는 본인뿐만 아니라 동료 및 부하 사원에게 지대한 영향을 미친다. 극심한 경쟁 체제에서 협력과 융합 및 공동의식을 배양하여 조직과 회사가 하나의 비전과 목표를 갖고 한 방향으로 나아가게 하는 원동력을 만드는 것도 교육과 훈련의 산물일 것이다. 채용한 사원을 가장 빠른 시간 내에 숙련된 업무를 수행하며 충성도가 높은 직원으로 변모시켜야 하는 것 또한 중요한 인적 자원 관리 사항이다. 기간별, 직능별로 각종 교육을 통한 업무를 숙지토록 하여야 한다. 1:1 교육, 사내 집체 교육, 사외 교육 및 OJT(On the Job Training), 품질 관리 교육, 관리자 양성 교육 등 각종 교육 프로그램의 진행을 통하여 업무 숙련도 제고는 물론 기업에의 애사심과 충성심을 고양하여야 한다. 이러한 교육 프로그램은 지속적이고 체계적으로 장기 계획에 의해 진행되어야 한다. 이러한 기업에서 교육 훈련의 필요성을 정리하면 다음과 같다.

첫째, 회사의 비전과 목표를 함양하여 애사심을 갖도록 한다.
둘째, 직무 능력 교육을 통하여 직무 수행 능력과 직무 성과의 향상을 도모한다.
셋째, 인성 교육을 통하여 조직 및 기업 문화를 형성한다.
넷째, 조직원의 일체화 업무 능률의 향상을 도모한다.
다섯째, 새로운 경영 기법, 관리 기법 등의 도입 및 교육 훈련을 통하여 경영에 기여한다.

인적 관리의 중요한 사항 중의 하나가 공정성과 투명성이다. 승진 및 보상 임금은 객관적으로 공정하여야 한다. 공정과 공평은 다르다. 공평이 같이 균등하게 나누는 개념인 반면에 공정은 공평하고 올바른 것으로, 사전의 정의에 따른다면 '공정'은 '공평하고 올바름'을 뜻하고, '공평'은 '어느 쪽으로도 치우치지 않고 고름'을 뜻하는 것으로 공정이 공평을 포괄하는 개념으로 되어 있다. 저자는 공정은 객관적으로 인정이 되는 치우친 나눔이라고 정의한다. 업무 성과가 뛰어난 사람에게 뛰어난 만큼 인정하고 보상하는 것이다. 다만 뛰어난 업무 성과를 벗어난 과도한 보상은 공정하지 못하며 다른 직원으로부터 불만이 표출될 수 있다. 이러한 공정성과 투명성을 위하여 업무 평가를 실시한다. 이 또한 공정과 투명을 기하여야 하며 이를 위하여 다면 평가제도, 외부 평가제도 등 많은 방법이 동원되고 있다.

## 1.2 직무 설계와 직무 배분

기업 경영에서 생산성과 생산 효율은 수익적 측면에서 매우 중요하다. 투자의 기본이 적게 투자하여 최대의 수익을 거두어야 하는 것과 마찬가지로 기업 경영의 효율 또한 최소한의 자원으로 최대의 산출물을 거두는 것이고, 그 산출물의 결과로 최대의 이익을 내야 하는 것이다. 이러한 견지에서 인적 자원 또한 투입을 최소로 하고 최대의 산출물을 만들어야 한다. 이는 제조 현장뿐만 아니라 사무 현장도 마찬가지이다. 숫자로 산출되는 제조 현장의 효율을 관리하는 것은 유형으로, 그마나 측정 가능한 척도가 있다. 하지만 사무 간접 부문은 무형이며 측정이 매우 어려운 상황이다. 이를 최적화하기 위해서는 직무를 표준화하고 설계하며 적정 배분을 하여야 할 것이다. 포드자동차의 혁신적 생산 방식으로 3S를 추진하였다. 3S는 단순화(Simplification), 표준화(Standardization), 전문화(Specialization)로 이는 제조 현장뿐만 아니라 사무 분야에도 해당된다. 이를 통하여 직무의 속도(Speed)가 빨라지며 결국은 최상의 효율을 갖는 스마트(Smart)한 직무가 될 것이다.

### 1.2.1 단순화

직무의 단순화는 직무를 세분화하고 이를 다시 몇 개의 직무로 통폐합시키는 것이다. 이를 위해서는 제조 현장에서는 더블리그 분석 및 PTS 분석의 동작 분석, 행동 분석, 경로 분석 등을 통하여 종업원들이 개인적 성향으로 무의식적인 불필요한 행동을 제거하며 사무 분야에서는 불필요한 습관 및 관행을 제거할 수 있다.

### 1.2.2 표준화

직무의 표준화는 앞서 행한 단순화된 직무를 표준화하여 해당되는 모든 종업원이 같은 방식, 같은 방법으로 직무를 수행토록 하는 것이다. 이를 통하여 직무의 습득이 용이하다.

### 1.2.3 전문화

직무의 전문화는 개개인의 전문성을 최대로 살리며 이를 통하여 직무 생산성을 극대화 할 수 있다. 다만 1인(人) 1기(技)가 2~3개 분야의 전문화를 통하여 직무 순환을 하는 것이 좋다. 직무 순환이란 종업원이 각각 특정 업무를 일정기간 담당한 후 정기적으로 업무를 바꾸는 것이다. 물론 비정기적으로 특정 부문에 돌발적인 결원으로 인한 직무변경이 발생하는 경우도 있다. 이를 통하여 직무에 대한 고정 관념을 바꾸게 하며 새로운 동기부여와 의욕을 심을 수 있어 생산성 향상에 기여하게 된다.

### 1.2.4 표준 시간

직무의 속도란 같은 동작이라도 사람에 따라 빠르게 동작하기도 하며 느리게 동작하기도 한다. 각각의 동작에 대한 표준 시간(ST: Standard Time)의 설정과 각각의 업무에 대한 표준 처리 시간의 책정을 통하여 불량 발생을 최소화하며 능률 향상을 도모할 수 있다.

### 1.2.5 직무 배분

직무 배분에 있어서 기본 원칙은 공정성이다. 한 쪽으로 일방적으로 치우치지 않는 공정한 직무 배분을 통하여 전체적인 균형을 유지하는 것이 무엇보다 중요하다. 공정과 공평은 다르다. 공평이라 함은 모든 사람에게 똑같이 주어지는 것으로 법과 자유는 모든 사람에게 공평한 것이다. 공정은 공평하고 올바른 것으로 정의한다. 즉 사람마다 능력의 차이가 있으며 특성에 차이가 있을 것이다. 직무 또한 난이도가 다를 것이다. 직무와 개인의 역량을 감안하여 최적으로 배분하는 것이 공정한 배분이 될 것이다. 그러나 이 또한 개인의 욕구와 성향이 다르므로 완전할 수는 없다. 불완전한 직무 배분을 보완하는 방안의 하나가 직무 순환이다. 즉 직무 순환과 직무 배분을 적절히 배합하여 종업원의 전문성을 최대한 살리며, 항상 의욕적으로 보람을 갖고 직무를 수행할 수 있도록 하여야 할 것이다.

직무 설계 시 고려하여야 할 사항이 직무 특성이다. 일반적으로 직무 특성을 기능 다양성, 과업 정체성, 과업 중요성, 자율성, 피드백의 5가지로 분류하였다. 이는 헥크만(Hackman, 1971), 라위어(Lawier, 1971), 올드햄(Oldham, 1975)의 주장한 직무 특성 구성 요인을 정리한 것이다.

① **기능 다양성** : 직무수행에 따른 작업자의 다양한 기능과 재능을 포함한 제반 활동이 요구되는 정도를 나타낸다.

② **과업 정체성** : 작업자 개인의 직무가 전체 과업에서 차지하는 비중으로 과업 완결도를 의미한다.

③ **과업 중요도** : 직무가 조직이나 사회, 타인의 생활이나 직무에 미치는 영향의 정도를 말한다.

④ **의결 자율성** : 작업자 개인이 직무를 수행함에 있어서 일정, 절차 등의 의사결정을 하는데 허용되는 자유, 독립, 재량권의 정도를 말한다.

⑤ **직무 피드백** : 작업자가 직무를 수행하는 과정 또는 결과에 대하여 습득하는 정보를 말한다.

## 1.3 근로 시간

근로 시간은 인적 자원 관리 요소 중에서 매우 중요한 위치를 차지하고 있다. 효율이란 최소의 자원 또는 한정된 자원으로 최고의 효과를 내는 것이다. 이러한 의미에서 최소의 인력으로 가장 빠른 시간에 목표로 하는 성과물을 만들어 내는 것이 자원 관리의 목적인 것이다. 하지만 이러한 근로 시간에 대한 입장은 사용자와 근로자의 상반된

입장으로 인하여 여러 가지 갈등의 단초가 되는 것도 현실이다. 또한 '시간'이 '직무 집중도'를 고려하지 않으면 의미가 없어진다. 종업원이 일정 시간에 얼마나 집중적으로 직무를 수행하느냐에 따라 그 결과에는 많은 차이가 있기 때문이다. 그러므로 근로 시간 및 시간 설계는 인적 자원 관리에서 매우 중요한 요소가 되고 있다.

근로 시간에 대한 개념은 근로자가 사용자의 지휘·감독 아래 근로 계약상의 근로를 제공하는 시간을 말한다. 근로 시간이란 휴게 시간을 제외한 작업개시로부터 종료까지의 시간을 말한다. 하지만 휴식, 수면, 교육 시간 등이 사용자의 지휘 감독 하에서 이루어지는 것이라면 근로 시간에 포함된다.

이러한 근로 시간의 종류에는 고정 근로 시간제, 변동 근로 시간제, 간주 근로 시간제 등이 있다. 고정 근로 시간제는 전 종업원에게 동일한 근로 시간을 적용하는 것이며 변동 근로 시간제는 총 근로 시간에는 변화가 없으나 직무의 많고 적음에 따라 근로 시간을 수시로 탄력적으로 운영하는 탄력적 근로 시간제와, 종업원 별로 몇 가지 시간제 중에서 선택하여 직무를 수행하는 선택적 근로 시간제의 2종류가 있다. 간주 근로 시간제는 출장 등과 같이 사업장 밖에서 직무를 수행하는 근로 시간을 말한다.

근로기준법에 의거한 주 단위 및 1일 단위로 정하여져 있는 최저 근로 조건의 기준 근로 시간을 말한다. 개정된 근로기준법이 적용되는 사업장은 1주간의 기준 근로 시간은 휴게 시간을 제하고 40시간을 초과할 수 없으며, 1일의 근로 시간은 휴게 시간을 제하고 8시간을 초과할 수 없다. 그러나 개정된 근로기준법 적용이 유예되는 사업장은 1주간의 근로 시간은 휴게 시간을 제하고 44시간을 초과할 수 없게 되며 1일의 근로 시간은 동일하게 휴게 시간을 제하고 8시간을 초과할 수 없다. 또한 1주일 중 소정 근로일이 5일(통상 월~금요일)인 경우 법상 유급 휴일은 1일(통상 일요일)이고 나머지 1일(통상 토요일)은 노사가 별도로 정하지 않는 이상 무급 휴무일이다. 연소 근로자 및 유해 위험 직군의 특수 근로자 등은 근로기준법, 산업안전보건법 등의 법규 또는 시행령에 별도로 정하고 있다.

## 1.4 업적 평가

인적 자원 관리 및 조직 관리에서 어려운 분야 중의 하나로, 어떠한 직무를 계획하고 실행하면 다음에 하여야 할 일은 실행한 결과가 계획 및 목표와 부합하는지를 확인하여야 할 것이다. 다만 확인으로만 끝나서는 안 되며 확인 후에 결과에 대한 공정한 평가가 이루어져야 할 것이다.

직무 평가는 직무 기술서와 직무 명세서 또는 경영자 및 평가자와 직무 수행자의 협의한 평가 기준에 기초하여 평가를 실시하게 된다. 직무 평가 요소로는 정성적 평가 요소와 정량적 평가 요소가 있으며 조직 및 경영진의 방침에 따라 2가지 방법을 적절한 비율로 혼용하여 적용하고 있다. 정성적 요소에는 서열법과 분류법이 있으며, 정량적 요소에는 점수법과 요소 비교법이 있다.

### 1.4.1 정성적 직무 평가법

■ **서열법**

서열법(Ranking Method)은 직무 평가자가 평가하려는 직무들의 직무 기술서 및 직무 명세서를 근거로 이들 직무들의 상대적인 가치를 해당 직무들에 대해 기업의 목표달성 관련 중요도, 직무 수행상의 난이도, 작업 환경 등을 포괄적으로 고려하여 그 가치에 따라 서열을 매기는 방법으로 간단하고 신속하게 진행 할 수 있으며 비용도 적게 소요된다.

① **일괄 서열법** : 평가 대상 직무들 전체를 놓고 가장 가치가 높다고 판단되는 직무와 가장 가치가 낮다고 판단되는 직무를 선정하고, 그 다음 나머지 직무들에 대해 위와 같은 방법을 계량적으로 적용하여 전체 직무들의 서열을 매기는 방법이다.

② **쌍대 비교법** : 평가 대상 직무들을 2개씩 짝을 지어 그 서열을 평가하는 방법이다.

③ 위원회 방법 : 평가 위원회를 설치하여 서열을 평가하는 방법으로 이 방법은 서열 매김의 방법이라기보다 여러 명이 서열 매김에 참여하기 때문에 평가에의 주관성을 최소화할 수 있다.

#### ■ 분류법

분류법(Job Classification)은 등급법이라고도 하며 사전에 작성한 직무의 제 등급을 표시하는 표에 평가하려는 해당 직무를 분류하는 방법이다. 분류법에 의한 직무 평가는 개별 직무의 직무 기술서 및 직무 명세서를 가지고, 생산직종의 경우 각 등급별 내용과 비교하여 어느 한 등급에 분류시켜 그 직무의 등급을 결정하는 것이다. 직무의 제 등급을 나타내는 표는 직무의 중요성, 난이도, 직무 환경 등을 고려하여 개별 등급에 대해 포괄적으로 기술하게 된다. 분류법은 해당직무를 평가할 때 주어진 등급으로 분류하기 때문에 다른 직무 평가 방법보다도 실시 과정이 간단하고 용이하지만 개별 등급에 대한 정의를 내리는 것이 어렵다.

### 1.4.2 정량적 직무 평가법

#### ■ 점수법

점수법(Point Rating Method)은 평가 대상인 개별 직무의 가치를 점수화하여 표시하는 기법이다. 평가 과정은 제1단계에서 평가 요소의 선정, 제2단계에서 평가 요소에 대한 가중치 설정, 제3단계는 평가 요소에 대한 점수를 부여한다. 점수법은 개별 직무에 대한 가치가 점수로 명확하게 산정되며 직무들 간의 가치비교를 보다 구체화 할 수 있지만 직무의 평가 요소에 대한 가중치 설정에 문제가 제기될 수 있다.

#### ■ 요소 비교법

직무평가의 한 기법인 요소 비교법(Factor Comparison Method)은 서열법에서 발전된 기법으로써 서열법이 여러 직무들을 포괄적으로 가치를 평가, 서열을 매기는 반면,

요소 비교법은 여러 직무들을 전체로 비교하지 않고 직무가 갖고 있는 요소별 직무들 간의 서열을 매기는 데에서 출발한다. 진행 단계는 다음과 같다.

제1단계 : 평가 요소의 선정

제2단계 : 대표 직무의 선정

제3단계 : 대표 직무의 평가 요소별로 서열화

제4단계 : 대표 직무의 임금을 평가 요소들에 배분

제5단계 : 각 직무들의 요소별 서열과 배분된 임금의 서열을 비교

제6단계 : 대표 직무들의 직무 평가 결과를 기준으로 다른 직무들을 평가

요소 비교법은 직무 평가 결과가 바로 임금책정과 연결되어 임금의 공정성 확보에 상당히 기여할 수 있지만 대표 직무들의 평가 요소들에 대한 서열을 매길 때 주관적 판단을 배제하기가 어렵다.

## 1.5 보상과 인센티브

직무에 대한 보상은 임금과 수당으로 나누어진다. 수당은 다시 고정형 수당과 변동형 수당으로 나누며, 고정형 수당은 직급 직책 자격증 등과 같이 일정한 자격 요건 및 지급 요건에 따라 책정되는 것에 반하여, 변동형 수당은 직무 평가의 결과에 따라 지급 여부 및 지급 정도가 결정되는 형태이다. 후자를 통상 인센티브라 한다. 인센티브란 화폐를 동기부여의 수단으로 사용하여 구성원의 부가적인 노력을 유도함으로써 조직의 성과를 높이는 제도이다. 조직이 성과를 높이기 위해 어떤 정해진 기준을 초과하는 성과에 대하여 기본적 임금 외에 추가적으로 보상을 하는 제도를 말한다. 이와 같은 인센티브는 개인의 성과에 따른 개인적 인센티브, 조직 단위의 성과에 따른 조직적 인센티브의 2종류가 있다. 조직적 인센티브의 경우 조직의 규모가 매우 다양하다. 기업, 사업부, 하

부 조직 등 세분화된 모든 조직 규모가 해당된다.

인센티브 제도를 시행함에 있어 유의할 사항은 인센티브의 목적이 조직의 목표 달성을 통한 회사 경영 목표를 이루려 함이나 평가 및 인센티브의 보상이 부적절하게 이루어질 때 오히려 역효과를 일으키게 되므로 각별한 유의가 필요하다.

인센티브 제도를 시행하는데 유의사항은 다음과 같다.

첫째, 경영 실적이 투명하여야 한다.

회사의 매출과 비용 등의 기본적인 자료들이 투명하게 제공되고 경영자는 단순한 목표 달성을 위한 보상이 아니라 종업원도 회사의 주인이고 주주라는 인식 하에 출발하여야 한다. 인센티브는 더 많은 노력에 대한 금전적인 보상일 뿐이다.

둘째, 평가 시스템과 보상 시스템이 공정하여야 한다.

객관적이고 합리적인 평가 시스템과 보상 체계가 수립되어야 한다. 많은 사람으로 구성되는 회사는 다양한 사람과 다양한 생각이 있다. 이를 하나로 묶고 모든 종업원이 이해하고 참여하여 동기부여가 되는 평가 및 보상 시스템이 되어야 한다.

셋째, 보상 체계가 합리적이어야 한다.

특정 보상은 다른 보상과 함께 고려되어야 한다. 보상 관련 사항의 중요도에 따라 합리적으로 책정되어야 하며, 여러 종류의 보상이 전체적인 틀에서 관리되고 책정되어야 한다.

제2절

# 창업팀 및 조직 구성

## 2.1 창업팀 구성

창업의 업종 및 규모는 매우 다양하겠지만 창업팀이 한 마음이 되어야 하는 것은 동일하다. 창업자와 뜻을 같이 하고 서로가 상대방을 이해하며 인격적으로 상호 신뢰가 있는 사람과 하여야 할 것이다. 그리고 초심이 변하지 않는 사람이어야 할 것이다. 창업자가 보유하고 있는 것이 핵심 기술일 수도 있고 자금일 수도 있다. 물론 두 가지 모두 겸비할 수도 있다. 그렇다고 창업과 기업 경영을 혼자서 할 수는 없다. 크건 작건 창업 멤버와 업무를 분담하고 일정 부분 권한 위임도 하여야 한다. 창업팀 구성 시 유의사항은 다음과 같다.

첫째, 상호 신뢰가 있어야 한다. 일면식도 없었던 사람과 함께 창업을 같이 하는 경우도 있다. 상대방이 보유하고 있는 실력, 기술, 경험보다 더 중요한 것은 믿음과 신뢰다. 사람과의 관계는 맺기는 쉬워도 끊기는 어렵다. 충분한 시간을 갖고 먼저 사람을 사귄 다음에 팀에 합류 여부를 결정해도 늦지 않는다. 다른 창업 멤버의 소개로 새로운 사람을 합류시킬 경우에도 마찬가지다. 항상 모든 책임은 창업주에게 있다는 것을 명심하여야 한다.

둘째, 간단한 것이 최선이다. 'Simple is Best'라는 말이 있다. 조직은 슬림화하여야 한다. 먼저, 사람이 많을수록 관리가 어렵다. 또한 모든 것에는 비용이 들어간다. 창업 초기에 많은 일을 하여야 하지만 창업 조직의 효율성이 오르고 창업 멤버 간에 상호 이해도가 높아지면 업무 능률도 높아진다. 초기에 다소 업무 부하가 있더라도 최소의 조직으로 꾸리는 것이 좋다.

셋째, 개인의 능력과 경험이 중첩되지 않는 멤버로 팀을 구성하여야 한다. 서로의 역할이 중첩이 되면 의견 충돌이 발생할 경우가 많다. 창업 멤버 각자가 역할을 분담하고 이를 창업자가 조화있고, 균형 있게 조정하여야 한다. 창업자는 불협화음이 안 나는 오케스트라의 지휘자가 되어야 한다.

넷째, 핵심인력 유입에는 신중을 기하여야 한다. 창업자는 리더십을 발휘하여야 하며 리더십은 여러 형태로 나온다. 그리고 리더십은 곧 영향력이다. 영입하는 새로운 사람이 창업자의 영향력 안에 있어야 한다. 때로는 경력자 또는 자본가의 인성이 창업자의 영향력을 받아들이지 않을 수가 있다. 경력 및 자금보다 먼저 생각하여야 할 것은 인성이다.

사업을 하게 되면 규모에는 차이가 있겠지만 직원을 채용하게 된다. 인적 자원 관리는 직원 채용부터 교육, 훈련 및 임금 관리를 비롯하여 퇴직 이후 까지도 관리하여야 한다. 사람을 관리한다는 것이 다소 어감이 부적합하지만 조직에 속한 사람은 서로 경쟁하며 화합하고 협력하여야 한다. 조직원을 통하여 효율적으로 최대의 성과를 이끌어 내야 하는 것이다. 이의 시작은 채용이다. 누구나 좋은 직원을 선발하려고 하고 또한 좋은 직원을 선발하여야 한다. 통상 인재(人材)를 선발하고 회사에서 인재의 역량을 발휘하여야 한다.

## 2.2 조직 구성

조직에 대하여는 수많은 학자들이 연구하고 또 많은 조직 이론이 있다. 먼저 조직에 대한 정의로는 공동의 목표를 갖고 목표를 달성하기 위해서 상호작용하는 복수의 사람들의 집합체라고 할 수 있다. 이러한 조직에는 공동의 목표가 있으며 목표가 상실되면 조직으로써 존속가치가 사라지게 된다. 또한 조직은 목표를 효율적이고 효과적으로 달성하기 위해서 여러 가지 형태와 구조를 갖게 된다. 무엇보다 중요한 것은 시대에 따라, 산업 형태에 따라, 산업군에 따라 조직 구조는 변형되고 진화된다는 것이다. 소품종 대량생산 시스템의 조직 구조와 다품종 소량생산 시스템의 조직 구조, 제조업과 서비스업, 산업화 시대와 정보화 시대 그리고 지식 시대의 조직 구조는 달리 형성된다.

기업의 조직 구조는 일반적으로 라인 조직, 스탭 조직, 라인-스탭 조직, 팀 조직, 사업부 조직, 하이퍼 조직 등 다양하다. 일반적으로 기업 내에서의 지휘 체계를 확립하고 최고 경영진을 보좌 및 각 라인의 독선을 견제하기 위한 라인-스탭 조직을 많이 활용하나 모두 장단점이 있다.

① **라인 조직** : 최고 상위 직급부터 하위 직급까지 라인화하여 일관된 통제 체제를 갖는 조직 형태이다. 지휘 체계가 확립되고 일관성이 있어 책임과 권한이 뚜렷하다는 장점이 있으나 자칫 상부 계층의 지시 없이는 하부 계층이 움직이지 않는 보신주의가 형성될 수 있다. 또한 지시에 의하여 움직이므로 혁신적 아이디어, 창의적 업무를 위해서는 보완하여야 할 부분이 있다.

② **스탭 조직** : 라인 조직이 수직적 조직인 반면에 스탭 조직은 수평 조직이다. 경영진을 보좌하는 기능의 조직 형태로써 업무지시 및 명령이 단계별로 진행되는 것이 아니라 수평적으로 진행된다. 경영진이 각 스탭을 직접 관리하여야 하는 어려움이 있다.

③ **라인–스탭 조직** : 라인 조직과 스탭 조직을 융합시킨 조직 형태로써 상호 단점을 보완하여 많은 기업체에서 적용하고 있다. 이는 조직의 기능에 따라 라인 조직과 스탭 조직을 분리하여 조직함으로써 효율적이며 신속한 조직 구조를 갖는다.

④ **팀 조직** : 팀 조직, 그룹 조직, 프로젝트 조직 등 다양한 용어로 사용되고 있으며

정규 조직 또는 프로젝트 진행기간에 한정하여 구성되는 한시적 조직이기도 하다. 공식적 라인 조직의 체계를 따르지 않고 별도의 그룹으로 최고 경영자 또는 해당 경영진이 직접 관장한다.

⑤ **사업부 조직** : 대규모 조직에서 적용되는 형태로 각 사업부가 관련 제품을 모두 총괄 경영하며 한 기업에 여러 사업부의 형태로 이루어진다.

⑥ **하이퍼 조직** : 하이퍼텍스트 조직이라고도 하며 일본 지식 경영의 대가인 노나카 이치구로가 제안한 조직이다. 조직 구성원의 창의성 발휘를 극대화하기 위하여 중간 관리자 주도형 조직이다. 상부 조직의 이상과 하부 조직의 현실을 중간 관리자가 주도적으로 적절히 조정하여 조직을 운영하는 형태이다. 권한 위임을 통한 창의력 제고 조직이다.

CHAPTER 8

# 투자 유치 및 자금 확보

사업을 하는데 있어서 무엇보다 중요한 것은 자금이다. 특히 창업을 하는 경우는 초기 자본금을 비롯하여 일정기간의 운영 자금을 미리 마련하지 않으면 사업 초기 내부 경영보다는 자금 조달로 많은 시간을 보내게 되어 자칫 내부 경영 관리에 어려움을 초래 할 수 있다. 창업 시 또는 사업 확장 시 외부로부터 자금을 확보하기 위하여 투자자를 찾아 투자 유치를 도모케 되는데 본 장에서는 투자 유치에 대한 전반적 사항을 알아보기로 한다.

또한, 창업 과정에서 자금을 조달하는 것은 선결 과제이다. 창업 아이템을 갖고 창업 투자 회사 등으로부터 자금을 조달 받을 수도 있으나 실제로 경영 실적이 없는 상태에서 자금을 조달하는 것은 그리 쉬운 일이 아니다. 여기서는 중소기업청이 2013년도 공고한 '2013년도 중소기업청 소관 중소기업 정책 자금 융자 계획(중소기업청 공고 제2013 - 207호)' 중에서 일부 주요사항만을 다루어 본다.

제1절

# 투자 유치의 개념

투자 유치 활동은 영어로 IR(Investor Relations)이라는 용어를 사용하며 이는 특정 또는 불특정 다수에게 회사의 재무적 홍보 또는 투자 지향적 홍보 활동 및 투자자 관계라고 표현할 수 있다. 즉 IR은 투자자에게 기업의 가치를 이해시켜 해당 기업을 매력 있는 투자 대상으로 부각시키고 주가가 적정으로 평가되게 하며 필요 시 적정한 투자가 이루어지도록 한다. 전미 IR협회에서는 IR을 기업의 커뮤니케이션 기능과 자금 조달 기능을 결합하면서 현재 및 잠재적인 투자자들에게 기업의 실적과 전망에 대한 정확한 정보를 제공하는 전략적인 마케팅 활동이라고 정의하고 있다. 이러한 정의에 의하면 IR은 특정 또는 불특정 투자자를 대상으로 하지만 PR(Public Relation)은 기업의 고객, 주주, 사원, 지역 사회, 정부기관 등 이해관계가 있는 조직이나 단체, 구성원에게 기업의 비전과 목표를 전달하고 기억시킴으로써 호의적인 관계를 형성하는 기업 홍보의 마케팅 수단인 것이다. 기업 설명회 또한 대상과 목적에 따라 투자용 또는 홍보용으로 나눌 수 있다. 이러한 관점에서 IR의 목적을 열거하면 다음과 같다

| | |
|---|---|
| ① 기업 이미지의 제고 | ② 기업의 가치 추구 |
| ③ 기업의 차별화 | ④ 증권 분석가(Analyst)의 관심 제고 |
| ⑤ 매수 기반 확충 | ⑥ 주주 수 증대 |
| ⑦ 신규 자본 시장의 증대 | ⑧ 투자가의 단기 전망에 부응 |

이러한 IR과 PR의 차이점은 다음과 같다.

### ■ 목적이 다르다.

IR은 기업가치를 투자자 등의 외부에 투명하게 하여 기업 평가를 적절하게 함으로써 최적의 투자를 유도하는데 목적이 있다. 반면에 PR은 기업 또는 상품, 서비스에 대한 제고를 통하여 매출 신장과 기업 이미지 제고에 있다.

### ■ 대상이 다르다

목적이 다른 만큼 대상 또한 다르다. IR의 경우는 주주, 투자자 또는 잠재 투자자를 대상으로 하는 반면, PR은 소비자 또는 잠재 소비자를 대상으로 한다.

### ■ 내용이 다르다

목적과 대상이 다름에 따라 당연한 이야기일 것이다. IR에 포함되는 내용은 투자자를 위한 경영 실적, 경영 계획, 경영 전략 등이 될 것이나 PR의 경우는 회사의 특징, 비전을 비롯하여 상품과 서비스 경쟁력 및 차별성 등의 내용이 포함된다.

### ■ 전달 방법이 다르다

전달하고자 하는 대상에게 내용을 전달하는 방법 또한 IR의 경우는 투자 유치 및 투자자로 하여금 투자 이탈 방지를 위하여 지속적으로 온라인 또는 오프라인을 통하여 이루어지며 쌍방향 성격을 주로 갖으나, PR의 경우는 목적에 다라 특정기간을 택하여 홍보 선전 등의 일방적 방법을 동원하는 방법이다.

**표 8-1** IR과 PR 비교

| | IR | PR |
|---|---|---|
| 대상 | 주주, 투자자, 잠재 투자자 | 불특정 다수의 소비 대중 |
| 목적 | 투자자 신뢰 구축, 적정 주가 형성,<br>안정 주주 확보, 효율적 자금 조달 | 기업 이미지 개선, 시장 확보,<br>매출 증대 |
| 주요 내용 | 경영 실적, 경영 계획 및 전략 | 제품 및 서비스 홍보 |
| 전달 방법 | 자발적 및 쌍방향 | 전략적 및 단방향 |

## 제2절

# IR의 필요성

IR의 필요성은 크게 경영 환경의 변화와 증시 환경의 변화 측면에서 살펴볼 수 있다. 먼저 경영 환경의 변화에 따른 필요성으로, 1996년 7월 우리나라에서 미국의 나스닥을 모방하여 장외 거래 주식을 매매하는 증권시장인 코스닥이 탄생하였다. 주로 신생 벤처기업들의 자금 확보를 위하여 탄생한 것이다. 이러한 경영 환경의 변화와 함께 IR의 필요성이 대내외적으로 대두되었다. 첫째, 기업들은 자금 유치를 위하여 회사 소개와 함께 자사의 기술력 등을 투자자들에게 널리 알려야 했다. 더욱이 1997년 IMF 이후 그동안 기업 자금 조달의 주요 창구였던 은행이 부실화되고 기업의 부채비율을 200% 이하로 낮추도록 하는 정부의 정책 변화로 인하여 차입 경영 방식으로는 필요한 자금을 확보할 수 없는 상황이 된 것이다. 이에 많은 기업들이 코스닥과 IR에 눈을 돌리게 되었다. 이러한 자금 조달 환경의 변화는 기업 IR에 대한 인식에 커다란 변화를 가져왔다. 둘째, 아울러 벤처 붐과 함께 무분별한 코스닥 상장으로 많은 선의의 투자 피해자들이 증가하고 벤처 거품이 발생하면서 이의 대처를 위해 회사의 투명성 요구가 거세졌다. 투명성이란 회사의 좋고 나쁜 모든 경영 정보를 주주와 투자자에게 보고하여 투자자가 올바른 판단으로 가치에 맞는 투자를 결정하게 하기 위함이다. IMF 사태를 겪으면서 정부 또한 연결재무제표 작성 의무화와 분기별 실적 등을 발표하여 투명성을 제고하였으며 주주와 투자자 또한 부정직한 부실 경영에 대하여는 엄중하게 대응하기 시작하였다. 셋째, 이러한 것은 곧 책임경영제도로 연결되었다. IMF 이후 상법 및 증권 거래법을 개정하여 경영진에 대한 책임을 법적 제도적으로 강화한 것이다. 집중 투표제, 대표 소송제 등의 도입과 소수 주주권의 강화 및 기관 투자자에게 투표권이 부여된 것이다. 이로써 회사 경영진은 경영 부실화로 인한 배임 등의 형사적 처벌을 피하도록 하여 기업 경영에 매진 할 수 있도록 한 것이다. 마지막으로 소액주주들이 결집하여 의결권을 강화되고 개인 투자자 중에서도 거액 투자자, 소위 왕개미의 출현으로 경영에 목소리를 내면서 기업체로써는 평상시에 IR을 통하여 대응할 수밖에 없었다. 이러한 주주 행동주의에 대하여 기업체는 주주 중시 경영 또는 가치 경영을 통하여 주주 행동주의가 발생하지 않도록 대응하며 이는 평상시 지속적인 IR 활동을 활발하게 한 것이다.

다음으로 증시 환경 변화에 따른 필요성으로 1982년 증시 개방 조치 이후 우리나라의 주식 투자 시장에 외국 투자자들이 자유롭게 참여하게 되었고 우리나라 기업들도 해외 증시를 통하여 자금을 조달 할 수 있게 되었다. 이에 우리나라보다 선진 금융 기법과 관련 선진 정책들은 우리 기업들로 하여금 기업의 투명성과 IR을 촉진시키는 계기가 되었다.

이러한 외국인들의 국내 주식 시장 진출은 국내 투자자들의 투자 패턴을 현실화하여 기업의 내재가치와 경영 평가, 애널리스트의 가치 평가 등 더욱 객관적이고 과학적인 투자 정보에 의거 투자를 결정케 한 것이다. 이러한 투자 패턴의 변화는 IR의 질적 개선 효과도 가져다주는 역할을 하였다. IR의 양적 확대와 질적 고도화로 이제 IR은 기업의 일상화가 되었다.

제3절

# IR 실무

투자 유치 또는 미래 투자자를 포함한 투자자에게 제공되는 기업정보인 IR의 작성에는 다음의 요소들이 포함되어야 한다.

① **회사 및 사업소개** : 회사 개요, 주주 현황, 자본금 현황, 경영진 현황, 사업 구성, 제품 소개, 거래선 소개, 기술 및 서비스 경쟁력 소개 등

② **동종 및 관련업계 산업 동향** : 동종업계의 전 세계 산업 동향 및 국내 동향과 전망, 관련업계의 전 세계 산업 동향 및 국내 동향과 전망 등

③ **경영 계획 및 전략** : 회사의 경영 현황, 경영 계획 대비 실적, 부문별 세부 경영 전략, 경쟁력 비교 등

④ **장기 비전** : 중장기 경영 계획에 준거한 회사의 미래 모습, 비전

⑤ **명확한 투자 메시지** : 투자의 필요성, 투자의 타당성, 투자 후의 경영 계획, 투자 후의 경쟁력 차별화 내용 등

⑥ **재무제표** : 주요 재무비율, 현재의 재무제표 및 추정 손익 계획, 추정 대차대조표, 추정 현금 흐름표, 투자 회수율 등

IR용 자료 작성 시 유의할 사항은

첫째, 투자자의 정보 욕구를 충족시켜야 한다. 기업 기밀에 벗어나지 않는 범위에서 투자자에게 충분하고 자세한 정보를 제공함으로써 투자자가 올바른 판단을 하도록 하여야 한다. 투자자 중에는 해당 분야의 전문가뿐만 아니라 비전문가도 있으므로 이를 충분히 고려하여야 한다.

둘째, 기업의 강점과 경쟁력, 제품의 강점과 경쟁력을 제3자가 이해하기 쉽게 표현하여야 한다. 현재의 가치도 중요하지만 미래의 가치도 투자자에게는 매우 중요하므로 이를 간과하여서는 안 된다.

셋째, 객관성을 최대한 부여하기 위해서는 다양한 시장 분석을 실시하며 이를 다양한 기법을 사용하여 투자자가 이해하기 쉽게 표현하여야 한다. PEST, SWOT, 레이더 챠트 등과 같이 대표적으로 사용되는 분석 기법 및 경영 분석 기법 등을 최대한 활용하는 것이 좋다.

넷째, 투자 메시지의 전달은 가치(Value)를 부각시키는 것이 좋다. 기업의 가치는 재무적 가치와 비재무적 가치가 있다. 실제적으로 이익을 많이 내고 주주들에게 이익배당을 많이 가져가는 것도 중요하지만 비재무적 가치의 상승을 통하여 기업 자체의 브랜드 가치를 상향시키는 것 또한 매우 중요하다. 기술력, 시장성, 혁신성, 창의성, 명품 브랜드, 인재 Pool 형성 등도 비재무적 가치의 예이다.

다섯째, 과장과 허위는 금물이다. 이는 투자자의 판단력을 흐리며 투명성을 저해하는 요인으로 범죄 행위인 것이다. 투자자에게 사실 그대로 정확히 정보를 제공하여 정직의 신뢰를 쌓는 것이 무엇보다 중요하다.

제4절

# 기업 설명회

기업의 정보를 제공하는 방법으로는 프레젠테이션(Presentation) 형식으로 애널리스트와 투자자들이 모인 자리에서 설명회(Information Meeting)를 갖는다. 이때 주로 기업의 결산 실적, 주요 경영 정책, 재무 상태 등을 발표하여 투자자 또는 관련자에게 공평하고 효율적으로 정보를 제공한다. 이에 비하여 취재에 개별 대응하거나 그러한 형식을 빌리는 방법도 있으며 이는 상기의 설명회에 비하여 개별면담에 의한 정보의 밀도 및 수용성이 높은 장점이 있다. 이외에도 개인투자자를 위한 증권회사의 영업 담당자 대상 설명회, 공장 견학(Factory Tour), 기술 설명회, 해외 투자자를 위한 투자 설명회 등이 있다. 이러한 기업 설명회를 진행하는데 필요한 사항들은 다음과 같다.

① 개최 여부 검토와 결정

② 준비팀 구성

③ 자료 기획

④ 행사 기획

⑤ 원고 작성 및 자료 제작

⑥ 장소의 예약

⑦ 초청 대상자의 선정과 우편 목록의 작성

⑧ 초대장의 제작 및 발송

⑨ 행사장 준비

⑩ 예행 연습

⑪ 행사 진행

모든 행사가 그렇겠지만 회사 자금인 투자와 관련된 IR 기업 설명회는 준비와 진행에 만전을 기하여야 한다. 특히 프레젠테이션은 기업 설명회의 강력한 도구이며 하이라이트이다. 자료의 작성은 물론 필요 시 제품의 전시, 홍보물 제작, 영상물 제작 등 모두가 한 치의 오차와 실수가 없어야 한다. 무엇보다 발표력은 설명회의 꽃이라 할 수 있다.

프레젠테이션의 중요성은

첫째, 동적인 활동으로 발표자와 청중 간의 공감대를 촉진시킨다.
둘째, 발표의 완벽함은 투자자의 신뢰도를 향상시킨다.
셋째, 인쇄물, 영상물에 비하여 전달 정보의 설득력이 높다.
넷째, 질의응답을 통하여 투자자의 궁금증을 즉석에서 해결해 줄 수 있다.

프레젠테이션의 3요소

① 한정된 시간 : 주어진 일정 시간 가운데서 이루어지는 정보 전달 및 정보 교류이다.
② 특정 대상 : 프레젠테이션의 대상이 한두 명에서 수백 명의 특정 대상을 상대로 행해지는 커뮤니케이션이다.
③ 설득 : 판단과 의사 결정을 유도한다는 의미의 설득으로 이는 프레젠테이션의 궁극적인 목적이다.

일반적으로 완벽한 프레젠테이션을 하기 위하여 준비 단계부터 철저한 준비가 이루어져야 한다. 프레젠테이션에 참석하는 청중이 누구인지를 파악하여 청중에 적합한 내용을 준비하여야 하며, 프레젠테이션의 목적에 부합된 자료를 준비하여야 한다. 또한 장소 및 관련 시설을 사전에 점검하여 진행에 차질이 없어야 좋은 결과를 얻을 수 있을 것이다.

## 4.1 청중 분석

### 4.1.1 청중의 규모

청중의 숫자가 소수일 때에는 구체적인 테마와 다양한 비주얼 자료의 활용이 가능해진다. 청중의 숫자가 다수인 경우에는 일반적 주제를 가지고 제한된 비주얼 자료를 활용하는 것이 바람직하며, 수시 배포가 어려우므로 자료를 일괄적으로 배포하는 것도 필요하다. 일반적으로 청중의 숫자가 많으면 발표의 내용을 너무 어려운 전문가 수준보다는 쉽게 진행하는 것이 좋다. 일부만 이해하는 내용보다는 전체가 이해할 수 있도록 수준을 낮추는 것이 바람직하다.

### 4.1.2 청중의 수준

청중이 전문가라면 충분한 데이터를 바탕으로 사전에 철저한 준비가 가능하도록 준비한다. 일반인이라면 전문용어를 최대한 피하거나 쉬운 설명이 될 수 있도록 사전에 사례 등을 조절하는 것이 필요하다.

### 4.1.3 청중의 연령

젊은층은 진부한 표현보다는 혁신적인 표현을 선호한다.

### 4.1.4 청중의 성별

청중의 성별에 맞는 예화 등이 이루어져야 한다. 여성은 경험담, 사례 등에 친숙하며 남성은 논리적이고 과학적이며 통계적인 것에 친숙하다.

## 4.2 목적 분석

### 4.2.1 동기부여

프레젠테이션의 목적을 달성하기 위하여 본론 단계에 도달키 위한 방법으로 감정에 호소하여 목표를 부여하는 방법과 경쟁 원리를 도입하여 동기유발을 자극하는 방법 및 새로운 도전에의 동기유발을 위한 기록 도전, 보상의 원리 등이 있으며 무엇보다 발표자는 청중과 일체감을 갖으며 동기유발을 유도하여야 한다.

### 4.2.2 정보 제공

프레젠테이션의 목적이 정보 제공을 통하여 청중을 설득하는 것이다. 청중의 니즈(Needs)를 정확히 파악해 효과적인 설득을 위하여 다양한 비주얼적 방법을 사용한다. 또한 이해를 돕기 위하여 청중이 이미 알고 있는 정보와 관련성을 갖도록 하는 것이 유효하며 반복 기억 효과를 갖도록 자료를 준비한다.

### 4.2.3 정보 전달

목적을 달성하기 위한 설득의 3가지로는 첫째, 편익성(Benefit)으로 청중이 최종적으로 얻는 이익을 구현하는 것이다. 둘째, 논리성이다. 전달 내용이 논리적 과학적 타당성을 가져야 청중을 설득하기 수월하다. 셋째, 감성적이어야 한다. 효과적 설득의 방법으로 발표자와 청중 간에 호의적 감정 조성이 필요하다.

프레젠테이션의 목적을 달성하기 위하여 실제적인 프레젠테이션에서는 목적에 대한 구체적인 이유 설명을 진실성을 갖고 호소력 있게 구사하여야 한다.

효과적인 정보 전달을 위하여 때로 주제와 관련성이 있는 적절한 유머를 사용하는 것이 좋다. 단 청중의 성격에 유의하여야 한다. 과도하고 극단적인 유머 또는 성적 유머와 경박한 유머는 프레젠테이션의 질을 떨어뜨리므로 피하여야 한다.

## 4.3 장소 분석

① 장소 분석 : 회의장 명칭, 주소, 전화, 담당자, 교통편, 소요 시간 및 약도

② 환경 분석 : 수용 규모, 조명, 레이아웃, 책상, 의자 배치, 회의장, 소음, 전망 등

③ 설비 분석 : 빔 프로젝터, 전기 콘센트 위치, 컴퓨터, 연단, 음향 시설

실제적인 프레젠테이션 자료의 구성은 인사 소개, 들어가기, 본론, 맺음, 질의응답, 마무리의 형식으로 하며 주어진 시간에 맞추어 내용 시간 배분도 적절히 구성함으로써 청중의 지속적인 집중을 얻도록 하여야 한다. 이중에서 본론을 전개하는 방법으로는 첫째, 시계열 전개 방법이 있다. 이는 시간의 흐름에 따른 내용 전개 방법으로 청중이 가장 이해하기 쉽고 적용하기가 용이하다. 둘째, 지리적 전개 방법으로 지역적·장소적 흐름에 따라 이동을 하는 것으로 시각적 효과를 나타내거나 광범위한 주제에 적합하다. 셋째, 에스컬레이션식 전개 방법으로 대·중·소의 규모에 따른 점증식 혹은 점차 감소하는 식의 전개 방법을 말한다. 넷째, 연역적 전개 방법으로 대전제, 소전제, 결론에 따른 전개 방식이다. 다섯째, 귀납적 전개 방법으로 사례를 제시하고, 결론을 도출하는 전개 방법이다.

이러한 프레젠테이션을 성공적으로 진행하기 위하여 다음과 같은 기본 원칙을 지키는 것이 좋다.

첫째, 먼저 청중의 호기심을 자극하여 왜 투자할 가치가 있는 기업인가를 간결하게 그리고 강력하게 표현하여야 한다.

둘째, 흥미를 유발하여야 한다. 투자자가 갖는 흥미는 투자 회수, 이익 배당 등에 관한 것이다. 기업 및 제품의 현재와 미래가치가 투자자에게 흥미를 유발 시킬 수 있어야 한다.

셋째, 투자 포인트에 대하여 지속적으로 자발적 관심을 갖도록 욕구를 일으켜야 한다.

넷째, 실질적인 투자의 결실이 나오도록 행동을 자극하여야 한다.

제5절

# 인터넷 IR

20C부터는 정보화 시대와 함께 개인용 컴퓨터가 보편화 되었으며 이와 함께 인터넷 시대가 열리면서 문화, 사회는 물론 산업계에도 엄청난 변화가 일어났다. 전 세계가 시간과 공간의 개념이 없어진 것이다. 물론 기업의 IR 활동도 인터넷을 통하여 전 세계에 동시에 진행할 수 있게 되었다. 유튜브를 비롯한 각종 동영상을 통하여 수시로 볼 수 있게 되었다. 이러한 인터넷 IR의 장점은 첫째, 시간과 공간의 제약이 없으며 누구나 언제 어디서나 확인할 수 있어 투자자 및 잠정 투자자 등 모두에게 신속하고도 공정하게 정보를 전달한다. 둘째, 비용과 시간을 절약한다. 인터넷은 오프라인과 같은 물리적 장소의 개념이 없으며 시간제한이 없기 때문에 상대적으로 상당한 비용과 시간 절약이 된다. 셋째, 쌍방향 커뮤니케이션과 업무 생산성이 매우 높다. 인터넷 및 이메일을 통하여 기업이 전 세계의 모든 주주 및 투자자 등과 수시로 쌍방향 커뮤니케이션이 가능하며 신속하게 업무를 처리할 수 있다.

다만 이러한 인터넷의 편리성에 따른 주의사항 또한 간과하여서는 안된다. 고객은 수시로 기업 정보 및 IR 내용을 확인하며 이에 대하여 기업은 적시에 최신 기업 정보를 정직하고 정확하게 공개하여 투자자로 하여금 신뢰를 주어야 한다. 또한 게시자는 항상 게시 정보에 대한 책임감을 갖고 관리하여야 하며 허위 정보 공시 또는 불성실한 공시 등의 사례로 고객에게 금전적 손해와 정신적 손해를 입혀서는 안된다.

제6절

# 중소기업 정책 자금

최근, 창조경제의 추진과 함께 중소기업의 활성화를 위하여 정부로부터 여러 가지 방법의 자금이 지원되고 있다. 여기서는 창업지원 자금과 개발 기술 사업화 자금에 대한 공고 내용을 소개한다. 공고내용은 매년 차이가 있을 수 있다.

정책 자금의 지원대상은 중소기업으로서 전략 산업을 영위하는 기업에게 자금 지원이 이루어지고 있다. 전략 산업이란 녹색 신성장 동력 산업, 뿌리 산업, 부품 소재 산업, 지역 전략 및 연고, 산업 지식 서비스 산업, 문화 콘텐츠 산업, 바이오 산업, 융·복합 및 프랜차이즈 산업 등을 말한다. 신청한 기업들에 대하여 기술성, 사업성, 미래 성장성, 경영능력, 사업계획 타당성 등을 종합 평가하며 기준에 정한 융자 한도 및 대출 금리를 적용하여 중소기업에 정책 자금을 대출 지원하고 있다.

## 6.1 창업기업 지원 자금

가. 사업 목적

- ㅇ 우수한 기술력과 사업성은 있으나 자금력이 부족한 중소·벤처기업의 창업을 활성화하고 고용 창출을 도모

나. 융자 규모 : 14,300억 원

다. 신청 대상

- ㅇ 창업기업 지원 자금, 재창업 자금, 청년 전용 창업 자금으로 구분 지원(1인 창조기업 포함)
- – (창업기업 지원) 『중소기업 창업 지원법』 시행령 제3조의 규정에 의한 사업 개시일로부터 5년 미만(신청·접수일 기준)인 중소기업 및 창업을 준비 중인 자(최종 융자 시점에는 사업자등록 필요)

- (재창업) 사업 실패로 전국은행연합회의 '신용정보 관리규약'에 따라 '연체 등' 및 '공공 정보'의 정보가 등재(등록 및 해제 사실)되어 있거나 저신용자로 분류된 기업인 또는 사업 실패로 자금 조달에 애로를 겪는 기업인 중 다음 요건을 모두 충족한 자

라. 융자 범위

ㅁ 시설 자금

ㅇ 생산설비 및 시험 검사 장비 도입 등에 소요되는 자금
ㅇ 정보화 촉진 및 서비스 제공 등에 소요되는 자금
ㅇ 공정 설치 및 안정성 평가 등에 소요되는 자금
ㅇ 유통 및 물류 시설 등에 소요되는 자금
ㅇ 사업장 건축 자금, 토지 구입비, 임차 보증금
 * 토지 구입비는 건축허가(산업단지 등 계획입지의 입주 계약자 포함)가 확정된 사업용 부지 중 6개월 이내 건축 착공이 가능한 경우에 한함
ㅇ 사업장 확보자금(매입, 경·공매)
 * 사업장 확보 자금은 사업 영위 필요에 따라 기업당 3년 이내 1회로 한정 지원

ㅁ 운전 자금

ㅇ 창업소요비용, 제품생산비용 및 기업 경영에 소요되는 자금
- 재창업 자금(생산 지원 금융)은 구매기업과의 납품 계약(계약서 등)에 근거한 제품생산비용 등 소요 자금
 * 단, 구매기업의 계약이행능력, 계약내용 등을 확인하여 융자를 제한할 수 있음

마. 융자 조건

ㅇ 대출 금리(변동 금리) : 정책 자금 기준 금리에서 0.3%p 차감(기준 금리)
 * 창업기업 지원 자금 및 재창업 자금의 시설 자금 지원 시 고정 금리 선택 가능
 * 청년 전용 창업 자금은 연 2.7% 고정 금리

ㅇ 대출기간
- 시설 자금 : 8년 이내(거치기간 3년 이내 포함)
- 운전 자금 : 5년 이내(거치기간 2년 이내 포함)
 * 재창업 자금(생산 지원 금융)은 구매기업의 대금 지급일 이내(최대 180일)
- 청년 전용 창업 자금 : 시설·운전 구분 없이 3년 이내(거치기간 1년 이내 포함)
 * 재창업 자금(생산 지원 금융)은 회전 한도 내에서 계약금액의 90% 이내(최대 5억 원)
 * 청년 전용 창업 자금 : 기업당 1억 원

ㅇ 대출 한도 : 1.공통사항의 '개별 기업당 융자 한도'
 * 운전 자금은 연간 5억 원. 단, 재창업 자금 운전 자금은 연간 10억 원, 20억 원 이상 시설 투자기업의 운전 자금은 연간 7억 원

ㅇ 융자 방식

- (창업기업 지원) 중진공이 자금 신청·접수와 함께 기업 평가를 통하여 융자 대상 결정 후, 중진공(직접 대출) 또는 금융회사(대리 대출)에서 대출
- (재창업) 중진공이 자금 신청·접수와 함께 기업 평가 및 도덕성 평가를 통하여 융자 대상 결정 후 직접 대출(단, 기업편의에 따라 금융회사(대리 대출)에서 대출 가능)
- (청년 전용 창업) 중진공이 자금 신청·접수와 함께 교육·컨설팅 실시 및 사업 계획서 등에 대한 평가를 통하여 융자 대상 결정 후 직접 대출(융자 상환금 조정형) 또는 취급 은행(우리은행, 기업은행)이 자금 신청·접수와 함께 평가를 통하여 융자 대상 결정 후 대출
  * 융자 상환금 조정형 : 정직한 창 업실패자에 대하여 심의를 통해 선별적으로 융자 상환금의 일부를 조정
  * 민간 금융 매칭형 : 지역 신용보증재단 협약 보증부로 지원

## 6.2 개발 기술 사업화 자금

가. 사업 목적

ㅇ 중소기업이 보유한 우수 기술의 사장을 방지하고 개발 기술의 제품화·사업화를 촉진하여 기술 기반 중소기업을 육성

나. 융자 규모 : 3,000억 원

다. 신청 대상

ㅇ 전략 산업을 영위 또는 영위하고자 하는 중소기업으로, 다음 중 하나에 해당되는 기술을 사업화하고자 하는 기업 또는 자체 기술을 사업화하고자 하는 Inno-Biz기업
  * 전략 산업 : 녹색·신성장 동력 산업, 뿌리 산업, 부품·소재 산업, 지역 전략·연고 산업, 지식 서비스 산업, 문화콘텐츠 산업 바이오 산업, 융·복합 및 프랜차이즈 산업
  * 최근 3년 이내 개발 기술 사업화 자금을 2회 이상 지원받은 기업은 융자 제외
- 산업통상자원부, 중소기업청 등 정부출연 연구 개발 사업에 참여하여 기술 개발에 성공(완료)한 기술
- 특허, 실용신안 또는 저작권 등록 기술
- 정부 및 정부 공인기관이 인증한 기술
  * 신기술(NET), 전력 신기술, 건설 신기술, 보건 신기술(HT) 등
- 국내외의 대학, 연구기관, 기업, 기술거래기관 등으로부터 이전 받은 기술
- 『기술의 이전 및 사업화 촉진에 관한 법률』상 기술평가기관으로부터 기술평가 인증을 받은 기술
- 기업 부설 연구소(한국산업기술진흥협회 인정) 보유 기업이 개발한 기술

라. 융자 범위

○ 시설 자금 : 개발 기술 사업화에 소요되는 생산설비, 시험 검사 장비 도입 등에 소요되는 자금
○ 운전 자금 : 개발 기술 사업화에 소요되는 원부자재 구입비용, 시장 개척비용 등

마. 융자 조건

○ 대출 금리(변동 금리) : 정책 자금 기준 금리에서 0.3%p 차감(기준 금리)
○ 대출기간
– 시설 자금 : 8년 이내(거치기간 3년 이내 포함)
– 운전 자금 : 5년 이내(거치기간 2년 이내 포함)
○ 대출 한도 : 기업당 연간 20억 원(운전 자금은 5억 원)
○ 융자 방식 : 중진공이 자금 신청·접수와 함께 기업 평가를 통해 융자 대상 기업을 결정한 후 직접 대출

CHAPTER 9

# 마케팅과 환경 분석

대부분의 관계 형성은 균형과 불균형에 의하여 발생된다. 산업 사회 초기에는 공급이 부족하였다. 대량생산 시스템도 제대로 갖추어지지 않았으며, 갖추어졌다 하더라도 일부 한정된 산업군의 한정된 제품에 대하여 대량생산이 가능하였다. 이러한 시대에는 생산자 위주로 문화가 형성되어 소비자는 생산자에 대하여 큰 소리를 내지 못하였다. 그러나 산업 사회의 급진적 발전과 정보 통신 산업 시대의 도래는 대량생산 시스템의 보편화는 물론 기술의 평준화, 품질의 평준화로 공급이 수요를 초과하는 결과를 초래하게 되었다. 이는 소비자에게 많은 선택권과 결정권을 부여하며 오히려 소비자는 선택에 어려움을 겪는 상황이 되었다. 대량생산과 평준화로 차별화 없이는 고객으로부터 선택받을 수 없게 된 상황에서의 돌파구는 차별화를 위한 다품종 소량생산 시스템이다. 고객 개개인을 위한 맞춤형 생산 시스템, 이는 공급부족 시대의 공급자의 단순한 판매 개념을 공급과잉 시대에는 마케팅 개념으로 전환을 가져오게 된 것이다. 마케팅 또한 대중 마케팅에서 1:1 마케팅으로 더욱 소비자에 접근하게 되었다. 이는 산업의 발달과 정보 통신 기술이 인간의 삶을 편리하고 윤택하게 하지만 전 세계의 네트워크화는 결국 기술 수명의 단축과 제품수명의 단축을 가져오게 되었다.

제1절

# 마케팅의 정의

마케팅(Marketing)이란 용어는 1936년 NAMT(National Associations of Marketing Teachers)에서 처음 사용하였으나 지금 사용되고 있는 '기업이 고객을 위해 가치를 창출하고 이를 고객들에게 이해시키고 전달함으로써 기업과 이해관계자들이 고객으로부터 가치의 대가를 부여받는 과정'이라는 정의는 2004년 AMA(American Marketing Association)에서 정의한 것이다. 그러나 AMA는 1960년에 '마케팅은 재화와 서비스의 흐름을 생산자에서 소비자로 흘러가게 하는 전체적인 비즈니스 활동'이라고 정의했었고, 1985년에는 '마케팅은 개인과 조직의 목표를 달성하는 교환을 창조하기 위하여 아이디어, 재화, 서비스의 개념, 가격, 프로모션, 유통을 계획, 실행하는 과정'이라고 정의하였다. 코틀러(P. Kotler)는 1991년도에 '마케팅이란 가치 있는 상품을 창조, 제공, 교환함으로써 개인이나 집단의 니즈(Needs)와 원츠(Wants)를 충족시키는 사회 관리적인 과정'이라 정의하였다.

한국마케팅학회에서는 2001년에 '조직이나 개인이 자신의 목적을 달성시키는 교환을 창출하고 유지할 수 있도록 시장을 정의하고 관리하는 과정'이라고 정의하고 있다. 사전적으로는 마케팅을 '소비자에게 상품이나 서비스를 효율적으로 제공하기 위한 체계적인 경영 활동, 시장 조사, 상품화 계획, 선전, 판매 등이 이에 속하며, 소비자에게 최대의 만족을 주고 생산자의 생산 목적을 가장 효율적으로 달성시키는 것을 목표로 한다.'고 정의하였다.

협의의 마케팅 핵심 개념은 시장에서의 교환을 통하여 필요한 것을 상호 주고받는 것이다. 고객, 즉 사람에게는 그들에게 필요한 니즈인 제품과 서비스 및 정보를 제공하고 이의 대가로 이에 상응하는 가치를 받으며, 기업체 또는 제공자는 이를 통하여 기업의 생존과 성장이라는 목표를 충족시키며, 제공하는 개인은 자신의 목적을 달성하게 된다. 이와 같이 마케팅은 소비자의 필요와 욕구에서부터 출발하며 소비자 지향성이 있다.

제2절

# 판매와 마케팅

전통적인 판매의 개념은 공장의 대량생산 시스템에서 출발하였으며 마케팅은 시장인 소비자로부터 출발하였다. 판매가 상품 및 서비스를 소비자에게 파는 행위의 협의적인 개념인 반면 마케팅은 소비자가 원하는 욕구를 파악하여 소비자가 원하는 상품을 개발하고 제조하며 소비자로 하여금 구매욕구를 유발하게 함은 물론 종국에는 소비자의 구매활동이 일어나게 하는 전체적인 과정을 말한다. 즉 판매는 마케팅 과정의 일부분에 속한다고 할 수 있다.

판매의 개념은 초기에는 생산과 제품을 중심으로 형성되었다. 산업의 근대화 및 대량생산 시스템 이전에는 수요에 대하여 공급이 부족한, 수요가 절대적으로 많은 시대로 생산자 위주의 산업구조를 형성하였으나, 대량생산 시스템이 갖추어지면서 수요와 공급의 균형이 어느 정도 이루어지게 되었다. 이러한 균형은 상품 간 경쟁 심화로 품질이 부각되고 양질의 제품만이 소비자로부터 구매력을 갖도록 하였다. 초기의 제품의 성능에 국한된 품질은 격화되는 경쟁으로 디자인 서비스 등 제반 품질을 모두 포함하는 제품 중심으로 발전되었다. 산업의 지속적 발전은 수요를 초과하는 공급 현상을 유발시켰으며 기업 간 상품 간에는 더욱 치열한 생존 경쟁을 맞이하게 되었다. 이 치열한 경쟁에서 살아남기 위하여 제조사는 극심한 판매 전쟁을 치러야 하는 판매 중심의 시대에 돌입하게 되었다. 경쟁적 판매 활동으로 가격, 광고, 판촉 활동 등이 범람하였으며, 이 모든 것들은 제조사 중심으로 제조사의 일방적인 입장에서 진행되었다. 그러나 산업 사회의 발전으로 급속한 정보화 시대로의 변화는 산업 사회에 많은 변화를 가져왔으며 판매의 개념을 바꾸게 만들었다. 고객이 기업과 상품 그리고 서비스에 대한 최신의 다양한 정보와 지식을 접할 수 있게 되었으며, 매우 다양한 고객의 개별적 욕구를 충족시켜야만 되는 시장 환경으로 변화되었다. 즉 고객 중심적 체제로 변환된 것이다. 이로 인하여 단순한 판매 개념으로는 경쟁에서 살아남을 수 없게 되었으며, 소비자의 욕구 파악부터 욕구 해결까지의 전 과정을 포괄적으로 갖는 마케팅 개념으로 변화하게 되었다.

**표 9-1** 산업 사회의 변화

| 구분 | 제조 중심 체제 | | | 고객 중심 체제 | |
|---|---|---|---|---|---|
| | 산업 사회 | | | 정보 사회 | |
| | 생산 중심 | 제품 중심 | 판매 중심 | 마케팅 중심 | 사회 마케팅 중심 |
| 수요 공급 | 공급자우위 | 균형 경쟁 | 소비자우위 | 소비자우위 | 소비자와 사회적 인식우위 |
| 미국 | 1900~1930 | 1900~1930 | 1930~1950 | 1950~1960 | 1970~ |
| 한국 | 1960 | 1970 | 1980 | 1990 | 1990 이후 |

현대의 정보화 사회는 마케팅의 대상 또한 변화시켰다. 개인용 컴퓨터와 인터넷의 대중화, 나아가 모바일 기기인 스마트폰의 보편화는 대중 마케팅(Mass-Marketing)을 1:1 마케팅(One to One Marketing)으로 급속하게 변화시킨 것이다. 인터넷 시대의 블로그 마케팅과 모바일 시대의 SNS 마케팅은 정보화 시대에 새롭게 탄생한 대표적인 마케팅이다.

제3절

# 마케팅 요소

마케팅의 핵심 개념은 본원적 욕구인 니즈(Needs)와 수단적 욕구인 원츠(Wants)가 있다. 마케팅은 통상적인 개념으로 기업과 소비자 간의 거래로 이루어지며 기업은 소비자에게 재화 또는 서비스를, 소비자는 이에 상응하는 현금 등으로 교환하는 관계에 있다.

① 교환 : 교환(Exchange)이란 서로 주고받는 것을 의미하며, 경제 관련 사전적 의미로는 '어떤 물품을 다른 사람에게 주고, 그 값으로 같은 가치의 다른 물품이나 화폐를 얻음' 이라고 한다. 교환은 교환자 쌍방이 교환 조건을 충족시켜야 실제적으로 교환이 가능하다. 즉 마케팅에서 가치 있는 제품이나 서비스 또는 정보를 제공하고 이의 대가로 상응하는 가치를 획득하는 과정을 말한다.

② 필요 : 인간의 본원적 필요(니즈, Needs)는 의식주와 같이 사람이 살아가는 데 필요한 기본적인 것들의 부족에서 비롯된 것으로, 생리적 욕구, 본능적 욕구 등의 본원적 욕구를 말한다.

③ 욕구 : 욕구(원츠, Wants)는 필요를 채우는 구체적인 수단을 원하는 것으로, 이는 문화적 환경과 개인의 개성에 영향을 받아 형성된 욕구로, 본원적 욕구를 만족시킬 수 있는 구체적인 제품이나 서비스에 대한 욕구를 말하며 일종의 수단적 욕구인 것이다. 구체적 욕구라고도 한다.

④ 수요 : 특정 제품이나 서비스에 대한 욕구가 구매의사와 구매능력에 의해 구매력을 갖추어졌을 때의 욕구를 수요(Demands)라 말한다.

즉, 기본적인 필요사항(Needs)을 구체적인 수단을 통하여 해결하고자 하는 욕구(Wants)가 유발되며 이를 해결하는 구매력(Demands)이 완비되어야 마케팅의 기본적인 요건이 갖추어지는 것이다. 예를 들어 허기가 지는, 그래서 식사를 해야겠다는 필요가 있으며 이를 해결하기 위하여 개인적 취향에 따라 한식, 그중에서도 김치찌개를 먹고 싶은 욕구가 있다. 이에 김치찌개를 구매할 돈이 있다면 마케팅의 여건이 형성된 것이다.

인간의 욕구에 대하여 심리학자인 에이브러햄 매슬로(Abraham Maslow)는 욕구를 생리적 욕구(Physiological needs), 안전 욕구(Safety needs), 사회적 욕구(Social needs), 존경 욕구(Esteem needs), 자아실현 욕구(Need for self-actualization)의 5단계로 설명하였다.

이러한 마케팅의 교환 과정에서 기업과 소비자는 상호 만족을 위한 마케팅 4P활동을 전개한다. 미국의 마케팅 학자 제롬 매카시(Jerome McCarthy)가 1960년에 제창한 마케팅 4P's mix란 제품(Product), 가격(Price), 유통(Place), 촉진(Promotion)으로 이들을 환경과 상황에 맞게 적절히 조합하여 최적의 상태로 계획하고 실행하고 관리하는 과정이다. 현대의 일부 학자들은 4P's mix를 새로운 시대에 맞게 변환하여 새롭게 주장하기도 한다. 이에 필립 코틀러(Philip Kotler)가 대표적으로 그의 저서 「마케팅 프로페셔널 서비스(Marketing Professional Service)」에서 상기의 4P 외에 물적 증거(Physical Evidence), 프로세스(Process), 사람(People)을 추가하여 7P를 주장하였으며 노스캐롤라이나대학의 로버트 라우터본(Robert F. Lauterborn) 교수는 생산 중심 개념인 4P를 정보화 시대의 고객 중심적 개념으로 재정립하여 4C를 주장하였다. 4C란 고객에게 차별화된 가치를 전달하는 고객가치(Customer Value), 고객이 획득하게 되는 효용과 가치에 비추어 가격 책정이 되어야 한다는 고객 부담비용(Cost to Customer), 고객이 편리하게 제품을 접하고 구매할 수 있는 체제의 편의성(Convenience), 고객과 긴밀한 의사소통의 커뮤니케이션(Communication)을 말한다. 더 나아가 「디지털 성인(Grown Up Digital)」의 저자인 돈 탭스콧(Don Tapscott)은 기존의 4P's mix를 새로운 시대와 새로운 문화에 맞게 ABCDE 전략으로 변경하여야 한다고 주장하였다. 이는 장소의 제약이 없는 공간 초월(Anyplace), 브랜드(Brand), 소비자 체험(Consumer Experience), 최적의 가격을 추구하는 최적 가격 추구(Discovery Mechanism for Price), 고객 참여(Engagement)를 말한다.

제4절

# 마케팅 분석 절차

마케팅을 전개하기 위해서는 가장 먼저 환경 분석이 되어야 한다. 환경 분석은 크게 3가지 즉 제품 특성 분석, 거시적 환경 분석, 그리고 미시적 환경 분석으로 나눌 수가 있다. 환경 분석을 마친 후에는 표적 시장을 선정한 후 마케팅 믹스를 통하여 최적화 수순을 진행한다. 각각의 단계에서 정예화되고 효율적인 각종 도구를 사용한다. 통상 거시적 환경 분석 도구로는 정치적 요소(Politics), 경제적 요소(Economics), 사회적 요소(Social), 기술적 요소(Technology)를 분석하는 PEST 분석을 사용하며, 미시적 환경 분석 도구로는 3C 분석과 마이클 포터(Michael Porter) 교수의 5가지 경쟁 요인 분석(Five Forces Analysis), 그리고 SWOT 분석 도구를 사용한다. 3C는 고객 분석(Customer), 경쟁자 분석(Competitor), 자사 분석(Company)을 말하며, 5가지 경쟁 요인 분석은 잠재적 진입자, 공급자의 교섭력, 구매자의 교섭력, 기존 경쟁자와의 경쟁, 대체품의 위협을 말한다. SWOT 분석 방법은 기업의 내부와 외부 환경을 분석하며 각각의 대책을 수립하는 전형적인 분석 기법으로 외부 환경의 기회(Opportunity)와 위협(Threat) 요인과 내부 환경의 강점(Strength)과 약점(Weakness)을 분석하고 각각의 대책을 수립한다. 환경 분석을 마친 후에는 STP 분석(Segmentation, Targeting, Positioning)을 통하여 시장을 세분화하고, 세분화된 시장 중에서 표적 시장 또는 표적 고객을 설정하며 이에 대한 차별화 전략을 수립한다. 마지막으로 이에 따른 4P's Mix 등 마케팅 믹스를 진행하는 과정이 마케팅 전개 절차이다.

**표 9-2** 마케팅 분석 절차

| 분석 단계 | 분석 절차 | 내용 |
|---|---|---|
| 환경 분석 1 | 제품 특성 분석 | |
| 환경 분석 2 | PEST 분석 | 정치적 요소, 경제적 요소, 사회적 요소, 기술적 요소 |
| 환경 분석 3 | 3C 분석,<br>5가지 경쟁 요인 분석 | 3C : 고객 분석<br>경쟁자 분석<br>자사 분석<br>5 경쟁 요인 : 잠재적 진입자<br>공급자의 교섭력<br>구매자의 교섭력<br>기존 경쟁자와의 경쟁<br>대체품의 위협 |
| 환경 분석 4 | SWOT 분석 | 강점, 약점, 기회, 위협 |
| 표적 시장 선정 | STP 분석 | 세분화<br>타기팅<br>포지셔닝 |
| 최적화 | 4P's mix | 제품<br>가격<br>유통<br>촉진 |

제5절

# 마케팅 분석 기법

## 5.1 PEST 분석

PEST 분석은 정치적 요소(Politics), 경제적 요소(Economics), 사회적 요소(Social), 기술적 요소(Technology)를 분석하는 거시적 환경 분석 도구를 말한다. 일부 학자는 PEST 분석에 생태학적 요소(Ecology)를 추가하여 STEEP 분석을 제안하였다.

### 5.1.1 정치적 요소

정치 환경에 대한 분석으로 산업계에 대한 정부 규제의 강화 또는 완화, 산업계 또는 산업계에 영향을 미치는 관련 법규의 입법 동향, 새로운 산업 정책 등 입법 사법 행정기관의 산업계에 미치는 요소를 분석하는 것이다. 예를 들어 골목 상권을 보호하기 위한 대형 할인 마트의 규제 관련 사항 및 주류 허가 기준 완화와 주택 및 부동산 정책 등이다.

### 5.1.2 경제적 요소

경제적 요소로는 환율 변동, 금리 변동, 인플레이션, 세계 경제 동향, 국내 경제 동향, 소득과 지출 수준, 소비 패턴, 금융 위기, 금융회사의 파산 등 경제심리를 좌우하는 수많은 요소들이 있다. 예를 들어 미국에서 발생한 금융회사 리먼브러더스 파산, 우리나라의 은행 인수합병, 수입 증가로 인한 소비의 증가 등이다.

### 5.1.3 사회적 요소

1인 가구의 증가, 고령화 사회 진입, 실업률 증가, 저출산, 만혼 증가, 자녀 출산 기피, 외모 지상주의, 한류 열풍 등 많은 사회적 문화적 변화는 새로운 시장을 창출하고 있다. 예를 들어 한류 열풍으로 꽃미남이 나오고 심각한 취업난은 외모 지상주의와 함께 여성의 성형미용 시장 성장과 함께 또한 남성의 화장품 시장의 급성장을 가져다주었다.

### 5.1.4 기술적 요소

정보 기술(IT; Information Technology), 정보 통신 기술(ICT; Information Communication Technology), 생명공학(BT; Bio Technology)등 새로운 기술들은 산업지도를 바꾸고 있다. 혁신적이고 창조적인 제품은 새로운 시장을 창출하고 그로 인하여 기존 시장이 쇠퇴기를 맞기도 한다. 예를 들어 새롭게 등장한 태블릿 PC(Tablet PC)는 개인용 컴퓨터 시장의 성장을 잠식하였으며 LED TV와 PDP TV 시장의 전쟁은 아직도 진행 중에 있다. 스마트폰의 등장은 단순히 전화의 기능을 넘어 m-비즈니스라는 새로운 비즈니스 모델의 탄생과 함께 관련 산업의 중흥을 이루어내고 있다. 모바일 게임 시장, 소셜 네트워크 서비스 시장, 자동차의 전자화, 전기자동차 시장의 개척 등은 기술적 요소의 사례 들이다.

## 5.2 3C 분석

사업에 직접적인 영향을 미치는 요소들에 대하여 환경 분석을 하는 것으로 PEST 및 STEEP 분석이 포괄적이고 거시적인 분석에 비하여, 3C분석은 구체적이고 적극적인 분석이다. 3C는 고객 분석(Customer), 경쟁자 분석(Competitor), 자사 분석(Company)을 말하며, 분석은 해당 시장 또는 사업에 대한 구체적인 정보의 취득과 환경 분석으로 사업과 마케팅의 올바른 전략을 수립하기 위함이다.

**표 9-3** 3C 분석

| 고객 분석 | 경쟁사 분석 | 자사 분석 |
|---|---|---|
| 소비자 분석, 시장 분석 등 | 경쟁업체 분석, 대체품 분석 등 | 자사 역량 분석 |
| 소비자 구매의사 분석 | 포터의 5가지 경쟁 요소 분석 | BCG 분석, SWOT 분석 |

### 5.2.1 고객 분석

고객에 대한 모든 것을 분석하는 것이다. 소비자의 수요와 시장은 물론 어떤 소비자가 어떤 시장을 어느 규모로 형성하고 있는지, 구매의사 결정을 하는 주체는 누구인지, 누가 구매의사 결정에 관여하는지, 고객의 연령, 성별, 직업, 소득 수준, 학력, 거주지 등 구매 대상 고객에 대한 모든 정보를 수집하여 분석한다.

소비자의 고전적인 상품 구매의사 결정 단계는 AIDMA(Rolland Hall, 1920)였으나 최근에는 인터넷의 보편화로 e-비즈니스가 활성화되면서 AISAS(Dentsu Media, 2005)로 변화되고 있다. AIDMA는 주목(Attention), 흥미(Interest), 욕구(Desire), 기억(Memory), 행동(Action)의 단계를 말하며 AISAS는 주목(Attention), 흥미(Interest), 검색(Search), 행동(Action), 공유(Share)의 단계를 말한다.

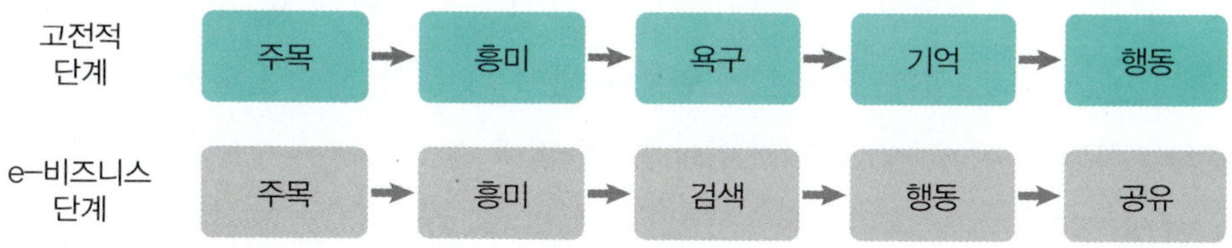


**그림 9-1** 소비자 구매의사 결정 단계

표 9-4 상품 구매 단계 비교

| | | | | | |
|---|---|---|---|---|---|
| AIDMA | Attention : 주목<br>고객이 상품에 대하여 주의와 관심을 가짐 | Interest : 흥미<br>고객이 주목하였던 상품에 대하여 특별한 흥미를 갖고 세부적인 관찰을 함 | Desire : 욕구<br>고객이 흥미를 가진 상품에 대한 구매욕구가 발동을 함. 상황에 따라 즉시 구매 또는 차후 구매의 여지를 남김 | Memory : 기억<br>구매욕구가 있는 상품을 여러 상황으로 즉시 구매하지 못한 경우 차후 구매의 여지를 가짐 | Action ; 행동<br>구매욕구가 있었던 상품을 기억하여 구매 상황이 되었을 때 구매 행동으로 옮김 |
| AISAS | Attention : 주목<br>고객이 상품에 대하여 주의와 관심을 가짐 | Interest : 흥미<br>고객이 주목하였던 상품에 대하여 특별한 흥미를 갖고 세부적인 관찰을 함 | Search : 검색<br>고객이 흥미를 가졌던 상품에 대하여 인터넷 사이트 등을 활용하여 상품정보, 가격, 유통, 판촉 상황 등을 검색 | Action : 행동<br>구매욕구가 있었던 상품을 기억하여 구매 상황이 되었을 때 구매 행동으로 옮김 | Share : 공유<br>구매 상품에 대한 다양한 경험을 다른 고객 또는 잠재 고객과 인터넷 블로그, SNS 등을 통하여 공유함 |

### 5.2.2 경쟁자 분석

자사 및 자사 상품과 경쟁 관계에 있는 기업과 상품에 대한 분석을 통하여 강점과 약점을 알아보고 경쟁사 및 경쟁 상품에 대한 경쟁우위를 창출하는 요소가 무엇인지를 분석한다. 분석 시 유념할 것은 경쟁의 대상이 동일한 업종 및 동일한 상품군에 국한되지 말아야 한다. 즉, 잠재적 경쟁자도 유념하여야 한다. 예를 들어 침대 제조업체의 경쟁자가 동종업계인 침대 제조업체뿐만 아니라 가구업체도 경쟁 대상이다. 또 맥주의 경쟁이 동일업계인 맥주 상품만이 아니라 소주, 양주, 막걸리 등 타 주류 상품도 경쟁 대상이다. 분석 내용으로는 생산 능력, 시장 점유율, 판매 전략, 성능, 가격, 유통, 원가 등 제반 사항을 포함한다. 이에 대하여는 포터의 5가지 경쟁 요소(Porter's 5 Forces)에서 설명하기로 한다.

### 5.2.3 자사 분석

자사 및 자사 상품에 대한 분석을 통하여 강점과 약점을 알아보고 경쟁우위를 창출하는 요소가 무엇인지를 분석한다. 자사의 경영 자원에 대한 객관적 분석을 통하여 경쟁력 확보 방안을 강구하는 것으로 3P 분석 도구를 활용한다. 3P 분석이란 재무적 성과와 시장 성과를 분석하는 성과 분석(Performance Analysis), 자사의 성장 가능성을 분석하는 성장 동력 분석(Potential Analysis), 상품과 사업 영역의 현 위치 및 미래 전략을 분석하는 상품 구성 분석(Portfolio Analysis)을 말한다. 상품 구성 분석에 많이 활용되는 보스턴컨설팅그룹(BCG)의 2X 2매트릭스 분석기법은 시장 성장률과 시장 점유율의 두 축으로 각 사업 또는 상품들 간의 상대적 매력도를 비교 분석하기 위한 기법이다. 이외에도 산업의 매력도와 사업의 경쟁력으로 분석하는 GE-맥킨지(GE-Mckinsey)의 3X3 매트릭스 분석이 있다.

BCG 2X2 매트릭스는 기업의 여러 전략 단위들을 시장 성장률과 시장 점유율로 표시하여 각 사업 단위 또는 제품 단위 등을 상대적 매력도로 표현하여 전반적인 건강 상태와 자금 조달 능력을 한눈에 알 수 있다는 특징을 가지고 있다. 예를 들면 대부분의 사업이 젖소(Cash Cows)에 위치하고 있다면 기업의 자금 동원 능력이 상당히 좋은 상태에 있다는 것을 알 수 있으며, 대부분의 사업들이 개(Dogs)에 위치하고 있다면 기업의 유동 자금이 부족하고 기업 전체가 상당히 어려운 국면에 있다는 것을 알 수 있다. 기업의 가장 이상적인 상태는 젖소에 큰 사업이 몇 개 있고 별에 다수의 사업이 존재하는 경우이다. BCG 매트릭스는 기업 경영자에게 각 사업 단위의 자원 배분에 대한 지침을 제공하며, 존속시킬 사업, 처분해야 할 사업, 기업의 목표를 달성해 줄 수 있는 사업 등 기업의 이상적인 균형을 알 수 있게 해준다.

① 물음표 : 시장 점유율이 낮기 때문에 수익성은 낮으나 성장률은 높기 때문에 시장 점유율 유지와 확대를 위하여 많은 자금의 투자를 필요로 한다. 적기에 투자를 성공적으로 하면 성장 사업으로 이행되나 그렇지 못한 경우에는 사양 사업으로 전락하게 된다.

② 별 : 시장 성장률과 시장 점유율이 모두 높다. 수익률과 성장률 모두가 높기 때문에 시장 점유율을 유지하기 위해서는 적극적인 투자가 필요하다. 단기적으로 기업에 자금을 공급하지는 못하지만 어느 정도 성장을 하면 수익 주종 사업이 된다.

③ 젖소 : 시장 성장률은 작지만 상대적 시장 점유율은 높다. 시장의 성장 속도가 느리기 때문에 신규 투자를 위한 자금이 많이 필요하지 않고 시장 점유율은 크기 때문에 판매량이 많아 많은 이익을 가져다 줄 수 있다. 따라서 여기에 속한 사업 단위는 기업에 많은 유동자금을 공급해 줄 수 있다.

④ 개 : 시장 점유율과 시장 성장률이 낮기 때문에 수익성이 낮고 자금의 유출도 적다. 경쟁력이 없는 사업으로서 조건이 나빠지면 사업 철수를 고려할 수 있다.

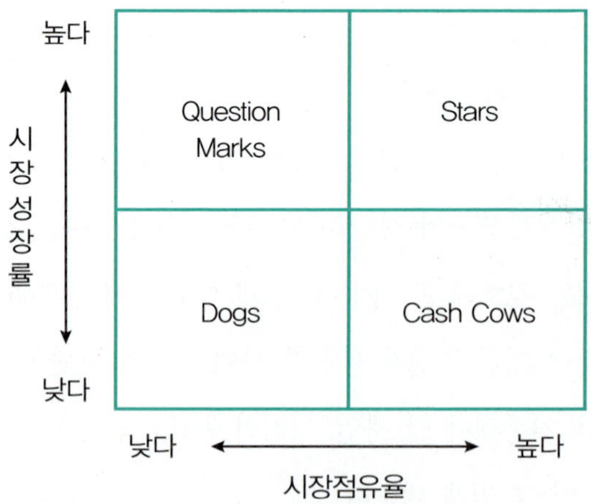


**그림 9-2** 보스턴컨설팅그룹(BCG)의 2X2 매트릭스 분석 기법

**표 9-5** 보스턴컨설팅그룹(BCG)의 2X2 매트릭스 분석 기법

| 항 목 | 물음표 | 별 | 젖소 | 개 |
|---|---|---|---|---|
| 시장 점유율 | 낮다 | 높다 | 높다 | 낮다 |
| 시장 성장률 | 높다 | 높다 | 낮다 | 낮다 |
| 수익성 | 낮다 | 매우 높다 | 다소 높다 | 낮다 |
| 투자 성격 | 성장을 위한 투자 | 안정 확대를 위한 투자 | 시장 유지를 위한 투자 | 전략적 결정 필요 |

이들은 각각의 상황에 따라서 적절한 대책을 수립, 실천하여야 한다. 여기에는 크게 시장 점유율을 증가시키는 전략으로 사업을 확장하여 별(Star)로 이동시키기로 결정한 물음표(Question Marks)에 속하는 확대 전략(Build Strategy), 현재의 시장 점유율을 유지하는 것으로 많은 현금 흐름을 창출하는 강한 젖소(Cash Cows)에 적절한 유지 전략(Hold Strategy), 사업 단위의 현금 흐름을 증가시키는 것으로 장래가 어두운 젖소나 물음표에 적절한 수확 전략(Harvest Strategy), 사업 단위를 철수하는 것으로 경쟁력이 없는 것으로 판단된 물음표 전망이 어두워 기존의 시장 점유율을 유지하는 것이 무의미한 개(Dogs)에 적용되는 철수 전략(Divest Strategy)이 있다.

## 5.3 5가지 힘

경영 전략론 전문가인 하버드대학의 마이클 포터 교수(Michael E. Porter)는 장기적으로 특정 산업의 수익성 및 매력도는 산업의 구조적 특성에 의해 영향을 받으며 이의 경쟁 상황을 좌우하는 '5가지 힘(Five-Forces Framework)'에 의하여 결정된다고 주장하였다. 이 5가지 힘은 신규 진입자의 위협 요인, 공급자의 교섭력, 구매자의 교섭력, 기존 경쟁자와의 경쟁, 대체품의 위협을 말하며 5가지 경쟁 요소라고도 한다.

### 5.3.1 신규 진입자의 위협 요인

신규 진입자의 위협 요인(New Market Entrants)은 기업이 특정한 새로운 사업에 진입할 때의 진입 장벽에 대한 위협 요인의 정도를 말하며 진입 장벽이 높을수록 산업의 매력도는 높아지며, 반대로 진입 장벽이 낮을수록 산업의 매력도는 떨어진다. 이러한 진입 장벽은 규모의 경제에 많이 의존하며 투자 규모, 생산 규모의 대형화를 통한 원가 경쟁력, 대규모 유통망 확보를 비롯하여 첨단 기술력 확보, 까다로운 규제 법규 등이 신규 진입 장벽이다.

### 5.3.2 공급자의 교섭력

원자재, 물량, 품질, 가격 등과 같은 공급자가 행사할 수 있는 힘의 요인으로 이는 공급과 수요의 균형여부에 따라 큰 차이를 나타낸다. 독과점과 같이 공급이 소수의 기업에 의해 지배되는 경우 공급자의 교섭력(Supplier Power)은 크며 해당 산업의 매력도는 떨어진다. 반대로 완전 경쟁과 같이 공급이 다수의 기업에 의하여 이루어질 경우 공급자의 교섭력은 떨어지며 산업의 매력도는 높다. 이 또한 진입 장벽과도 연관되어 전자는 진입 장벽이 높고, 후자는 낮은 편이며 고객의 중요도 측면에서 전자는 공급자의 입장에서는 중요한 고객(거래선)이 아닌 반면에 후자는 중요 고객(거래선)인 경우를 말한다.

### 5.3.3 구매자의 교섭력

여기서 구매자라 함은 일반 소비자만이 아니라 백화점, 대형 마트, 슈퍼마켓, 편의점 등 모든 업체를 포함한다. 유통업의 발달로 이들 대형 구매자들은 막강한 힘을 갖고 있다. 이들은 대량 구매를 통하여 구매 과정에서 가격인하, 품질 향상, 기능 향상, 서비스 향상 등을 요구할 수 있다. 일반 소비자의 구매력은 통상 단골 고객 및 고액 구매 고객이 힘을 발휘한다. 정보 기술의 발달로 인터넷을 활용한 구매 후기 작성, 블로그 또는 SNS를 이용한 정보 전달이 구매자의 힘을 강화시키고 있다. 구매자의 교섭력(Buyer Power), 즉 구매자의 힘이 셀수록 해당 산업의 매력도는 떨어지고, 구매자의 힘이 약할수록 산업의 매력도는 높아진다.

### 5.3.4 기존 경쟁자와의 경쟁

사업을 하면 경쟁 체제는 자연적으로 생성된다. 또한 적정한 경쟁 체제는 산업계의 발전과 소비자 이익을 위하여 필요하다. 이 기존 경쟁자와의 경쟁(Competitive Rivalry) 요소가 5가지 힘 중 산업의 매력도에 가장 큰 영향을 미친다고 할 수 있다. 이는 경쟁하는 기업의 수가 매우 많거나 규모나 자원 면에서 서로 비슷할 때 등의 경우에 경쟁 강도가 더욱 높다. 경쟁사가 많다는 것은 신규 경쟁사의 진입 장벽을 높게 하여 기존 경쟁사와 함께 동반하면서 기존 시장을 지킬 수 있다. 통상 경쟁사가 많으면 산업의 매력도는 떨어진다고 할 수 있다.

### 5.3.5 대체품의 위협

대체품이란 구매자 또는 소비자가 어떤 제품이나 서비스로부터 다른 종류의 제품이나 서비스로 대체할 수 있는 것을 말한다. 대체품의 출현은 기존 경쟁자의 경쟁우위를 약화시키게 되며 대체품의 위협(Substitutes Threat)이 낮을 수록 산업의 매력도는 높다. 대체품의 위협 사례로는 핸드폰의 등장으로 무선호출기(Pager)가 사라졌으며 막걸리의 소비 급증은 맥주와 소주의 시장을 위협하였다. 또한 태블릿 PC가 노트북 컴퓨터 시장을 잠식하는 것, 패스트푸드와 같은 외식업계에 도시락의 등장 등이 있다.

## 5.4 SWOT 전략

SWOT(Strength, Weakness, Opportunity, Threat) 분석 기법은 1960년 하버드 비즈니스스쿨에서 개발한 것으로 지금도 전략과 기획 등 다양한 분야에서 널리 사용되고 있다. SWOT 분석 방법은 기업의 내부와 외부 환경을 분석하며 각각의 대책을 수립하는 전형적인 분석 기법으로 외부 환경의 기회(Opportunity)와 위협(Threat) 요인과 내부 환경 분석의 강점(Strength)과 약점(Weakness)을 분석하고 각각의 대책을 수립한다. 이와 같이 SWOT 분석은 기업의 내·외부 환경에 대한 전체적인 분석을 통하여 경쟁전략을 체계적으로 수립할 수 있다. 즉, SWOT 분석은 각각을 분석하여 이에 대한 대응 전략을 수립하는 것으로 단순히 분석에 그치는 것이 아니다.

**표 9-6** SWOT 분석

| 구분 | | 내부 환경 요소 | |
|---|---|---|---|
| | | 강점 | 약점 |
| 외부 환경 요소 | 기회 | SO 전략 | WO 전략 |
| | 위협 | ST 전략 | WT 전략 |

### 5.4.1 강점

자사가 경쟁 기업에 비하여 우월한 경쟁우위에 있는 유·무형 요소들을 분석한다. 강점은 기업 내부에 존재하는 가치와 그것을 효과적으로 활용하는 방법을 제시하여 준다.

### 5.4.2 약점

자사가 경쟁 기업에 비하여 열악한 유·무형 경쟁 요소를 분석한다. 약점은 기업 내부에 존재하는 가치와 그것을 향상시키는 방법을 제시하여 준다. 이러한 기업의 부정적이고 불리한 요소들을 정확하게 인지하여 경쟁력을 강화하기 위한 것이다.

### 5.4.3 기회

외부 환경은 항상 변화한다. 거시적 환경 분석의 PEST 분석 내용이 기업 경영에 기회 또는 위협 요인으로 작용할 수 있다. 이 중에서 기회요인들은 한 기업의 존재 이유를 나타내는 긍정적인 요인으로 시장의 성장 가능성, 소비자의 변화, 산업 정책의 긍정적 변화가 큰 요소로 작용한다.

### 5.4.4 위협

외부 환경에서 기업 경영을 위협하는 부정적인 요소들을 분석하는 것으로 정부 규제, 경기불황 등과 경쟁업체의 가격인하 등이 있다.

SWOT 전략은 각각의 환경을 분석하는 것보다 분석 결과를 통하여 극복전략을 수립 실천하는 것이 주된 목적이다.

각각의 전략은 다음과 같다.

① SO 전략 : 외부 환경의 기회를 활용하기 위해 강점을 사용하는 전략

② ST 전략 : 외부 환경의 위협을 회피하기 위해 강점을 사용하는 전략

③ WO 전략 : 약점을 극복함으로써 외부 환경의 기회를 활용하는 전략

④ WT 전략 : 외부 환경의 위협을 회피하고 약점을 최소화하는 전략

## 5.5 STP 전략

기업 경영에서는 선택과 집중이라는 용어를 자주 사용한다. STP 분석(Segmentation, Targeting, Positioning)도 이와 같은 선택과 집중을 통하여 시장을 세분화(Segmentation)하고 세분화된 시장 중에서 표적 시장 또는 표적 고객을 설정(Targeting)하며 이에 대한 차별화 전략(Positioning)을 수립하는 것이다. STP개념은 필립 코틀러(P.Kotler)박사가 처음 제안한 것으로 각기 다른 욕구를 가진 소비자들이 존재하는 시장을 세분화하여 기업은 자사의 전략과 역량에 맞는 특정 세분 시장을 목표로 선택하고 이에 집중하는 경영 전략 마케팅전략 등을 수립 실천하기 위한 것이다. 이러한 STP전략이 필요하게 된 것도 산업구조의 변화와 무관하지 않다. 불특정 다수의 소비자를 상대로 대량생산 시스템의 대량 마케팅(Mass-Marketing)에서 고객의 다양한 욕구와 공급과잉으로 인한 시장 환경의 변화 및 정보화 산업의 발달로 인한 고객의 정보 수집 능력이 급속히 향상되면서 다품종 소량생산 시스템의 1:1 마케팅(One-to-One Marketing)의 전환은 STP 분석의 필요성을 더하였다. STP 분석 전략의 성공을 위해서는 무엇보다 시장에 대한 다양하고 정확한 정보가 필요하다.

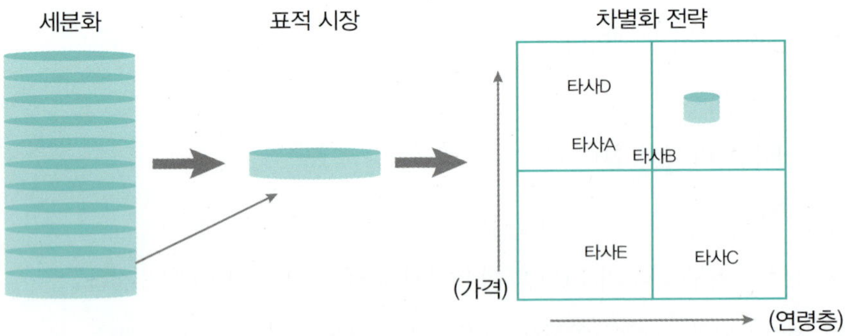


그림 9-3 STP 전략 개념도

### 5.5.1 세분화

세분화(Segmentation)는 용어가 시사하는 그대로 잘게 자르는 것이다. 즉, 분석가가 정확한 분석을 위하여 시장을 여러 개로 쪼개는 것이다. 세분화하는 방법으로는 상품을 기준으로 하는 공급자 중심의 세분화(Supplier Oriented Segmentation)와 고객을 기준으로 하는 수요자 중심의 세분화(Demander Oriented Segmentation)가 있다.

공급자 중심의 세분화는 생산자의 관점에서 세분화하는 것으로 동일 제품군에 다양한 성능의 차별화, 가격의 차별화 등으로 세분화하는 것을 말한다. 예를 들어 동일 계열의 노트북에도 여러 가지 메모리 용량으로 세분화하고 가격에 차이를 갖는다. 자동차에도 배기량에 따라 다른 모델 군을 형성하여 가격 차별화를 갖으며 동일 모델군에서도 자동기어와 수동기어 등과 같이 다른 기능으로 세분화하고 가격에도 차별화를 둔다.

수요자 중심의 세분화는 수요자의 연령, 직업, 거주 지역 등과 같이 수요자의 현황을 세분화하여 마케팅에 적용하는 것으로 인구 통계적 세분화, 지리적 지역적 세분화, 심리적 세분화 등의 세분화를 실시한다.

기업이 시장을 세분화하는 목적은 다음과 같다.

첫째, 소비자의 욕구가 다양화되고 공급 과잉 및 경쟁 과열 상태에서 목표 시장에서의 경쟁우위를 지키기 위함이다.

둘째, 기업이 보유한 경영 자원은 제한되어 있다. 제한되어 있는 자원을 목표시장에 집중하여 자사의 강점을 최대화함으로써 최대의 효율을 얻기 위함이다.

셋째, 정확한 표적 시장을 설정하여 경영 효율을 기하기 위함이다. 가능한 상세한 시장 세분화를 통하여 정확한 표적 시장을 설정하며 이에 합당한 투자 및 비용을 투입하게 된다.

또한 이러한 시장 세분화를 통하여 기업이 갖게 되는 이점은 다음과 같다.

첫째, 소비자 만족도를 높인다. 기업은 목표로 하는 고객들의 욕구를 파악하고 이에 합당한 상품과 서비스를 제공함으로써 소비자 만족도를 높이게 된다.

둘째, 충성 고객의 확보와 기업 이미지 제고를 도모한다. 표적 시장의 고객에 대한 소비자 만족도의 지속적인 향상은 충성 고객화 되며 이러한 관계의 지속은 기업의 이미지를 제고할 뿐만 아니라 지속 성장의 발판이 된다.

셋째, 효율적 경영 자원의 활용이 가능하다. 표적 이외의 시장에 대한 비효율적인 투자와 비용 지출을 억제하여 제한된 경영 자원을 효율적으로 활용하여 최소의 비용으로 최대의 경영 운영 효과를 기대할 수 있다.

넷째, 마케팅 4P's mix의 최적화를 기할 수 있다. 4가지 요소를 다양한 상황에 최적의 답을 구하는 것은 쉬운 일이 아니다. 시장 세분화를 통하여 4P's mix를 세분시장에 대하여 그리고 목표 시장에 대하여 최적화함으로써 마케팅의 효율화를 기할 수 있다.

### 5.5.2 표적 시장

타기팅(Targeting) 또는 표적 시장은 앞의 세분화한 시장에서 기업이 목표로 하는 시장을 한 개 또는 복수로 선정하고 소비자를 구분하는 과정이다. 표적 시장을 좁히면 좁힐수록 차별화된 소비자에게는 차별화된 상품과 서비스를 제공함으로써 효율적인 경영과 마케팅을 구사하여 성공 가능성이 높다. 여기에는 4가지 유형의 타기팅 모델이 있다.

#### ■ 비차별화 표적 시장

비차별화 표적 시장(Undifferentiated Targeting)은 세분 시장의 차이를 무시하고 상품의 전체 시장을 공략하는 전략으로 개별적인 소비자 욕구보다는 기본적인 욕구에 기반하는 상품과 다수를 겨냥한 상품 및 서비스를 고안하여 소비자에게 제공한다. 세분화와는 거리가 있으나 대량생산을 통한 원가 경쟁력 확보, 규모의 경제로 인한 각종 비용절감 등의 장점이 있다.

### ■ 차별화 표적 시장

차별화 표적 시장(Differentiated Targeting)은 소비자의 다양한 요구에 차별적 대응을 위하여 시장을 세분화하고 각각에 대하여 별도의 상응하는 마케팅 믹스를 구성하여 시장을 공략하는 전략으로 의류, 화장품, 자동차 등이 사례가 된다. 이들 사례는 각 연령층에 맞는 상품을 출시하며 각 연령층에 적합한 마케팅 전략을 추진한다.

### ■ 집중화 표적 시장

집중화 표적 시장(Concentrated Targeting)은 차별화된 고객과 상품 중에서 한 개 영역을 표적화하여 집중적으로 마케팅하는 전략이다. 큰 시장에서 작은 시장 점유율을 점하기보다는 작은 시장에서 큰 점유율을 점하려는 틈새 시장(Niche Marketing)이다. 사례로는 SPA(Specialty Store Retailer of Private Label Apparel)와 같은 단일 연령층을 대상으로 하는 의류업 및 울(Wool)과 같은 전문 소재 의류업이 있다.

### ■ 제한된 차별화 표적 시장

제한된 차별화 표적 시장(Restricted & Differentiated Targeting)은 비차별화 표적 시장과 차별화 표적 시장의 혼합모델로 집중화 타기팅을 통해 성공한 세분화 시장을 교두보로 다른 세분화 시장에 진출하는 전략이다. 사례로는 '에세 담배'와 같이 초기에는 여성을 표적 시장으로 하였으나 차후에는 남성 흡연 시장까지 영역 확장을 하였다.

## 5.5.3 포지셔닝 전략

앞서 서술한 바와 같이 마케팅은 경쟁의 산물이다. 경쟁에서 이기는 수단의 하나가 경쟁 상품 및 경쟁 서비스와 차별화하는 것이다. 포지션은 자사와 경쟁사의 상품이 어디에 위치하여 있으며 어느 정도 차별화되어 있는지를 나타내며, 포지셔닝 전략(Positioning)은 어느 위치에서 얼마나 차별화할 것인가를 추진하는 과정이다. 즉 표적 고객에게 경쟁사 상품 및 서비스가 보다 경쟁우위를 갖는 전략을 수립하는 것이다. 이는 어떤 차별화 전략을 전개할 것이냐의 문제로 차별화에는 기능적 차별화, 외관적 차별화, 심리적 차별화가 있다. 차별화 전략의 실행은 3단계로 진행한다.

① 1단계 목표 고객의 성향과 욕구 파악
② 2단계 목표 시장에서의 자사와 경쟁사의 차별화 전략 확인
③ 3단계 자사 상품의 목표 차별화 전략의 발굴 및 차별화 전략 활동 추진

차별화 전략 방법으로는 다음의 3가지가 있다.

### ■ 상품 중심의 차별화 전략

상품의 속성, 특징, 기술, 기능, 성능, 품질 등 상품 본연의 내용으로 경쟁우위에 차별화 전략한다.

### ■ 고객 중심의 차별화 전략

상품 자체가 갖는 특성이 아닌 고객에 초점을 맞춘 것으로 사용자 차별화 전략, 욕구 차별화 전략, 상황 차별화 전략이 있다. 사용자 차별화 전략은 광고 중에 20대 젊은층 또는 40~50대 중년층을 대상으로 하는 상품의 차별화 전략이며, 욕구 차별화 전략은 여행 상품으로 유럽 여행의 욕구를 자극한다든지, 호주 여행을 자극하는 것이다. 가족과 함께 또는 친구와 함께하는 것으로 제한적 사용자가 아닌 여행 욕구를 자극하는 것이다. 상황 차별화 전략의 대표적인 예는 주류 상품 또는 스포츠 음료 등을 들 수 있다.

### ■ 경쟁사 중심의 차별화 전략

이는 경쟁사와 자사 또는 경쟁사 상품(서비스)과 자사 상품(서비스)의 비교를 통하여 자사 상품의 경쟁우위를 부각시키는 방법이다. 스마트폰의 경쟁 관계 차별화 전략이 좋은 예가 된다.

CHAPTER 10

# 제품 및 가격 전략

소비자에게 유형 또는 무형으로 제공되는 상품과 서비스는 기업 경영의 본질이며 마케팅의 대상이다. 기업은 상품과 서비스를 고객에게 제공하고 고객으로부터 대가를 받는, 상호교환을 하는 것이다. 이러한 교환의 과정에는 제공하는 자와 제공 받는 자의 상호만족이 있어야 한다. 물론 경우에 따라서는 당장은 균형이 맞지 않아도 차후를 위하여, 즉 지금 당장은 만족스럽지 못하더라도 장래의 가치를 고려하여 교환이 성사되기도 한다. 상품을 소비용품과 산업용품으로 구분하는 방법과 내구재 상품(Durable Product)과 비내구재 상품(Nondurable Product)으로 구분하는 방법이 있다. 또는 정부의 표준 산업 분류를 기준으로 분류하기도 한다. 서비스의 분류는 크게 전화, 전기, 가스 등의 공공 서비스와 같은 기능적인 면에서의 편익을 제공하는 서비스, 접객 서비스업의 몇몇 종목으로 대표되는 정서적인 면에서의 편익을 제공하는 서비스, 그리고 많은 비즈니스 활동에서의 기능적인 면과 정서적인 면과의 양면에서의 편익을 제공하는 서비스의 3가지로 분류한다.

본론에 앞서 제품과 상품에 대하여 알아보자. 제품(製品)은 판매를 목적으로 원료를 이용하여 만들어낸 물품으로, 상품(商品)은 사고파는 물건이나 재화로 사전적으로 정의하며, 영어로는 제품을 Product 또는 Manufactured goods로, 상품은 Commodity 또는 Merchandise라 한다. 즉, 제품은 제조된 물건을 말하며 상품은 매매의 대상이 되는 물건을 말한다. 광의로는 제품은 상품에 포함되는 것이며 서비스를 제품이라 하지 않고 상품이라 칭하는 의미를 생각하면 될 것이다.

또한 제품은 마케팅적 측면에서 소비자의 욕구를 어느 정도 충족하느냐에 따라서 핵심 제품(Core Product), 유형 제품(Tangible Product), 확장 제품(Augment Product)의 3가지 차원으로 분류한다. 인터넷 사전의 정의에 의하면 핵심 제품은 고객이 제품을 통하여 얻는 근본적인 혜택이 형상화된 것을 말하며, 유형 제품은 품질, 특성, 브랜드, 스타일, 포장 등과 같은 실제로 소비자가 구매하는 제품으로 구체화된 것을 말한다. 확장 제품은 추가적인 서비스로 백화점의 주차장 시설, 기기의 A/S 등과 같이 제품 속성 이외의 부가적 서비스를 말한다.

산업 사회의 발달은 제조업에서 서비스업으로의 큰 변화를 가져왔다. 즉 제품 중심에서 서비스 중심으로 이동한 것이다. 그렇다고 산업 사회에서 제품이 없어졌다는 의미가 아니라 제품 지향적에서 서비스 지향적으로 프레임이 바뀐 것이다. 무한 경쟁 시대에 유형 제품만으로는 고객만족을 기할 수 없게 되어 부가 서비스가 확충되고 있으며 정보화 등과 같은 무형의 서비스업, 삶의 윤택과 여유 및 비즈니스의 다양화로 인한 서비스 산업이 크게 발달하고 있는 것이다. 서비스에 대한 경영학 및 마케팅 분야의 정의로 미국 마케팅 학회(American Marketing Association)에서는 서비스를 '판매 목적으로 제공되거나 또는 상품 판매와 연계해 제공되는 모든 활동, 편익, 만족'이라 하였고, 스탠톤(Stanton)은 '서비스란 소비자가 산업 구매자에게 판매될 경우 욕구를 충족시키는 무형의 활동으로 제품이나 다른 서비스의 판매와 연계되지 않고도 개별적으로 확인 가능한 것'이라 정의하였다. 또한 라스멜(Rathmell)은 '시장에서 판매되는 무형의 상품'으로 정의하였다. 이와 같이 유형의 재화와 무형의 재화로써 제품과 서비스를 구분하여 왔으나 산업 사회의 진전으로 이의 개념 또한 변하고 있다. 아울러 서비스는 핵심 서비스의 보조 서비스로도 제품의 부가 서비스가 존재하며 인터넷 정보화 시대 스마트 시대와 함께 매우 다양한 신종 서비스가 등장하여 새로운 서비스 개념 정립이 필요한 시기이기도 하다.

**표 10-1** 제품의 분류

| 구 분 | 내용 | 예 |
|---|---|---|
| 핵심 제품 | 고객이 제품을 통하여 얻는 근본적인 형태 | 제품의 형태 |
| 유형 제품 | 구매 제품의 실체 | 제품의 기능, 스타일, 포장 |
| 확장 제품 | 구매 제품에 따른 부가적 서비스 | 주차장 시설, A/S |

제1절

# 제품 믹스

제품 전략의 기본은 제품 믹스(Product Mix)이다. 오늘날 단일 상품, 단일 모델과 같이 단 하나의 품목만을 생산하거나 마케팅 하는 기업은 거의 없으며 대부분의 기업들은 다양한 소비자층의 소비 시스템에 부합되는 제품 계열을 구비하여 시장에 출시한다. 이때 제품 계열(Product Line)이란 유사한 기능을 근거로 하여 일련의 관련된 상품들을 집합적으로 나타내는 개념으로, 기업에 따라 하나의 상품 계열에 속하는 품목들은 매우 다양하다. 이와 같이 단 하나의 품목보다 다양한 상품을 개발하는 데는 다음과 같은 목적이 있다. 또한 인간이 태어나서 유년기, 청소년기, 장년기, 노년기의 삶을 구사하는 것과 같이 제품에도 수명이 있다. 그러므로 기업의 영속 성장을 위해서는 지속적으로 제품을 출시하여 소비자와의 관계를 유지하여야 한다. 특히 무한 경쟁의 현시대에는 제품의 수명 주기가 갈수록 짧아지고 있어 상품믹스 및 신제품 개발의 중요성은 더욱 부각되고 있다. 이와 같이 기업이 상품믹스를 하여야 하는 필요성은 다음과 같다.

### ■ 성장과 위험 분산

기업의 상품을 단 하나의 품목에만 집중한다면 성장 잠재력이 제한받게 되며, 해당 상품의 수명 주기가 진행됨에 따라 새로운 품목의 도입이 절실히 필요해 진다. 또한 계절성 상품의 경우에는 계절별로 판매할 수 있는 상품을 구비하여야 기업의 지속이 가능할 것이다.

### ■ 경영 자원의 최적 활용

기업 활동을 위한 자원은 모두가 자산이다. 필요할 때 꺼내 쓰고 필요 없을 때 버려둘 수 있는 성질의 것이 아니다. 대부분 한 번 투자하여 자산화 한 것과 고용한 인력은 경영 자원으로써 지속성을 갖게 된다. 즉, 매출 증감과 관계없이 일정비용이 지속 발생하게 되는 것이다. 기업은 이러한 비용을 일련의 제품에 배분함으로써 모든 제품의 평균원가를 낮출 수 있다. 또한 생산 시설들도 관련제품을 생산하는 데에 경제적으로 사용될 수 있을 뿐 아니라 기업 내 인적 자원을 보다 널리 활용할 수 있다.

■ 브랜드 이미지의 제고

소비자와 중간상인들은 대체로 기업이 다양한 관련 제품들을 함께 제공해 주기를 원한다. 전문기업이라 할지라도 단일 제품으로 살아남을 수는 없을 것이다. 더욱이 무한경쟁 시대에서는 생각하기 어렵다. 같은 브랜드로 관련 상품을 병행 제공하여 충성 고객의 이탈을 방지함은 물론 원스톱 서비스(One-stop Service)를 통하여 신규 고객을 확충하여야 할 것이다. 기업은 이익을 창출하여야 한다. 위험 요인을 최소화하며 다양한 소비자의 욕구를 충족시키기 위하여 제품 믹스는 기업 경영 및 마케팅에서 중요한 자리를 차지하고 있다. 모든 제품이 수익성이 좋다고 예견할 수 없으며 또한 수익성이 지속될 것이라고 예견할 수도 없다. 소비자가 기업의 측면에서 수익성이 좋은 제품만을 선호하는 것도 아니다. 제품 믹스는 기업의 수익성에 중요한 영향을 주며 매출액 성장성, 매출액 안정성, 수익성의 측면에서 균형을 이루고 있는지를 검토해야 한다.

제2절

# 상품수명 주기

인간이 태어나서 죽을 때까지의 수명이 있으며 통상 유년기, 청년기, 장년기, 노년기의 주기가 있는 것과 같이 상품의 경우도 이 세상에 나와서 퇴출될 때 까지의 기간을 상품수명이라 한다. 버몬(R. Vermon, 1996)과 웰즈(I. T. Wells, 1967)는 도입기(Introduction), 성장기(Growth), 성숙기(Maturity), 쇠퇴기(Decline)의 4단계로 상품수명 주기(PLC, Product Life Cycle)를 나누었다. 수명 주기에 따라 매출액, 수익, 목표 시장, 생산비용, 원가, 가격 등에 변화를 주어 효율적 운영을 통하여 기업 경영에 이바지 하여야 한다.

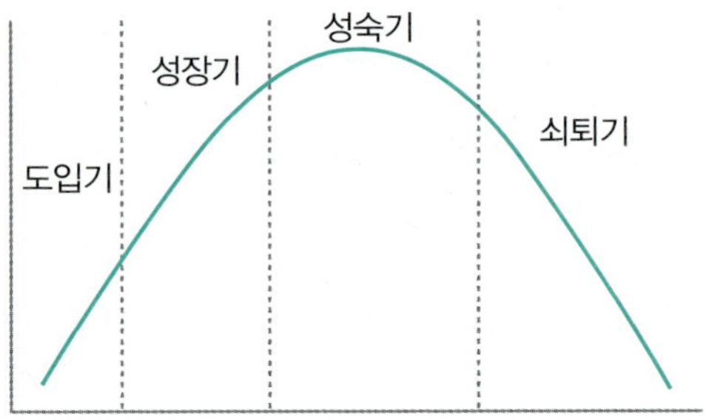


**그림 10-1** 제품 수명 주기

### ■ 도입기

도입기(Introduction)는 상품이 처음으로 시장에 나오는 기간이므로 소비자들에게는 아직 상품에 대한 인지도가 없거나 매우 낮은 상태이다. 기업체는 상품에 대하여 소비자들에게 알리기 위한 홍보 광고 및 판촉 활동 등을 적극적으로 실시하여야 하는 시기이다. 소비자의 인지와 상품에 대한 소비자 반응 등으로 매출이 점진적으로 상승하는 시기이다. 물론 상품에 대한 소비자의 반응에 따라 매출 증가 및 감소는 차이가 발생한다. 이 시기에는 개발비용, 판촉비용 등이 발생하여 수익 면에서 좋은 결과를 가져오지 않을 수도 있다. 무엇보다 소비자 반응을 수시로 모니터링하고 이에 적합한 신속한 대응을 하는 것이 중요하다. 또한 도입기에서 중요한 사항은 상품의 출시 시기의 결정이다. 상품의 출시 시기는 사회적, 경제적, 문화적 여건을 충분히 분석하고 고려하여 출시 시기를 정하여야 한다. 시장과 소비자가 상품을 받아들일 수 있는 시기에 맞추어야 하는 것이다. 시장이 성숙되지 않은 상태에서 조기 출시는 초기비용이 과다하게 소요되며 너무 늦은 출시는 경쟁사에게 시장 선점의 기회를 제공하게 된다.

### ■ 성장기

성장기(Growth)는 시장 진입에 성공한 상품이 지속적으로 매출이 상승하며 소비자의 반응이 우호적인 시기이다. 혁신 수용자와 조기 수용자의 구전 마케팅 활용 효과의 결실이다. 일단 성공적인 시장 진입으로 도입기를 지난 상품의 매출액과 이익이 급격히 상승하기도 한다. 성장기에는 많은 경쟁사들이 경쟁 상품을 출시하게 되어 본격적인 경쟁 체제에 돌입하게 된다. 경쟁사의 판가인하 전략, 대대적인 광고 등도 있지만 도입기를 거친 상품이라 시장에서 검증이 되어 상품 거래를 희망하는 유통업체도 증가한다. 성장기의 지속을 위해서는 신상품에 대한 품질 및 디자인을 개선하며 동일 브랜드에서 새로운 모델과 상품 라인을 다양화하며 새로운 유통구조를 창출하는 것도 좋은 전략이다. 아울러 새로운 목표 시장을 정하여 이에 부합하는 마케팅 전략을 추진하는 것도 필요하다. 이러한 경쟁우위를 유지하기 위한 4P 전략을 세부적으로 수립 추진하여야 한다.

### ■ 성숙기

성숙기(Maturity)는 상품에 대한 시장 수요와 공급이 포화 상태에 직면하는 시기이다. 시장의 확대보다는 유지 관리에 중점을 두고 경쟁사들의 대체품 출시에 대비하여야 한다. 판매의 증가는 매우 둔화하며 치열한 경쟁과 가격인하로 수익성이 안 좋게 된다. 그렇다고 광고 및 판촉을 줄일 수도 없는 상황이다. 원가 절감 방안, 유통 구조 개선 등의 방안을 강구하며 새로운 자체 대체 상품을 개발할 필요가 있다. 도입기 및 성장기에 비하여 성숙기의 기간은 길며 필립 코틀러(P. Kotler)는 성숙기를 성장 성숙기(Growth

Maturity), 안정 성숙기(Stable Maturity), 쇠퇴 성숙기(Decaying Maturity)로 나누어 적합한 4P's mix 전략을 수립 실천하여야 한다고 주장하였다.

① **성장 성숙기** : 성장기를 지나 성숙기에 진입한 초기로 판매 성장률이 둔화하고 유통 구조는 포화 상태여서 새로운 경쟁자가 진입하기는 쉽지 않다. 기존 경쟁자를 대상으로 경쟁하는 마케팅 전략을 수립하고, 본격적인 성숙기에 대비하여야 한다.

② **안정 성숙기** : 이미 시장은 포화 상태에 들어섰으며 기존 상품으로 새로운 시장을 개척하는 노력보다는 상품에 대한 추가 기능, 보조 기능 등으로 기존 시장을 확대하는 방안이 필요하다. 물론 기존 상품의 기능 개선을 통하여 대체 수요를 유발하는 것도 방안이다. 예를 들어 기존 상품의 표적 고객이 20~30대이었다면 중년층을 겨냥한 기능 추가 등이 될 수 있다.

③ **쇠퇴 성숙기** : 성숙기의 후반부에 돌입하게 되면 더 이상의 원가 절감을 통한 수익 유지가 어려우며 기존 상품에서의 기능 개선이 소비자로부터 반응을 얻지 못하는 시기이다. 소비자의 학습 효과로 인하여 매출은 감소하며 다른 대체품의 구매로 이동하게 된다.

### ■ 쇠퇴기

판매의 감소는 생산 설비의 유휴, 생산 인력의 유휴 등을 초래하여 기업 경영에 막대한 타격을 준다. 이러한 상황을 유지하는 것보다는 유휴 자원을 다른 방법으로 효율적으로 활용하여 기업 손실을 최소화하며 경영 효율을 높여야 한다. 이러한 쇠퇴기(Decline)에는 상품을 철수하는 것도 전략 중의 하나이다. 경영 상황에 맞게 적절한 시기에 퇴출하고 새로운 상품으로 경영 자원을 최적화하여 기업이 지속 성장할 수 있도록 하여야 한다.

제3절

# 롱테일 법칙

정보 기술의 발달과 함께 산업 세계와 소비자 문화에도 상당한 변화를 가져왔다. 초기의 대량생산 체제 하에서 빌프레도 파레토(Vilfreto Pareto)가 80:20 법칙을 주장하였다. 이는 전체 상품 중에서 20%가 전체 매출의 80%를 점유하며, 상위 20%의 상품이 전체 매출 및 이익의 80%에 기여하고, 상위 20%의 고객이 전체 매출의 80%에 기여한다는 이론이다. 이후로 필립 코틀러는 파레토의 80:20 법칙을 확장하여 80:20:30 법칙을 제안하였다. 이는 상위 20%의 상품이 전체 매출 및 이익의 80%에 기여할 뿐만 아니라, 하위 30%의 고객이 나머지 70%의 고객으로부터 발생하는 이익의 절반을 잠식한다는 것이다.

이러한 이론들이 인터넷과 스마트폰이 등장한 정보화 시대에서는 다르게 적용되어야 한다며 미국의 인터넷 비즈니스 잡지 와이어드의 편집장인 크리스 앤더슨(Chris Anderson)은 롱테일(Long Tail) 법칙을 제안하였다. 80:20 법칙이 오프라인 체제의 이론이라면 롱테일은 시간과 공간의 제약이 없는 온라인 체제의 이론이다. 오프라인에서는 상품의 진열 공간과 시간적 제약이 있지만 온라인에서는 이의 제약이 없다. 사이트에 올려놓기만 하면 되는 것이다. 그러면 소비자는 언제든지 인터넷 검색을 통하여 구매 할 수 있다. 상품의 80%는 롱테일을 유지하며 쇠퇴하지 않고 소수(20%)의 고객에 의거 지속 존재한다는 것이다.

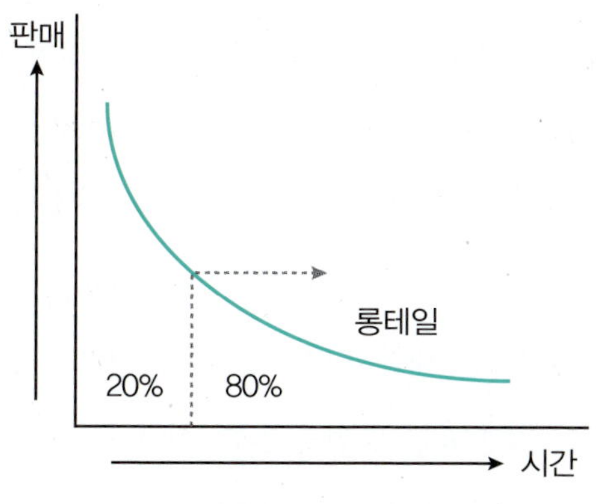

그림 10-2 롱테일 법칙

제4절

# 제품 기획 및 신제품 개발

기획이란 사전적 해석으로 어떤 일을 꾸미며 계획하는 것이다. 어떤 필요성에 의해서 상황을 분석하고 이에 대한 대책을 수립하고 계획하는 것, 그리고 수립된 계획을 실행하는 모든 것을 기획이라고 한다. 제품 기획도 이와 같은 범주에서 유·무형 제품에 대하여 개발하고 분석하고 상품화하여 출시하는 것이다. 여기에서 상품은 제조 과정이 없는 재화를 말하며 제품은 제조 과정이 있는 재화를 말한다. 즉 상품은 사고 팔 목적으로 매입하여 파는 물건, 혹은 제조 과정을 거치지 않고 파는 물건이며, 제품은 공장이나 기타 제조 과정을 거쳐 만든 재화와 물건을 말한다. 한마디로 서비스는 제품이 아니고 상품에 해당한다.

## 4.1 변화와 혁신

소비자의 본원적 욕구인 니즈와 구체적 욕구인 원츠를 분석하고 이의 소비자 욕구에 대응하는 제품을 만드는 것이 개발인 것이다. 이러한 신제품 개발은 기업의 성장 동력의 근원이자 기업의 미래가치인 것이다. 또한 소비자는 항상 새로운 것을 추구하는 심리적 욕구가 있으며 이러한 소비자의 욕구는 기업으로 하여금 신제품을 개발하게 하는 가장 큰 환경 요인이다. 이로써 기업은 항상 변화되고 혁신적인 신제품 개발에 몰두하게 되는 것이다. 그러면 변화(Change)와 혁신(Innovation)은 무엇이 다른가. 변화가 무엇인가를 새롭게 바꾸는 활동 전반을 뜻한다면 혁신은 변화에 새로운 가치나 그런 가치를 창출하는 방법을 찾는 것이다. 여기에서의 가치는 소비자가 부여하며 혁신이란 개념은 소비자들이 가치 있다고 생각하는 상품이나 서비스를 찾아내는 '가치 창출 활동'으로 정의할 수 있다. 고객이 원하는 가치를 찾는 활동이 바로 혁신이다. 그러므로 전 직원의 마인드를 고객을 먼저 생각하는 것으로 바꾸고, 고객을 놀라게 할 획기적인 상품을 만들 수 있도록 회사 문화를 창의적으로 개선해 나가는 것이 혁신 활동의 중심이 돼야 한다. 혁신이란 단어의 사전적 정의는 사물, 생각, 진행 상황 및 서비스에서의 점진적인 혹은 급진적인 변화를 일컫는 말, 낡은 것을 바꾸거나 고쳐서 아주 새롭게 함, 바뀌거나 고쳐서 아주 새롭게 된다고 정의하였다. 또한 혁신 확산 이론을 정립시킨 로저스(Rogers)는 혁신은 개인 또는 채택 단위들이 새롭다고 인식하는 아이디어, 관행 또는 사물이라고 하였으며 개인이 지각하는 새로움의 정도는 그 개인의 반응으로 결정된다고 주장하였다.

## 4.2 신제품 개발 유형

그러나 혁신적인 신제품 개발에는 많은 시간과 비용이 요구되며 기업은 혁신적인 신제품 이외에도 다양한 형태의 신제품을 개발하여 소비자 만족을 추구하며, 시장을 개척하여 기업의 영속 성장을 추구한다. 이러한 개념에서 기업의 신제품 개발 유형은 크게 신시장 창출형, 시장 대체형, 브랜드 대체형, 상품 세분형, 그리고 상품 개선형으로 분류된다.

### ■ 신시장 창출형

일본 소니사의 워크맨은 한동안 젊은 세대의 자랑거리였다. 휴대하고 다니면서 음악을 듣고 외국어를 공부할 수 있는 편리한 전자기기였으나 mp3의 등장과 함께 소리도 없이 사라져 버렸다. 또 무선 호출기(삐삐, Pager)는 어떠한가? 휴대 전화기가 세상에 나오기 전에 소위 삐삐라는 무선 호출기는 상대방하고 긴급히 연락을 취하는 최적의 도구였지만 휴대전화의 등장으로 이 또한 사라져 버렸다. 이와 같이 새로운 신기술, 생활의 편리함과 새로운 문화에 의하여 제안되는 개발로써 기존에 형성되지 않았던 새로운 시장을 창출하거나 기존 시장을 완전히 대체하는 신제품 개발을 말한다.

### ■ 시장 대체형

휴대 전화의 역사는 지금도 진화하고 있다. 피처폰(Feature Phone) 시대에서 지금은 스마트폰(Smart Phone) 시대가 된 것이다. 모두가 전화의 기능을 보유하고 있으나 큰 차이는 무선 인터넷의 접속 여부이다. 스마트폰은 본원적 전화 기능에 무선 인터넷 기능이 추가되어 지금은 오히려 전화 기능이 부가 기능화 되었다. 이와 같이 기존의 제품을 발전된 새로운 기술로 대폭적인 보완을 한 신제품 개발을 혁신적인 제품 개발이라 한다.

### ■ 브랜드 대체형

이따금 언론 보도를 보면 기존 제품에 포장을 고급스럽게 바꾸고 브랜드도 새롭게 바꾸면서 가격만 인상하였다는 기사들을 보게 된다. 그러나 이러한 전략 즉, 기존 제품을 보완 및 개선하여 새로운 브랜드화한 제품을 출시하는 것은 기존 제품의 문제점을 개선하고 새로운 제품으로 새로운 이미지의 브랜드화 하는 개발 전략인 것이다.

### ■ 상품 세분형

소비자의 연령대와 경제력 등을 감안하여 소비자 선택권을 다양하게 할 필요가 있다. 이러한 사례는 자동차에서 잘 알 수 있다. 1,000cc급, 1,500cc급, 2,000cc급, 2,500cc급, 3,000cc급 등 계열별로 제품을 다양화하며 동일급에서도 각기 다른 세분화 고객을 위한 브랜드 제품을 개발하여, 다양한 소비자의 개별적 욕구 충족을 위하여 새로운 기술 또는 보완적인 측면의 제품개발 보다는 제품 라인을 다양화하기 위한 신제품 개발을 말한다.

### ■ 상품 개선형

제품의 특성에 따라 다르지만 현대적 감각의 제품의 경우 소비자들은 장기간 지속되는 브랜드에 식상하기 쉽다. 급변하는 시대에 소비자의 심리를 잘 읽어 적절한 시기에 제품에 변화를 주어 신선한 감각을 불어주어야 한다. 그랜저 자동차에서 뉴그랜저와 같이 그랜저의 명성을 그대로 이어가면서 새로워진다는 이미지도 심는 방법이다. 즉, 기존 브랜드의 특성을 유지하면서 내용을 개선 또는 변경하는 형태로 브랜드 수명을 연장하기 위한 제품 개발을 말한다.

## 4.3 신제품 수용자의 유형

미국의 사회학자인 에버렛 로저스 교수(Everett M. Rogers, 1966)는 그의 저서 「혁신의 확산(Diffusion of Innovation)」에서 새로운 제품에 대한 소비자의 수용에 대하여 5가지 유형으로 구분하였다. 이는 혁신 수용자(Innovators), 조기 수용자(Early adopters), 전기 다수 수용자(Early majority), 후기 다수 수용자(Late majority), 지각 수용자(Laggards)로 구성된다.

### ■ 혁신 수용자

혁신 기술 제품에 대한 초기의 고객으로, 신제품 및 혁신 제품에 대한 모험과 즐거움을 만끽하는 혁신자들이다. 기술 갈망자(Technology Enthusiasts)라고도 하며 가장 빠르고 첨단의 제품을 통하여 자신을 증명하는 부류이며, 또한 최초의 희생과 혜택을 누리기를 즐거워한다. 초기의 품질 불안정과 비싼 가격의 제품일지라도 구매함으로써 자신의 만족을 추구한다. 대상 고객의 2.5%에 해당된다.

### ■ 조기 수용자

혁신 수용자에 비하여 다소 늦기는 하지만 신제품의 특성과 신기술에 대하여 많은 애착을 갖고 나름대로 조기에 제품을 구입하는 부류로 제품의 혁신성과 안정성을 인정하며 또한 가격에 대하여도 다소 민감한 현실적인 소비자 집단이다. 혁신주의자(The

Visionaries)라고도 한다. 로저스는 조기 수용자를 존경받는 사람들이라고도 표현하며, 이른바 여론 주도형 소비자로서 제품의 수명 주기상 성장기의 초기에 많은 영향을 미친다. 대상 고객의 13.5%에 해당한다.

### ■ 전기 다수 수용자

실용주의적 소비자(Pragmatists)로서 혁신 수용자 및 조기 수용자의 사용 의견 및 품질 안정에 대한 의견을 최대한 수렴하고 가격에 매우 현실적인 부류이다. 즉 시장에서 검증된 제품을 매우 현실적인 저렴한 가격에 구매하며, 제품 성능대비 가격이 저렴하여 많은 소비자가 커다란 부담 없이 참여한다. 제품수명 주기의 성장기의 후반 및 안정기의 초반에 영향을 미친다. 대상 고객의 34.0%에 해당한다.

### ■ 후기 다수 수용자

제품의 혁신성 보다는 제품의 보편성에 관심이 있다. 시대에 뒤늦은 사람(Conservatives)이라는 인식을 회피하며 매우 저렴한 가격으로 뒤늦게라도 같은 부류에 편승하려는 매우 보수적 성향의 소비자가 이에 해당된다. 제품의 수명 주기상 안정기 후반 및 성숙기에 영향을 미친다. 대상 고객의 34.0%에 해당한다.

### ■ 지각 수용자

신제품 및 혁신 제품에는 관여하지 않으며 관심이 없다. 회의론자(Skeptics)라고도 한다. 필요성 자체를 느끼지 못하는 부류이다. 변화의 필요성을 느끼지 못하는 부류이다. 대상 고객의 16.0%에 해당한다.

이와 같은 신제품의 소비자 수용 이론과 관련하여 마케팅 컨설턴트인 제프리 무어(Geoferey A. Moore)는 그의 저서 「캐즘 마케팅(Chasm Marketing)」에서 시장에서 새로운 제품이 소비자로부터 수용될 때 초기 시장(The Early Market)과 주류 시장(Mainstream Market) 사이에 구매 심리학적 단절(Chasm)이 존재한다고 주장하였다. 초기 시장은 혁신 수용자와 조기 수용자로 이루어지는 시장이며 주류 시장은 전기 다수 수용자와 후기 다수 수용자로 이루어지는 시장이다. 즉, 신제품이 대중화 및 본격적인 성장에 진입하는 과정에서 생기는 단절 현상을 말한다. 이 시기는 신제품이 시장 진입에 성공하느냐 실패하느냐를 결정하는 매우 중요한 것으로, 이를 극복하기 위하여 제품 중심에서 시장 중심으로 마케팅 전략을 추진하여야 한다. 공격적 전략으로는 틈새 시장을 공략하는 것이다. 경쟁이 없는 틈새 시장을 우선적으로 공략하고 점진적으로 세분화하여 관련 시장을 침투하는 방법과 방어적 전략으로는 틈새시장이 아닌 경우에는 완전 차별화 전략을 구사하여야 한다. 가격인하 등의 다양한 가격(Price) 전략을 비롯하여 촉진(Promotion) 전략을 적극적으로 하여야 하는 시기이다.

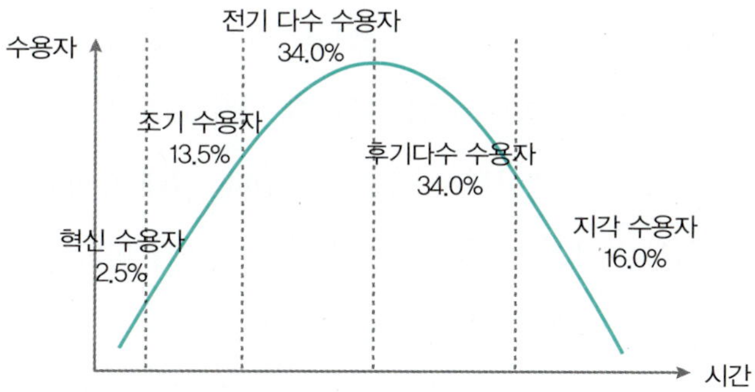


**그림 10-3** 신제품 기술 수용 수명 주기

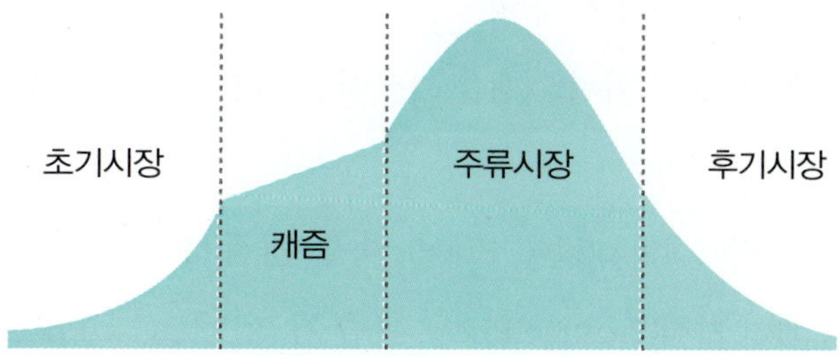


**그림 10-4** 캐즘

제5절

# 가격 전략

가격이란 소비자가 제품 및 서비스와 같은 재화를 구입하기 위하여 지불하는 금전적 가치를 말하는 것으로 사전적 의미로는 물건이 지니고 있는 교환가치를 화폐의 단위로 나타낸 것이라 정의하였다. 이는 소비자가 재화를 통하여 얻게 되는 제품의 가치와 이와 관련하여 부가되는 모든 서비스를 포함하게 되며 소비자가 부여한 금전적, 심리적, 시간적 비용도 포함된다. 소비자는 이러한 제품과 그에 부과된 모든 것의 총체적 가치가 소비자 자신이 지불하는 금전적 가치보다 높다고 판단할 때 비로소 구매의 욕구가 일어나게 되는 것이다. 그러나 이러한 가격은 주변의 여러 환경에 따라 변화하며 직접적, 간접적 요인들에 의하여 매우 민감하게 반응하게 된다. 그래서 아담 스미스(A. Smith, 1776)는 그의 저서 「국부론」에서 가격을 '보이지 않는 손'이라 하였으며, 가격이 경제 활동을 조정하기 위한 강력한 수단으로 작용할 때 경제 활동의 주체인 기업과 소비자 모두는 가격의 통제 기능과 교환 기능으로 인해 상호 긍정적인 성과를 거둘 수 있다고 주장하였다. 구매 여부에 있어서 매우 중요하게, 그리고 매우 민감하게 반응하는 가격은 기업의 성장과 시장 점유율이나 수익성을 결정하는 데 무엇보다 중요한 영향을 미친다. 마케팅 믹스 4P 중에서도 기업의 수익성을 좌우하는 유일한 요소이다.

가격에는 경쟁 가격(Competitive Price), 독점 가격(Monopoly Price), 통제 가격(Controlled Price), 권위 가격(Prestige Price), 관습 가격(Behavior Price), 단수 가격(Odd Price), 심리적 가격(Psychological Price) 등이 있다.

### ■ 경쟁 가격

주로 다수의 판매자와 다수의 구매자 사이의 경쟁적 관계에서 이루어지는 가격이다. 전형적인 자유 경쟁인 공급과 수요에 따라 변화하여 결정된다. 이 같은 가격의 수요 공급 조정 능력 때문에 '보이지 않는 손'이라고도 한다. 즉 가격이 상승하면 공급은 늘어나지만 수요는 감소하며, 가격이 하락하면 공급은 줄어들지만 수요는 증가하게 된다.

### ■ 독점 가격

판매자 또는 구매자 중에서 독점적 지위에 있는 측이 임의로 결정하는 가격이다. 독점 자체가 비경쟁 상태이므로 공급자가 수요자에 비하여 극소수이거나 공급자에 비하여 수요자가 극소수의 경우에 독점적 지위로 가격 결정의 주도권을 갖게 된다.

### ■ 통제 가격

일반적으로 정부의 통제가 이루어지는 가격을 말한다. 전기 요금, 수도 요금과 같이 공공성이 있는 제품으로 국가가 공급과 수요를 조정하기 위하여 또는 물가 관리 정책적 차원에서 공권력을 동원하는 것으로 최고 가격 또는 최저 가격으로 통제한다. 예를 들어 부동산 투기 억제를 위하여 시행하였던 아파트 분양가 상한제 및 최저 임금제 등이 있다. 상기의 직접 통제 이외에도 간접 통제를 하는 가격도 있다. 자유 시장 경제 체제에서 다수의 가격 통제가 어려우며 국민 정서, 소비자 심리, 물가 안정 등의 사유로 기업에 간접적 영향력을 행사하는 것을 말한다.

### ■ 권위 가격

가격을 통하여 제품의 품질이 높다는 것을 나타내며 구매자의 신분과 사회적 지위 등을 심리적으로 부여하는 가격을 말한다. 신분 및 사회적 지위의 경쟁 관계에서 주로 형성되는 제품에 부여되는 가격으로 통상 제품의 가치보다 높게 책정된다. 이들 제품은 고품질과 한정 공급 등을 통하여 제품의 희소성을 갖기도 한다. 이 또한 4P 믹스 전략과 함께 전략적 접근을 하며 유명 브랜드의 시계, 보석, 핸드백, 의류, 문구, 잡화 등에 전략적으로 사용되기도 한다.

### ■ 관습 가격

소비자가 이전부터 관습적으로 인정하는 가격을 말한다. 즉, 오랜 기간 동안 시장에서 해당 제품에 일정한 가격으로 정착된 가격을 말하는 것이다. 주로 일상 용품에 부여된 가격으로 껌, 라면, 일반 음료, 일반 과자류 등에 부여된다.

### ■ 단수 가격

가격의 단위가 1,000원 또는 10,000원이 아니라 990원 또는 9,900원으로 책정하여 가격의 단위를 낮춤으로써 소비자로 하여금 심리적으로 저렴하게 느끼게 하는 가격을 말한다.

### ■ 심리적 가격

유관 제품의 가격 형성이 일정 간격을 갖는 가격을 말한다. 즉, 동일 라인업 제품에서 제품별로 가격 차이를 두어 품질과 가격을 연동시켜 각각의 소비자 취향과 가격 심리에 맞춘 가격이다. 예를 들어 제품과 가격을 20,000원, 30,000원, 50,000원으로 형성하여 20,000원인 상품은 기능이 적으며 50,000원인 상품은 기능이 많다는 것을 소비자가 느끼게 하며 30,000원인 상품은 중간급의 기능을 갖으면서 가격도 다소 저렴하다는 소비자 심리를 이용하면서도 소비자에게 선택권을 넓혔다는 인식도 갖게 한다.

제품 및 서비스의 가격은 항상 변화한다. 제품수명 주기 이론에서 각각의 주기 상황에 적합한 가격을 책정하여 경쟁을 하게 되며 이때에 무엇보다도 수익성과 영속성을 같이 고려하여야 하며 경우에 따라서는 전략적 가격을 결정하기도 한다. 이러한 가격의 결정에 직접적인 영향을 미치는 요인으로는 정부의 규제, 제품의 원가, 경쟁 제품의 가격, 소비자의 반응, 유통 경로 등이 있으며 기업은 이 모든 것들을 고려하여 최적의 가격을 결정하게 된다. 또한 고객을 기반으로 가격 결정(Consumer Based Pricing)할 것인가, 경쟁사를 기반으로 가격 결정(Competition Based Pricing)을 할 것인가, 원가를 기반으로 가격 결정(Cost Based Pricing)을 할 것인가, 종합적 가격 결정(Mixed Pricing)을 할 것인가를 깊이 고려하여 가격을 결정한다.

### ■ 고객 기반의 가격 결정

원가 또는 경쟁사 가격 보다는 고객의 측면에서 가격을 판단하는 것이다. 고객이 해당 제품에 대한 가치를 얼마로 생각할 것인지를 고려하여 결정한다. 이는 스마트폰을 처음 출시할 때의 가격 결정 및 패블릿 PC, 태블릿 PC 등의 혁신성이 있는 제품들의 첫 출시 시 고려하는 가격 결정이다. 고객 기반의 가격결정에는 직접 가격 평가법, 직접 지각 가치 평가법, 진단적 방법이 있다.

### ■ 경쟁사 기반의 가격 결정

경쟁 제품의 가격을 기준으로 자사 제품의 가격을 결정하는 것으로 경쟁사와 유사 기능의 제품에 대하여 경쟁 제품과 동등한 가격 또는 높은 가격 및 낮은 가격으로 결정하며 이는 경쟁 제품 대비 기능, 성능, 디자인, 품질 등의 차이 여부에 따라 결정한다. 경쟁사 기반 가격에는 시장 가격에 따른 가격, 상대적 저가격, 상대적 고가격, 입찰에 따른 가격이 있다.

### ■ 원가 기반의 가격 결정

경쟁 제품의 가격 형성보다는 제품 원가를 기준으로 회사의 목표이익 등을 부가하여 가격을 결정하는 것이다. 극심한 시장 경쟁 체제에는 다소 부합되지 않으나 독점적 제품에 적용할 수 있다. 원가 기반의 가격 결정 방법에는 제품 제조 총비용에 목표이익을 가산하는 비용 가산에 의한 가격(Cost-Plus Pricing), 제품 제조비용을 산출하여 판매비용의 충당과 적정 이윤을 고려한 가산 이익률을 산정하여 가격을 결정하는 가산 이익률에 의한 가격(Markup Pricing), 제품 제조 총비용에 매출 수준에 따른 투자 이익률을 산정하여 가격을 결정하는 목표 투자 이익률에 의한 가격(Target Return Pricing), 손익 분기점 분석(Break-Even Analysis)에 의한 가격 결정 등이 있다.

### ■ 종합적 가격 결정

가격 결정을 어느 하나 만을 기반으로 결정할 시 시장 경쟁에 부합하지 못하거나 기업의 수익성을 심각히 저해하여 기업의 생존을 위협하게 되는 사례가 있는바 상기의 가격 결정 방법을 종합적으로 검토하여 결정하는 방법이다.

앞에서도 언급하였지만 가격은 항상 변한다. 외부 환경과 내부 환경에 따라 많은 변화의 요건이 발생하며 이에 신속한 전략을 수립하여 전략적 대응을 하지 않을 시 제품이 시장으로부터 외면당할 수도 있다. 따라서 기업은 모든 공정거래 질서와 법규 내에서의 모든 수단과 방법으로 고객의 관심과 흥미 및 구매 경쟁력을 높이기 위한 가장 실질적인 가격 전략을 추진하게 된다. 통상적으로 사용되는 가격 전략으로는 가격 할인 전략, 가격 차별 전략, 가격 변경 전략 등이 있다.

### ■ 가격 할인 전략

간접적으로 소비자에게 가격에 대한 심리적 할인을 느끼게 하면서 충성 고객의 유지를 위한 전략이다. 할인 방법으로는 현금 할인, 수량 할인 및 시간 할인이 있다.

① 현금 할인 : 현금으로 지불하는 고객에 대하여 타 지불방법에 소요되는 회수 비용 및 수수료의 일정액을 할인하는 전략이다.

② 수량 할인 : 판매량 확대를 목적으로 하는 할인 전략으로 판매 금액에 따른 할인과 판매 수량에 따른 할인이 있다.

③ 시간 할인 : 유행에 민감한 의류 또는 성수기와 비수기가 뚜렷한 항공료, 호텔 숙박비, 극장의 이른 시간에 적용하는 조조 할인, 시간 경과에 따라 제품의 질에 영향을 미치는 제빵 및 일정 시간대의 식료품 할인 등이 이에 해당한다.

### ■ 가격 차별 전략

소비자에 따라 또는 용도에 따라 가격을 차별 적용하는 전략을 말한다.

① **대상 차별** : 일반인과 학생 등의 대상에 따라 차등 적용하는 가격 전략으로 공공성의 버스, 기차, 지하철 등의 요금이 있다. 비공공성 요금에는 영화관람, 입장료 등이 있다.

② **용도 차별** : 전기 및 수도 요금과 같이 가정용과 산업용으로 나누는 것을 말하며 주로 정책적 통제 요금이 여기에 해당한다.

### ■ 가격 변경 전략

내외부의 환경 변화에 따라 가격을 변경하여 경쟁에 대응하는 전략으로 가격 변경을 하지 않는 것도 전략이다

① 가격인상 : 원가의 상승 요인이 발생할 경우 또는 수요가 공급을 극심히 초과한 경우 가격 인상을 고려할 수 있으나 소비자는 가격에 매우 민감한 반응을 나타내므로 소비자 심리를 잘 파악하고 진행하여야 한다. 가격인상 방법으로는 종전에 무료로 진행하던 부가 서비스를 유료화하는 부가 서비스 분리 방법, 종전의 할인율을 축소하는 등의 할인율 축소법 및 가격은 유지하되 상품의 양 또는 질을 조절하는 방법이 있으나 이는 적절한 방법이 아니다.

② 가격인하 : 시장 점유율 향상 또는 신제품 출시에 따른 기존 제품의 조기 소진 및 경쟁사 신제품 출시 등과 관련하여 가격인하를 실시한다. 가격인하를 단행함으로써 충성고객의 유지와 수익성이 저하하더라도 매출 증가 및 시장 점유율 향상을 기대할 수 있다.

③ 가격고수 : 초기의 가격을 고수하며 가격인하 행사 등을 실시하지 않는다. 이는 가격 할인행사 여부에 따른 매출 증가 및 감소의 폭을 없앰으로써 소비자에게 가격의 신뢰를 형성하는 전략이다.

CHAPTER 11

# 유통 및 촉진 전략

제1절

# 유통 전략

유통(Distribution)이란 생산자로부터 생산된 제품 또는 서비스가 중간상을 거쳐 최종 소비자에게까지 가는 전체적인 경로를 말한다. 사전에서는 '재화나 용역 따위가 생산자로부터 소비자에 도달하기까지 여러 단계에서 교환되고 분배되는 활동'이라 정의하고 있다. 일본의 경우 일본 통계심의회 유통 통계부는 '유통 활동이라는 것은 물리적 또는 사회적인 물건의 흐름에 관한 경제 활동을 말한다. 그 범위는 이른바 운송, 통신 활동 및 상업 활동을 주체로 하는 것이다. 또한 물건의 흐름이라는 용어 중 물건은 유·무형을 불문한 모든 경제재를 의미하는 것으로, 유형의 모든 물자와 정보를 포함하고 있다'고 정의하였다.

여기서 재화나 용역이 흘러가는 길을 유통 경로(Distribution Channel)라 하고 유통 활동에 참여하는 중간상을 유통기관이라 한다. 유통의 종류에는 매매 거래의 상적 유통, 재화의 보관 및 수송활동의 물적 유통, 유통 관련 자금과 관련한 금융 유통, 그리고 정보 유통이 있다. 중간상에는 크게 제품을 구매하여 보유 및 부가가치를 부여하여 재판매하는 상인 중개상(Merchant Middleman)과 제품은 보유하지 않고 판매 대리권만 갖고 유통 활동을 하는 대리 중간상(Agent Middleman)이 있다.

작금의 글로벌 시장 경제와 극심한 경쟁 체제에서 공급과잉과 함께 차별적 마케팅 시대에 유통 중개상의 역할은 매우 중요하며 고객과의 접점에서 소비자 트렌드와 환경 변화를 생산자에게 전달하는 등의 역할도 담당하고 있다. 특히 정보화 지식 사회에서도 정보 유통 시간을 단축하여 스피드 경쟁 체제를 구축함은 물론 다양한 정보를 제공하여 소비자에게 혜택을 부여하는 역할도 한다.

이러한 유통 경로의 주요 기능은 다음과 같다.

### ■ 전달 기능

유통은 재화 및 서비스를 전달하는 것이 일차적 기능이다. 생산자의 제품이나 서비스를 고객에게 전달함으로써 공급과 수요의 중간 연결 기능을 담당한다.

### ■ 편의 기능

유통 거래는 공급자와 소비자 간의 통로 역할을 하면서 양측에 편의를 제공하고 편의에 대한 대가를 제공받는다. 예를 들어 중간 도매상은 생산자를 대신하여 판매를 하며 일정 부분의 재고 부담도 갖는다. 또한 지역별로 위치하여 소비자와 좀 더 가까운 위치에서 납기와 제품 구색의 편의를 제공한다. 중간 소매상 또한 고객과의 접점 역할을 하면서 고객에게 편의와 신속성을 제공하며 고객의 니즈를 파악하는 일선 역할을 한다. 이러한 유통 경로 관계는 계약에 의하여 이루어진다. 규모 여부에 따라서 문서화를 하지만 통념적, 상식적 기준에 의하여 또는 법제화된 기준에 의하여 거래가 이루어지는 것이다. 제품, 가격, 구매 단위, 지불 조건 등의 계약에 의하며 부분적으로는 거래 기준이 표준화되어 있다.

### ■ 완충 기능

생산자가 모든 제품을 직접 생산하는 것은 어렵다. 생산자는 특정 제품을 경제의 규모로 대량생산을 통하여 높은 생산성과 안정된 품질로 제조 원가를 최소화하며 가격 경쟁력을 갖추어야 한다. 그러나 소비자는 다양한 제품을 요구하며 아울러 자신만의 특별한 제품을 원한다. 이러한 생산자와 소비자 간의 상충된 관계에서 유통 관계자는 완충적 역할을 하는 것이다. 최종 소매상은 다양한 소비자를 위한 다양한 제품을 구비하며 시간적, 공간적 역할을 담당한다. 최근에는 여기에 가격 조절 기능도 함께 담당하는 대형 할인점이 등장하여 막대한 자금력으로 중간 유통 단계를 최소화하여 소비자의 체감 가격을 낮추고 있다.

### ■ 정보 제공 기능

유통 중개상은 생산자와 소비자의 중간에서 양측에게 다양한 정보를 제공한다. 생산자에게는 소비자의 니즈와 불만을 제공하여 더욱 소비자에게 부합하는 제품 생산의 기회를 제공하며 소비자에게는 제품에 대한 정보를 정확히 신속하게 제공하여 소비자가 올바른 구매를 할 수 있도록 한다.

### ■ 서비스 기능

제품과 서비스를 판매하는 것으로 끝나는 것이 아니다. 배달과 설치, 고객이 정확하고 쉽게 그리고 올바르게 사용할 수 있도록 서비스를 제공하고, 사용 과정에서 발생되는 불편함 또는 고장 등에 대하여도 신속하고 정확하게 대처하여 소비자 불만에 적극 대응하여야 한다. 한 번의 고객이 아니라 영원한 고객을 만들어야 하는 것이다. 한 번 돌아선 고객을 다시 내 고객으로 만드는 것이 쉽지 않다. 자그마한 불편함이 고객을 돌아서게 한다. 특히 서비스 분야에는 최소량 곱셈의 법칙이 있다. 많은 부분이 고객으로부터 최고의 평가를 받더라도 한 부분이 0점을 받으면 곱셈하여 전부가 0점이 된다는 법칙이다. 이러면 고객은 떠나게 된다.

**표 11-1** 유통의 기능

| 구분 | 내용 |
|---|---|
| 전달 기능 | 상품의 전달 |
| 편의 기능 | 소비자와 생산자를 연결하여 상호 편의 제공 |
| 완충 기능 | 중간적 역할로 시간적 공간적 완충 |
| 정보 제공 기능 | 생산자와 공급자에게 각각의 니즈 등에 대한 다양한 정보 제공 |
| 서비스 기능 | 판매 전후 또는 구입 전후에 사전 서비스 또는 사후 서비스 제공 |

제2절

# 유통 경로의 필요성

사전에서 중개상을 '생산자와 소비자 사이에서 상품의 공급과 매매를 맡아 이익을 얻는 상인', '생산자와 소비자 사이에서 상품을 공급·매매하는 것을 업으로 하는 상인'이라 정의한다. 또한, 좁은 의미로는 도매업자와 소매업자 사이에서 상품을 매매하는 중소 규모의 도매상인을 지칭한다. 중간상인은 소량씩 국지적으로 생산되는 생산물이나 부패·변질될 위험이 높아 조속히 판매·처분해야 하는 생산물(농산물, 수산물 등)들을 주로 취급하며, 소매업자나 소비자의 요구에 따라 자신의 계산과 책임하에 상품을 공급한다는 점이 단순한 거래 중개인과 다른 점이다. 중간상인의 활동에는 소비자의 기호를 공급자에게 전달하고 신속한 공급을 돕는다는 긍정적 측면도 있지만 지나친 유통 마진이나 매점 매석 등의 활동으로 생산지 가격과 소비지 가격의 차이를 확대시키는 부정적 측면도 있다.

우리는 종종 '공장 직판'이라는 문구를 내걸고 유통 단계를 대폭 줄임으로써 물건을 싸게 판다고 광고하는 경우를 본다. 또한 도매상인들이 폭리를 취함으로써 농민과 소비자만 피해를 본다는 보도를 심심치 않게 접할 수 있다.

중간상이 존재하는 가장 큰 이유는 첫째, 상당수 많은 생산자들이 최종 소비자에게 직접 제품을 유통시킬 만한 자금을 갖고 있지 못하기 때문이다. 설사 독자적인 자신의 경로를 구성할 수 있는 능력이 있는 생산자라고 하더라도 이 자금을 그들의 주요 사업에 투자를 집중함으로써 훨씬 많은 이윤을 획득할 수 있기 때문이다.

둘째, 중간상들은 표적 시장의 고객들이 제품을 원하는 시간과 편리한 장소에서 훨씬 쉽게 구입할 수 있도록 해주는 역할을 한다.

셋째, 중간상들은 생산자가 생산한 제품의 구색을 소비자들이 원하는 구색으로 전환시켜 주는 기능을 하고 있다. 유통 경로를 통해서 중간상들은 많은 생산자들로부터 대량으로 구입하여 소비자들이 원하는 다양한 구색을 갖추어 소량씩 판매한다. 즉 생산자는 원가 절감을 위해 소품종 대량 생산을 원하고 소비자는 다품종 소량 구매를 원하기 때문에 중간상들은 이런 수요와 공급을 연결시켜서 조화를 이루도록 하는 중요한 역할을 한다.

이러한 유통 단계의 축소가 곧 유통비용의 절감으로 이어지는 경우가 많다. 유통 경로와 이의 효율성과의 관계는 첫째, 유통비용의 절감은 유통 단계의 축소보다는 효율성에 좌우된다. 둘째, 제조업체가 직접 유통을 담당하고 관장한다고 해서 유통비용이 반드시 줄지는 않는다. 이는 유통을 전문가 집단이 효율적, 양적으로 했을 때 더욱 비용 절감의 효과가 있기 때문이다. 셋째, 매스 마케팅 시대를 지나 일대일의 차별화된 마케팅을 하여 다양한 고객에 대응하여야 한다. 공급자는 다양한 중간상의 유통 경로를 활용하여 효율적으로 고객의 니즈에 대응할 수 있다.

이러한 유통 경로의 효율성 제고에 대하여 영국의 경제학자 마가렛 홀(Margaret Hall)여사가 최소화의 원리(Principle of minimum total transaction), 분업의 원리(Principle of division of labor), 불확실성 풀의 원리(Principle of pooling uncertainty), 집중 보관의 원리(Principle of massed reserves)를 주장하였다.

### ■ 최소화의 원리

중간상이 제조업자와 소비자 간의 불필요한 거래를 조정하여 효율을 증대한다. '총 거래 수 최소의 원칙'이라 한다.

### ■ 분업의 원리

유통 경로상에서 발생하는 수요와 공급의 불균형을 조절하며 이를 위한 보관 기능 및 위험부담 기능 등 공급자와 소비자들의 기능을 부분적으로 부담하면서 이에 따른 부가가치를 창출한다. 중개상은 위험부담을 최소화하는 여러 전문성을 겸비하며 전략적 전술적 접근을 한다.

■ **불확실성 풀의 원리**

이는 재고 부담 등을 비롯하여 유통 경로상에서 제조업체가 전담하는 위험부담을 여러 중개상이 분담하게 되므로 제조업자의 불확실성을 중개상이 분담하는 풀(Pull) 개념을 갖는다.

■ **집중 보관의 원리**

제조업체의 직접 유통은 변동비에 대한 유동성 대처가 쉽지 않다. 이에 비하여 중간상은 변동비의 효율성과 유동성이 비교적 자유롭기 때문에 중간상과의 역할 분담을 통하여 변동비 우위를 유지할 수 있다.

제3절

# 유통 경로 구성원

사회 구조가 다양화되고 복잡화하면서 매우 다양한 형태의 유통 경로 구성원이 있으며 유통 구조의 개선 및 제조업자와 소비자의 이익 증대를 위하여 새로운 구성원이 생겨나고 있다. 유통 경로 구성원은 크게 도매상과 소매상으로 구별된다. 소매란 상품과 서비스를 최종 소비자에게 판매하는 모든 활동을 말하며 도매란 재판매 또는 사업을 목적으로 제품을 구입하는 고객에게 상품이나 서비스를 판매하고 이와 관련된 제반활동을 수행한다. 도매상은 생산과 소비 사이에서 발생하는 장소와 시간의 불일치를 해소하는 유통 기능과 소유권 이전, 물적 소유, 위험 부담 감수 등의 경로 효율성 향상에도 크게 기여한다. 이러한 도매상은 유형별로 제조업자가 직접 소유하고 운영하는 판매 지점 또는 판매 사무소와 같은 제조업자 도매상, 취급 상품의 소유권은 도매상이 갖는 독립 사업체의 상인 도매상, 그리고 대리점과 중개인이 있다. 소매상은 크게 점포 유무에 따라 구분하여 유점포 소매상과 무점포 소매상으로 구분한다.

도매상의 유형으로는 다음과 같다.

### ■ 제조업자 도매상

제조업자가 직접 유통에 참여하는 형태로 소유와 운영을 모두 제조업체에서 한다. 판매 사무소 또는 판매 지점의 형태이다.

### ■ 상인 도매상

상품을 소매상에게 판매하는 완전 서비스 도매상과 직판 형태의 한정 서비스 도매상이 있다. 완전 서비스 도매상은 한정 상품 및 전문 품목을 취급한다. 한정 서비스 도매상은 트럭 도매상, 현지 직송 도매상 등이 해당된다.

### ■ 대리점

같은 제품군을 제조업체와 관계없이 통합적으로 대행하여 판매하는 제조업자 대리점과 단일기업과 독점 계약하여 판매 대행을 하는 판매 대리점이 있다. 통상 판매 대리점은 전국 총판, 지역 총판 등의 형태로 지역 분할을 한다.

소매상의 유형으로는 다음과 같다.

### ■ 점포 소매상

① 할인점

유명 상표를 일반 상점보다 항상 저렴한 가격으로 판매하는 소매형태로 창고 형식의 점포에서 셀프 서비스에 의한 대량판매 방식을 이용해 시중가보다 20~30% 정도 저렴하게 판매한다. 부대시설에 대한 투자를 최소화하기 위하여 저렴한 입지로 접근성은 다소 떨어지나 자동차의 대중화에 힘입어 유사 업체들이 함께 개설하여 소비자에게 다양한 기회를 제공하고 있다. 미국의 K마트, 월마트, 우리나라의 이마트 등이 여기에 속한다.

② 회원제 창고형 도소매업

할인점과의 가장 큰 차이점은 일정한 회비를 정기적으로 내는 회원에게만 구매할 수 있는 자격을 제공한다. 우리나라에서는 회원제가 다소 변경되어 비회원에게도 일정 비율만큼 가격을 높게 해서 구매 자격을 주기도 한다. 프라이스 클럽, 킴스 클럽 등이 여기에 속한다.

③ 전문 할인점 카테고리 킬러

완구, 컴퓨터 등 한 가지 분야의 모든 제품을 취급한다는 개념의 소매점이다. 이 카테고리 내에서라면 최고급부터 최하급까지 모든 제품이 망라되어 있으며, 가격도 할인점 수준 또는 그 이하에 판매하는 곳이다. 카테고리 킬러(Category Killer)라고도 한다. 주요 특징으로는 체인화를 통한 현금 매입과 대량 매입, 목표 고객을 통한 차별화된 서비스 제공, 체계적인 고객 관리, 셀프 서비스와 낮은 가격 등을 들 수 있다. 전문 할인점이 활성화된 분야는 아동 완구, 컴퓨터, 자동차 용품, 스포츠 용품 등이 있다.

우리나라의 가전제품 전문 매장인 하이마트, 미국의 스포츠용품 전문점 스포츠 오소리티(Sports Authority), 유명 완구 업체 토이저러스(ToysRus), 유럽의 DIY 전문 매장 비앤큐, 스웨덴의 이케아(IKEA, 가구·가정용품) 등이 있다.

④ 아울렛

아울렛은 원래 공장 아울렛(Factory Outlet)을 지칭하는 말로 공장에 있는 제품을 밖으로 내놓는다는 의미에서 출발하였으며 제조업체나 백화점에서 판매하고 남은 재고상품이나 비인기 상품, 하자 상품 등을 정상가의 절반 이하의 매우 싼 가격으로 판매하는 유통업체의 개념이지만 실제로는 전문 상품을 할인 가격으로 취급하는 형태로 이루어지고 있다.

최근 우리나라에서 활발한 각축전을 벌이고 있는 할인점과 회원제 창고형 도소매점에서는 가격 파괴를 넘어서 가격 전쟁에까지 이르는 양상을 보이고 있다. 가격 파괴 업태의 등장으로 소비자들은 동일한 제품을 다양한 가격에 살 수 있게 되었다. 한편 제조업체 입장에서는 할인업태가 급속히 확산되면서 이 경로에 대한 유통 전략이 매우 중요한 이슈가 되었다.

⑤ 백화점

산업화의 발달로 대량생산, 대량유통 체계의 필요성이 탄생되었으며, 또한 도시의 거대화로 대량 수요의 발생이 백화점이라는 유통 형태를 탄생하게 하였다. 통합적인 대규모 소매상으로 매우 다양한 상품을 구비하여 소비자들에게 입지 편의성과 쾌적성을 제공한다. 세계 최초의 백화점은 1852년 프랑스 파리의 봉 마르셰(Bon Marche)로 정찰

제, 자유 구매, 교환과 반품 보장 등을 최초로 실시하였으며 유통 근대화에도 주도적 역할을 하였다. 우리나라는 1931년 화신 백화점이 국내 자본으로는 최초의 백화점으로 탄생하였다.

⑥ 양판점

식품을 제외한 의류, 생활용품, 일용품 등 주로 실용적인 일상용품을 취급하는 자사 브랜드(PB)를 사용하는 대형 소매상을 말한다. 자체 상표의 비중이 높고 백화점보다 저렴한 가격을 형성한다. 백화점과의 차별성이 없어 우리나라에서는 성공하지 못하였다.

⑦ 슈퍼마켓

미국의 킹 커렌(King Kullen)이 시작한 소매 형태로 주로 셀프 서비스 방식으로 운영되며 대부분의 식료품, 일용품과 편의품을 취급한다. 소비자와 가까운 접근성을 갖고 편리함, 저마진, 염가 판매 등 저렴한 가격으로 형성되어 있다.

⑧ 하이퍼마켓

슈퍼마켓과 할인점 그리고 창고형 소매점의 강점을 결합한 소매 형태이다. 유명 제품, PB 상품, 중저가 편의품 등을 취급한다.

⑨ 전문점

다양한 상품보다는 특정 상품 계열에서 다양한 제품을 취급하는 소매 형태이다. 의류 전문점, 철물점, 수예 전문점, 한복 전문점 등이 있다. 전문성을 내세워 소비자 욕구에 대응한다.

⑩ 편의점

편의점(Convenience Store)은 1950년 미국에서 시작된 일종의 미니 슈퍼이다. 주로 24시간 영업을 하며 고객의 접근성이 좋은 점 등 편의성을 소비자에게 제공한다. 식료품, 생활 편의용품, 문구류와 같은 안정된 제품을 주로 취급하지만 다소 높은 가격을 형성한다. 최근에는 주로 대기업이 체인 형태로 운영하고 있다.

⑪ 잡화점

우리나라의 전형적 전통 소매상으로 식료품, 각종 생필품, 일용잡화를 주거지역 인근에서 판매하는 형태이다.

### ■ 무점포 소매상

무점포 소매상은 별도의 공간적 유형의 점포 없이 소매 판매를 하는 자동판매기, 방문 판매, 통신 판매, TV 홈쇼핑 등이 있다.

① 자동판매기

점포 개설이 어려운 장소 등에 동전과 같은 현금으로 작동되는 셀프 서비스 기계를 설치하여 24시간 판매를 한다. 커피, 캔 음료, 담배와 같은 기호품을 중심으로 발달해 왔다. 최근에는 과자, 식료품, 즉석 녹음 CD, 충동구매 용품 등 매우 다양한 영역으로 넓혀가고 있다.

② 방문 판매

소비자가 있는 곳을 직접 방문하여 대면 판매하는 방식으로 주로 주방용품과 같은 생필품에서부터 고가품에 이르기까지 다양한 상품군을 취급한다. 우리나라 화장품 판매에 있어서는 방문판매가 80년대 중반까지 주류를 이루었으나 화장품 전문점(할인점)의 등장, 여성의 경제 활동 참여 증가로 낮 시간 동안 비어 있는 집들이 늘어나자 크게 위축되었다. 또한 인건비의 상승과 함께 TV 홈쇼핑, 인터넷 홈쇼핑, 모바일 홈쇼핑의 확산으로 인적 방문 판매는 판매적 접근보다는 서비스적 접근으로 바뀌었다.

③ 통신 판매

카탈로그와 같은 인쇄물로 상품이나 서비스를 광고하고 우편이나 전화에 의해 주문을 받아 직접 또는 우편으로 배달 판매하는 방식으로 신용카드 회사나 유명 백화점을 중심으로 시작하여 지금은 통신 판매 전문업체까지 운용되고 있다.

④ TV 홈쇼핑

상품 또는 서비스의 광고 및 판매를 목적으로 하는 전문 프로그램을 방영하고 시청자로부터 전화주문을 통해 상품을 구매하도록 하는 방식이다. 1996년 케이블 TV 시대의 개막으로 39 쇼핑, LG 쇼핑과 같은 전문 홈쇼핑 채널이 생겨나며 우리나라에도 TV 홈쇼핑이 본격화되었다. 무엇보다 유통 경로가 없어 애를 태우는 중소기업 제품이 많은 비중을 차지하는 것은 매우 고무적인 현상으로 중소기업 살리기라는 명분은 물론, 값싸고 우수한 상품을 소비자에게 소개한다는 일거양득의 효과를 누리고 있다.

⑤ 텔레마케팅

전화를 이용하여 고객에게 정보를 제공한 후 제품 및 상품 서비스의 구매를 유도하거나 고객이 TV, 라디오 등의 광고를 보고 전화를 이용하여 주문하게 하는 소매 형태의 마케팅 활동이다. 텔레마케팅은 크게 신문이나 잡지 등의 광고를 보고 구매 희망자가 무료전화를 걸어 구매하는 수신 텔레마케팅(Inbound Telemarketing)과 기업이 구매 가능성이 높은 고객에게 전화를 걸어 구매를 유도하는 발신 텔레마케팅(Outbound Telemarketing)으로 나누어진다.

⑥ 인터넷 전자 상거래

개인용 컴퓨터와 인터넷이 보편화되면서 자연스럽게 컴퓨터를 이용해 인터넷이나 PC 통신에 접속하여 물건을 사고파는 행위를 인터넷 전자 상거래로 정의하고 있다. 인터넷 상거래(IC : Internet Commerce)는 인터넷을 기반으로 고객, 기업, 정부 등의 경제주체들이 제품 및 서비스를 거래하는 것을 의미한다. 즉 거래 당사자들이 직접적으로 만나지 않고 인터넷을 통해 구매 및 판매, 마케팅, 광고, 대금 결제 등의 상거래 절차를 수행하는 것이다. 이와 같은 거래 형태를 의미하는 용어로 전자 상거래(EC : Electronic Commerce)라고도 한다. 전자 상거래에는 인터넷 상거래 이외에도 EDI(Electronic Data Inter-change), CALS(Commerce At Light Speed) 등이 포함된다. 인터넷이 확산되기 이전에는 EDI, CALS 등이 전자 상거래의 주류를 이루었다. 인터넷 상거래는 거래 주체에 따라 기업 간 거래(Business to Business), 기업과 고객 간 거래(Business to Consumer)로 구분할 수 있다. 기업 간 거래는 주로 기업의 업무 프로세스 구성에 따라 정보의 공유, 업무의 외부화(Outsourcing) 등과 관련한 사업 기회들을 제공하고 있다. 그 예로써 기업과 협력회사 간의 엑스트라넷(Extranet)을 활용한 동시 병행 설계(Concurrent Engineering), 인터넷 공개 입찰, 물류 및 택배업무의 외부화 등을 들 수 있다. 기업과 고객 간 거래는 판매, 상품기획 등 마케팅 분야를 중심으로 활용 사례가 늘고 있다. 인터넷 상점, 인터넷 쇼핑몰, 이메일, 고객 인터뷰 등이 바로 그것이다. 최근 성공적인 인터넷 상거래 활용기업으로 각광을 받고 있는 아마존, 델, ISN 등은 기업과 고객 간 거래를 인터넷 상거래의 주력으로 삼고 있다.

많은 형태의 무점포 소매상 중에서 자동판매기를 제외한 나머지 무점포 소매상의 특징은 소비자 입장에서 보면 가정 구매(In-home shopping)의 형태로 나타난다는 점이다. 소비자 구매 행동이 저가격 지향적 의사 결정 패턴에서 시간절약 및 구입 편리성을 중시하는 패턴으로 바뀌어 가고 진입 장벽이 낮아 소자본으로 쉽게 시작할 수 있다는 장점으로 무점포 소매상은 앞으로 더욱 활성화될 것으로 전망된다.

제4절

# 촉진 전략

마케팅을 생각하면 바로 떠오르는 것이 광고일 것이다. 보통 마케팅하면 광고, 홍보, 판매촉진 등을 생각하게 된다. 많은 사람들이 판매를 더 잘하기 위한 하나의 수단으로 마케팅을 생각할 정도로 마케팅에서 판매촉진은 매우 중요한 위치를 차지하고 있다. 벤처 창업가가 아주 혁신적인 기술을 개발하고 매우 우수한 제품을 만들었다고 하여도 그것을 소비자에게 알리고 인지시키며 소비자로 하여금 구매의욕을 갖게 하여 실질적 구매로 연결시키지 않으면 상업적으로 무의미한 일이다. 또한 지금 당장 구매로 연결되지는 못하더라도 기억 속에 있어서 고객이 구매의 필요성이 생기며 구매를 위한 여건이 갖추어졌을 때 실질적 구매로 연결이 되어야 한다. 그리고 고객이 지속적인 경쟁사의 현혹에 빠지지 않고 계속해서 자사의 제품(서비스)을 구매할 수 있도록 고객의 마음에 자사에 대한 깊은 인지도를 갖도록 하여야 하는 제반의 활동이 촉진이다.

촉진의 사전적 의미는 '어떤 일을 재촉해 더 잘 진행되도록 함' 및 '재촉해 더 잘 진행되도록 하다'라고 정의되어 있다. 원어인 라틴어의 'Promorer'는 '행동을 재촉하다'라고 한다. 즉 소비자로 하여금 구매 행동을 재촉하게 하는 행위를 촉진이라 할 수 있다. 이러한 촉진의 방법으로 잡지, 책자, 카탈로그, TV, 라디오, 옥외 버스, 옥외 경기장 등 여러 다양한 형태의 광고를 하며 최근에는 인터넷과 휴대용 무선 단말기를 통한 인터넷 광고, 이메일 광고, 블로그 광고, SNS 광고 등을 하고 있다. 이러한 모든 행위들은 마케팅 커뮤니케이션(Marketing Communication)을 통하여 제품, 상품 및 서비스의 정보와 소비자의 편익을 불특정 또는 특정 고객에게 전달하기 위한 양방향적 커뮤니케이션 활동이다.

이러한 촉진의 목적은 다음과 같다.

### ■ 정보 제공

구매 설득의 방법으로 여러 형태의 정보 전달을 소비자에게 행하게 된다. 제품 및 서비스에 대한 보다 상세하고 정확한 정보를 제공하여 소비자가 경쟁사의 제품 또는 상품보다 자사의 제품을 구매하도록 하여야 한다. 최소의 비용으로 최대의 구매 효과를 갖도록 하는 것이 마케터의 중요한 역할일 것이다.

### ■ 구매 설득

앞에서 설명한 바와 같이 마케팅은 고객에게 자사의 제품(상품)과 서비스에 대하여 알리고 이를 구매하도록 하여 매출을 증대시키기 위함이다. 매출 증대를 통하여 이익을 창출하고 고객만족을 통하여 또 다른 판매의 기회를 갖도록 하는 것이다. 그러나 시장에는 항상 경쟁사와 경쟁 제품이 있으며 자사 고객의 마음을 돌리게 하려고 많은 노력을 기울인다. 이러한 내·외부적 구매 환경에서 고객이 지속적으로 자사의 제품과 서비스를 구매하도록 설득하여야 한다.

### ■ 회상

실질적 구매가 정보 전달이나 구매 설득의 결과로 즉시 발생하지 않을 수도 있다. 소비자가 물건을 살 때 한 업소만 가서 그냥 사지는 않는다. 똑똑한 소비자는 온라인은 물론 오프라인을 통하여 다양한 방법으로 최고의 가치를 최저의 가격과 최고의 조건으로 구매하려 노력한다. 그러한 고객에게 필요할 때에 자사와 자사의 제품 및 서비스가 회상되어 실질적 구매가 이루어지게 하여야 한다. 미래의 가정주부인 여대생을 대상으로 가전제품을 마케팅 하는 것과 결혼한 주부를 대상으로 육아 및 유아용품을 마케팅 하는 것들이 이러한 전략이다.

앞서 설명한 바와 같이 촉진은 양방향 커뮤니케이션이다. 이러한 커뮤니케이션 활동을 효율적으로 하는 방법은 크게 광고(Advertising), PR(Public Relation), 판매촉진(Sales Promotion), 인적 판매(Personal Selling)가 있으며 이를 제품 및 서비스의 특성을 고려하고 제품 수명 주기 및 시대적, 사회적, 문화적 상황을 고려하여 효율적, 전략적으로 추진하여야 한다. 이를 촉진 믹스(Promotion Mix)라고 한다.

## 4.1 광고

광고(Advertising)는 기업, 제품, 서비스, 상품 등을 소비자에게 알리는 일종의 비인적인 커뮤니케이션 활동이다. 즉, 목표를 설정하고 설정된 목표를 달성하기 위한 메시지를 구성하여 선정된 광고 매체를 통하여 비용을 지불하여 광고를 한 뒤 광고 효과를 측정하고 평가한다. 광고에 대한 정의를 필립 코틀러(P. Kotler)교수는 '광고란 자신의 이름을 밝힌 광고주가 정보 전달 매체를 이용해서 특정 제품(상품) 및 서비스를 소개 또는 판매를 촉진하기 위한 활동'이라고 하였으며 미국 마케팅협회에서는 '확인된 광고주가 표적 고객들에게 어떤 제품 및 서비스에 대한 구매 행동을 촉진시키거나 혹은 광고주 자신에 대한 일반 대중의 신뢰도를 높이기 위해 수행되는 비인적인 유료의 커뮤니케이션'이라고 하였다.

이러한 정의를 근간으로 전통적 광고의 특성을 정리하면 첫째, 매체를 이용하는 비인적인 커뮤니케이션이다. 다만, 전통적 광고는 단방향 커뮤니케이션이지만 정보화 시대의 인터넷 및 스마트 기기를 이용한 광고는 양방향 커뮤니케이션 활동이 이루어지고 있다. 둘째, 대부분 유료로 제공된다. 셋째, 메시지의 간접적 전달 수단이다. 넷째, 제3의 전문 광고주에 의하여 이루어진다. 다섯째, 다양한 대중화 매체를 통하여 시행된다. 이와 같이 광고는 비용이 소요되며 매체에 따라 차이는 있지만 다소 많은 비용의 소요로 인하여 경제 원리가 적용되어 최소의 비용으로 최대의 광고 효과를 올려야 하는 것이다. 이를 위하여 차별화된 매체를 통하여 차별화된 광고를 창안하여 고객을 사로잡아야 하는 것이다. 광고의 종류는 매우 다양하다. 분류 방식에 따라 다음과 같이 나눌 수 있다.

### ■ 광고 매체에 의한 분류

사용되는 광고 매체의 유형에 따라 인쇄 광고, 전파 광고, 옥외 광고, 교통 광고, 온라인 광고 등으로 나눌 수 있다.

인쇄 광고는 다시 신문 광고, 잡지 광고, 전단 광고 등으로 구분되고, 전파 광고는 TV 광고, 라디오 광고 등으로 구분된다. 옥외 광고는 전광판 광고, 현수막, 애드벌룬 등이 포함된다. 교통 광고는 철도, 지하철, 전철, 버스 등에 실린 광고물을 말하며, 온라인 광고는 인터넷을 이용한 광고를 말한다.

### ■ 광고 내용에 의한 분류

광고 내용에 의한 구분으로는 크게 상업적 광고와 비상업적 광고로 나누어진다. 비상업적 광고는 다시 정치 광고, 의견 광고, 공익광고, 기업 PR 광고 등으로 구분된다.

### ■ 광고 형식에 의한 분류

광고 형식에 의한 구분으로는 드라마식 광고, 티저 광고, 캠페인성 광고 등으로 구분된다.

### ■ 광고 지역에 의한 분류

광고 지역에 의한 구분은 크게 국내 광고와 해외 광고로 나눈다. 국내 광고는 다시 전국 광고와 지역 광고 등으로 구분된다.

### ■ 광고 소구 방식에 의한 분류

광고 소구 방식에 의한 분류는 감성적 소구와 이성적 소구, 긍정적 소구와 부정적 소구, 일면적 소구와 양면적 소구, 공포 소구 등 다양하다.

### ■ 광고 실시 시기에 의한 분류

광고 실시 시기에 의한 구분은 대개 제품수명 주기(PLC : Product Life Cycle)에 따라 나누어진다. 즉 제품이 시장에 도입되기 전에 하는 광고를 도입기 광고 혹은 론칭 광고라고 하며, 제품이 시장에 도입되어 성장하는 단계에 실시하는 광고는 성장기 광고, 제품의 시장 보급률 및 점유율이 최고조에 달했을 때 하는 성숙기 광고, 제품이 쇠퇴기에 이르러 재고 처리 등을 위해 하는 광고를 쇠퇴기 광고라 한다.

**표 11-2 광고의 분류**

| 구분 | 내용 |
|---|---|
| 1. 광고 매체에 의한 분류 | 인쇄 광고, 전파 광고, 옥외 광고, 교통 광고, 온라인 광고 등의 매체에 의하여 분류 |
| 2. 광고 내용에 의한 분류 | 광고 내용의 상업적 혹은 비상업적 여부로 분류 |
| 3. 광고 형식에 의한 분류 | 드라마식 광고, 티저 광고, 캠페인성 광고 등의 형식상 분류 |
| 4. 광고 지역에 의한 분류 | 국내 광고, 해외 광고 등 |
| 5. 광고 소구 방식에 의한 분류 | 감성적 소구, 이성적 소구, 긍정적 소구, 부정적 소구 등 |
| 6. 광고 실시 시기에 의한 분류 | 제품수명 주기에서의 위치에 따른 분류 |

## 4.2 PR

미국의 PR협회(Public Relations Society of America, PRSA)에서는 PR에 대하여 1982년에 'PR은 조직과 공중이 서로 적응하는 것을 돕는다.'로 정의하였으나 최근 2012년 3월에는 이를 개정하여 'PR은 조직과 공중 사이의 상호 유익한 관계를 구축하는 전략적 커뮤니케이션 과정이다.'로 바뀌었다. 이현승, 조삼섭(2006)에 의하면 할로(Harlow, 1976)는 PR은 '조직과 그들의 공중 사이에서 커뮤니케이션, 이해, 수용, 협력의 공통의 끈을 확립하고, 유지하는 것을 돕는 독특한 관리 기능'이라고 정의하였다. 영국 PR협회(The British Institute of Public Relations)에서는 '조직과 공중 사이에 상호 이해를 확립하고 유지하려는 지속적인 노력'이라고 하였으며 커트립(Cutlip), 센터(Center), 브룸(Broom)은 '조직과 조직의 성공과 실패에 영향을 주는 다양한 공중 사이에 상호 호혜적 관계를 확인하고, 수립하고 유지하는 관리 기능이다.'라고 정의하였으며, 그루닉(Grunig)과 헌트(Hunt)는 '조직과 공중을 이어주는 커뮤니케이션 관리 활동'으로, 롱과 헤이즐턴(Long & Hazleton)은 '조직적인 목적을 달성하려는 목적으로 그들의 환경에 조직을 적응시키고, 변경하거나 유지시키는 커뮤니케이션 관리 기능'이라고 정의하였다. 또한 위키피디아의 정의에 의하면 PR은 대중 관계, 공중 관계를 의미하는 퍼블릭 릴레이션스(Public Relations)의 약자로 정부, 정당, 기업, 개인 등의 마케팅 주체가 대중과의 호의적인 관계를 위해 하는 모든 활동을 지칭한다. 마케팅 주체가 대중 매체를 이용하여 마케팅 활동을 하는 홍보는 PR의 수단이다. 마케팅 주체는 현대 사회에서 가장 영향력 있는 정치 집단이자 소비 집단인 대중에게 호의를 얻기 위해 여러 가지 활동을 펼치는데, 기업이 직접적인 이익이 없어 보이는 자선 행사를 주최하거나 비영리 단체에 기부금을 납부하거나 또는 단체 봉사 활동을 실시하는 것도 모두 대중의 호의를 얻기 위한 행동이다. PR이란 정치적, 사회적, 생태적, 도덕적 결과를 기대하여 기업에 이익이 되는 커뮤니케이션 활동이다. 최근에는 정보 통신 기술의 발달로 산업 패러다임이 바뀌면서 PR회사는 언론 홍보뿐만 아니라 소셜 미디어를 활용한 홍보, 광고 캠페인, 커뮤니케이션, 컨설팅 등 말 그대로 고객사와 공중과의 호의적인 관계 구축, 유지를 위한 여러 커뮤니케이션 활동을 수행하고 있다. 다시 말해 PR이란 조직과 공중의 상호이익이라는 목표와 성과를 위한 의도적이고 계획된 활동이면서 관리 기능이다. 또한 단방향의 커뮤니케이션이 아닌 양방향 커뮤니케이션인 것이다. PR의 정의에서 주목하여야 할 부분은 바로 관계(Relationship) 증진이란 개념이다. 이는 PR이란 것이 퍼블리시티(Publicity)가 아닌 공중 관계 관리이고, 궁극적으로 조직에서 PR을 하는 목표는 이해 당사자(Stakeholder)와의 관계 경영을 위한 것이라고 말할 수 있다. 이러한 정보 통신 기술의 발달로 이어진 현대적 개념의 PR을 디지털(Digital) PR이라고도 한다. 즉, 블로그나 소셜 미디어와 같은 온라인 채널을 활용한 커뮤니케이션이 곧, PR로 인식된다는 의미이다. 종래의 미디어 퍼블리시티(Media Publicity)와 미디어 서비스(Media Service)의 커뮤니케이션 채널이 신문, 방송과 같은 대중 매체(Mass media)에서 최근 매체 환경의 변화에 따라서 블로그나 페이스북, 트위터와 같은 소셜 미디어(Social media)로 그 무게 중심이 옮겨가고 있다.

PR의 목적은 정치적, 사회적, 생태적, 도덕적 결과에 부정적인 영향과 긍정적인 영향을 끼치지 않는 이해 집단을 설득하는 것이다. 이는 넓은 의미로는 광고를 포함한 홍보 또는 선전의 뜻으로 사용되며, 좁은 의미로는 기업이 광고의 형식을 취하지 않고 회사, 제품, 서비스 등에 관한 뉴스를 언론기관에 소재 기사로써 제공하여 무료로 보도하게 하려는 활동이다. 광고와 같은 뜻으로 쓰이는 경우가 많으나 뉴스 및 견해 등의 사실을 공중에게 알려서 그 태도나 행동을 움직이도록 하는 것을 목적으로 하며 영리는 물론 공적인 입장에서도 행해진다. 민간회사의 광고 활동의 경우에도 직접 구매욕을 자극하지 않고, 목적도 노골적으로 나타내지 않고, 외형상은 사실 보도라고 하는 형식을 취한다. 신문과 잡지에서도 유료 광고로는 하지 않고 기사 가운데서 회사나 상점에 대하여 언급시키는 광고 활동을 가리킨다.

이러한 PR이 홍보 및 광고와 혼동되어 사용되기도 하지만 분명한 차이점이 있다. 홍보는 미디어 매체를 통하여 구체적인 사실을 보도의 형식으로 알리는 다소 제한적 개념이지만, PR은 통상적인 홍보 활동 외에도 기업 정책의 언론 공개, 기업의 이미지 향상을 위한 사내외 커뮤니케이션, 정부 정책 추진을 위한 합법적 설득 활동 등을 포함하는 광범위한 개념을 갖는다.

## 4.3 판매촉진

미국 마케팅협회는 판매촉진(Sales Promotion)에 대하여 '소비자의 구매를 자극하거나 판매원의 효율성을 증대시키는 마케팅 활동 중 광고, PR, 인적 판매를 제외하는 활동'이라고 하였고, 미국의 광고회사협회에서는 '제품이 제공하는 본원적 편익을 넘어서는 유인을 제공하여 제품을 구매하도록 하는 활동'이라고 정의하였다. 이러한 판매촉진은 불특정 다수의 고객보다는 잠재 고객을 포함하여 목표 고객을 대상으로 실행하게 된다. 판매촉진의 특징은 다음과 같다.

첫째, 영업 활성화를 통한 매출 극대화 방안이다.

둘째, 소비자로 하여금 직접적으로 구매의욕이 나게 하는 유인책으로 이를 소비자 판촉이라고 하며 풀(Pull) 개념을 갖는다.

셋째, 영업사원 및 중간상 등의 유통업자를 대상으로 하여 유통업자 판촉이라고 하며 푸시(Push)의 개념을 갖는다.

즉, 판매촉진 방법을 추진 전략으로 분류하면 푸시 전략(Push Strategy)과 풀 전략(Pull Strategy)이 있다. 푸시 전략은 중간 유통 경로를 대상으로 판매촉진 활동을 전개하여 이들을 통하여 소비자에게 전달되어 궁극적으로 매출 증대를 도모하는 것이며, 풀 전략은 제조업체가 직접 소비자를 상대로 판매촉진 활동을 하여 소비자가 찾아오게 하는 전략이다.

### ■ 푸시 전략 – 중간상 판매촉진 전략

유통 경로 구성원인 도매상, 소매상의 유통업자를 대상으로 펼치는 판매촉진 활동으로 목적으로는 첫째, 유통업자로 하여금 자사의 제품을 경쟁업자의 제품보다 더 적극적으로 판매하도록 유도하며, 둘째, 자사의 재고관리를 중간 유통업자와 분담 관리하도록 한다. 이의 방법은 가격인하, 공제, 무료상품 제공, 현금 반환, 판매 장려금 제공, 판매원 교육 등이 있다.

### ■ 풀 전략–소비자 판매촉진 전략

제조업자가 직접 소비자를 상대로 판매촉진 활동을 전개하여 구매를 유발도록 하는 것으로, 충성도가 높은 고객에게 보답하며 경쟁사의 판매촉진 활동에 대응함은 물론 신규 고객 확보 등에 목적이 있다. 이의 방법은 견본품 제공, 쿠폰제 실시, 무료 사용, 경품제, 상품 제공, 현금 반환, 소액 할인, 보상, 사은품 제공, 보너스 팩(Bonus packs), 마일리지 혜택 등이 있다.

또한 판매촉진을 가격적인 면에서 분류하면 가격 판촉과 비가격 판촉으로 구분할 수 있다.

■ **가격 판촉**

판매촉진을 위하여 가격에 변동을 주는 것으로 판매촉진 이벤트 기간 안의 가격할인 행사, 할인 쿠폰 제공, 1+1 등 가격에 직·간접 영향을 주는 것이다.

■ **비가격 판촉**

판매촉진을 위하여 가격 변동이 아닌 선물, 견본품, 시음코너, 시식코너 등을 행하는 판매촉진 활동을 말한다.

### 4.4 인적 판매

인적 판매(Personal Selling)는 영업사원이 고객과 직접 대면하면서 제품을 구매하도록 하는 양방향 커뮤니케이션 활동이다. 여타의 광고, PR, 판매촉진 활동이 비인적 촉진 방법인 반면에, 인적 판매는 직접 대면하면서 양방향 커뮤니케이션을 하는 인적 촉진 방법이며 특성상 잠재 고객으로 하여금 관심과 설득을 통하여 구매력을 갖게 하는 매우 효과적인 방법이다. 인적 대면의 특성상 설득력이 매우 강하며 소비자의 반응과 상황에 따라 즉각적인 대응을 할 수 있을 뿐만 아니라 고객의 불만과 요구에도 빠른 대응이 가능하다는 장점이 있다. 그러나 개별 판매원이 접촉할 수 있는 고객의 수가 한정적이며 촉진 속도가 느리고 이로 인하여 고비용이 든다는 단점이 있다. 기업의 촉진비용 분포를 보면 판매액 기준으로 광고가 1~3%인 반면에 인적 판매는 10~15%가 소요된다. 이는 인적 판매의 경우 인건비, 교육비를 비롯하여 제반 경비들이 소요되기 때문이다. 이러한 인적 판매의 종류로는 직접 방문 판매 방식과 매장 판매 방식 및 전화 판매 방식이 있다. 그러므로 고가의 제품, 고급품, 감성적 제품 등은 특히 인적 판매의 비중이 매우 높다.

인적 판매의 실행 과정은 크게 사전 조사 단계, 교섭 실행 단계, 판매 및 사후 관리의 3가지로 나누어진다.

### ■ 사전 조사 단계

고객을 접촉하기 전에 고객에 대한 자세한 정보를 파악하고 분석하며 필요한 자료를 수집하고 정리하는 단계이다. 준비 단계는 잠재 고객 찾기(Prospecting)와 접촉 준비(Pre-approach)의 순서로 이루어진다.

① **잠재 고객 찾기** : 영업 활동은 기존 고객의 유지는 물론 잠재 고객 및 예비 고객을 발굴하여 자사의 고객으로 만들어 매출 증대와 함께 이익 증대를 갖도록 하여야 한다. 잠재 고객(Prospects)이란 자사 제품을 구매할 생각이 있고 구매 능력이 있는지를 확인하여 선별한 고객이며, 예비 고객은 잠재 고객의 가능성이 있는 모든 소비자를 포함한다. 영업사원은 이들에 대한 접촉점을 만들어 접촉 준비를 한다.

② **접촉 준비** : 확인된 잠재 고객의 특성을 사전 파악하여 잠재 고객에게 맞춤형 영업 활동을 하여 효과적인 접촉과 교섭을 위한 준비를 철저히 한다. 고객의 욕구와 구매 가능 제품 등을 파악하고 사전에 이에 대한 철저한 숙지 및 자료를 준비한다. 또한 효율적인 접촉을 위하여 효과적인 접촉 장소 등도 사전에 파악하여야 한다.

### ■ 교섭 실행 단계

잠재 고객을 만나 교섭하고 설득하여 자사 제품을 구매하도록 하는 인적 판매의 핵심 단계이다. 통상 고객을 만나서 제품을 소개하고 고객이 특별히 관심을 갖는 제품을 설득하고 협상을 통하여 거래를 성사시키는 것으로 이를 정리하면 접촉(Approach), 제품 소개 및 제안(Presenting), 의견 조정(Handling Question), 판매 종결(Closing)의 절차를 거치게 된다. 교섭 단계에서는 무엇보다 설득하는 기술이 필요하다. 효과적인 설득을 위해 판매원은 고객의 욕구와 필요를 진심으로 이해하는 고객 지향적인 사고를 가져야 하며 설득력을 갖기 위하여 논리적이며 합리적인 주장과 함께 정직하여야 한다. 또한 최종적인 결정은 고객 스스로 하도록 유도하여야 할 것이다.

### ■ 판매 및 사후 관리

고객과의 교섭이 종료되고 고객이 구매의사를 표명하면 즉시 판매 절차에 들어가야 한다. 최종적으로 비용 지불 및 결재 절차가 이루어져야 완결이 되는 것이다. 이것이 여타의 판매촉진과 달리 인적 판매의 특징이며 장점인 것이다. 마무리 처리가 미숙하여 시간이 지연되고 그로 인하여 고객의 구매욕구가 식지 않게 하여야 한다.

한 번 고객은 영원한 고객이라는 마음으로 철저한 사후 관리를 통하여 충성 고객화하며 이를 통하여 지속적이 재구매가 일어나도록 하여야 한다. 평상시에도 고객을 관리하며 수시로 새로운 상품 정보 제공은 물론 항상 마음으로 고객에게 다가가서 제품이 아닌 마음으로 고객과 연결이 되어야 한다.

CHAPTER 12

# 인터넷 마케팅

공업화 사회, 정보화 사회, 지식 사회의 발전은 산업 분야 또한 공업 산업에서 정보 산업으로 그리고 지식 산업으로 이동하게 하였다. 이들은 유형적 요소에서 무형적 요소로 그리고 단순 무형에서 창조적 무형으로 변화를 거듭하고 있는 것이다. 서비스, 정보, 지식에 의하여 창출되는 부가가치의 경제는 산업화 시대보다 더욱 높아지고 있는 것이다. 이러한 변화는 공급자와 소비자와의 관계를 재정립하게 한다. 공급자 또는 판매자가 소비자와 직접 만나지 않고도 거래가 이루어지며, 기존 개념의 시장, 쇼핑센터 등의 물리적 장소 없이도 24시간 거래가 가능하며, 대금 결제를 직접 만나서 하지 않아도 되며, 상품을 가지러 직접 가지 않아도 된다. 이러한 일련의 변화는 기존의 마케팅 개념과 방식에도 커다란 변화를 가져왔다. 기존의 마케팅에 근본적인 전략의 변화, 즉 패러다임의 진화가 일어난 것이다. 더욱이 단방향 인터넷 시대에서 양방향 인터넷 시대, 유선 인터넷 시대에서 무선 인터넷 시대로 변화도 e-마케팅의 새로운 변화를 가져오게 되었다. 혹자는 인터넷 마케팅 또는 e-마케팅과 웹 마케팅을 혼용하고 있으나 대체적으로 웹 마케팅은 순수한 온라인 체제하에서의 마케팅을 말하며, e-마케팅은 웹 마케팅을 포함하여 오프라인 체제까지 통합된 마케팅을 말한다.

또한 최근에는 스마트폰 및 패블릿 PC, 태블릿 PC 등 모바일 기기의 보편화로 모바일 마케팅(m-Marketing)도 급속히 발전하고 있다. m-마케팅에 대하여는 별도로 다루기로 한다.

제1절

# e-마케팅의 개념

컴퓨터의 탄생으로 시작된 정보 기술(IT)은 산업계에 e-비즈니스 시대를 열었고 이후로 통신 기술(CT)과 융합하여 정보 통신 기술(ICT)의 발달과 보급화로, m-비즈니스 시대를 새롭게 열었다. 이는 컴퓨터가 유선 인터넷과 연결된 정해진 장소에서 한정적으로 비즈니스를 전개하였던 것을 무선 인터넷으로 인하여, 나아가 무선기기들의 보급화로 m-비즈니스의 발전은 전례 없이 빠른 속도로 진행되고 있다. 이러한 m-비즈니스에 공헌한 것은 무엇보다도 휴대용 무선기기들이다. 스마트폰(Smart Phone)을 비롯한 패블릿(Phablet) PC와 태블릿(Tablet) PC는 m-비즈니스의 태동과 발전에 지대한 공헌을 한 것이다. 이들 3종류의 기기 구분은 화면 크기에 근거하고 있다. 일반적으로 화면 크기가 5인치 미만인 것을 스마트폰이라 하며 5~7인치는 패블릿 PC, 7인치 이상은 태블릿 PC로 기준하고 있다. 이들 모두가 휴대성이 좋아서 언제 어디서나 무선으로 인터넷과 접속할 수 있으며 일반 PC와 같은 기능은 물론 백만 개 이상인 전용 애플리케이션은 이의 활용을 더욱 극대화하고 있다. 더욱이 GPS(Global Positioning System) 기능과 LBS(Location Based Service) 기능은 일반 PC가 가질 수 없는 기능을 보유하고 있어 m-비즈니스 및 m-마케팅은 더욱 발전할 것으로 예상된다.

e-마케팅의 기본적 개념은 전통적 마케팅과 동일하나 마케팅 활용의 도구 및 환경이 인터넷에 기반을 두는 것을 말한다. 인터넷이라는 네트워크를 통하여 상거래를 하며(전자 상거래) 인터넷을 통하여 광고 등의 촉진 활동을 한다. 특히 오프라인에서는 할 수 없는 유선 및 무선 인터넷과 모바일 기기를 활용하여 독창적인 촉진 활동을 전개할 수 있다. 이를 정리하면 개인 또는 조직이 인터넷 매체를 이용하여 가상의 공간에서 행하는 마케팅 활동이라고 정의할 수 있으며 개방형 네트워크인 인터넷을 통하여 상품과 서

비스에 대한 정보를 웹을 이용하여 표현하는 새로운 마케팅의 접근인 것이다.

## 1.1 e-마케팅의 특징

e-마케팅의 특징은 인터넷 네트워크를 통하여 판매자와 소비자가 문자 및 음성을 통한 양방향 커뮤니케이션으로 24간 상시적으로 상호 접점을 갖는 것이다. 이것은 전통적 마케팅에 비하여 유통과 물류(Logistics) 문제를 경감시킬 수 있다. 이를 마케팅의 관점에서 볼 때 e-마케팅은 대표적인 특성으로 양방향성, 정보 지향성, 시공간의 무제한성, 측정 용이성, 경제성을 갖고 있다.

### 1.1.1 양방향성

기존 마케팅은 공급자 중심의 마케팅 활동이었다. 물론 극심한 경쟁 속에서 마케팅이라는 용어가 탄생하면서 다소 소비자 중심으로 변화하기는 하였으나 이는 수동적인 변화, 소극적 변화의 수준이었다. 인터넷 특히 모바일 기기의 등장은 소비자 중심의 개념을 대폭적으로 확대시켜 놓은 것이다. 인터넷을 통하여 초기에는 다소 제한되기는 하지만 양방향 커뮤니케이션이 시작되었으며 이는 모바일 기기의 등장으로 완전 개방형 양방향 커뮤니케이션으로 발전하였다. 기존의 매스 마케팅(Mass Marketing)에서 고객 지향적 개별 마케팅(Customized or Personalized Marketing)이 가능한 것이다. 회원가입을 통하여 개인 정보를 입수하고 각각의 개인별 맞춤형 마케팅이 이루어진다. 특히 모바일 기기는 위치정보를 통하여 개인과 1:1로 행하는 마케팅을 더욱 견고히 하고 있다.

### 1.1.2 정보 지향성

정확한 분석과 목표 설정을 위해서 기존 마케팅이나 e-마케팅이나 모두 많은 정보와 데이터를 가져야 하지만, 특히 e-마케팅은 인터넷을 통하여 마케팅의 근간이 되는 소비자 관련 사항에 대하여 많은 것을 조사할 수 있다. 웹 사이트 방문 횟수, 클릭 횟수, 구매 정보 등의 대부분의 자료를 소비자의 거부감 없이 수집 활용할 수 있다.

### 1.1.3 시공간의 무제한성

인터넷이 무선화 되면서 스마트 기기의 보편화는 전통적 비즈니스의 시간적, 공간적 제한을 완전히 없애 주었다. 24시간 언제 어디서나 네트워크로 연결하고 커뮤니케이션 하는 시대를 열어 준 것이다. 모든 비즈니스에 신속하게, 유연하게 대응하는 마케팅으로 진화한 것이다. 또한 공간의 제한을 해소하여 비용절감의 효과와 마케팅 진입 장벽을 낮춘 효과도 있다.

### 1.1.4 측정 용이성

오프라인의 광고는 누가 얼마나 보았으며 그 광고가 실제로 얼마나 구매로 연결이 되었는지는 측정이 어렵다. 통상적인 방법은 구두 질문이나 설문지 조사를 통하여 이루어졌다. 그러나 e-마케팅은 컴퓨터라는 기계에 의하여 이루어지므로 측정이 가능하다. 실제로 측정의 결과로 해당하는 수수료를 지불하거나 데이터를 수집한다.

### 1.1.5 경제성

오프라인에 비하여 유통 단계가 현격히 줄어든다. 아울러 유통비용절감이 획기적으로 발생한다. 그 비용절감은 곧 판가에 반영된다. 통상, 중간 단계의 도매상과 소매상을 거치지 않게 되는 것이다. 또한 가격비교가 용이하며 더 나아가 가격비교 사이트는 이러한 편리성을 제공하여 주기도 한다. 이러한 소비자 친화적 기능으로 e-마케팅의 가격 경쟁은 매우 치열한 상황이다.

인터넷의 특징을 통하여 마케팅을 행함에 있어 e-마케팅의 대표적인 장점은 다음과 같다.

■ 일대일 마케팅

양방향적 의사소통이 가능함에 따라 고객의 욕구와 이에 따른 수요 창출 가능성에 대한 정보를 적은 비용으로도 획득할 수 있다. 구매자나 판매자의 양방향적 의사 교환은 전략적 마케팅 활동의 수단으로써 그 방법과 절차를 신속하고도 다양한 모습으로 변화할 수 있어 시장 환경 변화에 능동적인 대처가 가능하다.

■ 비용절감

인터넷을 통한 판매의 경우 구매자와 판매자를 직접적으로 연결하기 때문에 중간 유통 과정을 생략할 수 있고 최소한의 인원, 조직만으로도 그 특성상 판매 공간 없이 축적된 데이터베이스를 활용하여 특정 고객을 대상으로 양방향적 마케팅이 가능함에 따라 획기적인 비용절감이 가능하다.

■ 고객 요구의 빠른 파악

인터넷을 이용하면 24시간 실시간으로 고객의 요구 사항 즉, 고객이 제기하는 불만 사항이나 문의 사항에 대해 즉각적으로 대응할 수 있어 신속한 마케팅의 틀을 구축할 수 있다.

그렇다고 단점이 없는 것은 아니다. 무차별한 표적 광고의 역효과, 블랙 컨슈머, 개인 정보 보호의 취약 등에도 대비하여야 한다.

제2절

# 모바일 마케팅

ABI 리서치에 의하면 전 세계 모바일 커머스(Mobile Commerce) 시장은 2015년에 1,190억 달러에 이르며 모건 스텐리(Morgan Stanley)는 2013년 모바일 광고 시장 규모가 150억 달러 라고 한다. 이러한 모바일 커머스의 특징은 앞서 언급한 무선 인터넷의 특성을 근간으로 하여 언제 어디서나 커머스 활동을 할 수 있는 즉시성, 나의 위치를 통하여 여러 정보를 교환할 수 있는 GPS와 LBS, VR을 커머스 활동에 활용할 수 있는 위치 정보 활용성, 양방향 커뮤니케이션과 이를 통한 프로모션 등 다양한 마케팅 활동을 전개할 수 있는 소셜 미디어 활용성을 들 수 있다. 특히 최근에는 페이스북이 초기의 단순한 마이크로 블로그에서 벗어나 마케팅은 물론 커머스의 주체가 되어 f-커머스로 평가받고 있다. 모바일 마케팅의 특징을 정리하면 다음과 같다.

① **양방향성** : 시간과 장소에 구애받지 않고 언제 어디서나 개인 성향에 맞는 서비스를 제공한다. GPS와 LBS 기술에 푸시(Push) 기술과 증강 현실 기능을 더하여 표적 고객을 보다 쉽게 유인하는 마케팅 활동이 가능하다.

② **즉시성** : 정보를 보다 쉽게 취득하고 또한 취득한 정보를 쉽게 공유할 수 있다. 예를 들어 전통적인 마케팅에서 입소문 마케팅은 서로 만나서 이야기를 하거나 전화 통화를 연결하여야 하지만 모바일에서 SNS를 활용하여 일대 다수의 입소문 마케팅이 시간과 장소와 대상에 관계없이 이루어진다.

③ **융합성** : 신문, TV, 옥외 광고, 유선 인터넷의 기존 매체들과 병행하여 연계 마케팅을 통한 시너지 효과를 갖는다.

④ **흥미성** : 고객에게 흥미를 유발하게 하여 호기심과 관심을 갖게 하고 이를 통한 참여의 감성 마케팅을 시간과 장소의 제한 없이 할 수 있다.

유선 인터넷이 활성화되고 쇼핑몰 등이 번성하던 시절에는 오프라인에서 제품을 확인하고 집으로 돌아와서 온라인에서 보다 저렴한 가격으로 구매하였다. 그러나 스마트폰이 보편화되면서 이러한 일들이 동시에 행해지고 있다. 오프라인에서 제품을 확인하고 동시에 스마트폰으로 가격비교를 하며 그 자리에서 가장 저가로 온라인 결재를 하여 구매하는 것이다. '크로스오버 쇼핑족(Cross-over shopping)'이라는 신조어도 만들어졌다. 일부 회사에서는 온라인으로 결재하고 매장에서 바로 제품을 받는 유통 시스템을 갖추고도 있다. 이제 온라인과 오프라인을 함께 적절히 최적화하여 마케팅을 하지 않으면 안 되는 시대가 도래한 것이다. 또한 스마트폰에 위치 정보를 확인시키면 과거에 쇼핑한 매장을 노출시켜 주어 재방문을 유도하게 하며 과거에 방문한 음식점을 노출시켜 주어 재방문 하게 하는 즉, 구매 단계에서 회상 단계를 푸시 기술(Push Technology)을 적용하여 마케팅을 하는 것이다. 다른 사례로는 인근의 음식점의 메뉴와 가격을 노출시켜 스마트폰으로 주문을 하고 예약 시간에 가면 줄서서 기다리지 않고도 여유롭게 식사를 즐길 수 있다.

이와 같이 모바일만의 장점을 최대한 활용하여 진행하는 마케팅은 기본적으로 유선 인터넷을 통하여 행하여지는 e-비즈니스의 인터넷 마케팅을 포함하며, 여기에 전화 및 메시지를 포함한 제반 통신 기능을 활용하는 마케팅 방법들이 추가된다. 추가되는 m-마케팅으로는 문자 메시지 마케팅, 모바일 구전 마케팅, 모바일 리서치 마케팅, 모바일 쇼핑몰, 모바일 프로모션(모바일 스크래치 복권, 모바일 스탬프 쿠폰, 모바일 영수증 복권, 모바일 전단, 모바일 DM) 등이 있다. 특히 위치 기반과 증강 현실을 활용하는 모바일 프로모션은 m-마케팅만의 차별화된 마케팅 기법이라 할 수 있다. 기존의 인터넷 마케팅을 모바일로 옮긴 것 이외에도 모바일이 구현할 수 있는 마케팅 기법의 추가로 m-마케팅은 그 종류가 매우 다양하며 지속적으로 새로운 마케팅 기법이 개발되고 있다.

## 2.1 문자 메시지 마케팅

m-마케팅의 시작은 휴대폰에 문자 메시지를 보내는 것으로부터 시작하였다. 초기에는 SMS(단문 메시지 서비스 : Short Message Service)이던 것이 지금은 LMS(장문 메시지 서비스 : Long Message Service), MMS(Multimedia Message Service), URL-SMS(Uniform Resource Locator Short Message Service) 등의 메시지 서비스가 등장하였다. SMS의 기준이 한글 40자(80 byte)로 문자 메시지는 동시에 다수의 고객에게 매우 저렴한 비용으로 마케팅 할 수 있다는 장점이 있다. 다만 고객으로 하여금 불쾌감이 생기지 않도록 주의하여야 한다. URL-SMS는 메시지를 통하여 인터넷에 바로 연결되도록 한 것으로 단문 메시지를 보고 관심과 흥미가 있는 고객은 즉시 인터넷으로 연결하여 상세한 사항을 확인할 수 있다.

## 2.2 모바일 구전 마케팅

페이스북, 트위터, 카카오톡 등의 SNS들은 언제 어디서나 무선 인터넷에 연결되어 문자와 데이터를 실시간으로 주고 받을 수 있다. 요즈음은 제한된 통화료 때문에 SNS를 이용하여 소통을 하며, 이는 다수의 대화 상대를 초대하여 동시에 소통하는 장점이 있다. 이러한 온라인 커뮤니티의 파괴력으로 마케터들은 SNS를 이용한 구전 마케팅을 많이 활용하고 있다. SNS 마케팅으로 얘기되는 모바일 구전 마케팅은 언제 어디서나 구전이 된다는 특징으로 구전 파급 속도가 매우 빠르며, 일대일 구전이 아니라 일대다 구전의 특성을 갖고 있어 마케팅의 효과적 측면에서는 매우 높다. 페이스북에서 '좋아요'를 누르면 본인 친구들에게도 공유된다. 구전은 마케터에게 두 가지 방법을 주는 양날의 칼이다. 소비자 사이에서 일상적인 대화는 제품이나 비즈니스의 흥망을 결정한다. 게다가 소비자의 부정적 구전은 긍정적인 구전보다 매우 강력하다.

## 2.3 모바일 리서치

모바일 리서치는 모바일을 통하여 설문조사를 하고 설문조사에 응하는 보상으로 여러 가지 혜택을 주는 것이다. 모바일 리서치는 종래의 유선 인터넷의 웹 리서치에 비하여 효과가 매우 좋다. 그 이유로는 유선의 웹 리서치의 경우 어떠한 목적으로 컴퓨터를 접속하였는데 설문조사에 시간을 낭비하고 싶지 않지만 무선의 모바일 리서치는 차량 이동 중 등의 여유 시간에 리서치에 응하고 보상을 받을 수 있는 장점으로 회신률이 매우 높다. 실제로 업체에서 웹 리서치를 하여 이메일을 20만 명에게 보냈는데, 오픈률이 5%이며 이중에서 10%인 1,000명만이 설문조사에 응한 반면, 모바일 리서치의 경우는 3시간 만에 1,000명으로 부터 회신을 받았다. 이러한 모바일 리서치를 통한 마케팅은 또한 구전의 효과도 내포하고 있어, 그 효과는 상당히 높다고 할 수 있다.

## 2.4 모바일 쇼핑몰

현대인이라면 인터넷 쇼핑과 인터넷 쇼핑몰을 모르는 사람이 없을 것이다. 그러나 이제는 한 걸음 더 나아가 시간과 공간의 제한이 없는 모바일을 통하여 출퇴근의 이동 중에, 잠자리에 들면서 침대에 누워서 쇼핑을 하는 시대가 되었다.

이러한 성장의 배경에는 모바일 기기의 무선 인터넷 접속 속도가 대폭 향상이 되고 있으며 기기의 화면이 대형화되고 또한 패플릿 PC 및 태블릿 PC의 보급이 확산되는 것도 모바일 쇼핑의 보편화 및 향후 성장에 크게 작용한다고 본다. 실제로 온라인 쇼핑 규모는 2012년에 48조 원에서 2013년에 55조 원으로 성장하였으며 2014년에는 65조 원에 이를 것으로 전망하고 있다. 모바일 쇼핑은 2013년 4조 원 규모로, 2014년에는 7조 6,000억 원 규모로 급성장할 것으로 본다.

## 2.5 모바일 프로모션

모바일 마케팅에서 가장 먼저 선보였고 지금도 가장 많은 비중을 차지하는 부분이 모바일 광고 부문이다. 또한 전통적 마케팅 프로모션 방법들이 모바일에서도 그대로 적용되고 있으며 모바일 쇼핑의 급성장과 함께 모바일 프로모션은 극심한 격전장이 되고 있다. 특히 모바일만의 강점인 LBS와 증강 현실을 이용한 프로모션은 더욱 활발히 적용되고 발전될 것이다. 햄버거의 거장 맥도널드가 커피 시장에 진출하면서 모바일 구전 마케팅을 하였다. 자신의 휴대폰에 지인 5명의 전화번호를 입력하면 무료커피 쿠폰을 받을 수 있게 한 것이다.

제3절

# 소셜 미디어 마케팅

이제는 지하철을 타도 신문을 보는 승객을 별로 볼 수 없다. 그러나 남녀노소, 어른, 학생을 불문하고 대부분이 스마트폰을 열심히 들여다 보고 있다. 간혹 스마트폰 보다는 다소 큰 태블릿 PC를 보는 사람도 볼 수 있다. 그렇지만 스마트폰을 이용하여 즐기고 있는 분야는 모두 제각기다. 게임을 하는 사람, 페이스북을 하는 사람, 카카오톡을 하는 사람, 트위터를 하는 사람, e-북을 보고 있는 사람, 다운받은 영화를 감상하고 있는 사람, 다운 받은 음악을 듣고 있는 사람 등 매우 다양하게 스마트폰을 즐기고 있다. 우리는 이러한 것들을 소셜 미디어(Social Media)라고 한다. 즉, 인터넷 기반의 미디어인 것이다. SNS(Social Network Service)라는 용어를 더 자주 사용하고 있는데 구분을 하자면 소셜 미디어를 통하여 서비스를 제공하는 것이 SNS이다. 한국 위키 백과사전에서는 소셜 미디어에 대하여 다음과 같이 정의하고 있다. 소셜 미디어는 개방, 참여, 공유의 가치로 요약되는 웹 2.0 시대의 도래에 따라 소셜 네트워크의 기반 위에서 개인의 생각이나 의견, 경험, 정보 등을 서로 공유하고 타인과의 관계를 생성 또는 확장시킬 수 있는 개방화된 온라인 플랫폼을 의미한다. 소셜 미디어는 그 자체가 일종의 유기체처럼 성장하기 때문에 소비와 생산의 일반적인 메커니즘이 적용되지 않으며, 양방향성을 활용하여 이용자들이 자발적으로 참여하고 정보를 공유하며 콘텐츠를 만들어 나가는 특성이 있다. 다시 말해 TV, 신문, 잡지, 라디오 등과 같은 전통 매체가 일대다(one-to-many)의 일방적 관계형에 기초한 커뮤니케이션의 속성을 가졌다면, 소셜 미디어는 다양한 형태의 콘텐츠가 다양한 이용자들에 의해 생성되고 공유되는 다대다(many-to-many)의 쌍방향적 관계성을 토대로 하므로 1인 미디어, 1인 커뮤니티의 특징을 지닌다고 볼 수 있다. 소셜 미디어는 방송 매체의 일방적 독백을 사회적 매체의 대화로 변환시키고, 그 이용자들이 콘텐츠 소비자임과 동시에 콘텐츠 생산자가 되는 것을 가능케 함으로써 정보의 민주화와 개방화를 촉진시킨다. 소셜 미디어는 블로그(Blog), 소셜 네트워크 서비스(SNS), 위키(Wiki), 손수 제작물(UCC), 마이크로-블로그(Micro-Blog)의 5가지로 구분하며, 일반적으로 사람과 사람, 또는 사람과 정보를 연결하고 상호작용할 수 있는 서비스를 제공하는 웹 기반의 플랫폼을 소셜 미디어의 범주에 포함시킬 수 있다.

이러한 견지에서 소셜 마케팅도 포괄적으로 인터넷 마케팅의 범주에 속하지만, 인터넷 쇼핑몰, 인터넷 프로모션(Promotion)보다 더욱 진화된 개별 네트워크이며 프로슈머(Prosumer)의 성격이 매우 강하다. 프로슈머란 생산자(Producer)이면서 소비자(Consumer)의 합성어로 소비자가 소비는 물론 생산에도 참여하는 것을 말한다. 즉, 소비자가 제품 개발, 유통 과정, 촉진 활동에까지 직접 참여하는 '생산적 소비자'를 말한다. 특히 개인 블로그를 통하여 상품을 유통시키며, 트위터나 페이스북 등의 마이크로 블로그를 통하여 마이크로 쇼핑몰을 제작하기도 한다. 피에르 버톤(Pierre R. Berthon), 레이랜드 피트(Leyland F. Pitt), 커크 플랭져(Kirk Plangger), 다니엘 샤피로(Daniel Shapiro)는 이들을 '창조적 소비자(Creative Consumer)'로 표현하였다.

소셜 미디어 마케팅의 특징으로 모바일 마케팅과 마찬가지로 공간성, 시간성, 자발성, 비용성, 연결성을 들 수 있다. 우리는 소셜 미디어를 이용하여 직접 자발적으로 콘텐츠를 제작하여 공개할 수 있다. 즉, 기존의 전통적인 마케팅과 달리 각 개인이 주체가 된다. 개인이 자발적으로 또는 기업이 계획적으로 적은 비용으로 동영상 UCC(User Creative Contents)인 유튜브, 블로그, 마이크로 블로그, 블로그, SNS 등을 활용해 여러 가지 형태로 기업의 제품이나 서비스에 관하여 적극적으로 개입한다.

제4절

# 바이럴 마케팅

구전(口傳) 마케팅은 오래전부터 유용하게 활용되어 온 마케팅 기법이다. 사람과 사람과의 이야기를 통하여 구두로 마케팅을 하는 것이다. 입소문 마케팅이라고도 한다. 소셜 미디어 마케팅은 기존의 사람과 사람이 대면하거나 전화 등을 통하여 이루어지는 것이 소셜 미디어를 통하여 이루어지는 것이라면 현대의 인터넷을 통하여 이루어지는 입소문 마케팅을 바이럴 마케팅(Viral marketing)이라 한다.

먼저 구전 마케팅(WoM : Word of Mouth)에 대하여 미국 구전 마케팅계의 거장 조지 실버만(George Silverman)은 다음과 같이 정의하고 있다. 입소문이란 어떤 제품과 서비스에 대해 사람들이 주고받는 커뮤니케이션이다. 이때 사람들은 해당 제품이나 서비스를 제공하는 기업과 관련이 없다고 인식되고, 커뮤니케이션이 오가는 미디어 역시 그 기업과 관련이 없다고 인식돼야 한다. 또한 버즈 에이전트(Buzz Agent)의 데이브 볼터의 정의는, 구전은 지구상에서 가장 강력한 미디어이다. 구전이란 둘 이상의 소비자들이 어떤 제품이나 서비스에 관해 실제로 의견을 주고받는 것을 가리킨다. 구전은 사람들이 자연스럽게 브랜드 전도사가 될 때 비로소 발생한다. 구전은 제품을 살릴 수도 죽일 수도 있기 때문에 마케터, CEO, 창업가들이 꿈꾸는 성배(聖杯, Holy grail)와 같은 것이다. 구전이 성공적으로 퍼지기 위해서는 무엇보다도 정직하고 자연스러워야 한다. 기업들이 기대하는 '긍정적인' 입소문은 직접 또는 간접 경험을 가진 소비자가 자발적으로 나서서 그 제품이나 서비스에 대해 자신의 경험, 의견, 열정을 나눌 때 비로소 널리 퍼진다. 진정한 구전 마케팅은 단순한 상호 간의 대화가 아니라 체험 마케팅 등을 통하여 직접 체험한 고객이 해당 제품과 서비스에 대하여 구전으로 전달하거나 직접 체험은 하지 않았더라도 직접 체험한 사람에게 들은 내용을 제3자에게 전달하는 것을 말한다. 즉,

오프라인에서 진행되는 입소문을 이용한 마케팅을 말한다.

이에 비하여 바이럴 마케팅(Viral Marketing)은 이메일이나 동영상 등의 미디어 매체를 통하여 마케팅 메시지를 소비자들 사이에 급속하게 전파하는 것을 말한다. 어원적으로는 바이러스(Virus)와 입(Oral)의 합성어로 온라인상에서 진행되는 구전 마케팅을 말한다. 사전에서의 정의는 네티즌들이 자발적으로 기업의 이미지나 제품을 홍보하는 마케팅 방법인 바이럴 마케팅은 바이러스처럼 확산된다는 의미에서 유래되었으며, 꼬리에 꼬리를 물고 입에서 입으로 홍보되는 수단이기도 하다. 즉 자발적으로 다른 소비자에게 기업이나 기업의 제품을 직접 커뮤니케이션하도록 유도하는 것으로 주로 인터넷을 이용한 마케팅 방법이다. 예전에는 인터넷 댓글이 주를 이루었지만 요즘에는 사용자 제작 콘텐츠(UCC)나 블로깅 등 보다 적극적이고 다양한 방법으로 확대되고 있는 추세라고 하였다. 바이럴 마케팅은 인터넷 매체인 소셜 미디어를 통하여 진행하는 정보 통신 시대의 입소문 마케팅을 말하며 소셜 미디어 마케팅의 방법론적 도구인 것이다.

이와 유사한 개념으로 버즈 마케팅(Buzz Marketing)이 있다. 이에 대하여 데이브 볼터는 선전 효과(Publicity)나 사람들의 흥미를 유발하려는 목적으로 벌이는 각종 이벤트나 활동을 가리킨다고 하였다. 버즈 마케팅은 이마에 문신을 하거나 최근 뉴욕의 어느 헬스클럽이 했듯이 엉덩이에 문신을 하는 것처럼 대개 괴팍하고 입이 딱 벌어지는 이벤트나 사건의 형태를 띤다. 이와 같이 온라인과 오프라인에 관계없이 행하여지는 특이한 광고나 이벤트를 통한 마케팅을 버즈 마케팅이라고 한다. 버즈(Buzz)란 벌이 날 때 나는 소리를 뜻하며 버즈가 제대로 일어나면, 사람들이 이에 대해 글을 쓰게 되므로 훌륭한 PR 도구가 된다.

제5절

# 4C

## 5.1 고객 가치

전통적 마케팅에서는 고객에게 어떠한 제품을 제공할 것인가가 주요하였으나, e-비즈니스 시대에는 고객에게 어떠한 가치를 제공할 것인가가 주요한 전략의 하나로 대두되었다. e-비즈니스의 도구인 인터넷에서 제공되고 있는 제품은 크게 오프라인에서 제공되는 유형의 제품은 물론 디지털화된 무형의 제품을 포함한다. 여기서 이야기하는 디지털화된 무형의 제품이란 셋톱박스를 장착한 디지털 TV, 인터넷 냉장고, DVD 등의 디지털 가전기기를 말하는 것이 아니고 정보, 지식 등의 디지털 형태로 된 서비스를 포함한 무형적인 제반 제품을 말한다. 이들은 2장에서 거론한 티머스의 11가지 e-비즈니스 모델들로 구분되는 것과 같다. 인터넷 포탈, 인터넷 가상 커뮤니티(카페, 블로그, 미니 홈피 등), 사용자 제작 콘텐츠(UCC ; User Created Contents), 인터넷 영화, 인터넷 음악, 인터넷 오락, 인터넷 홈페이지, 인터넷 서적(e-북) 등이 우리가 상시적으로 접하는 제품이며 e-마케팅에서의 제품은 무엇보다 고객으로부터 관심과 흥미를 유발하는 것이 중요하다. 전통적 마케팅에서의 제품에 대한 개념이 e-마케팅에서는 소비자가 상품 또는 서비스 구매 시의 '가치(Value)'라는 기준으로 표현된다. 이러한 가치는 인터넷상에서 가시적으로 콘텐츠(Contents)로 나타나게 되며 이와 같은 콘텐츠는 정보적(Information) 요소, 미적(Design) 요소, 기술적(Technology) 요소가 함께 고려되어야 한다. 즉, 좋은 정보와 상품에 적합한 사이트의 구축 및 사이트 내에서 방문 고객이 쉽고 편안하게 구매를 할 수 있도록 하여야 하는 것이다.

콘텐츠는 온라인상에서 제품을 소비자에게 제공하는 공간으로 제품은 오프라인의 제품을 포함하여 서비스, 정보, 지식 등을 망라한 소비자에게 제공할 수 있는 것을 모두 포함한다. 제품이라는 표현보다는 제품의 가치라고 표현하기도 한다. 고객이 진정으로 원하는 것, 필요로 하는 것, 포기할 수 있는 것이 무엇인지를 파악하고 이를 같이 개발하는 것이 좋다. 이에 혹자는 고객 솔루션(Customer Solution, Alexia Chianis) 또는 고객 원츠와 니즈(Customer Wants and Needs, Roy McClean, 2012)라고도 한다.

### 5.1.1 고객 가치의 종류

e-비즈니스는 종래의 전통적인 공급자 중심, 생산자 중심에서 소비자 중심, 고객 지향적으로 관점이 전환되었으며 고객의 가치(Customer Value)를 비즈니스의 최우선으로 고려하여 고객의 가치 창출을 통하여 비즈니스의 수익을 창출하는 시대로 바뀌었다. 종래에는 생산자가 생각하여 제품을 연구하고 개발하였으나, 지금은 소비자의 요구 및 필요성 또는 소비의 창출과 사용의 창출을 통하여 제품을 연구하고 개발하여 상품화하는 시대가 된 것이다. 이러한 고객 가치에 대하여 Aldrich.D.F(1999)는 그의 저서 Mastering the Digital Marketplace에서 시간 가치(Time Value), 콘텐츠 가치(Contents Value)로 분류하였다.

시간 가치란 분주한 현대 소비자에게 시간의 효익을 제공하는 것으로 인터넷에서의 위치 기반 서비스, 검색 서비스, 가격 비교 서비스, 정보 제공 서비스, LBS 등이 e-비즈니스 시대의 시간 가치라 할 수 있다. 즉, 소비자가 찾고 싶은 정보를 빠른 시간에 정확하게 그리고 알기 쉽게 제공하여 소비자의 귀중한 시간을 절약하게 하며 이를 상품화 하는 것이다.

콘텐츠 가치에서 콘텐츠에 대하여 브리태니커 사전에서는 '인터넷을 비롯한 정보 통신 네트워크나 케이블 텔레비전, CD-ROM 등에서 제공하는 정보로 원래는 책과 논문 등의 내용이나 목차를 가리키는 것이었으나, 지금은 영화나 음악, 게임 등의 오락으로부터 교육, 비즈니스, 백과사전, 서적에 이르는 디지털 정보를 말한다.'로 정의하고 있다. 광의적으로 우리의 모든 일상생활의 내용물(정보)을 모두 콘텐츠라 할 수 있으며, 최근에 디지털화하면서 디지털 정보 및 내용물을 콘텐츠라 명하기도 한다. 이러한 관점에서 전통적 개념에서의 제품을 유형 콘텐츠로, 정보 및 지식을 포함한 제반 서비스를 무형 콘텐츠로 분류할 수 있다. e-비즈니스 모델의 핵심 요소 3C가 콘텐츠(Contents), 커뮤니티(Community), 커머스(Commerce)인 것에서도 알 수 있듯이, 콘텐츠 가치라 하면 전통적 제품의 가치와 견주어 고객이 원하는 가치 있는 정보의 총합을 말하는 것으로 서비스의 가치, 정보의 가치 등으로 생각하면 될 것이다.

경험 가치에 대하여 미국의 저명한 경영 컨설턴트인 파인(B.Joseph PineII)과 길모어(James H. Gilmore)는 경험 가치와 관련된 대표적 저서인 「경험 경제(Experience Economy)」에서 모든 제품과 서비스가 경험 경제화의 조류와 무관계하게 남을 수 없다고 주장하고 있다. 경험 가치란 고객이 종래에는 제품의 기술적, 품질적 요소에 가치를 부여하였으나, 현대는 제품 및 서비스의 감정적이고 감성적인 필요(Needs)를 요구하고 있다. 공급자의 입장에서는 고객의 필요 충족을 위하여 제품 및 서비스 이외에 경험이라는 또 다른 가치를 창출하여 제공하게 된 것이다. 각종 엔터테인먼트 및 어뮤즈먼트(Amusement) 시설이 있으며 마케팅 전략으로는 차량 시승회, 신제품의 본격 출시 전에 진행하는 체험단 마케팅이 전략적으로 전개되고 있다. 각종 전시회 및 공연에서도 단순히 관람에 그치지 않고 고객이 직접 체험하는 다양한 프로그램이 진행된다. 또한 최근에는 정보 통신 기술의 발달로 의류 구매 시 증강 현실 기술을 통하여 가상적으로 마음에 드는 의류를 입어보는 체험을 한다. 파인 등은 경험의 창조와 제공을 위해서는 3S의 추구 즉, 고객의 만족(Satisfaction)을 향상시키고, 고객의 희생(Sacrifice)을 감소시키며, 고객이 기대하는 이상의 놀람(Surprise)을 제공해야 한다고 주장한다.

### 5.1.2 디지털 제품의 특성

하드웨어적인 제품을 구분하면 아날로그 제품과 디지털 제품이 있다. 개인용 컴퓨터가 범용화 되고 많은 가전기기에 IT 기술이 융합되면서 제품의 디지털화는 급속하게 진전되고 있다. 이해를 쉽게 하기 위하여 VCR용 테이프(Tape)가 아날로그 제품이고, CD 또는 USB가 디지털 제품인 것이다. 네이버, 다음, 구글과 같은 포털 사이트도 디지털 제품의 일종이며 페이스북, 트위터, 카카오톡 또한 디지털 제품이다. 인터넷 쇼핑몰, 파워블로그 등도 그렇다. 필름을 사용하였던 기존의 카메라가 아날로그 제품이며 디지털 카메라는 디지털 제품인 것이다. 이러한 디지털화된 제품의 특징은 비소멸성(Indestructibility), 수정 용이성(Trans mutability), 재생산성(Reproducibility)이 있다. 비소멸성이란 제품이 반영구적으로 컴퓨터 등의 디지털기기에 저장되어 있기 때문에 사용자가 인위적으로 제거(삭제)하지 않는 한 소멸되지 않는다. 수정 용이성 또한 아날로그 제품에 비하여 지우고 다시 수정하고 편집하는 것이 용이하며, 수시로 최신의 새로운 것으로 업데이트할 수가 있다. 또한 복사, 제3자에게의 전달 등의 재생산도 매우 용이하다는 특성을 갖고 있다. e-마케팅은 이러한 디지털 제품의 특성을 충분히 활용하여 접근할 수 있다.

기업은 제품을 판매하여 매출을 올려야 한다. 또한 이러한 활동이 지속성과 연속성을 가져야 한다. e-비즈니스 또한 마찬가지다. 전자 상거래와 같이 인터넷상에서 제품을 판매하여 매출과 수익을 올리기 위해서는 방문자 수를 늘리고 방문한 고객의 구매율을 높이며 객단가(Customer transaction)를 증가시켜야 할 것이다. 이를 위해서는 먼저 콘텐츠가 고객에게 가치 있게 다가가야 하는 것이다. 구매율을 올리기 위해서는 먼저 랜딩 페이지가 좋아야 한다. 랜딩 페이지(Landing page)란 고객이 인터넷에서 검색어를 입력하여 검색된 검색어 리스트 중 하나를 선택하여 클릭할 때 펼쳐지는 최초의 페이지를 말한다. 또는 광고를 클릭하여 펼쳐지는 최초의 페이지를 말한다. 랜딩 페이지는 홈페이지의 메인 페이지가 될 수도 있으며 홈페이지 중에서 검색어 또는 광고와 직접 연관이 있는 페이지가 될 수도 있다. 오프라인에서는 고객이 매장을 지나가다가 관심이 생기면 매장 안으로 들어오게 된다. 실제로 고객이 매장 안으로 들어오기까지는 많은 결심이 요구된다. 일단 매장에 발을 들이면 매장 주인을 비롯하여 판매원이 고객에 대하여 적극적이고 최선을 다하는 판촉 활동을 전개하여 판매의 목표를 이루려 한다. 이와 달리 인터넷에서는 고객이 랜딩 페이지에 들어왔다 하더라도 공급자로서는 홈페이지인 매장에 방문을 유도하기는 쉬운 반면, 방문자가 구매하는 행위까지 이르게 하는 것은 극히 어려운 일이다. 실제로 온라인에서의 구매율은 평균 5% 내외에 그친다. 백 명이 방문하여 5명 정도가 실질 구매로 연결된다는 것이다. 이의 첫 번째 관문이 랜딩 페이지이며 광고와 부합하는 랜딩 페이지를 구축하는 것이 구매율 하락을 방지하는 일차적 관문인 것이다.

오프라인에서 고객이 매장에 많이 방문하여야 하듯이 온라인에서도 광고주의 랜딩 페이지가 많이 로딩되어야 한다. 클릭 수와 방문 수는 다르다. 클릭 수는 광고를 클릭한 시점에서 광고 서버에 의해 책정된 값이고, 방문 수는 랜딩 페이지가 로딩된 수로써 방문 수보다 클릭 수가 훨씬 많다. 구매율은 전환율로 표현되고 있다. 즉, 대금 결재로 전환된 비율을 말한다. 방문 수 중에서 얼마나 구매했는지 즉, 결재가 이루어졌는지를 나타내는 것이 전환율로, 전환 수를 방문자 수로 나눈 값이다. 여기서 알 수 있겠지만 오프라인에서 매장에 들어온 고객이 구매 단계까지 이르는 경로와 온라인에서 방문자가 구매하여 결재 단계까지 이르는 경로를 거치게 된다. 온라인에서는 이 부분에서만은 고객의 일방적인 독자적인 의지에 의하여 이루어지므로 판매자는 이 경로 단계에서 고객에게 조금이라도 불편과 의심을 갖게 하여서는 안 된다. 그리고 최대한 진행하고 있는 경로에 몰입할 수 있도록 제작되어야 한다. 그래서 콘텐츠의 구성과 레이아웃, 정보제공과 설명 그리고 안심결재 및 보안 등이 매우 중요한 요소들이 된다. 물론 실질적 내용물인 제품의 속성과 품질이 우선적 중요 요인이지만 고객이 구입하려는 제품은 다른 경쟁제품, 다른 경쟁 공급처도 있기 때문이다.

온라인에서 매출 및 이익을 높이는 전략으로는 객단가를 상승시키는 방법이 있다. 객단가란 고객이 1회 방문하여 구매한 총 금액을 말한다. 남성전용 정장을 판매하는 오프라인 매장에서 고객이 정장 한 벌을 구매하기 위하여 많은 고심을 하고 비교하여 본다. 그리고 최종적으로 정장의 구매를 결정하면 새로 구매한 정장에 알맞은 와이셔츠,

넥타이는 수월하게 큰 고심 없이 구매하는 경우가 있다. 온라인에서도 이와 같은 옵션 상품 판매를 통하여 객단가를 높인다. 당초 고객은 원피스를 구매하기 위하여 쇼핑몰을 방문하였지만 구매결정을 하고 보니 원피스에 잘 코디가 될 것 같은 마음에 쏙 드는 구두가 있고, 핸드백이 있는 것이다. 이렇게 방문한 고객에서 한 번 판매 시 총판매가를 높이는 전략이다. 꽃바구니 구매를 위하여 방문한 고객에게 케이크, 와인 등을 같이 제안하는 사례도 있다. 이를 온라인에서는 관련 상품 또는 코디 상품이라 한다. 객단가를 높이는 전략은 일정 금액 이상이 되면 무료배송 서비스를 제공한다든지, 오프라인과 같은 세트 상품 제공 등 매우 다양하다. 객단가를 높이는 가장 핵심적인 방법은 주력 상품과 함께 고객이 손쉽게 구매를 결정할 수 있는 저가의 상품과 고급화시킨 고가의 상품을 모두 구비해 놓는 것이다.

## 5.2 비용

소비자 지향적 개념으로 접근하면 공급자의 가격이 아닌 소비자, 즉 고객이 지불하는 비용의 관점에서 접근하는 것이다. 전통적 4P에서 가격이 수익을 결정하는 유일한 요소인 것처럼 비용적 개념 또한 e-비즈니스에서 수익을 결정하는 유일한 요소이다. 통념적으로 e-비즈니스에서의 온라인 거래는 오프라인 거래보다 저렴한 비용이 들 것이라는 선입관을 가지고 있다. 중간상이라는 유통의 단계를 거치지 않기 때문에 건물 등의 비용과 많은 종업원을 필요로 하지 않기 때문에 상대적으로 적은 비용이 소요되며, 실시간에 많은 가격을 다양하게 비교할 수 있어 오프라인보다는 상대적으로 적은 가격으로 구매할 수 있다고 생각하고 있다. 실제로 온라인에서의 가격경쟁은 오프라인의 그것보다 격심하게 진행되고 있다. 이는 무엇보다 온라인에서의 가격비교를 포함한 가격 투명성에 의한 것이라 할 수 있다. 하지만 궁극적으로 매출을 올리고 이익을 극대화하기 위한 개념은 같다. 오프라인에서의 가격 전략과 마찬가지로 온라인에서도 다양한 전략을 추진하고 있다.

인터넷 마케팅에서의 가격 전략이 전통적 마케팅의 가격 전략과 크게 다르지 않다. 다만, 진입장벽이 낮은 특성으로 인하여 크게 저가화 및 무료화의 초기 저가격 전략과 고가화 및 유료화의 초기 고가격 전략(또는 스키밍 가격 전략), 그리고 가격 주도 전략을 들 수 있다.

### 5.2.1 초기 저가격 전략

초기 저가격 전략(Low Price Strategy)에는 동일한 제품을 오프라인에 비하여 저가로 판매하는 저가화 전략, 무료로 제공하는 무료화 전략, 고객이 원하는 가격을 제안 받아 정하는 역가화 전략, 무료와 동시에 부가 서비스를 제공하는 무가화 전략이 있다.

저가화 전략은 인터넷에서 제품을 구매하는 고객은 온라인상에는 중간상의 유통경로가 최소화되어 관련비용이 절감되고 오프라인에 비하여 상대적으로 가격이 저렴할 것으로 생각하고 있어, 실제로 구매의향이 있는 고객이 오프라인에서 제품을 확인하고, 구매는 온라인에서 하는 추세이다. 다만 구매자로서는 실제품 가격 이외에도 배송료 등을 같이 확인하여야 할 것이다. 공급자로서는 이로 인하여 유통 경로상의 갈등 즉, 동일한 제품에 대한 온라인 오프라인의 가격 차이로 인한 갈등이 유발되며 이를 해결하여야 한다.

무료화 전략은 고객이 무료로 콘텐츠를 이용하는 대신 콘텐츠 제공자는 광고주 등 제3자로부터 비용을 받아 수익을 올리는 전략이다. 포털사이트, 무료 이메일 제공, 무료 앱, 무료 동영상 서비스 등이 여기에 해당된다.

역가화 전략은 역경매 또는 제품의 구성품을 고객이 선택하여 가격을 결정하도록 하는 전략이다.

무가화 전략이란 무료화 전략에서 진전된 것으로 무료화는 물론 부가 서비스로 포인트 적립 등의 부가 혜택을 주는 전략이다. 광고를 일정 시간 이상 보거나 설문조사에 응답하면 기념품을 주는 것과 같은 것이다. 온라인의 전자 상거래의 특성상 진입 장벽은 낮으나 치열한 경쟁에서 차별성을 갖고 고객을 확보하기 위하여 갈수록 침투 가격 전략은 더욱 치열해질 것이다.

### 5.2.2 초기 고가격 전략

초기 고가격 전략, 즉 스키밍 가격 전략(Skimming Price Strategy)은 초기에 의도적으로 고가의 전략을 펼치는 것이다. 일종의 역발상에서 출발한다고 생각하면 된다. 온라인상의 상거래이니까 가격이 저렴하거나 무료일 것이라는 발상의 전환으로 유료이므로 질 좋은 제품, 질 좋은 정보, 최신의 정보, 무료와는 다른 구체적이고 차별화된 정보일 것이라는 생각을 갖도록 하는 유료화 전략을 비롯하여 고가화 전략, 고급화 전략이 있다.

유료화 전략은 콘텐츠 이용에 따른 요금을 부과하는 것으로 회원 가입제의 유료화를 통하여 좀 더 상세한 회원 정보의 입수가 가능하며, 대신 광고를 배제하고 양질의 정보를 제공하거나 무료화에 비하여 서비스 제공 한도를 크게 상향하는 전략이다. 무료 애플리케이션에서는 콘텐츠의 일부만을 제한적으로 제공, 사용하는 반면에, 유료 애플리케이션의 경우는 콘텐츠 전체를 제공한다. 공급자로서는 무료 콘텐츠와의 차별화를 위하여 상응하는 양질의 콘텐츠와 서비스를 제공하지 않으면 안 된다.

고가화 전략은 유료화보다 더욱 진전된 것으로 전문 분야의 콘텐츠에서 이용되고 있다. 단순 유료화를 하는 콘텐츠는 대체적으로 고객의 부담이 적은 저가의 비용으로 이용할 수 있으나 고가의 서비스, 일례로 법률 서비스와 고가의 교육 서비스, 오프라인에서는 판매하지 않는 온라인 전용 고가 화장품 등이 해당된다.

고급화 전략은 온라인 제품은 저가 제품이라는 인식을 깨고 오프라인 제품보다 고급화하여 차별화하는 전략이다. 디지털 문화를 즐기며 돈 많은 전문직종의 40대 중년층을 대상으로 제공하는 콘텐츠와 제품이 대상이다. 고급화된 비디오, 게임, 고급차 등이 있다.

### 5.2.3 가격 주도 전략

가격 주도 전략(Price Leading Strategy)이란 동일 또는 유사 제품군에서 가격을 주도하는 전략이다. 주로 저가격 정책을 지속적으로 유지하여 경쟁 제품을 주도하는 전략을 말한다. 이러한 전략은 지속적인 원가 절감을 통하여 수익성에 악영향을 최소화하여야 한다. 통상 박리다매 전략이므로 꾸준한 관리가 요구된다. 또한 가격이 낮으면 품질에 문제가 있을 것이라는 소비자 인식을 없애는 노력도 겸행하여야 한다.

**표 12-1** 가격 전략

| 구분 | 종류 |
|---|---|
| 초기 저가격 전략 | 저가화, 무료화, 역가화, 무가화 |
| 초기 고가격 전략 | 유료화, 고가화, 고급화 |
| 가격 주도 전략 | 저가격 주도 |

## 5.3 편의성

전통적 마케팅 믹스의 4P 중 하나인 유통(Place)의 대체 개념으로 편의성(Convenience)을 말한다. 하지만 여기에는 전통의 유통 경로에 해당하는 중간상에 대체하는 물류적 유통 및 인터넷상에서 존재하는 유통과 랜딩 페이지 혹은 홈페이지에서 실질적 구매의 단계에 이르는 결재 페이지(전환 페이지)까지의 경로를 모두 말한다. 다만 오프라인과는 달리 온라인의 특성상 극도의 편리성을 고객에게 제공하지 않으면 랜딩 페이지를 방문한 고객을 전환 페이지까지 유도하기가 수월치 않다. 이는 편리성뿐만 아니라 감성적 콘텐츠 구축도 요구되는 사항이다.

### 5.3.1 인터넷 마케팅 유통 특성

인터넷의 가장 큰 특성은 시간과 장소를 초월하는 것이다. 이는 인터넷 마케팅 믹스에서도 커다란 장점이고 특성으로 작용한다. 이러한 인터넷 마케팅의 유통관련 특성에는 다음과 같은 것이 있다.

#### 1) 비시간 제한성

인터넷의 가장 큰 특징은 24시간 거래가 이루어지는 시간적 효용(Time Utility)을 들 수 있다. 오프라인의 매장에는 개점시간과 폐점시간이 있지만 온라인 매장(콘텐츠)은 24시간 개점 상태이다. 뿐만 아니라 수시로 주문 상황을 확인하고 배송 상황도 확인이 가능할 뿐만 아니라 필요시에는 언제든지 이메일로 상담할 수 있는 편리성을 제공한다.

#### 2) 비장소 제한성

오프라인과 같은 물리적 매장이 필요로 하는 것이 아니므로 전 세계 어디나 방문할 수 있다는 장소적 효용(Place Utility)이 또 하나의 특징이다. 인터넷을 통하여 한국에서, 미국에서 진행하는 대대적인 할인행사에 참가하여 제품을 직접 구매할 수 있다. 통상 '직구(해외 직접 구매)'라고 하며 인터넷 전자 상거래만의 특징을 갖고 있다.

#### 3) 무재고성

오프라인 매장에 방문할 시에는 매장에서 재고로 보유하고 있는 제품에 한하여 거래가 가능하다. 만약 구매자의 요구에 부합하는 제품이 없을 시에는 재방문 또는 우편 배달 등의 방법을 취하여야 한다. 그러나 인터넷 전자 상거래에서는 재고의 개념이 없으므로 고객이 주문하는 형태로 제품을 완성시킬 수가 있는 형태적 효용(Form Utility)이라는 장점이 있다. 완벽한 대응은 아니지만 오프라인에 비하여 상대적으로 고객의 요구에 부합할 수 있다.

#### 4) 비경로성

오프라인에서는 고객이 생산자와 직접 거래하기가 쉽지 않다. 이 또한 시간적 장소적 문제와 거리상의 문제가 존재하기 때문이다. 그러나 온라인에서는 이러한 한계가 없으므로 인터넷을 통하여 생산자와 직접 거래가 가능하다. 유통 경로를 제고할 수 있는 경로적 효용(Channel Utility)인 것이다. 이는 공급자는 중간 마진을 제거하여 고객에게 저렴한 가격이라는 인식을 줄 수 있으며 공급자로서는 중간상 공급가격에 배송비 등이 추가되어 전체 매출의 상승에 기여할 수 있다.

온라인의 유통 경로에 대하여는 크게 3가지로 분류할 수 있다. 첫째는 기존 오프라인 유통 경로를 보완한 온라인 콘텐츠와, 둘째는 오프라인과는 별개의 차별화된 독립적 온라인 콘텐츠, 마지막으로 통합형 온라인 콘텐츠이다.

### 5.3.2 인터넷 마케팅 유통 경로

#### 1) 보완적 콘텐츠

기존의 오프라인 거래를 보완하기 위하여 온라인 콘텐츠를 운영하는 것으로 온라인을 통한 직접 판매의 목적이 아니라 서비스 및 마케팅을 부여하는 것이 목적이다.

#### 2) 독립적 콘텐츠

오프라인과는 완전히 별개로 운영되는 독립적 콘텐츠이다. 주로 오프라인 상품과 온라인 상품을 별도로 운영을 하는 경우로 상품 차별화, 유통 차별화 및 가격 차별화 콘텐츠를 말한다.

### 3) 단독적 콘텐츠

오프라인을 온라인으로 완전 통합하는 경로이다. 즉, 오프라인 매장 없이 온라인으로만 비즈니스를 하는 경우, 오프라인과 이해관계가 없는 특정 상품만을 온라인에서 취급하는 경우 및 오프라인 거래를 온라인으로 통합시키는 경우들이다.

## 5.4 커뮤니케이션

전통적 마케팅에서 촉진(Promotion)은 광고, PR, 판매촉진 등을 활용하였으며 매체의 이용은 주로 신문, TV, 라디오, 옥외 광고, 전단지 등을 활용하였다. 이러한 촉진은 주로 광고주 또는 사업주체로부터 소비자에게 일방적으로 전달하였지만 유선 인터넷, 특히 무선 인터넷이 생활화되면서 촉진 매체의 비중은 급속히 양방향 커뮤니케이션(Communication)이 가능한 인터넷 마케팅 촉진 도구로 옮겨지게 되었다. 물론 유무선 인터넷으로 인하여 전통적 매체에 의한 촉진 활동이 사라지는 것은 아니며 병행하여 진행되고 있는 것이다. 이메일 광고, 키워드 광고, 배너 광고, 틈새 광고, 미니 영화 등을 비롯하여 페이스북 및 트위터, 카카오톡 등에서의 SNS 광고를 비롯하여 모바일 쿠폰 등의 판매촉진이 마케팅의 새로운 시대를 열게 되었다.

커뮤니티(Community)는 동호회 활동이나 게시판, 대화방 등 상호 유기적인 고객들의 연계를 통하여 고객의 집단적인 신뢰도를 증가시키는 마케팅 요소다. e-비즈니스에서의 커뮤니티는 오프라인의 동창회 카페와 같은 물리적 단계의 커뮤니티, 하나의 목적으로 개설한 사진 동호회 또는 산악 동호회와 같은 사이버 단계의 커뮤니티, 비즈니스를 수익성이 있는 상업적 단계의 커뮤니티가 있다. 비즈니스 커뮤니티의 성공을 위해서는 첫째, 독특한 관심사가 필요하다. 둘째, 콘텐츠와 커뮤니티의 통합 능력이 필요하며 셋째, 회원에 의한 콘텐츠의 자가 생산성을 높여야 하며 넷째, 경쟁자와 공급자의 긴밀한 참여가 필요하다. 또한 비즈니스의 상업적 기반에 근간을 두어야 한다. 이러한 커뮤니티는 공동 참여자들로부터 입소문 마케팅(Viral Marketing)이 자연적으로 진행되어 간접적인 마케팅 효과를 가져 온다.

### 5.4.1 커뮤니케이션 진행 과정

인터넷상에서의 마케팅 커뮤니케이션 모델 진행에 대하여 버튼, 피트, 왓슨(P. Berthon, Leyland Pitt, Richard T.Watson, 1996)은 5단계의 과정을 제안하였다. 5단계는 인지 단계(Aware Sufers), 접속 단계(Web Site Hits), 방문 단계(Active Visitors), 구매 단계(Purchase), 그리고 재구매 단계(Repurchase)로 진행되며 각각의 단계마다 효율을 측정하는 모델을 제안하였다.

#### 1) 인지 단계

인터넷 잠재 검색자에게 인터넷 사이트의 존재감을 알리는 단계이다. 온라인은 물론 오프라인의 방법(광고, 팸플릿, 검색어 등)을 동원하여 잠재적 관심을 유발시키는 단계로서 인지 효율(Awareness Efficiency)을 측정할 수 있다.

**인지 효율= 인지한 잠재 검색자/총잠재 검색자**

#### 2) 접속 단계

인지한 잠재 검색자들이 해당 인터넷 사이트에 접속하는 단계를 말한다. 즉 잠재 검색자가 활동적인 검색자로 변하는 단계이다. 활동적인 검색자는 목적을 갖고 특정 사이트를 검색하는 적극적 검색자(Active Seeker)와 특정인 사이트를 검색하는 것이 아닌 광범위한 목적을 갖고 유사 사이트 모두를 검색하는 수동적 검색자(Passive Seeker)로 나눌 수 있다. 수동적 검색자를 능동적 검색자로 전환하게 하는 전략이 필요하며 유인 효율(Locatability/Attractability Efficiency)을 측정한다.

유인 효율 = 방문자 수/ 클릭 수

### 3) 방문 단계

해당 인터넷 사이트를 검색한 검색자가 방문자로 전환하는 단계이다. 즉, 단순히 검색하는 것이 아니라 방문하여 오래도록 머물게 하는 것이다. 이를 위해서는 해당되는 페이지에 방문자가 흥미를 가질 수 있는 여러 가지 사항들이 구비되어야 한다. 음향 및 동영상 등을 활용한 정보 제공 등도 좋은 방법이 될 것이다. 앞에서 거론한 효과적인 랜딩 페이지가 마련되어야 하는 것이다. 이 단계는 접촉 효율(Contact Efficiency)로 측정된다.

접촉 효율 = 방문자 수/검색자 수

### 4) 구매 단계

해당 인터넷 사이트를 방문하여 고객이 필요한 것을 구매하는 단계이다. 앞서 거론한 전환 단계인 것이다. 고객이 구매하고자 하는 제품(서비스)을 선택하고 결재하는 단계로써 실질적으로 결재 단계에 이르기까지 전환 페이지를 유효적절하게 구비하여야 한다. 이는 전환률로 측정된다.

전환률 = 구매 수/방문자 수

### 5) 재구매 단계

마지막 단계로 구매자가 재구매를 지속적으로 유지하게 하는 단계이다. 한 번 구매한 고객의 충성도를 높여 충성 고객으로 전환시켜야 한다. 이는 신규 고객의 유입보다 적은 비용으로 매출을 올리는 방법이기도 하다. 이 단계는 유지율로 측정된다.

유지율 = 재구매 수/구매 수

아울러 전 과정의 종합 효율(Overall Web Site Efficiency)은 다음과 측정된다.

**종합 효율 = 잠재 검색자 수/ 재구매 수**

전통적 촉진은 크게 광고, 판매촉진, 인적 판매 및 PR로 나누는 것에 비하여 인터넷에서는 인터넷 촉진 광고, 판매촉진, 다이렉트 판매, PR로 나눌 수 있다.

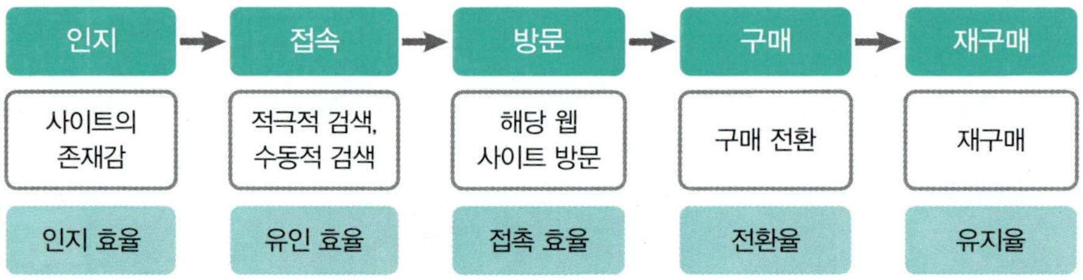


**그림 12-1** 마케팅 커뮤니케이션 진행 단계

## 5.4.2 인터넷 광고

인터넷이라는 매체의 특성은 시간과 공간에 제한이 없다는 것이다. 인터넷은 하루 24시간, 1년 365일, 장소와 시간에 상관없이 동일한 광고를 낼 수 있다. 그리고 인터넷에 접속하는 대부분의 이유는 특정 주제에 관심이 있기 때문으로 세분화된 주제를 다루는 사이트에는 그 주제에 관심 있는 사람들만 접속하기 때문에 특정 계층에게 효율적으로 광고를 낼 수 있다. 인터넷의 상호작용적인 특성은 고객과 광고주를 일대일로 커뮤니케이션이 가능하게 하는데 있으며 인터넷만이 지니는 화려한 그래픽과 동영상, 음성을 광고 수단으로 이용할 수 있는 이점이 있다. 또한 광고 제작과 배포에 드는 비용이 매우 저렴하기 때문에 전 세계의 고객들에게 가장 효율적으로 광고를 할 수 있는 등 광고 범위에 제한이 없는 장점이 있고, 실시간 광고의 효과와 고객 반응을 체크하여 바로 생산과 수정을 할 수 있는 등의 신속성의 이점이 있다.

그러나 이러한 이점에도 불구하고 인터넷 광고에는 아직 단점이나 약점이 많다. 우선 통일된 표준이나 규범이 없다는 점을 들 수 있다. 광고의 효과 측정이나 용어, 가격에 있어서 명확한 기준이 없고, 인터넷이 제공하는 기능성에 비해 그 광고 효과를 측정할 수 있는 기술과 노하우가 성숙되어 있지도 않다. 또한 주제와 성격에 따라 웹 사이트의 분포가 측정할 수 없을 정도로 매우 다양하고 광범위하기 때문에 어떤 사이트가 적절한지 사이트끼리의 비교가 어렵다. 그리고 기존 대중 매체에 비해 사용자 수가 적기도 하다. 그러나 지금까지 언급한 이런 단점들은 단지 시간상의 문제일 뿐 시간이 지나서 인터넷과 그 형식이 정착하기만 한다면 발생하지 않을 문제이고 해결될 수 있다. 그런데 본질적인 인터넷의 특성에 대한 단점은 우선 언어의 문제를 들 수 있다. 전 세계적으로 활짝 열린 공간이긴 하지만 언어가 다 다른 표적에 대한 광고는 효과를 기대하기 어렵다. 그리고 인터넷 웹 사이트가 너무 많다는 것도 광고적인 측면에서만 볼 때는 단점이라고 할 수 있다. 그리고 인터넷 광고에 이어서 상거래가 이루어질 때에 신용카드 입력 등 개인정보를 넣어 보안 문제가 생기는 것은 보완되어야 할 문제이다. 해킹이나 카드번호 유출 문제 등은 얼마든지 가능하고, 요즘은 카드번호만 넣으면 물건을 살 수 있기 때문에 카드번호 도용 등의 범죄가 실제적으로 발생하고 있다. 그리고 개인이 어느 사이트를 갔는지 목록을 뽑는 것이 가능하고 그 목록이 매매될 수도 있는 등 사생활 침해의 가능성도 있고, 모든 것이 케이블에 의존하고 있어 그 케이블이 잘못되면 하루아침에 큰 문제가 발생할 수도 있는 위험이 있다. 기술의 발전이 급속하여 그 기술을 따라가는 것이 힘들고 인터넷 광고는 사실상 웬만한 전문가가 아니면 접근이 불가능하다는 특성도 가지고 있다.

기존의 매체가 불특정 다수에게 일방적으로 메시지를 보내는 단방향의 성격을 가진 반면 인터넷은 양방향의 상호적인(interactive) 특징을 지닌 매체라 할 수 있다. 양방향성은 인터넷이 광고 매체로써 인정받고 널리 활용되는 데 있어서 중요한 역할을 하였다.

광고 용어에 있어서도 그로스 임프레션(Gross- Impression)이 기존 매체에서는 모든 매체에 의해 광고가 사람들에게 보여 지는 총노출을 말한다. 이는 매체에 노출된 사람이나 가정의 수를 말한다. 여기에는 동일 광고를 보게 되는 중복된 경우까지 포함하여 파악된 수치이다. 이에 반해 인터넷 광고에서의 그 의미는 웹의 경우 배너가 사용자에게 디스플레이 되는 횟수를 말하며, 이 횟수는 사용자가 동일 배너를 보게 되는 중복을 포함한 수치라고 할 수 있다. 리치(Reach)도 기존 매체에서는 특정 기간에 적어도 한 번 이상 광고 매체에 의해 노출된 사람이나 가정의 숫자를 말한다. 웹에서는 배너에 노출된 중복되지 않은 사용자 숫자를 말한다. 빈도(Frequency)는 기존 매체에서 주어진 기간에 한 개인이 어느 한 광고에 반복적으로 노출되는 횟수를 말하는 반면, 인터넷 광고에서는 특정 사용자가 동일한 배너를 반복적으로 보게 되는 횟수를 말한다. 1,000명당 광고비인 CPM(Cost Per Mille)은 기존 매체에서 천 번의 임프레션을 수행하는 데 드는 비용을 말한다. 인터넷에서는 천 번의 임프레션을 한 단위로 배너 광고 요금을 나눈다.

전통적 광고 기법 및 매체가 매우 다양하듯이 인터넷 광고는 개방성이 탁월하여 기법과 매체가 더욱 다양하며 새로운 기법이 등장하고 있다. 인터넷 광고는 뉴미디어를 기반으로 이루어지는 광고로 인터넷에서 특정 광고주에 의해 유료의 형식으로 자사의 상품, 서비스 등에 대한 의도적인 목적 수행을 위해 집행되는 커뮤니케이션 활동이라고 정의하였다. 또한 좁은 의미로는 특정 사이트에 자신의 광고용 배너를 게재하여 자신의 사이트로 하이퍼 링크시키거나 검색엔진이나 다른 사이트에 자신의 사이트를 하이퍼 링크시키고 그 대가를 지불하는 것이다. 넓은 의미로는 기업이 인터넷을 이용하여 행하는 고객과의 일련의 커뮤니케이션 활동을 포괄하며 특히 홍보 목적으로 인터넷 사이트를 구축하여 각종 기업 정보 소개, 고객 관리, 제품 소개를 하고, 각종 이벤트 프로모션, 상거래 등의 인터넷 마케팅 커뮤니케이션 활동을 전개하는 것이라 정의한다.

### 1) 인터넷 광고의 유형

인터넷 광고의 유형은 매우 다양해지고 있으며 특히 스마트폰 등의 휴대용 단말기 보급이 확산되면서 무선 인터넷을 통한 광고도 급속히 증가하고 있다. 주피터 커뮤니케이션(Jupiter Communication)에서는 인터넷 광고를 매체 구매형(Media Buys), 광고 내용형(Ad Contents), 선택형(Ad Platform)으로 나누었다. 매체 구매형은 배너 광고, 협찬 광고, 틈새 광고 등과 같이 인터넷 광고를 유료로 구매하여 광고를 고지하고 이를 하이퍼 링크시키는 방법이며, 광고 내용형은 광고 웹 사이트, 삽입 광고 콘텐츠 등과 같이 웹사이트를 통하여 광고 콘텐츠를 전달하는 것이다. 선택형은 채팅, 푸쉬(Push) 광고, 이메일, 인터넷 접속 등과 같이 기업이 운영하는 사이트에서 정보를 제공하는 방법이다.

### ■ 배너 광고

배너 광고(Banner Ad)는 웹 사이트상의 상단 또는 하단 등의 일부에 광고를 노출시키는 형태로써 Static Banner, Animated Banner, Interactived & smart Banner, Sky-scraper, Rectangle, Expandable Banner, Button Banner, Big Banner, Push Banner 등이 있다.

### ■ Rich Media Ad.

광고의 효과 향상과 인지도 향상을 위하여 다양한 컴퓨터 기술을 활용하는 것으로 오디오 비디오 애니메이션 등의 기법을 적용하는 형태로 Interstitial, Floating, Roll-paper, Streaming, Well-paper 등이 있다.

### ■ 홈페이지 광고

자체 홈페이지에 별도의 특정 광고를 하는 것으로 Pop-up, Pop-down, Shaped pop-up, Superstitial 등과 같이 주로 자체 광고와 스폰서 광고와 같은 타사 광고가 있다.

### ■ 키워드 광고

키워드 광고(Key word Ad)는 검색엔진에서 특정 키워드로 검색하였을 때 검색결과로 광고주의 사이트가 표출되는 광고 형태이다. 이를 위해서는 먼저 검색엔진 등록을 하여야 하며 검색 결과로 나오는 첫 번째 페이지를 랜딩 페이지라고 한다. 키워드는 통상 검색자가 특정의 목적을 갖고 검색을 하므로 가장 표적화된 광고이며 상품 구매 가능성이 매우 높은 광고이기도 하다.

키워드 광고의 종류는 과금 부과 방식에 따라 CPC(Cost Per Click) 광고와 CPM (Cost Per Mille) 광고로 분류된다. CPC 광고는 사용자가 키워드 광고를 클릭한 만큼 광고비를 지불하는 방식으로 노출된 수와는 관계없이 한 번 클릭할 때마다 정해진 금액을 차감하는 방식이다. 구글 애드 워즈, 네이버 파워 링크, 다음 클릭스 등이 대표적이다. CPM 광고는 클릭 수가 아니라 노출 수를 기준으로 광고비를 지불하는 방식으로 1,000번 노출당 광고비용을 말한다. 이는 해당 키워드가 전월에 얼마나 노출 되었는가를 기준으로 비용을 책정하는 방식이다. 다음과 네이트의 스페셜 링크 상품이 대표적이다.

### ■ 스폰서십 광고

광고가 스폰서십(Sponsorship Ad)의 형식으로 게재되는 것이다. 기업의 로고 또는 기업명, 브랜드명이 웹 사이트에 나타나고 이를 클릭하면 해당 기업의 웹 사이트로 이동한다. 배너 광고와 유사하지만 배너 광고는 광고비를 지불하지만 스폰서십 광고는 비용 대신 스폰서십을 제공한다.

### ■ 팝업 광고

일정 기간 동안 특별 광고를 하는 경우 홈페이지의 일부분에 조그마한 창으로 노출시킨다. 팝업 광고(Pop-Up Ad)는 웹 사이트의 원형은 변경하지 않는다.

### ■ 틈새 광고

웹 사이트의 콘텐츠 전체 화면에 삽입되는 광고로 해당 웹 사이트의 콘텐츠가 노출되기 전 또는 사이트 이동 시에 먼저 잠시 동안 노출되는 광고 형식이 틈새 광고(Niche Ad)이다.

### ■ Chat

30분 이상의 시간을 갖고 대화방에 배너 형태 또는 광고를 위한 특정 주제를 통해 광고하는 형식

■ **푸시 광고**

푸시 기술(Push Tech)을 이용하여 컴퓨터가 작동하지 않는 시간에 오디오 및 비디오 메시지 등을 전달하는 광고 형식이 푸시 광고이다.

### 5.4.3 인터넷 판매촉진

인터넷 마케팅에서의 판매촉진은 오프라인의 판매촉진과 크게 다르지 않는다. 샘플링, 쿠폰 제공, 사은품 제공, 적립금 제공, 경품 전략, 모바일 상품권 제공 등이 있다.

CHAPTER 13

# 서비스

제1절

# 서비스 산업 현황

## 1.1 서비스 산업의 현황 및 정의

서비스의 사전적 의미는 '재화를 생산하지는 않으나 그것을 운반, 배급, 판매하거나 생산과 소비에 필요한 노무를 제공하는 일' 및 '손님이 요구하는 일을 해주다.'로 정의한다. 미국마케팅학회(AMA)에서는 '판매를 위해 제공되는 또는 상품 판매와 관련해서 준비되는 제반 활동, 편익, 만족'으로, 라스멜(Rathmell)은 '시장에서 판매되는 무형의 제품'이라 정의하였다. 또한, 스텐톤(Stanton)은 '소비자나 산업 구매자에게 판매될 경우 욕구를 충족시키는 무형의 활동으로 제품이나 다른 서비스의 판매와 연계되지 않고도 개별적으로 확인 가능한 것'이라 정의하였다.

이러한 서비스 산업의 GDP 비중은 2010년에 우리나라는 60%에 다소 못 미치는 58%를 점유하였다. 이는 외국과 많은 차이를 나타내고 있다. 2009년 기준하여 미국은 79%, 영국과 호주가 78%를 점유한 것이다. 전반적으로 세계 산업은 서비스 산업을 중심으로 진행되고 있는 것이다. 즉, 현대는 서비스 사회 또는 서비스 경제 속에서 비즈니스를 영위하고 있다. 그러나 상기 데이터는 업종 및 업태 구분에 의한 제조업과 서비스 산업을 분류한 것으로 실제 제조업의 내부를 들여다보면 생산이외의 활동 즉, 연구 개발, 디자인, 영업 및 A/S 등 많은 서비스 활동을 내포하고 있다.

## 1.2 서비스 산업의 분류

정보 통신 산업과 지식 산업의 발달로 기존의 제조업에 부속된 서비스 및 저부가가치 서비스 산업에서 고부가 가치화를 지향하고 있다. 이러한 서비스 산업은 학자마다 다르게 분류되고 있다. 이건우(2000)는 서비스를 지식 정도에 따라 기반 서비스(Infrastructure Service)와 지식 서비스(Knowledge Service)로 분류하였으며, KDI(2006)는 여기에 공공 행정, 보육, 간병 등의 사회 서비스(Social Service)를 별도로 총3가지로 분류하였다. 기반 서비스 산업이라 함은 전통적인 제조업을 수행하는데 있어서 수반되는 서비스로써 유통의 운송 및 창고업, 판매의 도소매업, 음식 숙박업 등 전통 서비스 산업을 말하며 지식 기반 서비스란 전문성이 요구되는 무형의 서비스 즉, 금융, 보험, 방송, 통신, 교육, 의료, 문화 등 사람의 삶의 질 향상에 기여하는 서비스를 말한다. 대니얼스(Daniels, 1993)는 소매업, 운수업 등의 배분 서비스(Distributive services), 보험, 금융, 엔지니어링, 법률 서비스 등의 생산자 서비스(Producer services), 교육, 의료, 사회복지, 정부 서비스 등의 사회 서비스(Social services), 숙박업, 세탁, 오락 등의 개인 서비스(Personal services)로 분류하였다. 마셜(Marshall, 1988)은 중간 수요 목적으로 서비스가 생산되는 생산자 서비스(Producer services)와 서비스가 소비되는 소비자 서비스(Consumer services)로 분류하는 방식도 제안하였다. 또한 프랭크와 크롬바크(Franke and Kalmbach, 2005)는 사업 연관 서비스(Business-related services)를 광의와 협의로 나누어 정의하였다. 협의의 비즈니스 연관 서비스는 통상적인 비즈니스 서비스 산업을 의미하며, 광의의 비즈니스 연관 서비스는 여기에 도매, 통신, 금융, 리스 등을 포함한다. 즉, 사업 서비스(Business Service)란 R&D, 과학, 기술, 광고업, 법률, 회계, 컨설팅 등과 같이 제조업의 부가가치 생산에 기여하는 서비스를 말한다.

2010년 우리나라의 GDP에서 서비스 산업이 차지하는 비중은 58%이며 그중에서도 지식 서비스는 26.1%, 기반 서비스는 11.2%를 점유하여 2000년 이후 지식 서비스 산업의 비중은 지속적으로 증가하고 있으나 전통적인 기반 서비스 산업은 감소하고 있는 추세이다.

**표 13-1** 서비스 산업의 분류

| 제안자 | 분류 | 해당 서비스 |
|---|---|---|
| 대니얼스 | 배분 서비스 | 소매업, 운수업 |
| | 생산자 서비스 | 보험, 금융, 엔지니어링, 법률 서비스 |
| | 사회 서비스 | 교육, 의료, 사회복지, 정부 서비스 |
| | 개인 서비스 | 숙박업, 세탁, 오락 |
| 마셜 | 생산자 서비스 | 중간 수요 목적으로 서비스가 생산 |
| | 소비자 서비스 | 최종 수요 목적으로 서비스가 생산 |
| 이건우 | 기반 서비스 | 전통적인 제조업을 수행하는데 있어서 수반되는 서비스로써 유통의 운송 및 창고업, 판매의 도소매업, 음식 숙박업 등 전통 서비스 산업 |
| | 지식 서비스 | 전문성이 요구되는 무형의 서비스 즉, 금융, 보험, 방송, 통신, 교육, 의료, 문화 |
| | 사회 서비스 | 공공 행정, 보육, 간병 |

우리나라의 지식 서비스 산업이 증가는 하고 있으나 미국의 36.3%에 비해 약 10% 낮을 뿐만 아니라 전체적으로 선진국에 비하여 저조한 수준이다. 지식 서비스 산업의 세부 업종별 비중은 우리나라가 통신, 금융, 교육 산업의 비중이 선진국에 비하여 높게 나타났다. 이는 스마트폰의 보급률이 높은 것에 기인한 것과 높은 사교육 비중에 기인한 것이며, 이에 비하여 사회복지와 사업 서비스 산업의 비중은 선진국 대비 뒤지고 있어 사회복지의 취약과 제조 지원 시스템이 미흡한 것을 드러내고 있다.

서비스 상품은 크게 핵심 서비스(Core service)와 보조 서비스(Supplementary service)의 2가지로 분류할 수 있으며, 보조 서비스는 다시 가치 지원 서비스(Enability service)와 가치 증대 서비스(Enhancing service)로 나눌 수 있다.

전화기는 무릇 일대일 직접 대면을 하지 않고 상호 이야기를 하는 기기이다. 초기에는 유선에 의한 유선 전화기에서 시작하여 지금은 무선 통신기술의 발달로 무선 전화기 시대로 진화하여 성인이면 대부분 휴대용 무선 전화기를 소지하고 있다. 무선 전화기에는 전화기의 기능에 더하여 문자 메시지를 송수신하는 기능이 추가되었다. 그러나 무선 인터넷의 급속한 진전으로 스마트폰이 탄생하면서 휴대용 무선 전화기에서 인터넷의 활용이 가능해졌으며 무선 전화기의 주된 기능에 변화를 가져다 주었다. 초기 휴대용 무선 전화기는 전화 기능이 핵심 서비스 기능이었지만, 스마트폰의 등장으로 전화 기능은 보조 기능화된 것이다. 스마트폰의 기능은 무선 인터넷이 되었다. 이와 같이 서비스 상품은 핵심 기능의 핵심 서비스와 보조 기능의 보조 서비스로 구성되어 있다. 본연의 주된 기능 즉, 고객의 본질적인 욕구 충족을 위한 서비스를 핵심 서비스라고 한다. 전화기의 핵심 기능은 전화 통화인 것이다. 전화기에서 문자 메시지 기능은 보조 기능이며 보조 서비스이다. 이는 핵심 서비스를 가능하게 지원할 뿐만 아니라 증대하는 서비스를 포함한다.

항공 서비스의 경우 고객을 출발지에서 목적지까지의 항공기를 탑승하여 운송하는 것이 핵심 서비스이며, 이를 위하여 사전 예약 및 티켓팅, 간단한 음료 및 기내식 제공 등은 보조 서비스의 가치 지원 서비스이다. 그리고 공항 라운지 운영, 일등석 고객 등에게 제공되는 선물 등은 가치 증대 서비스라고 할 수 있다.

서비스 상품을 성격에 따라 분류하면 크게 3가지로 나눌 수 있다. 이는 고객이 최소한의 노력만으로도 구매가 가능한 서비스인 편의 서비스(Convenience Service)와 소비자가 경쟁 서비스와 비교하여 구매하는 등 구매 노력을 들여서 구매하는 서비스 상품인 선매 서비스(Shopping Service)가 있다. 마지막으로 서비스가 갖는 차별성이나 전문성이 뛰어나서 충성도가 높으며 대체할 수 없는 전문 서비스(Specialty Service)를 말한다.

제2절

# 서비스 산업의 특징

서비스에 대한 정의에서도 나타났지만 서비스의 가장 큰 특징은 무형성(Intangibility)이다. 제조업에서의 유형의 제품과 달리 무형성이며 또 다른 큰 특징은 소멸성(Perishability)이다. 유형의 제품은 보관이 가능하지만 무형적 특성상 보관이 불가능한 것이다. 여기서는 월랙, 갈라파티스, 해리, 자이스믈, 파라슈라만, 베리(Russell Wolak, Stavros Kalafatis, Patricia Harris, Valerie Zeithaml, A. Parasuraman, Leonard Berry)가 주장하는 서비스의 특징에 대하여 살펴보기로 한다.

## 2.1 무형성 및 소멸성

순수 서비스는 무형의 재화이다. 예를 들어 마사지 서비스는 사람이 고객에게 유형의 재화를 주는 것이 아니라 마사지를 제공하면서 소멸되는 것이다. 호텔 서비스의 경우도 호텔이라는 재화를 소비자에게 주는 것이 아니라 호텔이라는 휴식 공간 및 호텔 내의 여러 시설의 사용 권한을 제공하는 것이다. 이 또한 계약된 시간이 지나면 제공하는 서비스는 소멸된다. 항공 서비스, 관광 서비스, 교육 서비스 등 제공되는 서비스는 무형이며 소멸되는 특성이 있다. 소멸성은 또한 유형의 재화처럼 재고로 비축하였다가 필요할 때 사용할 수 있는 것이 아니다. 그렇다고 서비스업이 완전히 무형의 것은 아니다. 유형의 제조업도 부가적인 서비스업이 융합되었듯이 서비스업에도 제조라고 하는 과정이 있다. 음식을 제공하는 서비스업에 음식을 조리하는 과정이 있는 것이다. 무형의 서비스업과 유형의 제조업은 서로 융합적 성격을 갖고 있는 것이다.

## 2.2 동시성 및 비표준성

유형의 제품은 만들어서 재고화 할 수 있으나 서비스업은 비축 및 재고화가 안 된다. 이는 생산과 동시에 소모되어 지는 것이다. 서비스 제공자와 서비스 수급자가 동시에 참여하게 된다. 서비스 제공자와 서비스 수급자가 직접 대면하면서 제공하고 수급하게 되는 것이다. 이러한 동시성(Inseparability)의 특징은 또한 제공자와 수급자가 같이 참여한다는 특징도 갖고 있다. 수급자가 생산 활동에 같이 참여하는 것이다. 미용실에서 미용사는 미용 서비스를 제공하고 고객은 동시에 미용 서비스를 받게 되는 것이다.

한편 이러한 동시성 및 무재고화 특성은 1:1 대면 관계에 의하여 이루어지기 때문에 동일 미용사가 같은 서비스를 여러 고객에게 제공하여도 모든 고객에서 똑같은 서비스를 제공하지는 못한다. 서비스를 수급 받는 고객의 상태에 따라, 서비스를 제공하는 제공자의 상태에 따라 서비스의 형태와 질에 차이가 발생한다. 설비를 이용하여 제조되는 제품의 경우에는 오차 범위 안에서 동등한 품질과 기능의 유형화된 제품을 만들 수 있지만 서비스 생산자, 즉 제공자는 대부분이 감정을 갖고 있는 사람의 행위에 의하여 제공되므로 제공자의 여건과 상태에 따라 다른 서비스가 제공될 수 있다. 이를 비표준성이라 한다. 여기에 더하여 동일 서비스라고 하더라도 제공하는 사람에 따라 서비스의 질이 달라질 수 있다. 이러한 문제를 극복하기 위하여 서비스도 기계화를 많이 시도하고 있다. 열차 승차권, 고속버스 승차권, 영화 관람권, 입장권 등의 자동 발매기를 비롯하여 음료수 등의 다양한 자동판매기 등이 그렇다. 이를 서비스 공업화(Service Industrialization)라고도 한다. 하지만 서비스 자체가 사람이 직접 느끼며 받는 감성적인 것으로 수급자가 기계화된 서비스에 대하여 편리성 등의 장점이 있지만 거부감이 있을 수 있다. 서비스를 기계화하지 않고, 정예화하지 않으며 항상 동질의 서비스를 제공하여야 한다는 것이 서비스가 풀어야 할 숙제이기도 하다. 감정이라는 것은 제공자와 수급자 모두에게 있기 때문이다. 여러 상황에 따라 최선으로 대처하는 방법이 최상의 서비스를 제공하는 것이며, 서비스업에 종사하는 제공자들은 항상 최상의 서비스를 제공하기 위하여 훈련하고 노력하여야 할 것이다.

제3절

# 서비스 마케팅 믹스

마케팅 4P's 믹스는 기본적으로 유형의 제품을 근간으로 하는 전통적 마케팅 믹스이다. 앞에서 공부하였듯이 서비스는 제조와 다른 무형성, 소모성, 동질성, 비표준성의 특징을 갖고 있어 서비스 부문의 마케팅에서는 전통적 4P인 제품(Product), 가격(Price), 유통(Place), 촉진(Promotion)에 사람(People), 과정(Process), 물리적 근거(Physical Evidence)를 더한 서비스 마케팅인 7P's 믹스를 말한다. 붐스와 빈터(Bernald H. Booms, Mary Jo Binter)는 7P를 확장된 마케팅 믹스(Extended Marketing Mix)라고 제안하였다.

## 3.1 사람

제조 부문도 사람에 의하여 직접 생산되기도 하지만 대체적으로 사람이 제작한 기계가 직접적인 생산 행위를 하게 된다. 그리고 사람은 기계를 작동하고 관리하여 양질의 품질을 갖는 제품을 만들게 된다. 그러나 서비스 부문은 기본적으로 서비스 제공자가 사람이다. 그리고 제공자에 따라 서비스의 품질이 달라진다. 음식점에서 고객에게 음식을 제공할 때 같은 메뉴의 음식이라도 서비스 제공자의 서비스 품질에 따라 서비스 수급자의 만족도가 다르다. 이처럼 무형의 상품인 서비스의 질에 사람이 결정적인 역할을 한다. 고객이 다시 같은 서비스를 재구매할 때는 이전에 제공받았던 서비스의 내용 및 품질을 기대하는 것이다. 제조업과 같이 기계 장치를 이용한 대량생산이 불가능한 서비스는 서비스 제공자에 대한 지속적인 교육과 훈련, 용모, 태도 등 서비스 품질의 동질화 및 지속화를 위하여 노력하여야 한다. 특히 고객과의 접점에 있는 접점 직원은 서비스 품질에 지대한 영향을 미친다. 이러한 연유로 서비스 마케팅에서는 서비스 제공자의 채용 기준 및 인사 정책 등이 매우 중요하다. 서비스의 형태도 차별화가 있어야 한다. 경쟁사와 유사하고 같은 수준의 서비스는 경쟁력을 갖지 못한다. 해당 서비스에 대한 스킬(Skill), 지식 등이 서비스 품질을 좌우하는 요인들이다.

서비스 품질에 강조되는 MOT(Moments of Truth)는 이러한 현실을 잘 말해주고 있다. 진실의 순간 또는 결정적인 순간의 뜻을 갖고 있는 MOT는 투우사가 소의 등에 결정적인 최후의 일격을 가할 때 사용되는 용어다. 이는 스칸디나비아 항공사(Scandinavian Airlines)의 최고 경영자인 얀 칼슨(Jan Carlzon)이 경영에 적용하여 취임 1년 만에 적자 회사를 흑자로 전환시키면서 많은 회사들로부터 관심을 받았다. MOT는 고객과의 접점에 있는 모든 직원이 결정적인 역할을 한다는 것이다. 전화로 예약을 주문받는 직원의 응대, 공항에서 티케팅 서비스를 하는 직원의 응대, 항공기 탑승을 도와주는 직원의 응대 등 모든 부문의 서비스 요원이 최고의 응대를 하여 시너지를 내야 한다는 논리이다. 즉, 합의 법칙이 아닌 곱의 법칙이 적용되는 것이다. 어느 한 부문의 과오 또는 실수가 전체에 결정적인 영향을 미치게 된다는 의미이다.

## 3.2 과정

서비스는 제공자에 의하여 수급자에게 전달된다. 이러한 서비스가 전달되는 시스템 및 절차를 말한다. 예를 들어 음식을 주문한 후 제공받기까지 걸리는 대기 시간, 피자를 전화로 배달 주문 후 받기까지의 과정, 이러한 과정이 시스템적으로 운영이 되어야 하며 고객의 입장에서 고객만족을 제고하여야 한다.

### 3.3 물리적 근거

서비스 자체는 무형의 재화이지만 서비스를 제공하는 기반은 유형의 것들이다. 호텔의 건물, 항공기 등의 시설물, 음식물을 비롯하여 서비스 제공자의 복장, 서비스 비즈니스 경험, 교육기관이 교육장 및 멀티미디어 시청각 시설, 영화관 건물과 음향 시설은 물론 부가 서비스 시설 등 제반의 유형적, 물리적 근거로 무형의 서비스를 제공하게 되는 것이다.

## 제4절

# 서비스 생산성 관리

비즈니스는 시장이 있기에 존재한다. 유형의 제품과 마찬가지로 무형의 서비스도 시장이 있으며 수요가 존재한다. 특히 재고 관리가 가능한 유형의 제품과는 달리 재고화할 수 없는 서비스 산업은 정확한 시장과 수요 예측을 통하여 서비스를 준비하여야 할 것이다. 서비스의 특징인 무형성과 소멸성, 동시성과 비표준성을 잘 파악하여 최고의 서비스를 준비하고 생산하며 제공하여야 할 것이다.

서비스와 관련하여 가장 일반적이며 공통적인 수요와 공급의 불균형에서 초래되는 것은 대기(기다림)일 것이다. 서비스에 대하여 고객이 생각하는, 고객이 기대하는 가치에 따라 대기 행렬도 달라진다. 전국적으로 유명한 맛집 앞에는 점심 시간에 긴 줄을 서있는 광경을 종종 보게 된다. 대기 행렬이 길어도 그 뒤에 서는 사람이 있는가 하면, 해당 서비스 받기를 포기하는 사람도 있다. 대중교통의 경우는 주중과 주말에 대기 행렬에 차이가 많이 난다. 또한 유흥지와 연결되는 대중교통의 노선은 계절적 요인에 의해서도 대기 행렬의 차이가 난다. 유형의 제품일 경우는 예측되는 수요에 대비하여 미리 계획을 세워 생산하고 재고로 쌓아둔 후 필요시에 공급하면 되지만 무형의 서비스에서는 어려운 일이다. 이렇듯 서비스 산업에서 시장, 수요, 가용 능력 등의 모든 것이 생산성 관리라는 측면의 경영과 매출 증대 및 손익에 직접적인 영향을 미치는 사항들이다. 수요와 공급의 균형을 맞추기 위하여 서비스에서는 크게 수요 분산(분할) 전략, 가격 전략, 상품 다양화 전략 등의 다양한 전략을 진행한다. 이에 앞서 먼저 서비스의 수요와 가용 능력에 대하여 살펴본다.

## 4.1 서비스 수요와 가용 능력

앞서 이야기 하였지만 서비스 산업에서의 수요 예측은 핵심 업무 중의 하나이다. 이러한 서비스의 수요에 영향을 주는 요인들은 매우 다양하며 서비스 업태에 따라 많은 차이가 난다. 또한 일상적으로 예견되는 상황 이외에도 급작스러운 환경 변화, 돌발 사태 등으로도 수요가 급증 또는 급감할 수 있다.

**표 13-2** 서비스 수요의 주기적 요인 사례

| 구분 | 내용 | 사례 |
|---|---|---|
| 시간적 요인 | 출퇴근 시간, 주중과 주말 | 대중교통 배차 간격 |
| 계절적 요인 | 봄, 여름, 가을, 겨울 | 봄과 가을의 관광, 여름의 수영장, 겨울의 스키장, 병원 |
| 시기적 요인 | 방학, 개학, 월드컵, 올림픽, 구정, 추석 | 항공 운송, 병원 |
| 기상적 요인 | 비, 눈, 더운 시기, 추운 시기 | 세차장, 요식업소, 영화관 |
| 정치적 요인 | 선거, 정부정책 | 출판, 현수막, 운송 |
| 문화적 요인 | 전시, 공연 | 전시회장, 공연장 |

서비스 사업의 경우 정확한 수요 예측을 하였다 해도 수요에 부합하는 공급 체계를 갖추는 것은 간단한 문제가 아니다. 특히 수용의 급감이 시간적으로 짧은 경우는 더욱 그러하다. 수요가 급속히 증가하는 시기에 무작정 공급요소를 투입하였을 시, 역으로 수요가 급감하는 시기에 투입된 요소에 대한 처리를 생각하여야 한다. 투입 요소가 직간접으로 사람과 연관이 되기 때문이다. 이에 효율적이고 최적의 가용 능력을 확인하여야 한다.

가용 능력은 크게 5가지로 분류한다. 양적인 개념으로 고객을 최대한으로 수용할 수 있는 경우를 최대 가용 능력(Maximum Available Capacity)이라고 하며, 질적인 개념으로 서비스의 질을 최적으로 유지할 수 있는 경우를 최적 가용 능력(Optimum

Available Capacity)이라 한다. 이 2가지 개념을 기준으로 최대 가용 능력을 초과하는 경우와 최대 가용 능력에는 못 미치지만 최적 가용 능력을 초과하는 경우, 그리고 최적 가용 능력에 못미치는 경우로 구분할 수 있다. 마지막으로 최대 가용 능력과 최적 가용 능력이 같은 경우이다. 수요와 공급의 논리로 보면 같은 것 보다는 수요가 공급보다 다소 많은 것이 좋다. 또한 수요가 항상 균일한 것이 좋다. 수요가 공급보다 과도하게 많을 경우는 잠재 고객이 서비스를 수급 받을 기회가 적어지며, 제공되는 서비스의 품질이 낮아지는 사례가 발생하여 고객으로부터 불만족이 초래된다. 이러한 상황이 반복되거나 지속되면 고객은 경쟁사로 옮길 수도 있다. 반면 수요가 공급보다 적을 시, 즉 수요대비 과잉 투자가 되었을 시는 원가가 상승하여 수익성이 나빠지며 경쟁사 간의 과당경쟁으로 판가하락 등의 악순환이 된다. 이러한 악순환은 서비스 품질의 하락을 초래하게 된다. 경우에 따라서는 고객의 입장에서 최적 가용 능력이 최대 가용 능력보다 적은 것이 좋다. 예를 들어 고급 음식점에 고객이 꽉 찬 것보다는 적당한 여유가 있어 같이 즐기면서 다소 여유로운 분위기가 좋은 반면에, 공감대가 형성되는 것이 좋은 스포츠 경기의 경우는 최적 가용 능력과 최대 가용 능력이 같은 것이 고객의 만족도 입장에서는 좋을 것이다.

표 13-3 최대 가용 능력과 최적 가용 능력

| 상태 | | | 상황 |
|---|---|---|---|
| 최대 가용 능력 | ≫ | 최적 가용 능력 | 수익 악화 |
| 최대 가용 능력 | 〈 | 최적 가용 능력 | 잠재 고객에게 서비스 제공 불가 |
| 최대 가용 능력 | = | 최적 가용 능력 | 고객 대기 시간 발생, 서비스 품질 저하 |
| 최대 가용 능력 | 〉 | 최적 가용 능력 | 고객 지향적 상태 |

효율적인 경영을 위해서는 최소의 투자로 최대의 효과를 거둘 수 있는 서비스 수요와 공급의 균형이 이루어져야 한다. 이를 위한 전략으로는 수요를 관리하는 전략과 공급을 관리하는 전략 그리고 무반응 전략이 있다.

수요 관리 전략은 수요를 인위적으로 조절, 관리하는 전략으로 수요가 급감할 시기에 대체 수요를 창출하는 것이다. 예를 들어 놀이동산의 성수기는 봄과 가을이다. 여기에 여름에는 수영장 시설을 확충하고 겨울에는 겨울 스포츠를 즐길 수 있는 눈썰매장을 확충하는 등 연중 수요의 균형화를 꾀하는 것이 상품 조절 전략이다. 영화관에서 조조 상영 및 심야 상영, 심야 고속버스 운행, 요식업소의 아침식사 판매 등은 시간 조절 전략이다. 또한 항공운송 사업의 경우 성수기와 비수기의 가격을 다르게 하는 것은 가격 조절 전략의 사례이다. 촉진 조절 전략으로는 구정 및 추석 등의 명절에 대중교통 사전 예약 홍보 및 교통상황 방송을 통한 교통체증 해소 등이 있다. 상기의 조절 방법 이외에 수요 재고화 전략은 은행에서의 대기 프로세스 등으로, 수요의 대기로 서비스의 재고화를 하는 전략이다.

공급 관리 전략으로는 변화 전략과 고정 전략이 있다. 변화 전략이란 급증한 수요에 대하여 공급을 늘리며 급감할 시는 공급을 줄이는 변화를 주는 것이다. 예를 들어 연말정산 시기에 국세청 및 세무서에 전산 도우미 아르바이트생의 대거 채용, 건설 현장에서의 현장 작업에 따른 전문 일용직의 채용 등이 있다. 고정 전략이란 사전에 충분히 예측과 이에 대한 대응이 시간적으로 가능한 것으로 출퇴근 시의 지하철 배차 시간 간격 조절과 전문 서비스인 병원 예약 등이 있다.

제5절

# 서비스 기대 관리

우리의 부모세대만 하여도 결혼을 위한 만남으로 맞선이라는 형식을 많이 취하였다. 부모님께서 상대방의 사진을 보여주며 몇 가지 신상을 이야기 해주고 한번 만나보라고 권하는 형식이었다. 맞선에 대한 경험이 없고 처음인 경우는 사진 몇 장을 보고 들은 얘기의 범위 안에서 만나는 그 순간까지 많은 상상을 하고 기대에 부풀어 있기 마련이다. 조선 시대에는 20살도 되기 전에 이미 양가 부모가 합의하에 결혼이 진행되었기 때문에 사진 한 장 없이 혼인 상대방에 대하여 알아보지도 못하고 마음속으로 상상에 상상을 더하여 기대에 찬 혼례를 올렸다. 두세 번 반복하다 보면 상상과 기대는 조금씩 작아지고 낮아지지만 말이다. 예전과는 다르게 요즘은 결혼 정보 회사가 많다. 회사에서는 상대방에 대하여 가능한 많은 정보를 공유한다. 불필요한 기대와 상상을 안 하게 하여 만일의 소비자의 불만을 없애기 위한 것이다.

주식 시장은 어떠한가. 경영 실적 발표를 앞두고 투자자들은 주가가 오를 것이라는 기대로 주식을 사들인다. 주가는 계속 오를 것이다. 그리고 발표하는 그 시간, 결과에 따라 주가는 더 오를 수도 있고 폭락할 수도 있다. 기대와 성과의 차이 때문이다. 연인과 영화를 관람하러 갈 때, 패키지여행 상품으로 신혼부부가 신혼여행을 갈 때 등 대부분의 경우 우리는 사전에 많은 기대를 하게 된다. 서비스에서는 지불하는 가치에 상응하는, 아니 그 이상의 기대를 갖게 된다. 그 기대와 성과(결과)에 따라 만족, 불만족의 결과가 나오는 것이다. 막연한 기대와 상상이 많은 경우 결과에 실망을 초래하게 된다. 기대 수준이 낮을수록 결과에 대한 만족도는 높을 것이다.

기대 이론은 톨만(Tolman, 1932), 레빈(Lewin, 1938), 포터와 로울러(Porter & Lawler, 1968), 브룸(Vroom, 1964), 무어헤드와 그리핀(Moorhead&Griffin, 1992) 등의 학자들

에 의하여 정립되었다. 기대 이론은 욕구 이론과 동기 이론을 보완하는 이론에서 출발하였다. 이 이론은 욕구·만족·동기 유발의 체계에 기대감(Expectancy)이라는 개념까지 추가한 것으로 동기 유발의 과정에 초점을 맞추고 있다. 기대 이론의 기본적 전제는 사람마다 욕구의 출발이 다르며 욕구충족이라는 결과의 실현과 자기가 취할 행동 사이의 관계를 다르게 지각할 수 있다는 것이다. 브룸은 인간이 행동하는 방향의 강도는 그 행동이 일정한 결과로 이어진다는 기대의 강도와 이어진 결과에 대한 매력에 달려 있다고 주장하였다.

이러한 기대에 영향을 주는 요인 인자로는 내적 요인, 외적 요인, 환경적 요인, 부수적 요인 등이 있다.

### ■ 내적 요인

개인적인 욕구에 따른 니즈와 개인이 해당 서비스에 직간접적으로 관여하게 되면 기대치가 달라진다. 또한 자신이 과거에 받았던 서비스 내용과 경험도 기대치에 영향을 미친다.

### ■ 외적 요인

무엇보다도 다른 사람으로부터 서비스에 대하여 들은 내용이 기대치에 영향을 미칠 것이다. 즉, 입소문 마케팅의 하나가 될 것이다. 또한 서비스 경쟁 상품에 의거한 기대치가 있다. 경쟁 상품의 서비스 내용에 의거 유사 상품이니까 그에 상응하는 기대치가 유발되는 것이다.

### ■ 환경적 요인

외부 상황에 따라 고객은 기대치를 높이기도 하고 낮추기도 한다. 예를 들어 축구 경기 관람을 갔는데 비가 온다면 비로 인하여 관객이 적을 것이고, 평상시보다 경기가 다소 박진감이 떨어질 것이라고 생각할 것이다. 또한 백화점의 VVIP 초대 행사에 갈 때

VVIP이므로 VIP보다 더 특별한 고객이라는 기대감과 그에 상응하는 특별한 서비스를 기대하게 된다. 이러하듯 여러 가지 특별한 상황에 따라 기대치가 다르게 된다.

■ 부수적 요인

먼저 기업의 규모에 따라 기대치가 달라진다. 유사 서비스라 하더라도 큰 기업에서는 좀 더 좋은 양질의 서비스 제공을 기대한다. 또한 유명 브랜드의 제품과 기업에 대하여도 기대치는 높아지게 된다. 이는 직접적인 서비스뿐만 아니라 종업원의 용모, 태도, 예절 등 부수적 서비스의 차이도 포함된다.

티스(R.K Teas)는 「마케팅 저널(Journal of Marketing, 1993)」에서 기대 수준을 크게 희망 서비스(Desired Service)와 적정 서비스(Adequate Service)의 2가지로 구분하였다. 가장 높은 수준의 희망 서비스는 고객이 받고자 하는 서비스 수준을 말한다. 반면에 적정 서비스는 고객이 수긍하는 허용 가능한 최소한의 서비스를 말한다. 고객의 입장에서는 자신이 생각하는 적정 서비스 이하의 서비스는 용납되고 받아들일 수 없는 서비스인 것이다. 즉, 적정 서비스 이하의 서비스를 제공받았다고 생각 할 때, 고객은 이에 대한 불만을 표시하거나 보상을 요구 할 것이다. 그리고 이 2가지 서비스 사이에는 허용 영역(Zone of Tolerance)이 존재하며 허용 용역은 고객에 따라 차이가 있다. 이는 고객에 따라 자신이 생각하는 기준의 적정 서비스가 각각 상이하기 때문이다. 티스는 허용 영역에 3가지의 기대가 있으며 상위 수준이 표준적 기대(Normative should Expectations), 그 다음이 경험적 기대(Experience-based norms), 낮은 수준은 허용 기대(Acceptable Expectations)가 있다고 주장하였다.

마케터 및 경영자는 이러한 고객의 기대를 어떻게 관리하여 고객이 자사의 서비스에 대하여 얼마나 만족감을 느끼게 할 것인가에 대하여 노력하여야 할 것이다. 이것을 서비스 기대 관리라 하며 이는 서비스 구매 단계별로 고객의 기대를 관리하는 것으로 서비스 구매 전 단계, 서비스 구매 단계, 서비스 구매 후 단계로 나눈다.

① **서비스 구매 전 단계** : 내 외부적으로 고객의 구매에 대한 기대 수준을 조사한다. 통상적인 마케팅에서 시장조사 및 환경 분석과 유사한 내용이다. 조사방법 또한 전통적인 방법과 유사하며 외부 전문기관의 활용 및 고객의 소리, 면접조사, 설문조사 등을 실시하면 된다.

② **서비스 구매 단계** : 서비스 제공 시에도 지속적으로 서비스 수급자와 대화를 진행하여 제공되고 있는 서비스에 대한 고객의 만족도를 확인하고, 고객이 지불하는 가치에 상응하는 범위 내에서 서비스를 수정하고 보완하여 고객의 기대 수준에 맞추며, 고객의 요구에 부응하지 못할 경우에는 고객이 납득할 수 있도록 충분한 설명이 되어야 한다.

③ **서비스 구매 후 단계** : 서비스의 제공이 완료된 이후에도 고객과 대화를 통하여 만족도 확인 및 고객의 기대치조사 등을 겸하여 실시하여 충성 고객화 하여야 한다.

서비스 제공자와 서비스 수급자 즉, 고객은 모두 감정과 감성을 갖고 있는 사람이다. 같은 내용의 서비스라 할지라도 서비스 전개 방법에 따라 고객의 만족도는 달라질 수 있다. 즉, 인간의 심리를 잘 활용하면 같은 가치로도 더 큰 만족감을 제공할 수 있다. 이에는 순서 효과(Sequence Effect), 지속 효과(Duration Effect), 합리화 효과(Rationalization Effect) 등이 있다.

① **순서 효과** : 좋은 소식과 나쁜 소식이 같이 있다면 어느 소식부터 들을 것인가? 세계적인 미인을 선발하는 미스 유니버스 선정에서 최후로 수상 예정자 2명만 남았다. 2등부터 발표하는 것이 좋은가 1등부터 발표하는 것이 좋은가? 카지노에서 최종적으로 본전을 하였다. 처음에 잃고 나중에 딴 것이 좋은가 처음에 따고 나중에 잃은 것이 좋은가?

② **지속 효과** : 고객은 서비스가 중간에 끊이지 않고 지속되는 것만을 기대하지는 않는다. 중단되는 시간이 너무 길거나 너무 짧지 않다면 고객만족도에는 영향을

미치지 않는다. 오히려 짧은 끊김은 또 다른 기대를 갖게 한다.

③ 합리화 효과 : 서비스뿐만 아니라 많은 경우 어떠한 결과를 기대할 때 자신의 징크스나 습관 규칙으로 합리화를 시키기도 한다. 이렇듯 기대와 성과(결과)를 자기 합리화하는 경우를 합리화 효과라 한다.

서비스는 무형의 감성적인 재화이므로 상황에 따라 적절하게 고객의 심리를 사전에 파악하여 대응하는 것이 무엇보다 중요하다. 제공자가 수급자의 입장과 심리에서 생각하는 고객 지향적 사고와 고객 모두가 독특하고 특별한 개성의 소유자이며 인격체라는 것을 명심하여야 할 것이다.

제6절

# 서비스 품질 관리

서비스의 특징 중의 하나가 무형성이다. 이러한 무형적 특징으로 인하여 서비스는 품질의 정예화가 쉽지 않으며 물리적, 객관적으로 측정 및 관리가 쉽지 않다. 유형화된 제품의 경우는 설계 기준에 따라 부합되도록 제품을 만들고 그러한 기준에 의거하여 품질을 측정하고 관리한다. 무형의 서비스에 대한 품질 기준은 서비스 사용자가 해당 서비스에 대하여 만족하는 정도를 나타낸다. 하지만 소비자의 취향과 성향 등에 따라 만족도에 많은 차이가 있을 수 있다. 여기서는 서비스 품질의 구성 요소와 서비스 품질 측정으로 널리 쓰이고 있는 갭 분석(Gap Analysis) 및 발레리 자이스믈(Valerie Zeithaml), 파라슈라만(A.Parasuraman)과 레오날드 베리(Leonard Berry, 1985)가 제시한 5가지 서비스 차원과 SERVQUAL 모형에 대하여 살펴보기로 한다.

서비스 품질 측정 모형은 크게 SERVQUAL 모형과 SERVPERF 모형이 있다. SERVQUAL 모형은 발레리 자이스믈, 파라슈라만과 레오날드 베리가 서비스 품질 구성 요소로 10가지 차원(원차원, Original Dimension)을 이론적으로 제시하였다. 이들은 1988년에는 서비스 품질을 측정하는 22개 문항 5가지 차원(Dimension)의 SERVQUAL을 개발하였으며 이는 지금도 널리 활용되고 있다. 이들은 소비자에게 지각된 서비스 품질은 서비스기업이 제공해야만 한다고 느끼는 소비자의 기대와 서비스 품질에 대한 소비자의 지각 및 서비스 기업의 성과에 대한 소비자의 차이를 비교하는 것이다. SERVPERF 모형은 조셉과 테일러(Cronin, J. Joseph, Jr, Steven A.Taylor, 1992)가 제시한 모형으로 서비스 품질은 곧 성과(Performance)라는 논리로 22개 문항 5가지 구성 요소 중 성과 항목에 중요도를 가중 적용하는 모델이다.

표 13-4 SERVQUAL vs SERVPERF

| 구분 | SERVQUAL | SERVPERF |
|---|---|---|
| 제안자 | 자이스믈, 파라슈라만과 베리 | 조셉과 테일러 |
| 제안 시기 | 1988 | 1992 |
| 품질 평가 기준 | 소비자 기대와 성과 차이 | 서비스 성과 |
| 측정 차원 | 22항목 5가지 차원 요소 | 22항목 5가지 구성 요소 |

## 6.1 서비스 품질 평가

자이스믈, 파라슈라만과 베리가 제시한 서비스 품질 평가의 5가지 차원(Dimension)은 유형성(Tangibility), 신뢰성(Reliability), 응답성(Responsiveness), 확신성(Assurance), 공감성(Empathy)을 말한다.

- 유형성 : 시설, 장치, 사람 등과 같은 서비스 관련 유형적인 것의 품질
- 신뢰성 : 제안하고 약속된 서비스에 대한 수행 능력
- 응답성 : 고객으로 부터의 요구 및 니즈에 대한 신속한 피드백 품질
- 확신성 : 서비스 제공자의 지식과 예의 및 역량
- 공감성 : 서비스 제공자 개인의 고객에 대한 접근성 및 관심과 배려

## 6.2 서비스 품질 개선

서비스 품질의 문제점을 측정, 평가하는 목적은 원인을 찾아 문제가 되는 부분을 개선하기 위함이다. 유형 제품의 품질에는 정량적 품질과 정성적 품질이 있으나 서비스와 같은 무형적 재화는 대부분이 정성적 품질로써 측정하기가 매우 주관적인 부분이

많다. 객관적인 평가가 되도록 다양하면서 가능한 많은 평가를 하는 것이 좋다. 평가 결과에 대하여 철저한 원인 규명과 대책이 이루어져야 한다. 이에 대하여는 전통적인 통계적 기법을 사용하는 것이 좋다.

CHAPTER 14

# 생산 운영 관리

제1절

# 생산 운영 관리의 정의와 목표

기업의 기본적인 활동은 제품이나 서비스를 창출하는 활동을 하는 것이다. 기업의 목적이 고객의 욕구를 가장 능률적이고 효율적으로 충족시킴으로써 이윤을 추구하는 것이고 그 이윤을 통하여 기업의 성장과 사회에의 기여에 이바지하는 것이라 할 수 있다. 이러한 기업의 조직 활동에서 반드시 수행하여야 하는 기본적 기능은 생산 운영, 연구 개발, 재무, 마케팅, 구매, 인적 관리, 경영 정보, 엔지니어링 등으로 이러한 기능들이 독립적이 아닌 상호 유기적으로 운영되어 최적의 시너지를 내어야 한다. 이러한 상호 유기적 창출 활동을 효율적으로 하기 위한 것이 운영 관리인 것이다. 그래서 체이스(Chase, 2004)는 '기업이 가장 중요한 제품과 서비스를 창출하고 공급하는 시스템을 설계, 운영 그리고 개선하는 것'이라 하였으며 리츠만(Ritzman), 크라예스키(Krajewski, 2004)는 '투입물을 제품이나 서비스로 변화시키는 프로세스를 지휘하고 통제하는 것'이라고 생산 운영 관리를 정의하였다. APICS 사전에서는 '투입물을 완성된 제품이나 서비스로 변환하는 활동을 계획하고, 일정을 수립하고, 통제하는 것'이라 정의하였다. 즉 생산 운영 관리란 시스템 내에서 유형 재화나 무형 재화를 산출하는 데 요구되는 변환 과정에 필요한 투입물과 자원의 가장 효과적인 운영을 연구하는 학문인 것이다. 몽크스(Monks, 1987)는 투입물을 산출물로 전환시키기 위하여 투입물에 어떤 형태의 기술(Technology)을 이용하는 과정이라 하였다. 여기서 투입물(input)은 원자재(부품), 고객 또는 고객과 관련된 정보나 제품을 말하며, 자원(Resource)은 유형 재화 또는 무형 재화를 산출하기 위해 수행되는 변환 과정에 들어가는 요소를, 자본(Capital)이란 생산을 하는데 필요한 기계·토지·건물 등을 말한다. 이러한 투입물과 자원 자본을 이용하여 부가가치를 창출하는 생산적인 과정인 변환 과정(Transformation Process)을 통하여 변환 과정의 결과물인 산출물(Output)을 획득하게 되는 것이다. 결과물에는 냉장고, 자동차, 휴대폰, 컴퓨터 등과 같은 제품화된 유형 결과물과 고객에 의해 처리되는 정보나 제품, 즉 서비스 형태의 무형 결과물이 있다. 그 중에서 제조업체에서의 변환 활동을 생산(Production)이라 하며, 서비스업체에서의 변환 활동을 운영(Operation)이라 칭한다. 메르디츠(Meredith, 1992)는 변환 과정을 4가지로 분류하였으며 다음과 같다.

① 변화를 통한 변환 : 유형적 변화, 심리적 변화
② 운반을 통한 변환 : 우편배달, 이사, 택배, 여행
③ 저장을 통한 변환 : 호텔, 창고, 와인 숙성
④ 검사를 통한 변환 : 품질 검사, 재고 검사

기업의 목적은 경영 효율화를 통하여 최소의 비용으로 최대의 효과를 거두는 것이다. 보유하고 있는 경영 자원의 최적화를 통하여 고객 욕구 즉, 제품 성능과 품질 및 납기 등의 충족으로 매출을 유발시키어 이익을 창출하는 것이다. 이러한 의미에서 협의적인 생산 운영 관리의 목표는 규정된 품질의 제품을 가장 저렴한 가격으로 계획된 기간에 생산하는 것이라 할 수 있다. 즉 비용(Cost), 품질(Quality), 시간(Time), 그리고 주변 환경의 변화에 능동적으로 대처하는 유연성(Flexibility)이 생산 운영 관리의 핵심 요소인 것이다. 생산 운영 관리에서는 이들 4가지를 경쟁 우선순위(Competitive Priorities)의 4요소라고 한다.

## 1.1 비용

저렴한 비용의 제품 혹은 서비스 창출 능력을 말하며 산업 구조가 대량생산 체제에서 소량 다품종 생산 체제, 공급자 우선에서 수요자 우선 시스템으로 전환이 되면서 제품 및 서비스의 가격에 큰 영향을 미치는 비용은 절대적인 경쟁 요소가 되었다. 이러한 비용 능력 향상을 위해서는 다음과 같은 노력이 필요하다.

- 효율적 조직 운영
- 생산성 향상
- 불량품 감축
- 원자재 구입비용 감축
- 프로세스 표준화
- 지속적 프로세스 개선과 개발
- 저렴한 투입 자원 구매 가격

## 1.2 품질

품질은 크게 우수한 설계 능력(High-performance Design)의 설계 품질(Design Quality)과 제품 규격(Specification)에 적합한 품질의 균일성을 나타내는 적합성 품질(Conformance Quality)로 대별된다. 즉 기능과 균일 안정성이 품질의 기본이다. 시장 전략의 수익성 효과(PIMS, Profit Impact of Market Strategy) 연구 결과에 의하면 우수한 품질의 제품과 서비스가 가장 높은 수익성과 시장 점유율을 창출한다고 하였다. 이러한 품질 효과를 극대화하기 위하여 다음과 같은 노력이 필요하다.

- 생산 시스템의 효율화
- 종업원의 사기 향상
- 고객납품 약속준수 능력 향상
- 품질보증 비용감축 향상 노력

이를 위하여 많은 학자들이 품질에 대하여 연구하여 왔으며 지금도 끊임없이 진화하고 있다. 전사적 품질 관리(TQC), ISO 시스템, 6 시그마 등을 비롯하여 품질 체계 확립을 위한 많은 혁신적인 시스템들이 적용되고 있다.

## 1.3 시간

시간이란 먼저 고객 지향적 시간인 납기와 제조 지향적 시간인 제조 리드타임으로 나눌 수 있다. 즉, 시간 위주 경쟁 능력의 의미는 크게 다음과 같이 대별할 수 있다.

- 신속한 제품 혁신
- 신속한 제품 생산
- 정시 제품 배달

고객이 원하는 제품을 고객이 원하는 때에 정확히 전달하는 것이 생산 운영 시스템의 생명이다. 이러한 시간은 제조자가 정할 수도 있고 고객이 정할 수가 있다. 제조상의 기본적인 제조 리드 타임을 감안하여 적절한 완제품 재고를 유지함으로써 고객이 상시 제품을 받을 수 있도록 하여 고객으로 하여금 기다림의 불편을 없애며 고객의 만족도를 높일 수 있다. 또한 시한성 제품, 예를 들어 음식물의 경우는 제조 후 고객에게 전달되는 시간이 길면 상품의 가치가 떨어지므로 시간 경쟁력으로 차별화를 하는 제품도 있다. 피자 주문 후 30분 이내에 고객에게 배달되지 않으면 무료로 제공한다는 차별화가 하나의 사례일 것이다. 이러한 시간 경쟁력 향상 방안은 다음과 같다.

- 수평 조직화
- 분권화
- 유연성
- 위기의식
- 위험과 실패에 대한 책임감
- 신속한 피드백 시스템
- 변화 대응력

## 1.4 유연성

유연성이란 고객이 요구하는 대로 제품 또는 서비스를 창출하는 능력을 말하며, 내부 및 외부의 많은 환경 변화에 능동적으로 대응하는 능력을 포함한다. 즉, 설계 변화와 수요 변화에 효율적으로 대응할 수 있는 능력을 말하는 것으로 설계 변화에 대한 대응을 설계 유연성(Design Flexibility)이라 하며, 수요 변화에 대한 대응을 수량 유연성(Volume Flexibility)이라 한다. 이러한 유연성 또한 산업 사회가 지속적으로 발달하면서 많은 변화의 과정을 겪어왔다. 산업 초기에는 컨베이어 벨트의 소품종 대량생산 시스템이 주류를 이루었으나 공급의 확산으로 공급과 수요의 균형이 깨지면서 다품종 소량생산 시스템으로 전환되었다. 이는 더욱 차원 높은 생산 시스템 즉, 유연 생산 시스템인 FMS(Flexible Manufacturing System)으로 발전되었다. 더욱이 정보 기술의 발달로 경영 시스템에도 정보 기술이 도입되면서 생산 시스템의 진화는 거듭되고 있다. 이는 경영 정보 시스템적인 측면에서 거론하기로 한다.

**표 14-1** 경쟁 우선순위의 성과 측정치

| 구분 | | 측정치 |
|---|---|---|
| 비용 | – 저원가 운영 | 최소 배달소요 시간/평균 배달소요 시간, 예산과 실행 차이, 자원 이용률, 노동 생산성, 부가가치, 효율성, 작업 시간당 비용 |
| 품질 | – 최고의 품질<br>– 품질 일관성 | 단위당 결함 수, 고객 불만 제기 수준, 폐기 처리 수준, 보증 처리 요청건수, 평균 실패 간격 시간, 고객만족 평가치 |
| 시간 | – 납품 속도<br>– 정시 납품<br>– 개발 속도 | 고객 대기 시간, 주문 리드 타임, 배달빈도, 실제와 이론적 처리 시간(throughput time) 비교, 사이클 타임(cycle time)<br>지연 배달비율, 평균 주문 지연 수준, 재고보유비율, 약속된 도착 시간에 대한 평균 시간 차이, 일정 준수 정도 |
| 유연성 | – 고객화<br>– 다양화<br>– 물량 유연성 | 신제품/서비스 개발 소요 시간, 제품/서비스 다양성, 기계 전환 소요 시간, 평균 배치 사이즈(batch size), 활동률 증가 소요 시간, 평균 생산 능력/최대 생산 능력, 일정 변경 소요 시간 |

기업은 창업자가 창업 당시 기업의 가치와 욕망의 비전(Vision)을 갖고 있으며 기업이 추구하는, 혹은 존재의 이유를 나타내는 사명(Mission)도 뚜렷이 하여 조직원이 하나의 구심점을 추구하도록 하며 조직의 통일성과 일체감을 조성한다. 또한 장기적 목적(Goals)과 단기적 목표(Objectives)와 함께 이를 실행하며 결과물을 도출하기 위한 전략을 수립하여 실천하게 된다. 전략(Strategy)이란 기업에서 실제로 행하게 되는 일련의 의사 결정 및 행위를 말하며 한나와 뉴만(Hanna & Newman, 2001)은 전략적 의사 결정에는 기업 의사 결정(Corporate Decisions), 비즈니스 의사 결정(Business Decisions), 기능 부분 의사 결정(Functional Decisions)의 3가지가 있다고 주장하였다. 다른 학자는 생산 운영 시스템의 물리적 구성 내용을 설계·생산 운영 시스템의 위치, 내부 시설, 사용 기술 등과 같이 단기적으로 변경시키기 어려운 장기적인 성격의 의사 결정을 구조적 의사 결정으로, 생산 운영 시스템의 운영 방식을 조정하기 위한 절차나 체계, 방침을 결정하며 상대적으로 변경이 용이한 특징을 갖는 것을 하부 구조적 의사 결정이라 주장하였다.

생산 운영 전략이란 운영 부문이 기업 전략을 실행하고 고객 지향적 기업을 구축하는데 활용되는 수단이다. 운영 전략은 장단기 운영에 대한 의사 결정을 기업 전략과 연결하고 기업이 경쟁력을 확보하는데 필요한 역량을 개발하는 것으로 프로세스 관리와 공급 사슬 관리가 핵심 요소이다. 이러한 생산 운영 전략의 초점은 고객의 욕구와 전반적인 비즈니스 계획을 충족시켜줄 수 있는 제품과 서비스의 지속적인 제공 능력을 이해하고 달성하려는 것에 있다. 생산 운영 전략은 크게 시장 지배적 전략(Market-Driven Strategy)과 자원 기반 전략(Resource-Based Strategy)으로 구분된다. 시장 지배적 전략은 고객이 요구하는 바를 파악하여 이를 충족시켜 주기 위해서 생산 운영 전략의 내용이 무엇을 담아야 하는 지를 결정하는 것이며 고객 욕구, 시장에서의 차별화 전략(Market Positioning), 경쟁기업의 활동을 잘 이해하는 것이 매우 중요하다. 자원 기반 전략은 기업이 가진 가시적 및 비가시적 자원의 우수성을 먼저 살펴보고 이를 바탕으로 경쟁의 우위에 설 수 있는 차별화 전략을 추구하는 것이 바람직하다.

또한 기업 전략은 어떠한 비즈니스 영역에서 활동할 것인가를 결정하게 되며 재벌기업과 같은 비관련 다각화 전략과 전문기업의 관련 다각화 전략, 그리고 사업부화 전략이 있다. 이에 비하여 비즈니스 전략은 자사의 비즈니스 영역에서 어떠한 방법으로 경쟁해야 할 것인가를 결정하는 것으로 외부 환경인 기회(Opportunity) 요소와 위협(Threat) 요소, 내부 환경인 강점(Strength)과 약점(Weakness)을 고려하여 각각의 전략을 수립한다. 이러한 전략 수립 기법은 SWOT 분석 기법이라 한다.

제2절

# 제품 및 서비스 설계

생산이란 투입물과 자원 자본을 이용하여 부가가치를 창출하는 생산적인 과정인 변환 과정(Transformation Process)을 통하여 결과물인 산출물(Output)을 획득하는 것이라 하였다. 이 산출물이 유형의 제품 또는 무형의 서비스가 되며 유형의 산출물인 제품에 대해 가장 적절한 설계 과정을 통해서 제품을 개발 하는 것을 제품 설계(Product Design)라 한다.

일반적인 생산 활동은 신제품 개발, 제조 그리고 고객 관리의 단계로 이루어진다. 신제품 개발은 기존 제품의 개량을 포함하여 고객의 요구에 맞는 제품을 제공함으로써 매출을 통하여 기업 성장을 도모하며 경쟁력 우위를 확보하게 되는 것이다. 이러한 신제품 개발 과정은 학자별로 차이가 있으며 설계, 분석, 개발, 출시의 4단계 또는 좀 더 세분화한 7단계로 구성되어 있으며 이는 아이디어 창출, 아이디어 평가, 제품 개념의 개발과 테스트, 마케팅 전략의 개발과 사업 타당성 분석, 제품 개발, 시험 마케팅 및 상업화로 이루어진다.

## 2.1 아이디어의 창출

신제품에 대한 아이디어 또는 제품 개량을 위한 아이디어의 원천은 기업 내부와 기업 외부 모두가 된다. 즉, 판매사원, 제품 엔지니어, 경영자 등의 내부적 원천과 고객, 경쟁사 등의 외부적 원천을 갖으며 특히 많은 아이디어가 고객에 대한 조사를 통해 얻어지고 있다. 흔히 이용되는 아이디어 창출(Idea Generation) 기법들로는 대표성을 갖는 소비자 표본을 선정하여 토론을 통하여 아이디어를 얻는 표적 집단 면접법, 제품 소비 행태를 파악하여 소비자들이 제품을 소비하면서 발생했던 문제점을 해결하는 과정에서 신제품 아이디어의 단서를 발견하는 방법 그리고 창조적 집단을 활용하여 신제품 아이디어를 확보하는 방법 등이 있다.

## 2.2 아이디어의 평가

아이디어 창출 과정에서 수집된 아이디어의 수를 축소하기 위한 단계가 아이디어의 평가(Idea Screening)이다. 평가 과정을 통해 좋은 아이디어를 선별하는 과정으로 일반적으로 체크리스트를 이용하여 아이디어를 축소시킨다. 체크리스트는 신제품 아이디어를 평가하기 위한 기준으로 신제품의 일반적 성격, 신제품의 마케팅적 특성, 신제품의 제품 특성으로 나누어 평가하며 각 항목에 상대적 중요도에 따라 가중치의 부여와 만족도를 측정하여 평가한다.

## 2.3 제품 선정

선정된 아이디어에 대하여 제품 개념의 개발과 테스트를 통해 구체화시키는 단계가 제품 선정(Product concept developing)이다. 제품 개념은 제품 아이디어를 보다 구체화하여 소비자 친화적으로 바꾸는 것이다. 기업은 개발된 제품 개념이 소비자에게 어떻게 인식되는지를 조사할 필요가 있다. 이를 통하여 신제품이 기존 제품들과 비교해 어떤 위치(Positioning)에 있는지 알아내고 적절한 마케팅 전략을 수립한다. 이의 방법으로 포지셔닝 맵(Positioning Map)을 작성한다. 제품 개념의 테스트(Concept testing)는 제품에 대한 소비자 조사를 통해 제품 개념의 적합성을 검증하는 절차이다.

## 2.4 사업 타당성 분석

신제품의 제품 개념에 대해 예비 마케팅 전략을 수립하고 이의 사업성을 평가하는 사업 타당성 분석(Business Feasibility Analysis)을 해야 한다. 사업성 분석 방법으로는 거시 환경 분석인 PEST 분석과 미시 환경 분석인 3C 분석 및 SWOT 분석 및 STP 전략을 수립한다. 이러한 과정을 통하여 단기적인 마케팅 전략, 장기 마케팅 전략을 수립한다. 사업성 분석(Business analysis)은 이러한 분석을 통하여 시장성, 기술성, 재무성은 물론 성장성 및 위험성을 분석하며 이를 토대로 신제품의 매출액, 비용, 이익 등에 대한 예상 손익 계산서, 투자 회수율 등 재무적 평가를 한다.

## 2.5 예비 설계

사업성이 충분하다고 판단되는 선정된 아이디어를 실체화하는 과정이 예비 설계(Prototype Design)다. 아이디어를 상품화하는 제품 개발 단계는 많은 시간과 비용이 소요된다. 실제로 제품이 소비자로부터 만족스러운 반응을 얻기 위하여 개발자의 입장이 아닌 소비자의 입장에서 아이디어를 상품화 하여야 한다. 이러한 과정에서 당초의 아이디어가 많은 변화를 가져오기도 한다. 신제품 개발 단계 중에서 많은 비용과 시간이 소요되는 단계이므로 충분한 예산과 기간을 고려하여야 한다.

## 2.6 시험 마케팅

신제품 및 마케팅 프로그램을 실제로 시장에 도입하여 소비자 반응을 조사하는 단계가 시험 마케팅(Test marketing)이다. 시장 진입 초기에 신제품에 대한 예상치 못한 문제점들을 확인하고 해결할 수 있다. 그러므로 신제품 개발에 많은 투자비용이 소요되거나 제품 성공여부가 불확실한 경우, 경쟁사의 제품 개발에 상당한 기간이 소요될 것으로 판단된 경우에는 시험 마케팅을 실시하는 것이 바람직하다. 이를 통하여 제품에 대한 점검은 물론 시장 세분화, 목표 시장 선정, 포지셔닝 전략, 가격정책, 제품 정책 등 전반적인 마케팅 전략의 점검이 가능하다. 방법론적으로는 특정 도시를 선정하고 소비자 반응을 조사하는 표준 시험 마케팅, 일정 규모의 통제된 패널을 운영하면서 시장 반응을 조사하는 통제 시험 마케팅, 가상 점포를 설치하고 그 점포 내에 신제품 및 경쟁 제품을 진열한 다음 소비자들의 반응을 조사하는 모의 시험 마케팅 등이 있다.

## 2.7 최종 설계

시험 마케팅 결과를 토대로 수정 보완된 신제품을 마케팅 전략에 의거 시장에 출시하는 단계가 최종 설계(Final Design)이다. 신제품의 출시 시기와 신제품의 출시 지역 등이 이 단계에서 결정된다. 신제품 출시 시기의 결정 단계에서는 초기 진입 전략, 동시 진입 전략, 후발 진입 전략 등이 있으며, 신제품의 출시 지역의 결정 또한 자본과 인력 보유 유통망 등의 보유 자원에 맞게 전략을 수립하여 추진한다. 대부분의 중소기업의 경우 성공 가능성이 높은 특정 지역에 먼저 진출한 다음 점차 진출시장의 범위를 확대하는 것이 일반적이다. 최종 설계 시에는 기능 설계(Functional Design), 형태 설계(Form Design), 생산 설계(Production Design)가 포함된다.

개발 과정을 진행하는 제품 개발법은 크게 3가지가 있다. 개발 절차를 순차적으로 진행하며 선행 단계의 작업이 완료되어야 만 다음 단계의 작업이 진행 가능한 순차적 제품 개발법, 순차적 제품 개발법과 유사한 개념이지만 인접한 단계의 상호 작용을 촉진하기 위하여 가능한 부문은 중복적으로 추진하는 중복적 제품 개발법(Overlapped approach), 기업의 모든 기업이 제품 설계와 활동에 참여 하여 해당 단계에서의 핵심 기간을 제외한 다른 부문은 사전에 미리 준비하여 최소의 개발 기간을 갖는 동시 공학적 제품 개발법이 있으며 단시간에 관련 부서가 함께 진행하여 문제점을 상호 보완할 수 있는 동시 공학 제품 개발법이 주로 활용되고 있다.

제3절

# 프로세스 설계

제품 및 서비스 설계를 통하여 무엇을 만들 것인가, 무엇을 고객에게 제공할 것인가를 결정하였다면 프로세스 설계는 이를 어떻게 만들 것인가를 설계하는 과정이다. 즉, 제품과 서비스를 생산하는 방법에 대하여 의사 결정하는 과정을 말한다. 프로세스(Process)란 일련의 과정을 말한다. 즉 제품이나 서비스를 생산하는 과정을 프로세스라 한다. 앞서 생산은 변환 과정이라 설명한 것과 연결하면 투입물을 산출물로 변환하는 과정을 프로세스라 한다. 프로세스 설계(Process Design)는 프로세스를 가장 경제적으로 만드는 것이라 할 수 있다. 변환 과정은 여러 형태로 존재할 수 있으나 최적, 최소비용의 프로세스를 정립하는 과정을 말한다.

프로세스는 크게 제조 프로세스와 서비스 프로세스로 나눌 수 있다. 실제로 대부분의 사업에는 제조 프로세스와 서비스 프로세스가 공존하고 있다. 기업이 제품을 만드는 과정만이 있는 것이 아니라 이를 소비자 또는 중간 유통망을 이용하여 판매하는 것은 물론 기업 내부의 제조 이외의 모든 부문은 서비스 체제로 움직이고 있는 것이다. 서비스 업체 또한 마찬가지다. 음식점은 서비스업으로 분류되지만 음식을 만들어 제공하는 업소이다. 음식을 제조하는 것이다. 병원도 마찬가지이다. 고객에게 무형의 진료 서비스를 제공한다. 진료를 제공하기 위하여 많은 약품과 진료기기 및 도구가 필요하다. 제조업체와 같이 설비도 있고 약품 등의 자재도 있으며 재고 관리도 하여야 한다. 이러한 관점에서 제조 프로세스와 서비스 프로세스는 공존하고 있는 것이다. 이러한 제조 프로세스와 서비스 프로세스의 큰 차이점은 '산출물의 특성'과 '고객 접촉의 정도'이다. 제조 프로세스는 자재를 제품이라는 유형의 재화로 변환시키는 과정이라는 것이 커다란 차이인 것이다. 또한 서비스 프로세스는 무형으로 형태가 없고 소멸적인 경향이 있는 것이 특징이다. 또한 전체적인 프로세스에서 서비스 프로세스는 제조 프로세스에 비하여 고객과의 접촉도가 매우 높으며 중요한 위치를 차지하고 있다.

**표 14-2** 제조 프로세스와 서비스 프로세스의 비교

| 구분 | 제조 프로세스 | 서비스 프로세스 |
|---|---|---|
| 산출물 | 물리적이며 내구적인 산출물 | 무형적이며 소멸적인 산출물 |
| 재고 가능 여부 | 가능 | 불가능 |
| 고객 접촉도 | 낮다 | 높다 |
| 반응 시간 | 길다 | 짧다 |
| 형태 | 자본 집약적 | 노동 집약적 |
| 품질 측정 | 용이 | 곤란 |

지금까지는 프로세스를 형태를 기준으로 분류하였으나 이러한 프로세스를 과정으로 분류하면 크게 4가지로 나눌 수 있다. 먼저 투입물인 자재 공급을 받는 프로세스인 '공급자 관계 프로세스(Supplier Relation-ship Process)', 변환 과정의 준비 단계인 '서비스 및 제품의 개발 프로세스(New Service/Product Development Process)', 실질적 변환 과정인 '주문 충족 프로세스(Order Fulfill Process)', 그리고 서비스와 제품을 고객에게 제공하는 제반 과정의 '고객 관계 프로세스(Customer Relationship Process)'로 상기의 4가지를 '핵심 프로세스(Core Process)'라고 한다. 그러나 기업에는 제조 과정만이 있는 것이 아니라 이러한 핵심 프로세스가 원활히 효율적으로 가동될 수 있도록 자본을 확보하고 예산을 수립하며 직원을 선발하는 등의 많은 지원을 필요로 한다. 이러한 지원하는 각종 업무 프로세스를 '지원 프로세스(Support Process)'라고 한다.

이러한 프로세스를 설계하는데 있어서 설계의 대상이 되는 3요소는 생산량, 품질수준, 그리고 기계의 유형이다. 3요소를 가장 효율적으로 설계하여 최고의 경쟁력을 갖는 프로세스가 되도록 설계하는 것이 프로세스 설계의 목표인 것이다. 프로세스 설계는 원가, 품질, 시간, 유연성의 우선 경쟁 역량을 달성키 위한 전략이 필요하며 이를 프로세

스 전략이라 한다. 프로세스 설계의 전략 수립 4요소는 프로세스 구조(Process Structure), 고객 참여도(Customer Involvement), 자원 유연성(Resource Flexibility), 자본 집약도(Capital Intensity)를 말한다.

프로세스 구조는 필요한 자원의 종류, 조직, 자원의 특성에 맞는 프로세스의 유형을 결정하는 것이다. 제조업에서 설비 배치와 관련된 프로세스 유형의 결정 즉, 단속 프로세스와 라인 프로세스의 결정 등을 하는 것이다.

고객 참여도는 고객이 프로세스에 참여하는 방식과 참여 정도를 나타내며 고객이 서비스 프로세스에 출현하여 적극 참여하고 개인적인 특별한 서비스를 받는 정도를 의미하는 고객 접촉도(Customer Contact)에 따라서 전방 영업장(Front Office), 후방 영업장(Back Office), 그리고 혼합 영업장(Hybrid Office)으로 나눈다. 이는 서비스 프로세스의 전략 수립에서 매우 중요한 사항이다.

자원 유연성은 프로세스의 자원인 종업원과 시설 그리고 설비 등 보유 자원에 대한 유연성 말하는 것으로 유연한 노동력과 유연 생산 시스템(Flexible Manufacturing System)을 갖추는 것이다.

자본 집약도란 설비와 종업원의 혼합정도를 나타내는 것으로 프로세스의 자동화 시스템 구축 정도로 나타난다. 제조업의 경우 자동화는 크게 고정 자동화와 유연 자동화로 나눌 수 있다.

### 3.1 프로세스 유형

프로세스의 유형은 산업 사회의 발달과 함께 커다란 변화를 가져왔다. 기계화 및 자동화 이전 시대에는 개별적인 프로세스로 생산성 또한 매우 낮았으나 미국의 포드가 컨베이어 벨트 시스템을 창안한 이후로는 급격히 변화하였으며 현대 산업은 정보 기술 그리고 정보 통신 기술을 활용한 프로세스로 발전되고 있다. 물론 제품과 서비스의 종류에 따라 프로세스의 유형도 달라지게 된다.

### 3.1.1 단속 프로세스

단속 프로세스(Intermittent Process)는 유사한 기능을 수행하는 기계 또는 작업장을 함께 그룹화하는 직능별 배치를 하며, 제품을 연속적으로 생산하지 않고 Lot 단위의 개별 프로세스(Job Process)및 배치 프로세스(Batch Process)로 생산하는 프로세스를 말한다. 단속 프로세스는 다양한 제품을 소량 중량으로 생산하는 기업 및 주문 생산 품목에 적합하며 제품 수명 주기상으로는 아직 충분한 수요 창출이 이루어지기 전인 제품 수명 주기의 초기 단계에 적합한 프로세스이다. 제조업의 일례로는 다품종 소량의 샘플 제조회사, 설비 제조회사 등이며 서비스업의 일례로는 치과, 차량 정비소, 식당 등이 여기에 속한다.

### 3.1.2 라인 프로세스

라인 프로세스(Line Process)는 어떤 특정 제품을 생산하는 프로세스의 경로의 흐름에 맞춰 배치한 프로세스로서 흐름 프로세스(Flow Processes)라고도 한다. 연속 생산으로 표준화된 제품의 대량 생산에 적합하며 형태에 따라 연속 프로세스(Continuous Process), 반복 프로세스(Repetitive Process)로 구분할 수 있다.

■ 연속 프로세스

- 프로세스의 흐름이 제품 중심으로 기계, 설비가 배치됨
- 고도로 표준화된 단일 또는 소품종 대량생산 시스템
- 석유화학 공장, 시멘트 공장, 우유 공장 등

■ 반복 프로세스

- 단속 프로세스와 연속 프로세스의 중간 형태
- 표준화된 조립 라인 형태의 소품종 대량생산 시스템

- 자동차 공장, 냉장고 공장 등

### 3.1.3 프로젝트

대규모 작업으로 작업자나 설비를 직접 프로젝트를 생산하는 장소로 이동하여 작업하여 고정 위치 프로세스(Fixed-position Process)라고도 한다. 규모가 큰 단일 제품을 대부분 하나만 생산하는 주문 생산 제품으로 정해진 우선순위에 의해 단계별로 프로세스가 진행되기 때문에 일정 관리가 매우 중요하다. 사례로는 건설 공사 프로젝트, 선박 제작, 교량, 건물, 항공기 제작과 서비스업으로는 시장조사, 이벤트, 기획, 소프트웨어 개발 등이다.

제4절

# 프로젝트 관리

프로젝트란 연속성이 없는 활동, 주로 단발성의 업무를 주어진 시간과 예산 내에서 결과물을 내는 것으로 통상 시작과 종료의 시점이 명확하며 그 안에서 최단 시간에 고객과 사전에 합의된 고유의 서비스나 제품을 최적의 결과물로 내기 위하여 계획하고 실행하며 통제하는 전반적 관리를 프로젝트 관리(Project Management) 또는 프로젝트 경영이라 한다. 프로젝트의 계획은 프로젝트의 진행 내용을 예상하여 예상되는 시점에서 수행하여야 하는 작업들을 내용과 일정 그리고 작업 주체 등을 수립하는 것이며 실행은 프로젝트를 실제 상황에서 계획된 작업 주체가 추진하는 것을 말한다. 통제란 프로젝트 실행 시 제반 사항이 계획에 의거하여 진행되도록 하는 것으로 추진 상에 발생하는 예기치 못한 내외부적 모든 상황에 대처하여야 한다.

프로젝트의 추진에 있어서 가장 중요하며 선행되어야 할 것이 프로젝트 팀의 구성이다. 프로젝트 내용에 맞게 기업 내·외부의 전문가들을 활용하여 프로젝트가 목표로 하는 성과 달성이 가능한 추진력이 있는 조직을 결성하여야 한다. 프로젝트 팀이 결성이 되면 목표를 설정하고 일정을 수립하는 등 프로젝트 계획 수립을 하여야 한다. 프로젝트 계획 수립은 5단계로 분류하며 이는 작업 세부 구조의 정의, 네트워크 작성, 일정 수립, 시간비용 교환 관계 분석 및 위험 평가의 단계를 말한다.

## 4.1 작업 세부 구조

작업 세부 구조(Work Breakdown Structure)는 수행하여야 하는 모든 업무를 나열한 것으로 프로젝트를 하위 구성 요소로 분할한 후 이를 구체적인 활동과 비용으로 기술한다.

## 4.2 네트워크 작성

네트워크 작성(Network Planning)이란 활동 간의 관계를 나타내는 것으로 네트워크 도표(Network Diagram)로 나타낸다. 실제로 이 도구는 1950년 미국에서 PERT(Project Evaluation and Review Technique)라는 이름으로 개발되었으며 또 다른 도구로써 CPM(Critical Path Method)도 개발되어 지금은 같이 혼용하여 상용되고 있다. 이를 PERT/CPM이라고 한다. 이는 불확실한 프로젝트의 일정, 비용 등을 합리적으로 계획하고 관리하는 기법으로 PERT는 확률적인 추정치를 이용하여 단계 중심의 확률적 모델을 전개하며 최단 기간에 목표를 달성위한 도구로서 개발되었으며, CPM은 과거 실적이나 경험 등의 확정적 결과값을 이용하여 활동 중심의 확정적 모델을 전개하며 목표기일 단축과 비용 최소화를 달성하기 위한 도구로서 개발되었다. PERT가 프로젝트를 구성하는 각 활동의 소요 시간에 대하여 추정치를 사용하는 확률적인 시간 개념인 반면에 CPM은 단일하고 확정적인 시간 개념을 사용한다는데 차이점이 있다. 프로젝트의 시작점과 종료점을 연결하는 활동의 연결선을 경로(Path)라고 한다. 경로 중에서 소요 시간의 합이 가장 긴 경로를 핵심 경로(Critical Path)또는 주경로라고 한다. 네트워크 다이어그램에서 프로젝트를 구성하는 활동을 원으로 표시하여 '마디(Node)'라 하며 마디 안에는 활동에 소요되는 시간을 나타낸다. '화살표(Arrow)'는 관련 활동들 간의 선행 관계를 나타낸다. 이러한 네트워크 표시 방식을 PERT에서는 '화살표 위의 활동(Activity On Arrow)' CPM에서는 노드형 기법(Activity On Node Node)라고 한다. 네트워크 구성 요소와 작성 절차는 다음과 같다.

〈구성 요소〉

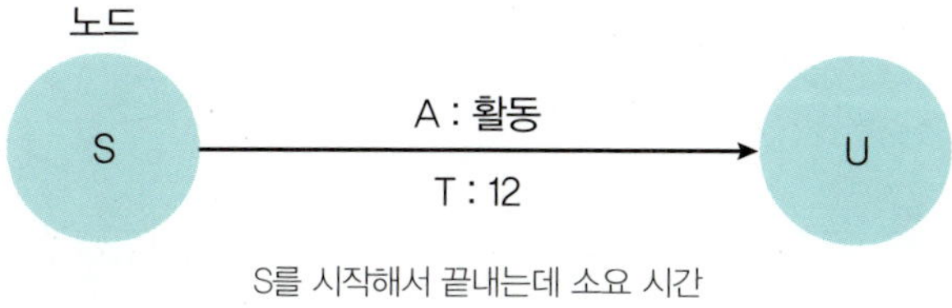


〈작성 절차〉

① 프로젝트 목표를 설정하고 필요한 작업을 선정한다.

② 작업 목록표를 작성한다.

③ 활동과 단계를 연결하고 활동 및 단계의 명칭을 기입한다.

### 4.2.1 PERT/time

활동 시간에 의한 일정계산 방법은 선행활동의 요구조건을 충족시키는 것을 전제로 아래 4가지로 구분한다.

① EF(Earliest Finish Time) : 최단 완료 시간으로 최단 시작 시간과 추정 소요 시간(t)의 합. EF=ES+t

② ES(Earliest Start Time) : 최단 시작 시간으로 직전 선행 활동의 EF와 같다.

③ LS(Latest Start Time) : 최장 시작 시간으로 LF에서 예상 소요 시간(t)을 뺀 것. LS=LF-t

④ LF(Latest Finish Time) : 최장 완료 시간으로 직후 활동의 LS와 같다.

⑤ S(Slack Time) : 여유 시간으로 전체 일정에 영향을 주지 않으면서 활동의 실행 시간을 조절하는 데에 사용할 수 있는 시간. S=LS-ES 또는 LF-EF

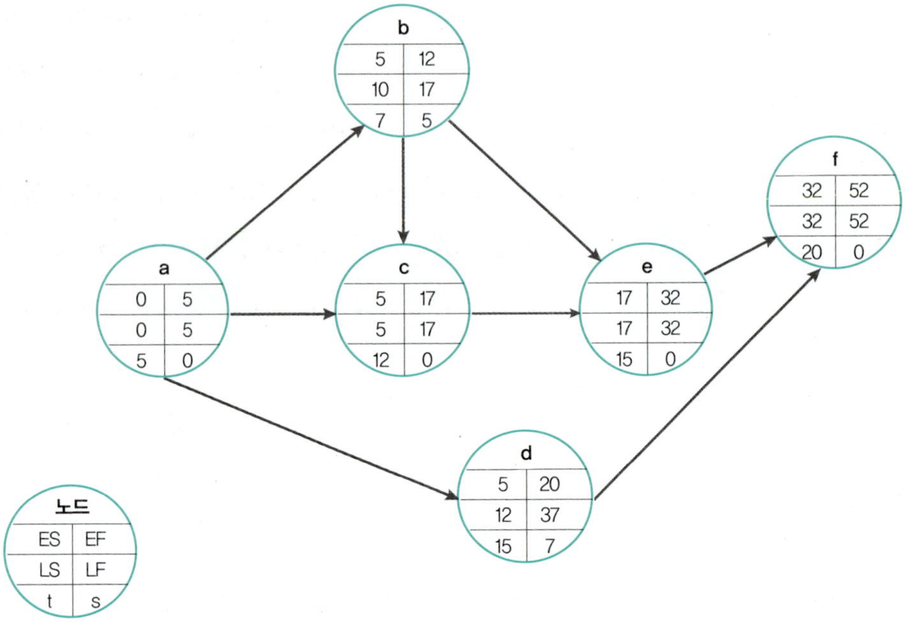


### 4.2.2 PERT/cost

시간과 비용을 함께 계획하여 최소의 비용으로 프로젝트를 완료하기 위한 일정 관리 기법이다. 정상적으로 계획하여 준비하는 사전 인지되는 사항에 대한 비용은 최소로 관리 할 수 가 있으나 돌발적으로 예기치 못한 긴급 상황 발생 시에는 긴급비용이 소요되므로 이를 관리하기 위한 것이다. 이는 활동 시간을 정산 시간보다 단축하면 긴급 비용이 증가한다는 가정 하에 분석하는 기법이다.

① NT(Normal Time) : 정상 상황 하에서 소요되는 시간

② NC(Normal Cost) : NC 해당 시간에 활동을 수행하는데 소요된 비용

③ CT(Crash Time) : 활동을 수행하는데 소요되는 시간

④ CC(Crash Cost) : CT 해당 시간에 활동을 수행하는데 소요된 비용

⑤ UCC(Unit Crash Cost) : 단위 활동 소요 시간당 소요되는 비용

⑥ UCC=(CC−NC)/(NT−CT)

비용 분석의 목적은 프로젝트에 소요되는 총비용을 최소화하기 위한 것으로 최소 비용일정(Minimum Cost Schedule)을 산출할 수 있다. 산출 방식은 먼저 주경로를 구하고 주경로 상의 활동들의 시간을 단축해 나가되 단축하는데 소요되는 추가비용과 간접비용과 배상비용 등의 절감비용을 비교분석하면서 단축시킨다. 일정 단축으로 인한 직접비용의 증가가 비용절감분보다 적은 경우는 이 과정을 반복하여 산출한다.

### 4.2.3 통계적 PERT

최소 시간에의 프로젝트 일정 관리를 위한 통계적인 네트워크 관리기법으로 작업(Activity) 활동 소요 시간의 추정은 작업기간이 불확실한 프로젝트의 계획, 관리를 전제로 하므로 다음 3개의 추정 시간치를 가중평균하여 기대 시간치를 구한다.

① 낙관 시간치(a, Optimistic Time) : 여건이 좋은 상태에서 활동이 완료되는 최단 시간
② 정상 시간치(m, Most likely Time) : 통상적인 여건 하에서 활동이 완료되는 시간
③ 비관 시간치(b, Pessimistic Time) : 제반 여건이 좋지 않은 활동의 최장 시간
④ 기대 시간치($t_e$, Expected Time) : 통계적 방법에 의하여 계산된 확률 기대 시간
(주, 3개의 추정 시간치는 베타분포($\beta$ distribution)를 그린다고 가정함)

제5절

# 생산 용량과 배치

산업의 발달은 수요와 공급의 균형에 변화를 가져왔다. 기계화로 인하여 공급부족 현상이 무너지기 시작하면서 자동화는 이를 더욱 가속화 시키어 수요보다 공급이 많은 공급 과잉의 시대로 진입케 하였다. 여기에 정보화는 전 세계를 하나의 시장으로 바꾸어 놓았고 과잉 경쟁과 함께 일대일 맞춤형 마케팅 시대를 열게 만들었다. 이제는 정보통신화, 지식화 시대로 한 발 더 나아가고 있다.

경쟁 시대의 돌입은 누가 어떻게 소비자의 마음을 사느냐 하는 문제를 낳게 하여 결국은 좋은 제품을 좋은 품질과 서비스와 함께 경쟁력 있는 가격으로 고객에게 제공하느냐로 귀결되었다. 여기서 좋은 제품이란 보다 창조적이고 혁신적인 제품을 이야기하며 제품군에 따라 또는 사회 문화 환경에 따라 변화하며 소비자의 요구도 다르다. 좋은 품질과 좋은 서비스는 불변의 사항일 것이다. 소비자가 가치를 느낄 수 있는 품질과 서비스를 창출하여 보이지 않으면서 보이는 실물의 제품보다 더 큰 경쟁의 영향력을 발휘한다. 이와 상응하거나 그 이상의 영향력을 갖는 것이 경쟁력이 있는 가격이다. 가격을 제외한 모든 가치, 즉 제품, 품질, 서비스의 총합의 가치와 바꿀 수 있느냐 없느냐가 실제로 소비자가 교환할 것인지 말 것인지를 결정하게 된다. 기업체가 이런 가격을 결정하는 근원적 사항은 경제적 생산이다. 기업이 보유하고 있는 모든 자원을 가장 효율적으로 활용하여 최소의 비용으로 생산하는 체제를 갖추는 것은 제조업과 서비스업의 과제이며 숙원이다. 일례로 전자 제품인 냉장고를 생산하는 회사에서는 여름철 상품인 냉장고를 경쟁사보다 탁월한 성능과 품질 및 디자인에 최소의 투자와 비용으로 생산하여야 경쟁사보다 경쟁력이 있는 가격으로 소비자에게 나아갈 수 있을 것이다. 소비자로부터 외면당하면 신상품이라는 빛도 없이 재고로 쌓이며 모든 것이 비용화되고 구모델로 전락하여 가격은 더욱 폭락하게 된다. 더욱이 여름 한 철에 팔 수 있는 제품을 미리 생산하여 준비하여 소진하여야 한다. 이러한 시장 수요 예측과 생산과의 관계를 잘 조정하지 못하면 기업에 엄청난 손실을 초래하게 된다. 서비스업의 일례로 패스트푸드인 햄버거 판매의 경우, 식사 시간과 이외의 시간과의 주문량에 차이가 많아 고객에게 불만 없이 제공하면서도 최소의 비용으로 유지할 수 있는 종업원 수, 제품의 준비, 신선도를 유지하기 위한 중간재의 재고 비축과 관리, 더 나아가 고객의 건강을 우선시 하는 식재료의 조달 등은 기업의 매출은 물론 존립에 직결되는 사항들이다. 이러한 모든 생산과 서비스 활동을 균형 있고 최고의 효율을 나타내기 위한 것이 생산 기획이다. 적정 생산 용량의 보유와 보유 용량의 최대 활용 그리고 이를 위한 생산 및 제조 리드 타임의 일정 관리 등을 생산 관리라 하며 계획된 생산을 원활하게 실행하기 위한 제반 지원 사항으로는 인원 관리, 설비 관리, 품질 관리, 원부자재 조달 등이 있다. 생산 관련 계획에는 장기 계획과 중기 계획이 있으며, 통상 장기 계획은 5년 이상의 계획을, 중기 계획은 3~5년의 계획을 말한다. 이에 비하여 1년 계획은 단기 계획을 말한다.

## 5.1 생산 용량의 의미

생산 용량(Production Capacity)은 어떤 일정 기간 동안에 정상적인 상황하에서 얻게 되는 최대의 산출물을 말한다. 장치 산업의 경우는 설비가 정상적인 상태에서 정상 시간에 생산하는 최대의 양을 말하는 것이다. 사전적으로는 생산 능력을 기업이 보유하고 있는 설비를 정상적인 조건 아래에서 충분히 가동하였을 때의 예상 최대 생산량 곧, 최대 잠재 생산량을 의미한다. 이렇듯 생산 용량과 생산 능력을 혼용하는데 생산 능력(Production Capability)은 보유 설비로 제조할 수 있는 제품의 최대 특성치를 나타낸다고 함이 더욱 정확할 것이다. 이러한 생산 용량은 설계 당시의 이상적인 용량을 나타내는 설계 용량(Design Capacity) 또는 이상 용량(Ideal Capacity), 해당 설비를 통하여 기대하는 용량으로 기대하는 품질 수준, 기대하는 작업시간 등을 감안한 기대 용량(Expected Capacity), 실제 산출량을 나타내는 실제 용량(Actual Capacity), 실제 용량에서 개선을 통하여 최고의 실질적 효율 하에서 산출 가능한 최대 용량(Maximum Capacity) 등이 있다. 이러한 생산 용량은 설비를 이용하여 생산하는 산업의 경우는 설비의 용량이 곧 생산 용량이 되며 서비스업과 같은 작업자에 의한 경우는 작업자의 수가 곧 생산 용량이 된다. 이로 인하여 생산 공정에서는 설비의 운영 효율화와 극대화를 위하여 관리하는 것이 중요하다. 이의 효율을 설비 종합 효율(OEE, Overall Equipment Effectiveness)로써 관리하고 있다.

## 5.2 설비 종합 효율

24시간 자동 장치로 가동할 수 있는 설비라 하더라도 설비의 정상 작동을 위하여 기본적인 최소한의 사전 정비 시간이 필요하다. 또한 설비 내의 가동용 소모품과 부품에도 수명이 있으며 돌발적인 설비 고장과 이에 대한 대처에 소요되는 시간을 줄이기 위하여 예방적으로 사전에 소모품을 교체하며 부품을 교체하는데도 시간이 필요하다. 또한 정상적인 품질로 제품을 생산하기 위하여 주기적인 설비 내부 청소 등으로 인하여 설비를 정지하여야 한다. 식사 시간 등을 비롯하여 많은 비가동 시간을 고려하여 설비의 용량을 결정하고 이에 대처하여야 한다. 이러한 비가동을 전체적으로 로스(Loss)라고 한다. 설비 운용과 관련된 로스는 크게 비조업 로스, 비부하 로스, 비가동 로스, 속도 로스, 불량 로스 이외에도 생산 현장의 로스는 가동 로스, 편성 로스, 방법 로스, 물류 로스, 설비 로스, 숙련 로스 등의 다양한 로스가 존재한다. 설비 종합 효율은 생산과 관련된 환경을 크게 3가지로 구분하여 시간 가동율, 성능 가동율, 양품률로 구분하고 이의 곱을 설비 종합 효율로 계산한다. 여기서 시간 가동율이란 부하 시간 중에서 설비가 생산을 위하여 실제 가동한 시간을 의미하며 가동 시간을 부하 시간으로 나눈 값이다. 성능 가동율은 생산 속도를 기준으로 생산에 유효하게 기여한 시간을 나타내며 총 정미 생산 시간을 가동 시간으로 나눈 값을 나타낸다. 정미 생산 시간은 정미 가동 시간 중에 양품을 생산하는데 소요되는 시간을 말하며 말하며 양품율(수율)은 총 양품

수량을 총 생산수량(총 작업수량)으로 나눈 값을 말한다.

**설비 종합 효율 = 시간 가동율 X 성능 가동율 X 양품률**
**= (가동 시간/부하 시간) X (총정미 생산량/가동 시간) X (양품 수량/생산 수량)**
*** 가동 시간 = 부하 시간 − 정지 시간**
*** 총정미 생산량 = 정미 시간 X 생산 수량**

## 5.3 로스

생산활동에 있어서 부가가치가 없는 제반의 활동은 모두 로스(Loss, 손실 또는 낭비)로 생각하면 된다. 제반 활동의 정미 소요시간, 정미 소요량, 최단 동작, 정상품 등을 제외한 모든 것이 낭비적 요소이며 로스인 것이다. 로스 관리의 중요성은 로스도 모두 비용이 소요되기 때문이다. 예를 들어 불량품도 자재비, 인건비, 경비 등의 제반 비용이 제조 시 양품과 같이 소요되지만 매출로 연결이 안 되고 폐기하여 버려지게 된다. 과잉생산으로 판매를 못하고 창고에 쌓이는 것도 로스이며, 장기간 판매가 안 되면 불용 처리하여 결국 손실로 비용처리하게 된다. 그렇다고 로스를 완전히 제로화하는 것도 쉬운 일은 아니다. 공정이 항상 일정하게 안정이 되어 투입된 것들이 예상대로 제품화 되어야 한다. 공정이 불안정하여 예상보다 불량이 많이 발생하면 재투입을 하여야 하고, 예상치보다 불량이 적게 발생하면 과잉 생산이 된다. 가장 이상적인 것은 최소의 불량으로 안정된 생산 시스템을 갖추는 것이다. 생산 중의 돌발적인 설비 고장은 생산 중단으로 이어지고 대기 로스가 발생하며 결국은 납기지연을 초래한다. JIT, 린 생산, 6 시그마 경영 등의 경영혁신 활동도 이러한 로스 및 낭비를 최소화하는 것에서 출발한다. 이러한 로스를 일본 오노(Ohno)가 7가지 낭비로 정리하였다. 상세한 내용은 Chapter 15에서 다루기로 한다.

① 과잉 생산

② 대기

③ 운반

④ 부적절한 가공

⑤ 불필요한 재고

⑥ 불필요한 동작

⑦ 결함

## 5.4 공장 배치

제조업에서 공장의 입지는 경영상에 지대한 영향을 미친다. 청정 환경이 필요한 제조업, 예를 들어 반도체 제조업 식료품 제조업은 물이 풍부하며 수질이 좋은 장소를 택하여야 하며 첨단 산업의 경우는 접근성이 좋아야 우수한 인재확보가 수월할 뿐만 아니라 물류 운송에도 많은 비용과 시간을 절약할 수 있다. 공장입지에 못지않게 중요한 것이 설비의 배치이다. 설비 배치는 생산성과 품질에 직결된다. 제조업뿐만 아니라 서비스업체도 작업자의 움직이는 동선을 효율적으로 최소로 함으로써 작업 피로도를 줄일 수 있으며 작업 능률 향상을 통하여 서비스의 질을 개선할 수 있다.

### 5.4.1 공장 배치의 분석과 설계

공장 배치(Layout)란 장치, 시설, 자재, 인적 자원, 그리고 에너지에 대한 사용의 효율성을 증가시키기 위해 회사 및 공장 내의 모든 물리적인 시설물을 재배치하고 조직화하는 일련의 체계적인 활동으로 생산 공정의 공간적 배열, 즉 서비스 내지 생산 흐름에 맞춰 건물, 시설, 기계 설비, 통로, 창고, 사무실 등의 위치를 공간적으로 배열하는 것이며 주로 기계 설비 배치가 중심이 된다. 이러한 설비 배치의 영향 요소로는 제품 설계, 공정 설계, 능력 설계, 시설 입지 등이 있으며, 특히 제품의 유형과 생산 공정의 유형과 생산량이 영향을 미친다. 이러한 설비 배치의 목적을 정리하면 원가 절감, 품질의 최적화, 인적 자원 및 공간과 에너지의 효율화와 생산 리드 타임을 단축하며 작업 환경을 안전하게 하는데 있다. 이러한 공장 배치는 통상 4단계로 진행하며 이는 예비 분석, 생산 시스템 구상, 기본 계획, 그리고 상세 계획의 순으로 진행한다.

### 5.4.2 설비 배치의 유형

공장 내에서의 설비 배치는 생산에 직접적인 영향을 주며 설비 배치는 크게 제품별 배치, 공정별 배치, 고정 위치 배치, 그룹 배치의 4가지 유형이 있다.

■ **제품별 배치**

라인 배치 또는 프로세스 배치라고도 하며 제조 과정의 순서에 따라 배치한다. 작업 흐름의 신속성 및 공정 관리가 용이하며 계획의 단순성으로 연속 생산 공정 및 소품종 다량생산에 적합하다. 단위당 생산 원가 절감, 운반 거리 단축, 운반 시간 단축, 자재 취급 비용절감 등의 장점이 있다. 각 공정의 소요 시간이 균형을 이루도록 작업장이나 작업 순서를 배열하는 라인 밸런싱이 매우 중요하며 라인·설비·공정별 작업시간, 과업, 선형 관계, 유휴 시간, 효율성을 고려하여 배치한다. 라인 밸런싱 방법으로는 탐색법, 시뮬레이션, 선형 계획법, 동적 계획법 등이 있다.

■ **공정별 배치**

기능별 배치라고도 하며 설비를 기능별로 집합시켜 놓은 상태로 공정 관리가 복잡하고 생산성이 다소 떨어지나 신축성이 크다. 단속 생산 공정, 다품종 소량생산 공정, 놀이공원 등의 배치에 적합하며 고객화 정도가 높을 수록 직무 만족도가 높다. 배치 방법으로는 도시 해법(마일 차트 이용법), 물량-거리 모형, 체계적 배치 계획(SLP) 등이 있다.

■ **고정 위치 배치**

프로젝트 배치라고도 하며 제품이 고정된 상태로 작업이 이루어지며 생산 제품의 부피가 크거나 무게가 무거워 이동이 어려운 경우 등에 해당된다. 선박 작업, 비행기 제조, 교량 건설 등이 사례가 된다.

■ 그룹별 배치

제품별 배치와 공정별 배치의 혼합형으로 혼합형 배치라고도 한다. 일부 공정만을 별도로 배치하여 특정 제품만을 생산하도록 배치하는 형태를 말한다.

### 5.4.3 공정별 배치의 분석

■ 계통적 설비 배치

머더(Richard Muther)에 의하여 제시된 탐색적 접근 방식으로 전개되는 체계적 배치 계획으로 시설 및 설비 배치의 목적은 최소의 투자로 생산 시스템의 효율성이 크도록 기계, 원자재, 작업자 등의 생산 요소와 생산 시설의 배열을 최적화 하는 것이다. SLP(Systematic Layout Planning, 계통적 설비 배치)에 의한 설비 배치의 장점으로는 운반 거리나 운반 코스트와 같은 양적요인 보다는 부문 간의 위치와 같은 질적 요인을 중요시하며 공정 간 의사소통이나 접근의 용이성을 강조한다. SLP 방식의 전개 절차는 먼저, 물자의 흐름과 생산 활동의 상호 관계를 검토하여 부문 간 활동 관련도를 작성한 후 필요 면적과 이용 가능 면적을 검토하여 면적 관련도를 작성한다. 마지막으로 제약 조건과 시설 및 설비의 공간을 고려한 최종 배치안이 작성된다. 활동 관련도에 표시되는 근접도와 강도는 작업의 유형, 감독의 용이, 공통 기술의 사용, 공통 설비의 사용, 접촉의 용이, 의사소통의 용이 등에 의하여 판단된다.

■ CORELAP

1967년 리와 모어(R.S. Lee와 J.M. More)에 의해서 개발된 배치 방법으로 질적 요인을 중시하는 SLP에 의한 분석과 같이 부문 간 활동 관련표를 비롯하여 부문(작업장)의 수, 건물 및 각 부문의 면적 등에 대한 제약치를 입력 자료로 하는 질적 요인 배치 방식이다. 근접의 필요정도를 수치로 바꾸어 각 부문의 종합 근접도를 산출하여 TCR(Total Closeness Rating, 종합 근접도)을 큰 부서를 중심으로 배치하는 방식으로 최대 70개 부문까지 배치가 가능하다. 질적 요인을 수치로 나타낸다는 제약점이 있으며, 구성 방식(Construction Type)에 속한다.

### ■ CRAFT

1963년 부파와 아무르(E.S. Buffa와 G.C. Armour)에 의해 개발된 것으로 최초 또는 기존의 배치 안을 토대로 하여 개선안을 추구하는 개선 방식(Improvement Type)에 속한다. 40개 부문까지 처리 가능하며, 물자의 흐름을 중심으로 전체 운반 코스트가 최소로 되는 배치안을 선정하는 양적 요인 중심의 컴퓨터 프로그램으로 기존의 배치를 개선하는 경우에 유용한 배치 방식으로 최초의 배치안, 부문(작업장) 간 운반 횟수, 운반 코스트 3가지의 데이터가 주어져야 한다.

### ■ CORELAP과 CRAFT의 장·단점

컴퓨터에 의한 배치는 도시 해법이나 SLP에 비하여 신속하고 편리하게 많은 부문을 배치할 수 있다는 이점이 있지만 이들 컴퓨터 기법은 여러 가정을 전제조건으로 전개되는 것이므로 특정 상황에 이용할 경우에는 이들 가정에 대하여 신중히 검토할 필요가 있다. 예를 들어 CRAFT는 단위 거리당 운반 코스트를 사용하고 있는데 운반 코스트가 거리와 비례하지 않을 경우에는 문제가 발생되는 경우가 있다.

## 5.5 서비스업체의 배치

제조업에서의 공장 배치 및 설비 배치는 제품의 경제적 이동을 통하여 생산성 향상 및 품질 향상에 기여하며 관련 로스를 최소화한다. 물론 이를 통하여 작업자의 동선과 작업 안전 등에도 기여한다. 이에 비하여 서비스업체에서의 배치와 동선은 곧 작업자의 동선과 직결되며 특히 고객을 직접 상대하는 서비스업은 무엇보다도 동선 관리가 매우 중요하다. 작업자의 피로감은 곧 고객에게 나타나므로 적당한 움직임과 이동도 필요하며 최고의 작업 능률을 올리는 연구가 필요하다. 서비스 조직 형태는 크게 서비스 공장, 서비스 점포, 대량 서비스, 전문 서비스로 구분할 수 있으며 각각에 적합한 배치 방식을 적용하여야 한다.

#### ■ 서비스 공장

서비스업이지만 패스트푸드 또는 피자 전문점 등과 같이 제품을 제공하는 것으로 제조업의 제품별 배치 및 공정별 배치 또는 위치 고정 배치 등의 형태를 취한다.

#### ■ 서비스 점포

치과, 병원, 차량 정비소와 같은 고객과의 직접 접촉이 많으며 고객화 정도가 높은 서비스 업종으로 고객의 욕구가 다양하여 프로젝트 성격을 갖고 있으며 위치 고정 배치가 주로 적용된다.

#### ■ 대량 서비스

소매상, 편의점, 할인마트 등과 같이 노동 집약적이며 고객화 정도가 낮은 서비스 업종으로 고객의 동선에 따라 상품 진열을 고려하여야 한다.

#### ■ 전문 서비스

미용, 마사지 등의 소멸성 서비스를 제공하는 것으로 고객과의 접촉 및 고객화 정도가 매우 높은 업종으로 통상 제조업의 공정별 배치 형태를 갖게 된다.

서비스업체에서의 고객의 만족은 서비스의 질(Quality)일 것이다. 서비스의 질은 매우 광범위한 의미를 내포하고 있으며 그중에서도 가장 기본적인 품질은 제조업에서의 제품의 품질과 같이 제공하는 원천 서비스일 것이다. 예를 들어 요식업체는 제공되는 음식 맛이 좋고 차별화 되어야 할 것이고, 가격 경쟁력이 있어야 할 것이다. 그리고 부수적으로 매장 분위기, 인테리어 등도 서비스 품질에 해당되며 종업원의 서비스 태도, 기다리는 시간 등도 서비스업체의 주요 품질들이다. 여기서는 기다리는 시간, 학술적 용어로는 대기 행렬 이론에 대하여 살펴본다. 대기 행렬(Waiting Line)은 고객이 서비스를 받기 위하여 기다리는 시간을 말한다. 예를 들어 음식을 주문하고 기다리는 시간, 자동차 정비 의뢰를 접수시킨 후 기다리는 시간, 화물 선적을 기다리는 시간, 은행 창구에서 대기 번호표를 받고 기다리는 시간 등이다. 특히, 피크 타임에서 고객이 기다리는 시간을 예상하고 최적의 배치를 통한 고객 불만족의 방지 등을 모색하는 것이 대기 행렬 이론이다. 대기 행렬에서 공통적으로 고려하여야 할 사항으로는 서비스를 제공받고자 하는 고객 모집단, 서비스를 제공하는 설비, 대기 행렬, 그리고 서비스를 받은 고객의 우선순위에 대한 규칙 등일 것이다.

서비스를 제공하는 설비의 경우 제공 창구를 하나 또는 복수의 여러 창구로 하느냐를 결정하여야 한다. 이는 제조 설비를 몇 대 배치할 것인가와 같은 문제이다. 여기에는 비용의 문제가 따르게 된다. 또한 여러 가지 서비스 항목을 단일 창구에서 모두 진행하는 방법과 서비스를 분류하여 분산시키는 방법이 있다. 이러한 대기 행렬 배치는 단일 창구 단일 단계, 단일 창구 복수 단계, 복수 창구 단일 단계, 복수 창구 복수 단계, 혼합형 등으로 구분할 수 있다. 대기 행렬 법칙에서 가장 기본적으로 적용하는 것이 리틀의 법칙(Little's Law)이다. 이는 대기 행렬 시스템에서 기다리는 고객의 수를 도착률 및 기다리는 시간과 연결시키는 법칙으로 평균 대기 시간(W)은 대기 시스템 내의 고객 수(L)를 시간당 방문하는 고객 수(V)로 나눈 값이 된다.

제6절

# 생산 계획 시스템

생산 계획 시스템은 수요와 공급을 일치시키는 작업으로 예측되는 전체 수요는 물론 기간별, 시점별 수요에 대하여 최적의 효율적 공급을 위한 계획을 수립하고 일정을 수립하는 것이다. 이의 전체적인 계획을 총괄 계획(Aggregate Planning)이라하며 이를 최종 품목별로 생산 시기와 생산 수량에 대한 계획을 기준 생산 계획(MPS ; Master Production Schedule)이라 한다. 생산 일정에 부합하는 재구매 계획을 자재 소요 계획(MRP ; Material Requirement Planning)이라고 하며 세부적인 작업 일정 계획(Operations Scheduling)도 있다. 서비스 부문에서는 인력 일정 계획(Workforce Schedule)과 자재 및 시설자원 계획이 중요하다. 총괄 계획과 면밀한 세부 계획을 통하여 이루고자 하는 목표에 대해 크라예프스키(Krajewski, 2007)는 비용 최소화와 이익 극대화, 고객서비스의 극대화, 재고 투자의 극소화, 생산율 변화의 극소화, 작업자 수준 변화의 극소화, 공장 및 장비 이용 극대화를 들었다.

## 6.1 총괄 계획

총괄 계획은 시장 수요에 따른 생산 및 재고 수준을 조정하여야 하며 또한 생산과 시장 수요의 균형 유지를 위한 고용 수준을 적절히 조정하여야 한다. 고용 및 생산성을 최대화하기 위한 독창적인 방안을 수립하여 시기적절한 조정을 하여야 하는 것이다. 생산성은 숙련도 및 기술력과도 직결되는 사항이므로 단기적 방안보다는 장기적 방안을 고려하여야 하는 것이다. 이러한 작업인원 작업시간을 비롯하여 재고 등의 제반 사항을 감안하여 수립케 되는 총괄 계획의 추진 전략은 수요에 따라 작업 인원을 조정하는 추종 전략(Chase Strategy), 작업인원은 고정하고 작업시간으로 생산 활동을 조정하는 시간 변동 전략(Variable Work Hour Strategy), 수요 변화와는 무관하게 작업인원과 작업시간을 고정하여 생산 활동을 진행하는 균등 전략(Level Strategy)이 있으며 이들 중 순수하게 하나의 변수만을 사용하는 순수 전략(Pure Strategy)과 두개 이상의 변수를 함께 사용하는 혼합 전략(Mixed Strategy)이 있다.

**표 14-3** 총괄 전략

<table>
<tr><th colspan="2">전략</th><th>내용</th><th>장점</th><th>단점</th></tr>
<tr><td rowspan="3">순수 전략<br>&<br>혼합 전략</td><td>추종 전략</td><td>수요에 따라<br>작업 인원 변동</td><td>– 인건비 및 복리 후생비 등 원가 절감 효과가 크다</td><td>– 작업 연속성 저하<br>– 근무 의욕 및 능률 저하</td></tr>
<tr><td>시간 변동 전략</td><td>수요에 따라<br>작업 시간 변동</td><td>– 작업 인원 고정으로 숙련도 유지</td><td>– 작업 능률 저하</td></tr>
<tr><td>균등 전략</td><td>수요 변화에 관계없이<br>작업자 및<br>작업 시간 고정</td><td>– 작업 인원 고정으로 숙련도 유지</td><td>– 인건비 과다<br>– 재고 부담 가중<br>– 경영 손익 악화 초래<br>– 위기의식 결여<br>– 생산 효율 저하</td></tr>
</table>

## 6.2 기준 생산 계획

기준 생산 계획(MPS)은 특정 기간 내에 최종 품목을 생산키 위해 부속되는 개별 품목을 언제 얼마나 생산할 것인지를 정하는 것으로 제품별 또는 품목별 생산 일정 계획을 말한다. 즉 완성품 생산에 필요한 하위 부품들의 생산 일정을 수립하는 것이다. 이러한 기준 생산 계획의 작성 절차는 작성 대상 품목의 예상 보유 재고의 수준을 계산하여 이에 필요한 생산량과 생산 시간 계획을 수립한다. 일정 계획의 수립 과정에서 고려하여야 할 사항은 기준 생산 시간을 크게 4개의 구간으로 나누어 첫 번째 구간은 동결구간(Frozen Fence)으로 일정 변경이 불가한 구간이며, 마지막 구간은 개방 구간(Open

Fence)이라 하여 아직 생산이 할당되지 않아 신규 생산 계획을 적용할 수 있는 구간을 말한다. 그 중간에는 확정 구간(Firm Fence)과 가변 구간(Full Fence)이 있으며, 확정 구간은 생산 계획이 확정되어 있어 기본적으로 계획 변경이 불가하나 예외적 상황이 적용될 수 있다. 가변 구간은 일정 변경이 쉬우며 변경에 따른 비용부담도 없는 구간을 말한다. 기준 생산 계획을 작성하기 위하여 먼저 대상 품목의 직전 기간 말기 보유 재고를 확인하여 예측된 수요량에서 빼면 생산 필요 수량이 계산된다. 여기에 필요 재고 보유량인 예상 보유 재고(Projected on-hand Inventory)를 합산하면 최종 생산 필요 수량이 계산된다. 기준 생산 계획은 먼저 수요를 충족키 위한 것으로 이를 위한 생산 일정과 생산 수량을 결정하기 위한 것이다. 수요가 실질적 납품 가능량(Available-to-Promise)과 일치하지 않을 수도 있다. 수요량이 생산 용량을 초과할 경우는 분할로 납품을 하여야 하므로 영업부서에서는 기간별 납품 가능량에 대한 정보가 필요할 것이다.

### 6.3 작업 일정 계획

신규 건물을 착공하여 준공일까지 많은 업무가 있으며, 이들 업무가 순조롭게 진행될 수 있도록 작업 일정 계획(OS ; Operations Scheduling)을 세워야 준공일에 건물을 준공할 수 있게 된다. 한 대의 여객용 비행기가 이륙하기 위하여 사전에 많은 업무가 제시간에 마쳐져야만 한다. 항공기를 배정하고 탑승 기장 및 승무원 등 기내 요원을 배정하고 항공기 사전 정비를 비롯하여 운항 사전 회의를 진행하며 계류장에 항공기를 대는 시간, 기내 청소 시간, 연료 주입 시간, 연료 주입량, 기내식 준비 및 탑승자 화물 적재 시간 등 많은 업무가 일정 계획에 따라 진행되어야 항공기가 고객을 탑승하고 제 시간에 이륙할 수 있다. 이와 같이 일정 계획이란 특정한 업무를 수행하기 위하여 시간대별로 자원을 배분하는 것으로 생산에 필요한 자원을 언제, 누구에 의해, 어떤 장비를 사용하여 이루어지는가를 결정하게 된다. 일정 계획은 여러 종류가 있으며 주문 충족을 위해 정해진 시간에 고객을 할당하는 수요 일정 계획(Demand scheduling), 종업원이 언제 일해야 할지를 결정하는 인력 일정 계획(Workforce scheduling), 작업장마다 과업을 할당하거나 각 과업에 종업원을 할당하는 작업 일정 계획(Operations scheduling) 등이 있다.

CHAPTER 15

# 경영 혁신

제1절

# 경영 정보 기술의 이해

요즈음은 초등학생도 휴대용 무선 전화기, 스마트폰을 갖고 다니는 시대이다. 미국의 초등학교에서는 태블릿 PC(Tablet PC)로 공부를 한다. 교과서를 태블릿 PC에 다운로드 받고, 또 태블릿 PC에 직접 글도 쓰고 그림도 그린다. 스마트폰으로 언제 어디서나 외국의 친구와 얼굴을 보면서 영상 전화 통화를 할 수도 있다. 업무용 이메일도 언제든지 확인이 가능하다. 무선 인터넷 기능을 이용할 수 있어서 인터넷 검색의 모든 것을 언제 어디서나 할 수 있는 것이다. 이러한 기술을 우리는 정보 통신 기술(ICT ; Information & Communication Technology)이라 한다. 정보 기술(IT ; Information Technology)과 통신 기술(CT ; Communication Technology)이 융합한 것이다. 정보 기술은 1980년대 개인용 컴퓨터가 보급되면서 시작되었다. 컴퓨터를 기반으로 업무를 행하는 기술들을 말한다. 정보기술은 초기에는 전자공학 기술 또는 컴퓨터공학 기술로 표현되기도 하였으나 급속한 전자 부문의 발전을 통하여 정보화 전략 수립, 정보 관리, 정보화 환경 조성, 시스템 공학, 통신, 시스템 구축, 시스템 구현 등의 다양한 부문을 통합적으로 표현하고 있다. 그러므로 정보 기술은 컴퓨터와 관련하여 정보화를 위해 필요한 모든 기술들의 포괄적인 의미로 이해되어야 한다. 노동력의 혁신을 가져왔던 기계혁명의 제1차 산업혁명에서 두뇌력의 혁신을 구사한 정보혁명의 제2차 산업혁명이 이루어진 것이다. 1차 산업혁명이 외형적 하드웨어적인 혁명이라면 2차 산업혁명은 소프트웨어적인 혁명인 것이다. 산업혁명에 대하여는 학자마다 보는 관점에 따라 시기가 다르다. 대체적으로 영국에서 처음으로 등장한 방적기로부터 1차 산업혁명이, 미국의 포드 자동차회사에서 처음으로 등장한 컨베이어 벨트 시스템으로부터 2차 산업혁명이 시작되었다고 한다. 그렇다면 컴퓨터의 등장은 3차 산업혁명이 될 것이다. 또 다른 학자는 3차 산업혁명은 지식정보화 사회라고도 주장한다. 어떠한 분류라 하더라도 정보기술이 산업 사회를 획기적으로 바꾸고 향후의 산업 발전에 엄청난 영향을 미친 것에 대하여는 부인할 수 없다. 그래서 이를 정보혁명이라고 표현하기도 한다. 산업혁명 이전을 농업혁명으로 하여 인류사를 3대 혁명으로 구분하며 농업혁명, 산업혁명, 정보혁명 또는 디지털혁명으로 분류하기도 하는 것이다.

정보혁명, 정보화 시대의 근간이 되는 정보기술은 산업의 외형적인 모습만을 바꾼 것이 아니라 일하는 방식, 생활 방식 모두를 바꾸게 하였다. 예를 들어 개인 업무 처리 시 손으로 쓰고 탁상용 계산기를 이용하던 것이 컴퓨터의 프로그램을 이용하여 컴퓨터에 입력하면 자동으로 계산이 되며, 전화로 확인하던 것이 컴퓨터 네트워크를 통하여 실시간으로 컴퓨터로 확인하고 이에 대한 적절한 조치를 취할 수 있게 되었다. 또한 업무 처리 및 단계를 컴퓨터에서 진행 순서대로 처리하게 함으로써 합리적으로 절차에 따라 진행되는 것은 물론 자재 납품, 발주, 고객으로 부터의 수주 등 제반 업무를 컴퓨터 네트워크를 통하여 업무 진행을 함으로써 신속하며 정확하게 진행하게 된 것이다. 더욱이 현대 사회는 유선 네트워크가 무선 네트워크로 변화되어 사무실의 컴퓨터를 통하여 업무처리를 할 뿐만 아니라 언제 어디서나 휴대용 전화기인 스마트폰 또는 태블릿 PC를 이용하여 업무 처리가 가능하게 되었다. 궁극적으로 기업 경영에 있어서 정보 기술이 추구하는 방향은 기업 내부 및 기업 외부의 경영 관련 정보를 실시간으로 취득하여 올바르고 신속한 의사 결정을 하며 기업이 최대의 경영 효율과 경쟁력을 갖도록 하는 것이다. 이러한 정보 기술은 크게 하드웨어적 기술 측면과 소프트웨어적 기술 측면으로 나누어 볼 수 있다.

## 1.1 컴퓨터

인류 최초의 컴퓨터는 1948년에 탄생한 에니악(ENIAC : Electronic Integration Computer)으로 알려져 있다. 미국 펜실베이니아대학의 모칠리(John W. Mauchly)와 에커트(J.

Presper Eckert, Jr)가 개발한 것으로 진공관을 이용한 것이었다. 이들은 1951년 '레밍턴 랜드사'에 판매되어 유니백(Univac ; Universal Automatic Computer)으로 탈바꿈되었다. 이 당시의 저장 장치는 천공 테이프를 사용하였다. 에니악은 1만 8,000개의 라디오 튜브, 7만 개의 레지스터, 만 개의 축전기, 6,000개의 스위치로 구성되었다. 길이 40피트(12.192미터), 높이 20피트(6.096미터), 무게는 30톤에 달했다. 이를 통상 1세대 컴퓨터라 한다. 이에 비하여 2세대 컴퓨터는 진공관이 트랜지스터로 바뀌어 규모를 대폭적으로 축소하면서도 기능은 크게 개선되었다. 저장 장치 또한 천공 테이프에서 자기 테이프로 변경되었다. 1950년대 후반에 직접 회로(IC ; Intergrated Circuit)의 개발과 생산으로 컴퓨터의 3세대가 시작되었다. 그로 인하여 컴퓨터의 처리 속도와 주기억 장치의 용량이 획기적으로 개선되었던 것이다. 반도체 기술은 더욱 발전하여 1970년 초에 고밀도 기술과 고집적 회로 기반 기술의 LSI(Large Scale Integration) 및 VLSI(Very Large Scale Integration)로 컴퓨터는 획기적으로 작아졌으며 소형화되어 개인용 컴퓨터 시대를 열게 하였다. 저장 매체로도 하드디스크, 플로피 디스크 등이 사용되었다. 이 시기를 4세대 컴퓨터라 하며 지금 우리가 사용하고 있는 스마트폰, 태블릿 PC를 5세대 컴퓨터라 분류한다.

컴퓨터 하드웨어의 주요 부품으로는 인간의 두뇌 역할을 하는 중앙 처리 장치(CPU; Central Processing Unit), CPU와 직접 연결된 컴퓨터의 주기억 장치들로 램(RAM), 캐시 메모리(Cache Memory), 롬(ROM)과 하드디스크 드라이브(Hard Disk Drive), 메모리 카드(Memory Card), CD(Compact Disc), USB 메모리(Universal Serial Bus라고 해서 데이터를 직렬로 전송하는 직렬버스 연결포트를 의미)와 같은 보조 기억 장치, 키보드 및 스캐너 등의 입력 장치, 모니터 프린터 등과 같은 출력 장치, 그리고 통신기기 등이 있다.

20세기 최대의 기술혁명이라고 할 수 있는 중앙 처리 장치는 명령어를 해석하고 이를 기반으로 다른 하드웨어 장치들에게 명령을 전달하는 역할을 하는 제어 장치와 산술연산과 논리연산을 하는 논리연산 장치의 두 개의 부문으로 구성되어 있으며, 처리 속도는 초당 CPU 사이클이 백만 번인 메가 헤르츠(MHz)와 초당 CPU 사이클이 10억 번인 기가 헤르츠(GHz)로 표시된다. 또한 CPU 안에 2개의 CPU를 넣은 것을 듀얼-코어(Dual-Core),

4개를 넣은 것을 쿼드-코어(Quad-Core), 8개를 넣은 것을 옥타-코어(Octa-Core)라고 한다.

컴퓨터의 대표적인 주기억 장치로는 램, 캐시 메모리, 롬이 있으며, 이들은 중앙 처리 장치인 CPU와 직접 연결되어 있다. 램(RAM ; Random Access Memory)은 프로그램 명령어와 데이터를 저장한 곳으로 중앙 처리 장치가 여기서 데이터를 읽고 쓰는 컴퓨터의 주요 작업 메모리이다. 컴퓨터 전원이 꺼지면 램에 기록되었던 모든 정보는 사라지는 휘발성이 있다. 캐시 메모리는 컴퓨터에서 최근에 사용한 자료를 자동으로 저장하는 것으로 한번 기록된 자료를 다시 꺼낼 때 빠른 시간에 볼 수 있게 하는 역할을 한다. 롬(ROM ; Read Only Memory)은 컴퓨터 전원이 꺼져도 정보가 소실되지 않는 저장 공간으로 컴퓨터의 필수 내용인 시스템 프로그램 등을 저장하는 공간이다.

컴퓨터의 하드웨어만 발전한다고 기능과 성능이 좋아지는 것은 아니다. 하드웨어를 구동시키기 위한 소프트웨어가 같이 발전하여야 하는 것이다. 컴퓨터 소프트웨어는 크게 시스템 소프트웨어와 응용 소프트웨어의 두 가지가 있다. 시스템 소프트웨어는 다시 운영 체제 소프트웨어와 유틸리티 소프트웨어로 구성되어 있다. 예를 들어 MS-DOS 및 마이크로소프트 윈도우와 같이 컴퓨터의 응용 프로그램을 비롯하여 여러 소프트웨어가 같이 동작할 수 있도록 하는 것이 운영 체제 소프트웨어이며, 부가 기능인 디스크 최적화, 파일 및 데이터 복구, 설치 제어기, 바이러스 제거 소프트웨어, 화면 보호 장치 등과 같이 운영 시스템의 부가적인 기능을 갖도록 하는 것이 유틸리티 소프트웨어인 것이다. 응용 프로그램은 우리가 직접 작성하고 사용하는 문서작성 프로그램들을 말한다.

## 1.2 정보 기술의 발전

기업 정보 기술의 시작은 CALS(Computer-Aided Logistics Support)에서 비롯되었다. CALS는 원래 1982년 미국 국방성이 무기 장비 및 군수품의 보급조달과 이의 정비유지를 위해 군내부에서의 공급자와 사용자 간에 컴퓨터를 이용하여 전자화 된 데이터를 주고받기 위한 수단으로 출발하였다. CALS의 초기 단계에서는 데이터의 전자화를 통해

종이와 서류의 사용을 줄이고 데이터의 재입력에 따르는 노력과 오류를 제거하는 것이 주목적이었다. 1980년대 후반에는 군수물자를 납품하는 민간업체에 연결 사용되면서 엄청난 원가절감 위력이 알려지기 시작했다. 그러면서 제품의 설계, 제작 과정과 보급, 조달 등의 운용 과정의 컴퓨터 정보 통합 자동화의 CALS(Computer-aided Acquisition and Logistics Support)로 발전하여 민간과 군을 포함한 군수와 무기획득 과정에 확대 적용되었다. CALS가 설계, 제조, 부품조달, 유통 등 제품의 생산에서 폐기까지의 전 과정을 정보화 하면서 1993년 셋째 단계의 CALS(Continuous Acquisition and Life-cycle Support)로 발전하였다. 발주, 선정, 설계, 생산, 유통 및 폐기에 이르기까지의 전 과정에 걸쳐 컴퓨터 및 정보 기술에 의한 시스템을 통하여 총체적으로 관리하는 것이다. 이러한 CALS는 초고속 통신망과 연결되면서 1994년 넷째 단계의 CALS(Commerce At Light Speed)로 발전하였다. 이는 우리나라 용어로 광속 상거래라고 하며 정보 기술의 통합을 기반으로 구현하는 산업 정보화 전략이며 전자적 거래(Electronic Commerce)가 실현되는 사회로 지향해 나가는 것이 목표이다. 여타의 CALS가 국무성과 상무성의 정부기관의 주도로 진행되었던 것에 비하여 넷째 단계의 CALS는 민간이 주도하여 이루어 졌다.

**표 15-1** CALS의 발전 단계

| 단계별 CALS | 년도 | 주요 목적 | 해당 업무 |
|---|---|---|---|
| Computer-Aided Logistics Support | 1982 | 무기 장비 및 군수품의 보급조달과 이의 정비유지를 위해 군 내부에서의 공급자와 사용자 간에 컴퓨터 활용 | 후속 지원 |
| Computer-aided Acquisition and Logistics Support | 1988 | 민간과 군을 포함한 군수와 무기획득 과정에 확대 적용 | 후속 지원+조달 |
| Continuous Acquisition and Life-cycle Support | 1993 | 발주, 선정, 설계, 생산, 유통 및 폐기에 이르기까지의 전 과정에 걸쳐 컴퓨터 및 정보 기술에 의한 시스템을 통하여 총체적으로 관리 | 후속 지원+조달+설계, 제조 |
| Commerce At Light Speed | 1994 | 정보 기술의 통합을 기반으로 구현하는 산업 정보화 전략이며 전자적 거래가 실현 | 후속 지원+조달+설계, 제조+상거래, 결재 |

이러한 CALS가 국내에 도입된 것은 1995년경 학계에서 연구가 시작되었으며 산업계에서는 전자 부문을 선두로 도입 활용하였다. CALS는 시스템 통합을 통하여 종합적 정보 시스템 구축에 있는 것으로 기업 경영에 접목되고 있고 정보 경영으로 활용되고 있다.

기업 경영적 측면에서의 정보 기술, 즉 경영 정보 기술은 1970년대에 자재 소요량 계획인 MRP(Material Requirement Planning)를 통하여 생산 효율화를 위한 자재 관리에서 출발하였다. 1980년대에는 이것이 발전하여 생산자원 계획인 MRP II(Manufacturing Resource Planning)로 자재뿐만 아니라 생산의 모든 자원의 효율적 관리를 통하여 경영 효율화를 도모하였다. 그러나 제조가 생산 자체만으로는 충분한 효율화를 기하지 못하여 전사적인 효율화가 필요하게 되었으며, 1990년대에 전사적 자원 관리 시스템인 ERP(Enterprise Resource Planning)가 탄생하게 되었다. 이는 생산에 직접 관여하는 부서뿐만 아니라 인사, 회계, 영업 등 전사적인 업무 및 자원의 효율화를 기하여 경영 합리화를 도모하는 리엔지니어링인 BPR(Business Process Reengineering)의 실현 도구로 자리를 잡게 되었다. 하지만 기업 경영이 자체적으로만 효율화를 기하여서 되는 것은 아니었다. 외부 환경과 외부 기업인과의 효율적 융합을 이루어 보다 효율화, 최적화를 기하여 내부적 효율화를 극대화 할 수 있는 것으로 전방의 고객 관계 관리 시스템인 CRM(Customer Relationship Management)과 후방의 공급 사슬 관리 시스템인 SCM(Supply Chain Management)을 통합한 XRP(Extended Enterprise Resource Planning) 또는 확장형 ERP가 태어나게 되었다. 기업 경영의 효율화는 여기에서 그치지 않는다. ERP가 기업 내부 업무 프로세스의 효율화를 추구하는 것이라면, ERP II는 기업 간 협업 상거래를 추구하는 것으로 발전하고 있다. ERP II는 기업 간 공통 모듈을 통합 운영하는 통합형 ERP로써 시스템 운영의 효율화를 도모하고 있다.

표 15-2 기업 경영 정보 기술의 발전 단계

| 구분 | 용어 | 도입 시기 | 개념 | 주요내용 |
|---|---|---|---|---|
| MRP | Material Requirement Planning | 1970년대 | 자재 관리 | 자재 수급 및 재고의 최소화 |
| MRP II | Manufacturing Resource Planning | 1980년대 | 전사적 생산 자원 관리 | 생산 관련업무의 효율화 |
| ERP | Enterprise Resource Planning | 1990년대 | 전사적 경영 자원 관리 | 전사적 경영 자원의 종합 관리를 통한 경영 효율화 |
| XRP | Extended Enterprise Resource Planning | 2000년대 | 총체적 경영 자원 관리 | 기업 내부를 포함하여 공급 사슬 관리의 SCM과 고객 관계 관리의 CRM 종합 관리를 통한 경영 효율화 |
| ERP II | Enterprise Resource Planning II | 현재 | 통합적 경영 자원 관리 | 기업 간 시스템 통합을 통하여 극단적 경영 효율화 |

제2절

# MRP와 MRP II

자재 소요 계획인 MRP(Material Requirement Planning)는 1970년대에 원활한 생산 활동을 전개하기 위하여 공급의 원천인 자재 소요량을 정확히 효율적으로 관리하기 위하여 만들어진 최초의 체계적인 제조 부문의 정보 관리 시스템이다. 원자재, 반제품, 완제품 등의 필요한 물자를 필요한 때에, 필요한 양을, 필요한 곳에 조달하고자 하는 시스템으로 적시(Right time), 적소(Right place), 올바른 물품(Right parts), 정량(Right amount) 만큼을 제품(Parent Product)의 생산 수량 및 일정을 토대로 소요량 및 소요 시기를 역산해서 일종의 자재 조달 계획을 수립하여 일정 관리를 겸하는 효율적인 재고 관리를 위한 시스템이다. 이는 작업 일정 계획의 상위 단계로 작성된다. MRP의 주요 기능으로는 첫째, 언제 얼마를 발주할 것인지를 알려주는 재고 관리 기능과 둘째, 언제 주문을 독촉하고 주문을 변경하고 우선순위를 조절할 것인지의 일정 계획 기능, 셋째, 능력 계획 기능으로 능력 소요 계획(CRP)의 입력인 동시에 출력 기능이다. 이러한 MRP가 필요한 시기는 제품 수요가 많고 비연속적인 발주가 이뤄질 때와 종속적인 수요가 있을 때, 최종 제품이 여러 개의 하위 제품과 부품으로 구성된 경우이다. MRP 작성을 통하여 얻을 수 있는 효과로는 효율적인 생산으로 낭비를 제거할 수 있으며 원자재 및 공정상의 재고를 최소화하여 비용감소를 통한 원가절감 및 경쟁력을 확보할 수 있다. 또한 수요 변동에 따라 공급 상황도 조정이 가능하며 이를 통하여 작업 우선 순의의 조정을 기할 수 있다.

MRP 시스템의 유형은 단순 재고 관리를 목적으로 하는 개방 순환 시스템(Open loop system)과 생산 및 재고 관리의 폐쇄 순환 시스템(Closed loop system)의 두 가지가 있다. 개방 루프 시스템은 필요한 물자의 적기 생산 및 조달만을 목적으로 하는 관리 시스템으로, 능력 계획과 연계되어 있지 않을 뿐만 아니라 생산 능력을 고려하지 않아 과잉 재고 등의 문제를 야기 시킬 수 있다. 반면에 폐쇄 루프 시스템은 재고와 생산 능력의 계획, 관리에 이용되는 시스템으로 생산 능력을 고려하여 필요시 주 일정 계획(MPS, Master Production Schedule)과 정보를 교환한다.

자재 소요 계획(MRP)은 계획 주문량을 산정할 때 생산 능력의 제한을 고려하지 않으므로 생산 능력을 초과하여 발주하지 않도록 조정 및 통제할 필요성이 부각된다. 1980년대에 재고 관리 외에 생산 능력, 시설, 자금, 인력 등 제조 활동의 계획 및 관리뿐만 아니라 재무, 마케팅을 포함하는 생산자원 모두를 계획하고 관리함으로써 실현 가능한 생산 계획을 수립하며 보다 안정되고 효율적인 생산 활동을 위한 정보 시스템이 만들어졌다.

이렇게 탄생된 MRP-II 정보는 생산, 구매, 마케팅, 재무, 기술부서의 경영자들이 주로 이용하게 되며 발생된 보고서는 판매 목표, 생산 능력, 현금 흐름 등 경영 전반에 대해 현황을 파악하고 경영의 효율화에 기여한다.

제3절

# SCM과 CRM

## 3.1 SCM

오늘날의 산업 사회는 분업화, 전문화의 특징을 갖고 있다. 전통적인 산업 사회의 구조는 첨단 산업일수록 첨단 기술력과 첨단 설비 및 관련 유틸리티 등으로 막대한 자금을 필요로 하여 대기업 또는 자금력이 있는 전문기업으로 집중되었으나, 이와 같은 경우 인건비의 지속적인 상승 부담 및 조직의 방대함으로 인하여 기업 경쟁력이 약화되는 문제를 초래하게 되었다. 반면 산업 사회의 발전과 함께 기술의 보편화 및 평준화가 이루어지면서 대기업도 경쟁력 확보의 차원에서 중간재 생산업체에게 기술 이전 또는 기술지도 및 경영지도 등을 통하여 분사화, 외주화 전략을 추구하고 정부의 중소기업 육성 방침과 함께 전략적 지원을 하여 왔다. 이에 원자재 공급업체는 물론 많은 중간재 생산업체와 긴밀한 협력 관계를 형성하여 양질의 제품을 적기에 공급받기 위한 체제 구축이 절실히 요구되었다. 또한 종래의 소품종 대량생산 체제에서 현대의 다품종 소량생산 체제로의 전환과 소비자의 요구가 다양화됨에 따라, 이에 대응하는 시스템 구축이 필요하게 되었다. 공급 사슬 관리(SCM)는 이러한 내 외부적 경영 환경 변화에 따른 필연성에 의거하여 원자재 생산, 중간재 생산, 물류 및 유통업체 등 공급에 참여하게 되는 모든 업체들이 정보기술을 활용하여 하나의 시스템으로 관리된다. 궁극적으로 재고의 최소화, 납기 감축, 양질의 제품 공급, 기술 교류 및 향상 등의 전방위적 경영 효율을 기하기 위하여 만들어진 상호협력을 통한 상호 이익의 극대화를 위한 정보기술을 활용한 경영 정보 시스템이다.

공급 사슬 관리 시스템과 관련된 주요 기술로는 식별 코드(Identification Code),

바코드(Bar-Code), POS(Point of Sales), 전자 문서 교환(EDI ; Electronic Data Interchange)과 최근에 상용화되고 있는 QR 코드, RFID 등이 있다. 이들 도구를 활용하여 JIT(Just In Time), ECR(Efficient Consumer Response), QR(Quick Response) 등의 운영 시스템을 구축하는 것이다.

바코드는 컴퓨터가 판독할 수 있도록 고안된 굵기가 다른 흑백 막대를 조합시켜 만든 코드로 주로 제품의 포장지에 인쇄되며, 이런 전통적인 형태의 바코드를 '1차원 바코드'라 한다.

QR 코드란 '흑백 격자무늬 패턴으로 정보를 나타내는 2차원 바코드로, 흔히 쓰이는 바코드보다 용량이 커서 숫자 외에 문자 등의 데이터를 저장할 수 있는 코드의 일종'을 말한다. QR 코드는 기존의 1차원 바코드에서 사용하던 흑백 네모 모양을 모자이크식으로 배열하는 방식으로, 종류에 따라 약 4천 바이트까지 코드화할 수 있기 때문에 더 많은 정보를 담을 수 있다.

RFID(Radio Frequency Identification, 전파 식별 태그)란 무선 주파수 인식을 통한 자동 인식 기술로써 바코드와 마그네틱 카드를 대체할 비접촉식 카드(Contactless Card)의 대표격이라 할 수 있는 신기술이다. 판독 및 해독 기능을 하는 판독기(RF reader)와 고유 정보를 내장한 전파 식별 태그로 운용 소프트웨어 및 네트워크로 구성된다. 전파 식별 태그는 반도체로 된 트랜스폰더 칩과 안테나로 구성이 되는데 전파 식별 태그는 내부 전원 없이 판독기의 전파 신호로부터 에너지를 공급받아 동작하는 수동식과 전지가 포함된 능동식이 있다. RFID는 물류, 교통, 보안, 안전 등의 다양한 응용 분야에 활용되고 있다.

POS(Point of Sales)는 일종의 정보 시스템으로 할인마트 등을 비롯하여 매장에서 물건을 사면 스캐너로 바코드를 읽어 들이고, 이 데이터를 활용하는 판매 시점 정보 관리 시스템이다. 어떤 상품이 언제, 어디에서, 얼마나 팔렸는지를 파악할 수 있도록 상품이 판매되는 시점에서 판매 정보를 수집하여 관리하는 것이다. 광의적으로 볼 때 POS 시스템은 점포 자동화를 실현시키는 소매업 경영의 종합 정보 시스템으로 인식되고 있다. 즉 판매 정보만이 아니라 매입, 발주, 배송, 재고 등 소매업체에서 발생하는 모든 정보를 종합적으로 관리하는 시스템이다.

전자 문서 교환인 EDI(Electronic Data Interchange)는 컴퓨터 및 인터넷 시대 이전에는 사람, 우편, FAX 등을 이용하여 문서 및 거래 정보를 주고받던 것을 정보 기술을 이용하여 직접 정보를 전달하는 방식을 말한다. 즉 공급업자, 고객 및 은행 등 모든 거래 당사자 간에 표준화된 문서를 컴퓨터로 교환하는 것으로, 컴퓨터 간에 정형화된 데이터를 전자적으로 이동함으로써 재입력의 필요성을 제거하는 정보 도구를 의미한다. 전자 문서 교환 시스템을 이용하면 업무처리 비용 및 시간의 감소, 자료의 재입력 및 오류 방지, 업무처리 절차개선 등의 직접적인 장점은 물론, 재고 수준의 감소, 고객 서비스 향상, 효율적인 인력 및 자금 관리, 거래 상대방과의 관계 개선, 경쟁우위 확보, 전략적 정보 시스템 구축 및 경영 혁신의 추구 등의 부수적인 효과도 얻을 수 있다. 그러나 기존의 전자 문서 교환 시스템은 이러한 장점에도 불구하고 이 기종 간의 컴퓨터 통신, 네트워크의 관리, 이질적인 소프트웨어의 통합 등의 문제가 있다. 인터넷의 등장과 정보 기술의 발달로 인터넷 전자 문서 교환 시스템을 통하여 이러한 문제를 개선하였다. 인터넷 전자 문서 교환 시스템은 지역이나 시스템에 관계없이 정보 교환이 가능하며 사설 네트워크가 없는 사용자도 전자문서를 전송하여 단기간에 거래 형성이 가능하다. 또한 웹의 기술을 활용함으로써 저렴하고 편리하게 사용할 수 있는 장점이 있다. 다만 인터넷 프로토콜을 이용하여 문서를 전송하므로 문서의 분실 및 수정의 가능성이 높고 가짜문서의 전송 위험 등의 보안성도 커다란 문제로 대두되고 있다.

이러한 공급 사슬 관리의 궁극적인 목적은 원활하고 효율적인 공급을 통하여 경영의 낭비 요인을 제거하고 고객 서비스 수준을 향상시키는데 있다.

## 3.2 CRM

종래의 공급자 중심의 소품종 대량생산 사회에서 현대의 소비자 중심의 다품종 소량생산 사회로 이동은 산업 사회에 많은 변화를 가져 다 주었다. 글로벌의 극심한 경쟁은 매스 마케팅에서 개별 마케팅인 1:1 마케팅으로 진화하였으며, 이로 인하여 고객 관리를 조금만 소홀히 하여도 그 여파는 막대한 피해를 가져다주는 시대가 되었다. 이는 인터넷의 대중화에서 더 나아가 모바일기기의 대중화로 인한 소셜 네트워크의 위력은 지극히 크다고 할 수 있다. 이러한 고객 관리를 보다 효율적이고 완벽하게 하기 위한 정보기술 도구가 고객 관계 관리 시스템 즉, CRM이다. 이러한 CRM(Customer Relationship Management)은 다양한 방법으로 수집된 고객 정보를 적극적으로 활용하여 고객을 관리함은 물론 적극적이고 전략적인 마케팅을 전개하여 경영에 이바지하는데 있다. 고객과 관련된 내·외부 자료를 이용하자는 측면은 1990년대의 DBM(데이터베이스 마케팅, Database Marketing)과 성격이 유사하나 CRM의 경우 고객의 정보를 취할 수 있는 방법, 즉 고객접점이 데이터베이스 마케팅에 비해 훨씬 더 다양하고, 이 다양한 정보의 취득을 전사적으로 행한다는 것이다. CRM은 고객 데이터의 세분화를 실시하여 신규 고객 획득, 우수고객 유지, 고객가치 증진, 잠재 고객 활성화, 평생 고객화와 같은 사이클을 통하여 고객을 적극적으로 관리하고 유도하며 고객의 가치를 극대화시킬 수 있는 전략을 통하여 마케팅을 실시한다.

고객 관계 관리의 주안점은 산업 사회의 변화에 따른 대응으로 제품 판매보다는 고객 관리를, 신규 고객 확대보다는 기존 고객 관리를, 시장 점유율 향상 보다는 고객 점유율 향상에 두고 있다. 앞서 언급하였듯이 기존의 마케팅은 불특정 다수의 소비자들을 대상으로 대량 생산한 제품을 대량 유통시키고, 대량 촉진(Promotion)하는 것이었다. 이는 고객 중심이라기보다는 기업 중심으로 제품을 생산하고 판매한 것이다. 이에 비하여 고객 관계 관리는 고객 중심으로 사고를 전환하는 것이다. 고객과의 관계를 기반으로 고객의 입장에서 제품을 만드는 것이다. 고객의 니즈를 파악하여 고객이 원하는 제품을 만들고, 고객이 원하는 제품을 공급하는 것이다. 또한 일반적으로 신규 고객을 유치하는 데는 기존 고객을 유지하는 것보다 6~7배의 마케팅 비용이 발생한다고 한다. 초기 마케팅 활동에서는 불특정 다수에게 기업과 제품에 대한 소비자 인식을 높여 더 많은 고객을 확보하기 위한 전략을 수립 추진한다. 추진 방법의 일환으로 개인정보를 제공해주는 고객들에게는 다양한 상품과 혜택을 제공한다. 이러한 매스 마케팅적 접근은 많은 비용과 함께 효과에 한계가 있어 이제는 특정의 우수한 고객을 통하여 기업의 수익을 높이며, 이러한 우수한 고객을 유지 및 관리하는 것에 중점을 두고 있다. 매스 마케팅의 불특정 다수 고객을 대상으로 하는 것보다 1:1 마케팅의 검증된 특정 우수한 고객이 기업에 더 큰 기여를 하기 때문이다. 즉, 고객의 세분화 및 세분화된 고객의 특성에 맞는 표적 마케팅의 기반을 구축하려는 것이다. 수익성이 낮은 고객과 높은 고객을 정확하게 선별해서 각각의 차별적 마케팅 방법으로 접근하여 충성 고객화 하는 것이다. 또한 특정 고객에 대한 고객별 관리를 하는 1:1 마케팅 전략을 통해 고객 점유율을 높이는 것이다. 이를 위해서는 고객을 여러 가지 기준으로 분류하는 작업이 선행되어야 한다. 빅 데이터(Big Data) 관점에서 모든 고객을 여러 형태로 분류하고, 분류된 고객별로 차별적인 마케팅 전략을 펼치며, 각 고객에게 적합한 마케팅용 이메일 발송, 우편 발송 등으로 고객과의 다양한 접점(Contact point)을 시도하고 고객의 반응을 다시 피드백하여 보다 향상된 고객 관계 관리 전략을 수립하는 것이다.

기업이 고객 관계 관리 시스템을 도입하는 것도 경제 논리에 입각한 것이다. 고객과의 관계를 강화하여 고객 이탈률을 감소시키고 충성 고객의 유지와 확보를 통하여 매출 증가에 기여하게 하기 위함이다. 이러한 과정으로 행하여지는 1:1 마케팅 또한 선택과 집중을 통한 마케팅 효과의 극대화이며 마케팅비용의 절감 효과도 얻을 수 있다.

고객 관계 관리 시스템의 구축을 위하여 먼저 정보 기술 시스템의 구축이 필요하다. 고객 관계 관리의 첫걸음은 고객에 대한 이해에서부터 출발한다. 다양한 고객에게 경쟁사에 비하여 더 많은 가치를 주는 방안에 대한 해법은 먼저 다양한 고객을 이해하는 것에서 시작하기 때문이다. 이를 위하여 무엇보다 먼저 기업내부의 전략이 필요하다. 어떠한 전략으로 고객을 이해할 것인가라는 목표와 방향 설정이 있어야 한다. 다음으로는 이에 합당한 시스템을 구축하며 구축된 시스템을 활용하여 데이터를 수집하고 데이터를 마이닝 하는 작업이 필요하다. 즉 고객 관계 시스템의 구축 단계는 전략 수립, 시스템 구축, 데이터 수집 및 마이닝의 프로세스를 통하여 이루어진다. 이중에서도 전략 수립 단계는 환경 분석 단계, 고객 분석 단계, 상세 전술 수립 단계로 진행한다. 환경 분석은 기업의 내·외부 경영 환경, 마케팅 환경 등을 분석하는 것으로 SWOT 분석기법을 이용한다. 내부 환경인 강점(Strength)과 약점(Weakness), 외부 환경인 기회(Opportunity)와 위협(Threat)을 분석한다. 고객 분석 단계에서는 고객을 평가하고 세분화(Segmentation)하는 단계이다. 불특정 다수인 고객을 평가하고 분류하여 마케팅적 사고로 세분화 작업을 통하여 표적 고객(Target Customer)을 설정하는 단계이다. 마지막으로 상세전술수립 단계는 표적 고객별로 각각의 상세 추진 방안을 수립하는 단계인 것이다. 시스템 구축 단계는 기업이 보유하고 있는 고객, 상품, 거래 등에 관련된 데이터를 데이터웨어하우스 관점에 기초하여 통합하는 시스템을 만들고 고객과 관련된 정보를 전사적으로 공유하는 것이다. 데이터 수집 및 마이닝 단계는 구축된 고객 통합 데이터베이스를 대상으로 마이닝 작업을 통해 고객의 특성을 분석하는 것을 말한다. 데이터 마이닝 작업은 고객 개개인의 행동을 예측하기 위한 목적으로 모형을 구축하는 것(Predictive Behavioral Modeling)으로 신경망(Neural Network)과 같은 다양한 분석 모형이 활용되고 있다.

제4절

# ERP와 ERP II

전사적 자원 관리, 즉 ERP(Enterprise Resource Planning)는 용어에서 알 수 있듯이 기업이 보유하고 있는 모든 자원을 효율적으로 관리하여 경영 효율을 극대화하고 기업 경쟁력을 확보하기 위한 통합 경영 정보 시스템이다. 기업은 여러 조직으로 나누어져 있다. 생산, 구매, 자재, 인사, 총무, 관리, 재무, 영업 등 많은 조직이 해당 부서의 업무를 진행하게 된다. 제품을 개발하고 개발한 제품을 만들며, 제품을 만들기 위하여 자재를 구매하고 조달하며, 생산된 제품을 판매하고 납품함은 물론, 업무에 종사할 인원은 채용하고, 급여 계산을 하는 등 여러 부문에서 많은 업무를 하고 있으며, 모든 부서가 해당 부서에서의 업무 효율화를 위하여 최선을 다하고 있다. 그러나 각 부서별로 최선을 다하는 것이 기업 전체적으로 항상 최고의 효율과 최선의 결과가 나오지 않는 경우가 너무나 많다. 부서 간의 정보 공유가 되지 않아 자재 수급이 늦게 되고 이로 인하여 생산이 지연되면 작업자들은 생산을 할 수 없다. 이러한 비효율과 낭비 요인들을 사전에 제거하여 경영 효율의 극대화를 도모하기 위한 것이 ERP이다.

ERP는 1970년대에 자재를 효율적으로 관리하기 위하여 만들어진 MRP(Material Requirement Planning, 자재 소요량 계획)에서 출발하여 1980년대에는 MRP II(Manufacturing Resource Planning, 제조 자원 계획)로 발전하였다. MRP II는 MRP가 단순히 재고를 줄임으로써 비용 및 원가 관리를 하는 것을 넘어서 생산과 관련된 제반 사항을 효율적으로 관리하여 경영에 이바지하기 위한 MRP의 확대된 개념이다. 그러나 이 당시만 하더라도 아직 정보화 산업이 폭넓게 퍼지지 못하였으며 정보화 산업의 인프라가 적절치 못하여 기대 효과를 가져 오지는 못하였다. 다만 생산 부문 이외에서도 윈도우의 활용과 마이크로소프트(Microsoft)사의 엑셀(Excel) 파일 등을 이용하여 회계, 재무, 품질 분야 등도 나름대로 개별적 전산화를 이루어 활용하고 있었다. 1990년대에는 소품종 대량생산 시스템에서 다품종 소량생산 시스템으로 산업 구조가 바뀌고 수요보다는 공급이 많은 극심한 경쟁 사회로 돌아서면서 이에 대응하기 위한 경영 혁신의 방안들이 급속히 대두되었다. 따라서 각 부문별 관리의 한계와 경영자 의사 결정의 어려움을 해결하기 위하여 통합 관리 시스템에 대한 필요성이 두각을 나타내기 시작하여 ERP가 전사적 통합 시스템으로 탄생하게 된 것이다. 여기에 1980년대부터 등장한 SCM(Supply Chain Management, 공급 사슬 관리)은 고객의 요구에 맞춰 자재 조달에서부터 생산 판매 유통에 이르기까지 공급 채널 전체의 기능 통합과 최적화를 지향하여 적용되었으며, 1990년대에 들어서는 고객 관리의 중요성이 인식되고 이를 적절히 관리하며 경영에 활용, 기여하기 위한 CRM이 산업체에 적용되어 진화하면서 2000년대에는 SCM과 함께 ERP에 통합, 운영되고 있다.

ERP에 대한 정의는 매우 다양하며 학자, 학회, 정보 시스템 공급자, 컨설팅 전문가 등에 따라 다소 차이가 있다. 이는 각자의 관점에서 정의된 것에 비롯된다. 먼저 가트너 그룹은 '기업 내의 각 업무 기능들이 조화롭게 제대로 발휘할 수 있도록 지원하는 애플리케이션들의 집합으로 차세대 업무 시스템(Gartner Group 1991)'이라고 정의하였다. 미국의 생산재고관리협회에서는 '최신 정보 기술을 이용하여 수주에서 출하까지의 공급 체계와 관리 회계, 재무 회계, 인사 관리를 포함한 기업의 업무를 지원하는 종합 정보 시스템'으로 정의하였다. 댄븐포트(Danvenport, 1998)는 '기업 내의 정보 흐름을 결합하여 단일한 정보 및 정보 기술 체계에서 경영에 대한 전반적인 관점을 제시하는 것'으로, 일본의 JMA(Japanese Management Association)는 'MRP의 제조 관점을 확장하여 자재 계획의 일환으로 자원의 최적화를 도모하는 통합형 업무 패키지'로, 일본 ERP 연구회에서는 '기업의 사업 운영에 있어서 구매, 생산, 판매, 회계, 인사 등 고객에게 가치를 제공하는 가치 사슬을 구성하는 비즈니스 프로세스를 부분이나 조직을 연결하는 계획, 관리를 위한 경영 개념'으로 정의하였다. 미국의 페이지 발츠안(Paige Baltzan)은 그녀의 저서 비즈니스 정보 시스템 구동(Business Driven Information System)에서 '전사적 자원 관리는 조직 내의 모든 부서와 전 기능을 하나의 정보 기술 시스템으로 통합하여 종업원들이 기업 활동에 필요한 정보를 전사적인 차원에서 보고 의사 결정할 수 있게 하는 것'이라 하였다. 국내에서도 많은 학자가 나름대로 정의하였으며 '기업 내의 모든 부서들 및 기능들을 개별 부서 고유의 니즈를 모두 충족시킬 수 있는 단일 시스템으로 통합하는 소프트웨어'라고 정의하고 있다. 이러한 정의에서와 같이 전사적 자원 관리 시스템인 ERP는 회사 전 부문이 통합적으로 정보를 운영하고 관리한다는 것에 대하여는 공통된 정의를 내리고 있다

ERP 시스템의 특징은 다음과 같다.

첫째, 통합적 경영 자원 관리 시스템이다. 이는 가장 큰 특징 중의 하나로 영업, 생산, 구매, 재고, 회계, 인사 등 회사 내의 모든 단위 업무가 통합되어 상호 긴밀한 관계를 가지면서 실시간으로 처리된다는 것이다. 이러한 업무 통합을 통하여 기존의 부분 최적에서 전체 최적화가 실현되고, 업무 중심적인 처리 방식이 고객 중심적인 처리 방식으로 프로세스가 전환되어진다. 모든 시스템이 통합되어 있기 때문에 어떠한 정보라도 중복적으로 처리할 필요 없이 한 번의 입력으로 관련 부서가 동일한 정보를 실시간으로 공유하는 것이 가능하게 된다. 또, 업무를 실시간에 통합적으로 처리할 수 있게 됨에 따라 영업, 설계, 생산, 관리가 거의 동시에 이루어지는 이른 바 동시 공학(Concurrent Engineering)도 가능하게 된다.

둘째, 세계적인 표준 업무 프로세스로써 리엔지니어링 기능이 있다. ERP 시스템은 세계 초일류 기업의 선진 프로세스를 벤치마킹하고 첨단 경영 기법을 연구하여 프로세스를 구성하였기 때문에 ERP 패키지에서 구현된 프로세스 자체가 세계적인 표준 업무 프로세스라고 할 수 있다. 이러한 표준 프로세스의 도입을 통해 기업체들은 용이하게 리엔지니어링 즉, BPR(Business Process Reengineering) 업무 처리 재설정을 하게 되는 효과를 얻을 수 있다. 결국 ERP는 BPR의 실행 도구로써의 역할을 하는 것이다.

셋째, 그룹웨어(GW ; Group Ware) 등 타 기종 시스템과의 연동이 가능하다. 그룹웨어는 다수의 사람이 서로 협력하면서 공동으로 진행하는 작업을 지원하기 위한 소프트

웨어이다. 일반적으로 전자 결재 시스템이라는 그룹웨어들은 전자 메일, 전자 게시판, 공용 데이터베이스 등을 기본으로 하면서 전자 결재 기능을 통해 작업의 흐름을 관리하는 기능인 워크플로(Work Flow)의 자동화를 실현시켜 주고 있다. 이러한 그룹웨어 기능과 영업, 생산, 구매, 자재, 회계 등의 업무 시스템과 연동하여 활용되고 있다. ERP 시스템의 경우 패키지 자체 내에서 이러한 그룹웨어 기능을 내장하고 있으나 자체 내에서 그룹웨어 시스템이 없는 경우에도 외부그룹웨어 시스템과의 연계를 통해 그룹웨어 기능을 제공하고 있다.

넷째, 파라미터 지정에 의해 개발이 가능하다. ERP 시스템은 표준화된 시스템으로 빠른 시간 내에 구축이 가능하고 유지보수가 용이하다. ERP 시스템은 패키지 개발 시 해당 업무 프로세스와 관련된 대부분의 업무 유형을 포함시킨 후 파라미터 지정(Parameter setting)이라는 기능을 활용하여 결정한다. 따라서 기업의 업종과 규모에 관계없이 적용이 가능할 뿐만 아니라 시스템을 통한 업무수행 중에 조직과 업무가 변화되더라도 새로운 시스템의 개발 없이 기본적인 파라미터 변경을 통해 대응이 가능하다. 이와 같이 전사적 자원 관리 시스템에서는 내장된 업무 기능을 파라미터 설정을 통하여 자사에 맞게 적용됨으로써 단기간에 시스템을 도입할 수 있다.

다섯째, 모듈화로 확장 및 연계성이 우수한 오픈 시스템이다. 기존의 정보 기술 시스템들이 폐쇄적인 구조로 설계되어 시스템의 확장 및 타 시스템과의 연계가 용이치 않은 반면, ERP 시스템은 기본적으로 개방적인 시스템 구조로 어떠한 운영 체제 데이터베이스에서도 운용할 수 있도록 설계되어 있어 시스템의 확장이나 타 시스템과의 연계가 수월하다. 내부적으로는 단위별로 모듈화 하여 영업 모듈, 생산 모듈, 자재 모듈 등과 같이 각 업무 단위별로 모듈화를 하여 필요한 모듈을 선택 적용한다. 외부적으로는 데이터의 전략적 관리를 위한 데이터웨어하우스(DW : Data Warehouse), 경영 분석 도구인 중역 정보 시스템(EIS : Executive Information System), 설계와 생산을 동시에 가능하게 해주는 PDM(Product Document Management), 광속 거래(CALS : Commerce At Light Speed), 전자 상거래(EC : Electronics Commerce)와 같은 응용·전문 영역의 패키지와 쉽게 조화를 이룰 수 있어 고도화되고 복잡해지며 급변하는 경영 환경과 전문 영역에서 응용 및 적극 대응할 수 있다. 뿐만 아니라 특정 하드웨어 및 소프트웨어 업체에 의존하지 않고, 다양한 하드웨어 업체의 컴퓨터와 소프트웨어를 조합하여 사용할 수 있어 정보 시스템을 쉽게 확장할 수 있다.

여섯째, 전 세계적으로 공통적으로 활용이 가능하다. 현대는 글로벌 경쟁 시대이다. 많은 기업이 여러 나라에서 생산 및 연구 개발 기지를 운영하고 있다. 예를 들어 한국에서 연구 개발을 하고 생산은 중국 및 베트남과 인도에서, 판매는 전 세계를 대상으로 하기 위하여 모든 나라에서 공통적으로 사용할 수 있는 시스템이어야 할 것이다. ERP 시스템은 어떤 특정 국가에 특정 기업의 표준 프로세스를 구현시켜 놓은 것이 아니라 각 사업별 유형에 따라 가장 표준적인 프로세스를 내장하고 있어 모든 국가에서 활용이 가능하다.

일곱째, 실시간 처리시스템이다. 시스템 내의 연결된 모든 접점에서 제공된 정보를 생성과 동시에 실시간으로 공유한다. 이를 통하여 해당 부서에서는 즉시 대응하여 자원의 비효율과 낭비를 제거하며 바른 의사 결정을 통하여 경영상의 오류를 최소화 할 수 있다. ERP 시스템을 통하여 경영자들은 수시로 경영 상황을 점검하고 분석할 수 있게 된다. ERP 시스템에서 제공되는 경영자 정보 시스템(EIS : Executive Information System)을 통하여 경영자는 실시간으로 언제나 원하는 정보를 검색할 수 있게 되어 있다.

여덟째, 전자 자료 교환과 전자 거래 대응이 가능하다. 기업 내에서 거래되고 발생되는 모든 활동은 기업 내에서만 그치는 것이 아니라 외부기업체와의 연계가 필수적인 사항이라 할 수 있다. 외부와의 연계업무 중 대표적인 것이 전사적 문서교환(EDI : Electronics Document Interchange)이라 할 수 있다. ERP 시스템에서 EDI를 연계시킨다면 거래처와 주고받는 모든 문서가 EDI를 통해 접수됨과 동시에 자동적으로 ERP 시스템으로 연계되기 때문에 업무 처리의 신속성과 정확성, 표준화를 가질 수 있게 된다.

ERP시스템의 기능적 구성은 구축 업체별로 차이가 있으나 크게 기업의 전반적인 업무를 실행하는 현장 지원 시스템과 경영 활동을 전반적으로 지원하는 경영 지원 시스템으로 구성되어 있다. 현장 지원 시스템은 영업 관리(SD : Sales and Distribution), 계획 관리, 공장 관리(PP : Plant Management), 기준 정보, 생산 계획(PP : Production Planning), 공급 사슬 관리(SCM : Supply Chain Management) 등으로 구성되어 있다. 경영 지원 시스템은 인적 자원 관리(HR : Human Resource), 회계와 재무(FI : Financial Accounting), 원가 통제(CO : Controlling), 자산 관리(AM : Asset Management) 등으로 구성되어 있다. 반면 확장형 ERP가 출현한 이후로는 기존의 핵심 ERP 컴포넌트(Core ERP Components)와 확장 ERP 컴포넌트(Extended ERP Components)로 구분하여 핵심 ERP 컴포넌트로는 기존의 회계 및 재무 ERP 컴포넌트(Accounting/Finance ERP Components), 생산 및 자재 관리 ERP 컴포넌트(Production/Material ERP Components), 인적 자원 ERP 컴포넌트(Human Resource ERP Components)로 구성한다. 확장 ERP 컴포넌트는 비즈니스 인텔리전트 ERP 컴포넌트(Business Intelligence ERP Components), 고객 관계 관리 ERP 컴포넌트(Customer Relationship Management ERP Components), 공급 사슬 관리 ERP 컴포넌트(Supply Chain Management ERP Components), e-비즈니스 ERP 컴포넌트(e-Business ERP Components)로 구성한다.

ERP 시스템을 기업이 구축하기 위하여 먼저 현재의 기업 현황을 상세히 분석한 후 어떠한 모습의 기업으로 변화할 것인지를 설계하고 기업의 현실에 맞게 전면적 구축 또는 단계적 구축을 통하여 실현하게 된다. 실질적인 ERP 패키지의 구축 방법으로 자체 개발법, 외주 개발법, 패키지 도입법, 그리고 혼합법 등이 있다.

ERP 시스템 구현의 성공 요인에 관하여는 국내외에서 많은 선행 연구가 이루어졌으며 검증 또한 여러 관점으로 이루어졌다. 성공적인 ERP 시스템을 성공적으로 구현하기 위하여 CEO의 관심과 지원, ERP 관련 투자 및 비용, 그리고 교육이 주요 인자로 꼽힌다. 하드웨어적인 투자보다도 더욱 중요한 사항은 전사적인 변혁에 대한 적극적 동참이라고 할 수 있다. 그래서 무엇보다 최고 경영자의 참여와 의지가 성공의 열쇠라고 할 수 있다.

ERP의 목적이 기업 자체의 최적화인데 반하여 ERP II는 가치 사슬에의 참여와 협업 상거래로 가기 위한 도구로 현대 기업환경의 변화와 함께 대두하였다. 페이지 발츠안(Paige Baltzan)은 종래의 ERP를 핵심 ERP로 규정하고 여기에는 회계, 재무, 생산, 자재, 인적, 자원이 포함된다고 했다. 확장 ERP에는 비즈니스 인텔리전트(BI), 고객 관계 관리(CRM), 공급 사슬 관리(SCM), 그리고 e-비즈니스를 포함시켰다. 이상과 같이 ERP뿐만 아니라 확장형 ERP, ERP II 모두 정의의 공통된 사항은 '전사적'이고 '통합적'인 자원 관리라는 것이다.

기존의 ERP가 기업 내부의 전사적이고 통합적인 자원 관리라 한다면, 현재의 확장형 ERP는 전후방 산업(SCM, CRM)까지 통합한 것이며, ERP II는 기업 내부 시스템은 물론 외부 시스템까지 통합한 진정한 자원 관리 시스템이라 할 수 있을 것이다. 이러한 통합은 회사 내의 업무적 기능의 통합뿐만 아니라 조직적, 지역적 통합과 실시간 정보 공유 및 통합의 의미도 있다.

제5절

# 생산 혁신 시스템

## 5.1 적시 생산 시스템

JIT(Just in Time)로 많이 알려진 적시 생산 시스템은 1962년부터 1980년대에 걸쳐 일본의 자동차회사인 도요다에서 제안하였으며, 이후 세계의 많은 기업이 적용하여 왔다. JIT의 창출은 도요다 자동차회사의 오노다이치(Taiichi Ohno)와 일본 경영자협회의 신꼬(Shingo)에 의해서 본격화되었다. 그 뒤 1990년 초 미국의 MIT대학의 워맥(Womack) 교수가 전 세계의 자동차 생산 공장의 제조 경쟁력을 연구하면서 세계적인 관심을 받게 되었다. 적시 생산 시스템은 도요다 생산 방식(Toyota Production System)의 기본 사상의 하나이며, 도요다 생산 방식은 적시 생산 시스템과 자동화를 기본 사상으로 구축하는 방식이다. 적시 생산 시스템은 필요한 것을, 필요한 때에, 필요한 만큼만 생산하는 무재고 생산 시스템인 것이다. 낭비와 비효율을 제로화 하는 개념이다. 이를 위하여 개발된 '간판 시스템(Kanban System)'은 인출 카드(Withdrawal Card)와 생산주문 카드(Production Card)를 사용하여 공장 내의 생산 흐름을 통제하는 방식으로 일종의 '풀 생산 시스템(Pull System)' 또는 '후 공정 인수 방식'이라 한다. 이는 전 공정 기준으로 생산하는 것이 아니라 후 공정 기준으로 생산하는 것이다. 즉 전 공정에서는 후 공정에 필요한 만큼만 생산하는 개념으로, 후 공정에서 당긴다는 의미로 풀 생산 시스템이라 한다. 즉 과잉 생산의 비효율을 방지하여 원활한 흐름 생산을 추구하는 것이다. 다른 축인 자동화는 불량제로를 지향하는 것으로 이는 자동화를 실현하기 위하여 안정된 품질 수준이 선결되어야 하며 설비상의 문제와 비가동 낭비를 즉시 제거하기 위한 안돈 시스템은 자동화의 기본이라 할 수 있다. 이외에도 초점화 공장(Focused Factory), 셋업 시간의 단축(Reduced setup time), 평균 재고의 감소, 다품종 생산 가능, 중앙 생산 관리(TPM :

Total Productive Maintenance), 다기능 작업자(Multi-functional Worker), 균일한 작업 부하(Uniform Workloads), 낭비 제거, 3현 주의(현장, 현물, 현상), 풀 프르프(Fool Proof) 등을 적용하고 있다.

## 5.2 린 생산 시스템

미국 항공우주 산업이 1991년 소비에트 연방의 붕괴로 인한 국방 예산의 삭감과 우선순위의 변경에 대응하기 위해 '더 좋게, 더 빠르게, 더 값싸게(Better, Faster, Cheaper)' 라는 화두와 함께 혁신을 통하여 개발 과제에 총체적으로 접근하는 '린가치 창조' 경영 전략을 소개하고 있다. '린가치 창조' 모델은 미국의 MIT대학과 미국 국방부 그리고 항공우주 기업들의 10년간 연구와 실행을 통해 검증된 것이며, 21세기의 불확실한 경제 상황에서 린 경영 전략의 적응력과 혁신 그리고 탄력성은 기업의 생존을 위한 필수 요소가 되었다. 린 경영 전략은 세계적으로 주목을 받는 비즈니스 패러다임으로써 도요다 생산 방식을 기반으로 미국의 경영학자 제임스 워맥(J.P.Womack) 교수와 다니엘 존스(D.T.Johne)의 연구에 의해 이론이 정립되었으며, 1991년 '생산 방식의 혁명(The Machine that Changed the World)'의 저서를 발간하여 세상에 알려지기 시작했다. 그 후 1996년에 워맥 교수는 다시 '린 싱킹(Lean Thinking)'이라는 책을 저술하였다. 여기서 린 생산 방식은 낭비를 제거하여 생산성을 높이고 효율을 극대화하는 진보적인 비즈니스 프로세스로 소개하였다. 린 생산 방식은 자재 구매에서 부터 생산, 재고 관리, 유통에 이르기까지 모든 과정에서 낭비(Loss)를 최소화하여 최적화하는 '낭비 제거 경영'이라고 할 수 있다. 일본의 도요타 생산 방식(TPS : Toyota Production System)을 미국에서 미국식 환경에 맞추어 재정립한 생산 혁신 시스템인 반면에 린 경영은 더욱 폭넓은 가치 창조의 목표를 가지고 낭비를 제거하는 전사적 경영 혁신 프로세스(Process)이다. '린'이라는 용어의 사전적 의미가 '야위다', '마르다'인 것과 같이 제조 과정을 낭비 없는 최적의 생산 시스템으로 만드는 것이다. 여기서 제조라 함은 생산 현장뿐만 아니라 생산과 관련된 기업 경영 전반을 말하는 것이다. 또한 도요타 생산 방식의 기본 개념이 낭비 제거를 통한 원가 절감과 완전한 제품을 고객에게 전달하여 고객을 만족시키는 고객만족 정신 그리고 고정비를 변동비화 하여 원가를 최소화로 절약하는 것인 반면에, 린 생산 방식의 기본 사상은 업무 중에서 가치를 창출하지 못하는 비부가가치 업무는 최소화하는 것이다. 또한 부가가치 업무도 단순화하여 제조 시간을 최소화하는 단순화의 법칙(The Law of Simplify)과 제조 시간 지연의 80%는 전체 공정의 20%에 해당한다는 80:20 법칙에 따라 해당 공정의 중점 개선을 추진하는 중점 개선의 법칙(The Law of Focus) 및 물류 단위를 경제적 최소 단위로 하여 속도를 지향하는 최소 단위의 법칙(The Law of Minimization)이 있다.

**표 15-3** 도요타 생산 방식과 린 생산 방식의 기본 사상

| 도요타 생산 방식 | 린 생산 방식 |
|---|---|
| 낭비 제거를 통한 원가 절감 | 단순화의 법칙 ; 업무를 단순화 하여 제조 시간을 최소화 |
| 완전한 제품을 통한 고객만족 정신 | 중점 개선의 법칙 |
| 고정비의 변동비로 원가 최소화 | 최소 단위의 법칙 ; 물류 단위의 경제적 최소 단위로 속도를 지향 |

위맥 교수와 존스 교수가 제시하는 린 생산 방식의 5가지 기본 원칙은 다음과 같다.

첫째, 고객가치 정의 ; 구체적 제품에 대한 가치를 명시하라.
둘째, 가치 흐름 규명 및 낭비 제거 ; 개별 제품에 대한 가치 흐름을 인지한다.
셋째, 흐름 방식 ; 단절이 생기지 않는 가치의 흐름을 만들어라.
넷째, 당기기 방식 ; 고객이 생산자로부터 가치를 끌어당기도록 하라.
다섯째, 완전 무결 추구 ; 완벽을 추구하라.

린 생산 방식에서 제거하려는 8가지 낭비 요소들은 다음과 같다.

첫째, 과잉 생산 : 필요한 시점 이전 또는 너무 많이 생산하여 재고화 되는 것을 말한다. 고객이 원하지 않는 제품을 과다 생산하거나 불필요하게 과도한 문서나 정보의 생산을 의미하며 필요 이상으로 또는 필요한 시기보다 빨리 만드는 것은 효율성이 떨어진다. 이러한 것은 일차적으로 자원의 낭비를 초래하며 부가적인 낭비 및 비효율을 가져오게 된다.

둘째, 대기 : 기다리는 것은 낭비다. 대기는 노는 시간이며 작업 흐름을 멈추게 한다. 대기가 발생하는 이유는 시간 단위당 부하와 능력의 불균형으로 발생하며, 결국 사이클 타임의 증가를 초래한다.

셋째, 운송

넷째, 부적당한 가공

다섯째, 불필요한 재고 : 과도한 재고는 저장 공간을 차지하고, 안전에 위협을 가하며, 요구사항이 변경되면 폐품이 되는 낭비다. 불필요한 적재와 과도한 저장품, 복제품은 재고 낭비의 사례이다. 재고 낭비는 부서의 문제거나, 또는 개인적인 문제일 수도 있다.

여섯째, 불필요하거나 과잉 움직임

일곱째, 결함

여덟째, 종업원의 저활용

린 생산 방식은 워맥 교수가 제안한 '린 싱킹 기본 원칙'을 토대로 하여 1996년에 '린 경영 혁신 모델(LEM ; Lean Enterprise Model)'로 발전되었다. 미국의 LAI(Lean Aerospace Initiative)가 제시한 혁신 모델의 기본 사상은 '변화에의 신속 대응(Responsiveness to Change)'과 '낭비의 최소화(Waste Minimization)'로 이루어졌다. 이의 실천 사상으로는 '정위치, 정시, 정품으로 올바르게 일하기', '가치 흐름에서의 효과적인 관계 지속 개선', 그리고 '최적 품질'을 토대로 한다.

제6절

# 품질 경영

## 6.1 품질 경영의 이해

'품질 경영이란 최고 경영자의 리더십 아래 품질을 경영의 최우선 과제로 하는 것이 원칙이다. 즉, 품질 경영은 고객만족을 통한 기업의 장기적인 성공은 물론 경영 활동 전반에 걸쳐 모든 구성원의 참가와 총체적 수단을 활용하는 전사적, 종합적인 경영 관리 체계인 것이다. 따라서 품질 경영은 최고 경영자의 품질 방침을 비롯하여 고객을 만족시키는 모든 부문의 전사적 활동으로써 품질 방침 및 계획(QP : Quality policy & Planning), 품질 관리를 위한 실시 기법과 활동(QC : Quality Control), 품질 보증 활동(QA : Quality Assurance)과 공정의 유효성을 증가시키는 활동(QI : Quality Improvement) 등을 포함하는 넓은 의미로 생각해야 한다. '품질 경영(QM)은 품질 관리(QC)보다 폭넓고 발전적인 개념이다.'라고 한경 백과사전에서 정의하고 있다. 또한 캐나다의 QMI(Quality Management Institute)는 '고객이 항상 만족하도록 올바른 일을 처음부터 올바르게 끊임없이 행하는 것'이라 정의하고 있다. 또한 테너(Tenner)와 드토로(DeToro)는 '품질이란 내·외적 고객들의 명시적이고 암시적 기대에 부응하여 이를 만족시켜 주는 제품 및 서비스를 제공하는 기본적인 사업 전략이다.'라고 정의 하였다. 미국의 국가표준기구인 ANSI 및 품질협회인 ASQ에서는 품질에 대하여 '주어진 필요를 만족하는 능력을 가진 제품 혹은 서비스의 총체적 모양새 및 특성'이라고 정의하였다. 우리나라의 한국산업규격 KS A700에서는 품질에 대하여 '일정한 요구나 잠정적 요구를 만족시키는 제품이나 서비스의 종합적 특징'이라고 정의하고 있다.

품질은 산업 사회가 날로 발전하여 대량생산 시스템이 도입되고 생산자 중심에서 소비자 중심으로, 정보화 사회의 진전으로 제품이 기능과 기술의 평준화가 이루어지면서 경쟁 우선순위의 4대 요소인 비용, 품질, 시간(리드 타임 및 납기), 유연성에서 커다란 영향을 미치는 인자로 자리 잡고 있다. 품질은 비용에도 영향을 미칠 뿐만 아니라 리드 타임과 납기 모두에 영향을 미친다. 품질이 나빠서 불량이 많이 발생하면 이에 상당하는 만큼 더 생산하여야 하며, 그에 따른 비용은 단순한 원부자재 비용뿐만 아니라 인건비와 전기 등의 제조 경비가 모두 소요되는 것이다. 또한 불량으로 인한 생산 또는 재작업은 그 시간만큼 정상 제품의 생산 시간을 소모하게 되는 것이다. 이에 따라 제조 리드 타임이 길어지고 납기가 그만큼 더 소요되게 된다. 더욱이 제조 공정의 불안정으로 제조 중에 예상치 못한 품질 사고 발생 시에는 납기를 맞추기 위한 긴급 생산 작업을 요하게 되고 그로 인하여 정상 작업에 악영향을 미치게 되는 악순환이 거듭되게 된다. 이러한 기본적인 품질에 대하여는 초기의 생산자 중심 시대나 오늘날의 소비자 중심 시대 모두 유사하나 소비자 중심 시대에서는 품질을 보는 관점이 더욱 폭넓게 발전하여 고객의 만족도와 직결되고 있다. 고객이 만족하는 제품을 연구 개발하고 고객의 사용상에 적합한 기능의 제품을 생산함은 물론 지속적으로 증가하는 서비스 영역에서도 고객만족을 추구하는 총체적 품질로 발전하는 것이다. 이와 같이 품질을 보는 관점은 시대의 변화에 따라 같이 변화하여 왔다. 이를 정리하면 생산자 관점의 품질은 설계규격에 대한 적합성을 말하며 객관적이고 계량적으로 표현된다. 고객 관점 품질은 고객만족과 고객의 이용 적합성을 말하는 것으로 고객의 기대치를 만족시키거나 그 이상을 실현하는 것 또는 고객의 욕구를 만족시키기 위한 능력에 관계가 있는 제품과 서비스의 특징 및 특성의 품질을 표현하는 것이다.

품질은 초기에 단순히 제품의 성분과 기능 등에 대하여 정의되고 관리되었으며 1920년대에서 통계적 품질 관리(SQC : Statistical Quality Control)가 탄생하였다. 당시 벨 전화 연구소의 세화트(W.A.Shewhart)가 통계학을 품질 관리의 기법으로 응용하기 시작한 것이다. 그러나 이 또한 제품 및 제조 공정에 국한된 것으로 공정 관리, 제품 검사 등의 도구로 주로 활용되었다. 그러나 제품의 품질에 영향을 미치는 것이 공정 품질

이외에도 설계 품질, 고객 품질 등의 중요성이 대두되고 이를 위하여 전사적 품질적인 마인드의 필요성이 대두되면서 전사적 품질 관리(TQC ; Total Quality Control)로 발전하였다. 그러나 이 또한 생산자 중심적 개념에 근간을 하고 있으며, 이는 소비자 중심적 개념으로 변화하면서 품질을 소비자의 기준에 의한 가치 추구로 발전하여 고객의 욕구를 충족시켜 줄 수 있는 품질의 제품을 경제적으로 생산하고 서비스할 수 있도록, 조직의 모든 부서가 협력 체계를 이루며, 통계적 기법은 물론 제반 기법 및 활동을 통하여 품질의 개발 유지 및 개선의 과업을 수행하는 경영 체제에 목적을 두는 종합적 품질 경영(TQM ; Total Quality Management)으로 변화하여 왔다. 여기서 소비자 중심적 개념이란 소비자가 바라며 기꺼이 사는 제품을 만들자는 사고방식이며 이것을 다시 확대하면 항상 상대방의 입장에서 생각한다는 것이 된다. 소비자 중심에 철저를 기하기 위해서는 시장 품질 정보의 수집과 활용으로 다양화하고 고도화한 시장의 요구를 파악하고, 이에 부합하는 제품이나 서비스를 제공하여야 한다. 또한 소비자가 사용할 때의 입장에서 설계하고 제조하며 판매 서비스 체제를 정비하여 사전 서비스 및 사후 서비스를 충실히 하여야 할 것이다. 아울러 고객만족의 실현을 위해서는 무엇보다 먼저 내부 고객인 종업원 만족이라는 선결 과제를 해결하여야 한다. 종업원이 회사에 대한 만족을 통하여 자부심을 갖고 진심으로 고객을 대할 때 진정한 소비자 중심적 사고가 정립될 것이다. 이러한 소비자 중심적 사고는 과거의 소극적 '통제'가 아닌 적극적 '경영'에서 나온다. 즉 관리자적 사고가 아닌 경영자적 사고에서 나오는 것이다.

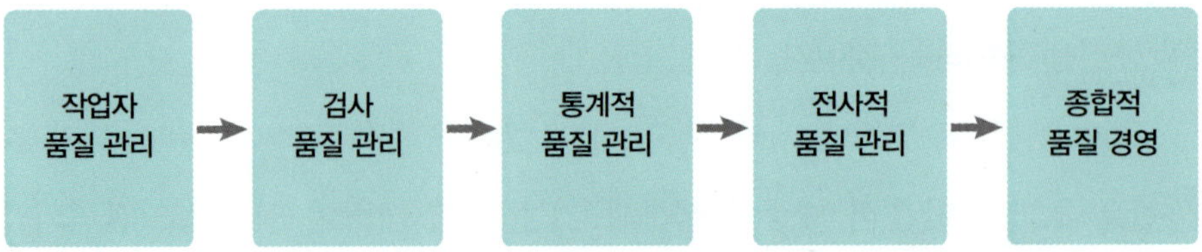


그림 15-1 품질 관리의 발전 단계

이러한 관점에서 품질 경영(QM)은 품질 관리(QC)보다 폭넓고 발전적인 개념이며, 다음과 같은 특징과 차이점이 있다.

첫째, 과거의 품질 관리는 기업 이익 우선의 공정 관리로 품질 요구를 만족시키는 실시 기법과 활동인데 비해, 품질 경영은 보다 넓은 개념으로 고객의 만족을 얻기 위해 최고 경영자의 품질 방침에 따라 실시하는 모든 부문의 총체적 활동이라고 할 수 있다.

둘째, QC는 주로 공정 및 제품의 불량 감소를 목표로 일정한 품질 규격을 설정하고 이에 대한 적합성을 추구하는 수단이나, QM은 공정 및 제품의 질은 물론 설계의 질, 업무의 질, 사람의 질까지를 포함하는 총체적 품질 향상을 통해 경영 목표를 달성하기 위한 수단이다.

셋째, QC는 생산 현장을 중심으로 QC 전문가의 관리 통제 기능을 중요시 하나, QM은 최고 경영자, 관리자, 생산 작업자가 모두 참여하여 품질 방침을 실행하는 것을 중요시한다.

넷째, QC는 기업 자체의 필요성에 의해 자율적으로 추진하게 되나, QM은 ISO에 의해 국제규격으로 정해져 있고, 강제성은 없으나 구매가 요구하면 현실적으로 이행할 수 밖에 없다.

다섯째, QC에 있어서의 품질은 생산 중심적 내지는 제품 중심적 사고와 관리 기법을 강조하는 개념인데 비해, QM에 있어서의 품질 개념은 고객 지향의 기업 문화와 구성원의 행동 의식 변화까지를 요구한다.

여섯째, QC는 QM의 성공적 수행을 위한 관리 기술의 하나이며, QM체제 하에서는 QC 이외에도 IE, VE, TPM, JIT 등 필요한 관리 기술을 각 기업의 특성에 맞게 총체적으로 활용하는 것이 요구된다.

품질에 대한 과정에 따른 분류로는 목표 품질(Quality of Goal), 설계 품질(Quality of Design), 제조 품질(Quality of Manufacturing), 시장 품질(Quality of Market), 서비스 품질(Quality of Service)로 분류한다.

## 6.2 통계적 품질 관리

품질 경영의 근간은 데이터(Data)이다. 정확한 데이터와 통계에 의하여 관리하는 것에서 시작한다. 이러한 통계적 품질 관리는 대량생산 체제가 구축되면서 단순히 검사원의 품질 관리 즉, 제조 후에 양품과 불량품을 선별하는 것으로는 한계가 있어 제조하는 현장에서 통계적인 기법으로 제조 현장을 관리하여 현장의 안정화를 통하여 양품의 극대화는 물론 사전 조치가 가능하도록 하는 것이다.

데이터에는 계량치 데이터와 계수치 데이터가 있다.

### ■ 계량치 데이터

계량치 데이터(Continuous Data)는 연필의 길이, 구멍의 크기, 제품의 무게, 강도 등과 연속적인 값을 취하는 것으로 양적으로 측정되는 데이터들을 말한다.

### ■ 계수치 데이터

계수치 데이터(Discrete Data)는 불량품의 수, 결점 수 등과 같이 질적으로 판단하여 개수로 세는 데이터를 말한다.

### ■ 평균

분포의 중심 위치를 알아보는데 보편적으로 활용되며 산술 평균(mean)이라 한다.

$$\bar{x} = \frac{x_1 + x_2 + \cdots + x_n}{n} = \frac{\sum x_i}{n}$$

### ■ 중앙값

중앙값(Median)이란 데이터를 크기순으로 열거하였을 때 중앙에 위치하는 값을 나타낸다. 열거한 데이터가 홀수일 경우는 중앙에 위치한 값을 중앙값으로 취하나, 짝수일 경우에는 중앙에 위치한 2개의 값의 평균으로 한다.

### ■ 최빈수

수집된 데이터 중에서 가장 빈도가 많은 수를 최빈수(Mode)라고 말한다.

### ■ 가중 평균

각각의 데이터의 비중을 동일하게 하지 않고 각각의 데이터에 가중치를 부여하여 평균을 산출한 값을 가중 평균(Weighted Mean)이라 말한다.

$$\overline{x_w} = \frac{\sum w_i x_i}{\sum w_i}$$

### ■ 제곱합

개개의 측정치와 평균과의 차이(편차)의 제곱을 합한 값이 제곱합(Sum of Squares : S)이다.

$$S = \sum_{i=1}^{n} \left( x_i - \bar{x} \right)^2$$

$$S = \sum_{i=1}^{n} x_i^2 - \frac{\left( \sum x_i \right)^2}{n} = \sum_{i=1}^{n} x_i^2 - CT$$

### ■ 분산

분산(Variance : V)은 제곱한 S를 n-1로 나눈 값으로 모집단의 분산의 불편 추정량이라고도 한다.

$$V = \frac{S}{n-1} = \frac{S}{\Phi}$$

$$\sigma^2 = \frac{\sum_{i=1}^{N}(x_i - \mu)^2}{N}$$

### ■ 표준 편차

표준 편차(Standard Deviation : s)는 분산 V의 제곱근의 값을 말한다.

$$s = \sqrt{V} = \sqrt{\frac{\sum_{i=1}^{n}(x_1 - \bar{x})^2}{n-1}}$$

### ■ 범위

범위(Range : R)는 데이터의 최대값과 최소값의 차이의 값을 말한다.

### ■ 히스토그램

히스토그램(Histograms)은 발생 빈도를 나타내는 값으로, 양적 자료에 대한 각 계급의 상대도수를 사각형의 면적으로 나타낸 그래프이다. 히스토그램을 통하여 정보를 얻으려면 분포의 중심 위치, 데이터의 분포 상태, 분포의 형상 등을 통하여 그래프 전체의 형상의 경향을 파악하는 것이 좋다.

또한 규격값과 히스토그램을 비교하여 공정의 현황이 요구하는 규격값을 만족시키고 있는지 알 수 있다. 규격값이 규정되어 있는 경우에는 규격값과 비교하며, 규격값이 정해져 있지 않을 때는 목표한 값과 비교한다.

히스토그램의 형상 유형은 다음과 같다.

① **일반형** : 가장 전형적인 분포로 도수가 중심부에 가장 많이 분포되어 있으며 거의 좌우 대칭 형태이다.

② **이빠진형** : 구간을 하나씩 걸러 도수가 작아진 분포의 모양이다. 이가 빠진 모양이 되고 있다. 이런 경우 구간 폭을 눈금의 정수배로 한다든가, 측정자 읽는 법이 제대로 되었는가의 검토가 필요하다.

③ **절벽형(왼쪽, 오른쪽)** : 평균값이 분포의 중심에서 극단적으로 한쪽에 치우쳐 있다. 이런 경우 측정 속임수, 측정 오차, 검사 미스 등을 체크한다.

④ **쌍봉우리형** : 중심 부근의 도수가 작아 산의 정상이 좌우로 나누어져 분포되어 있다. 이런 경우는 평균값이 다른 2개의 분포가 섞여 있을 경우에 나타나는데 층별한 히스토그램을 작성해보면 그 차이를 알 수 있다.

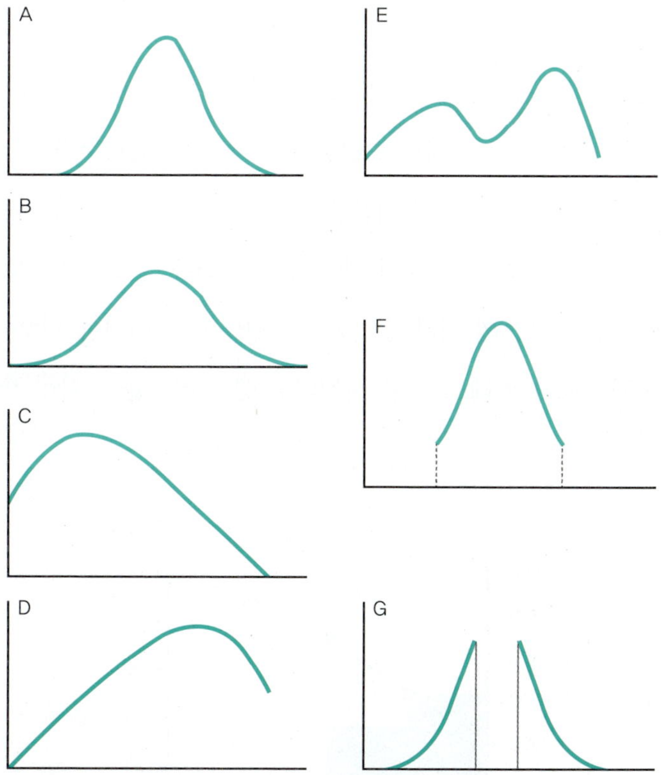

⑤ 낙도형 : 히스토그램의 왼쪽 끝이나 오른쪽 끝에 외딴 데이터가 나타난다. 이런 경우 데이터의 이력을 알아보고 공정에 이상이 없는지, 다른 공정의 데이터가 들어와 있지 않은지 등을 조사한다.

⑥ 고원형 : 각 구간에 포함되어 있는 도수가 별 차이 없는 고원 상태가 되고 있다. 이런 경우 층별한 히스토그램을 만들어 비교 검토한다.

### ■ 층별

히스토그램을 비롯한 QC 도구들은 대부분 그래프의 형태를 갖는다. 작성자는 물론 관리자와 제3자가 QC 도구를 통하여 용이하게 파악하기 위하여 그래프 내용을 확인이 용이하도록 작성되어야 하며, 이를 위하여 데이터의 적정한 분류가 필요하다. 즉 적정히 나누는 분류를 층별이라 한다.

### ■ 파레토도

파레토도(Pareto Chart)는 파레토 원리(Pareto Principle)를 주장한 이태리의 경제학자인 파레토(V. Pareto, 1848~1923)의 이름에서 유래되었다. 그 후 미국의 경제학자인 로렌츠(M.O.Lorenz)는 파레토 원리를 이용하여 누적 곡선을 설계하였으며 이를 로렌츠 곡선이라 한다. 이후 품질 부문의 대가인 미국의 주란(Juran) 박사에 의하여 품질 관리 도수가 많이 사용되는 초기 파레토 도와 누적의 로렌츠 곡선을 결합한 형태의 파레토도가 탄생하였다.

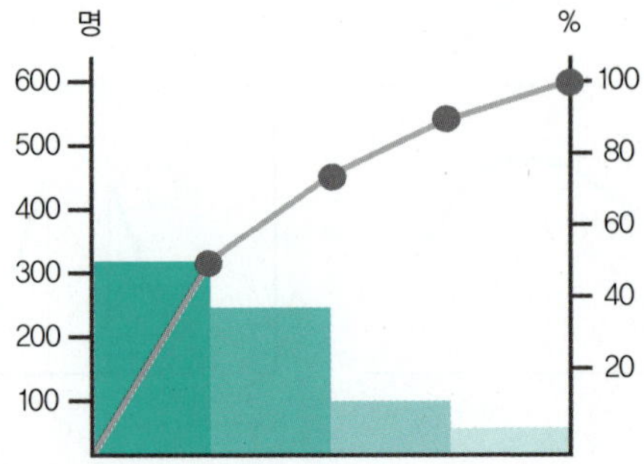


그림 15-2 파레토도

### ■ 특성 요인도

일본의 품질 경영 전문가인 이시가와(Kaoru Ishikawa) 박사가 1953년에 제안한 특성 요인도(Cause & Effect Diagram)는 특정 결과에 미치는 요인 및 인자를 이해하기 쉽게 도식으로 표현하며 그 형상으로 인하여 '피쉬본 다이어그램(Fishbone Diagram)'이라고도 한다. 특성 요인도 작성 방법은 파악하고자 하는 결과물에 대한 원인 요인들을 브레인스토밍 등을 통하여 관련자들이 자유롭게 토의를 함으로써 결과에 영향을 주는 요인들을 축출하다. 이때 요인들은 군으로 분류하여 토의하는 것이 좋다.

### ■ 산점도

데이터의 두 변수들 또는 특성 간의 관계를 타점하여 나타낸 것이 산점도(Scatter Diagrams)이며, 데이터의 상관관계의 경향을 확인할 수 있다. 상관관계는 크게 정상관관계, 부상관관계, 무상관으로 나누어진다.

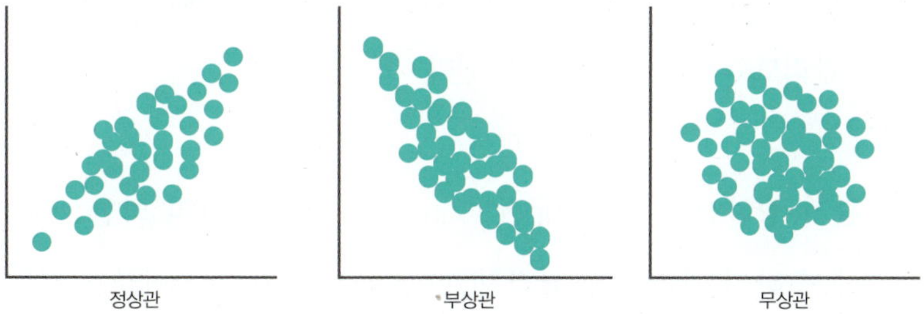


그림 15-3 산점도

### ■ 관리도

관리도(Control Chart)는 공정의 품질 특성 변화를 알기 쉽도록 그래프화 한 것으로 1924년 미국의 스튜어트(Stewhart) 박사가 최초로 도입하였다. 시간 경과에 다른 공정의 변화를 파악하여 공정을 안정된 상태로 관리하며 공정 상태의 평가를 위하여도 활용되고 있다. 공정 품질의 변동은 크게 두 가지 요인에 의하며 이를 우연 원인(Chance Cause)과 이상 원인(Assingnable Cause)이라 한다. 관리 상태란 우연 원인에 의한 산포만을 가지는 상태를 말한다.

① **우연 원인** : 피할 수 없는 어쩔 수 없이 받아들여야만 하는 원인으로 관리 범위 또는 허용 오차 범위 안에서 발생하는 것들의 원인들을 말한다. 이는 매우 경미한 정도로 통제가 어려울 뿐만 아니라 통제하려 할 경우 막대한 비용이 소요되어 통제가 불필요한 원인들을 말한다.

② **이상 원인** : 산발적으로 발생하는 회피하여야만 하는 관리 상태에 있지 않을 경우에 나타나는 현상의 원인 요소들을 말하는 것으로, 관리 범위와 허용 오차 범위를 벗어나서 발생하는 것들의 원인이다. 이에 해당하는 사항은 반드시 원인을 규명하고 재발이 안 되도록 철저히 관리되어야 한다.

관리도는 크게 계량치 관리도와 계수치 관리도로 구분된다. 계량치 관리도에는 표본 평균 관리도(X bar control chart)와 표본 범위 관리도(R control chart) 및 표본 평균-범위 관리도(X bar-R control chart)가 있다. 계수치 관리도에는 표본 불량률 관리도(p control chart), 불량 개수 관리도(np control chart), 결점 수 관리도(c control chart) 및 단위당 결점 수 관리도(u control chart)가 있다.

관리도는 관리 상한선(UCL : Upper Control Limit)과 관리 하한선(LCL : Lower Control Limit)에 준하여 관리하며, 규격치(Specification)가 결정되었을 경우에는 이를 기준으로 하기도 한다. 이를 규격 상한 및 규격 하한이라고 한다. 관리도별 중앙선 및 관리 상한·하한선의 산출은 다음 공식에 따른다.

### ■ 표본 평균 관리도

- 관리상한($UCL$) $= \bar{\bar{x}} + A_2\bar{R}$
- 중심선($CL$) $= \bar{\bar{x}}$
- 관리하한($LCL$) $= \bar{\bar{x}} - A_2\bar{R}$

## ■ 표본 범위 관리도

- 관리상한($UCL$) $= D_4\overline{R}$
- 중심선($CL$) $= \overline{R}$
- 관리하한($LCL$) $= D_3\overline{R}$

## ■ 표본 불량률 관리도

- 관리상한($UCL$) = 모비율 + 3(표본비율의 표준편차)

$$= \overline{p}+3\sqrt{\frac{\overline{p}(1-\overline{p})}{n}}$$

- 중심선($CL$) $= \overline{p}$
- 관리하한($LCL$) = 모비율 − 3(표본비율의 표준편차)

$$= \overline{p}-3\sqrt{\frac{\overline{p}(1-\overline{p})}{n}}$$

## ■ 불량 개수 관리도

- 관리상한($UCL$) $= n\overline{p}+3\sqrt{n\overline{p}(1-\overline{p})}$
- 중심선($CL$) $= n\overline{p}$
- 관리하한($LCL$) $= n\overline{p}-3\sqrt{n\overline{p}(1-\overline{p})}$

## ■ 결점 수 관리도

- 관리상한($UCL$) $= \overline{c}+3\sqrt{\overline{c}}$
- 중심선($CL$) $= \overline{c}$
- 관리하한($LCL$) $= \overline{c}-3\sqrt{\overline{c}}$

## ■ 단위당 결점 수 관리도

- 관리상한($UCL$) $= \overline{u}+3\sqrt{\frac{\overline{u}}{n}}$
- 중심선($CL$) $= \overline{u}$
- 관리하한($LCL$) $= \overline{u}-3\sqrt{\frac{\overline{u}}{n}}$

## ■ 관리도의 해석

관리도의 정확한 작성 못지않게 중요한 것이 관리도의 해석이다. 관리도의 해석은 공정이 관리 상태에 있을 경우와 관리 상태를 벗어날 경우가 있으며, 관리 상태에 있다는 것은 대부분의 점들이 중앙선 주변에 있으며 관리 한계선을 벗어나지 않은 상태를 말한다. 한국 공업규격(KS A 3201)에 의하면 (1)연속 25점이 한계를 벗어나는 점이 없으며, (2)연속 35점 중 한계를 벗어나는 점이 1점 이내 이며, (3)연속 100점 중 한계를 벗어나는 점이 2점 이내 등을 안정 상태라 하였다. 관리 상태에 있다 하여도 (1)계속 증가하거나 감소하는 7개의 점(Run:런), (2)11점 중 10점이 중심선 한쪽으로 나타나는 경향(Trend), (3)관리 한계선에 나타나는 점(연속 3점 중 2점 또는 연속 7점 중 4점), (4)주기성이 있는 경우는 공정에 이상이 있다고 판정한다.

## ■ 공정 능력

공정이 관리 상태에 있는지를 판단하는 계량적 방법으로 공정 능력을 계산하여 평가한다. 공정 능력 계산의 선행 조건으로는 먼저 공정이 안정 상태에 있는지가 전제가 되어야 하며, 데이터가 정규 분포를 이루어야 한다. 공정 능력은 능력(Capability)과 용량(Capacity)으로 나타낼 수 있는데, 전자는 달성되는 상태 즉, 품질을 의미하는 것으로 질적인 측면에서의 달성 능력과 가능성을 뜻하는 반면에, 후자는 양적인 측면에서의 수용력을 의미하며 공정 용량 또는 공정 수용력을 뜻하는 경우에 활용된다. 공정 능력에 대한 정의로는 주란(Juran, 1980)이 '공정 능력이란 그 공정이 관리 상태에 있을 때 각각의 제품의 변동이 어느 정도인가를 나타내는 양으로 자연 공차(Natural Tolerance)와 동일하다'고 하였으며, 커크패트릭(Kirkpatrick, 1970)은 '의미가 있는 원인이 제거되고, 또는 적어도 최소화된 상황에서의 공정의 최선의 성과(best effort of the process)를 의미하는 것'이라 하였다. 또한 파이겐바움(Feigenbaum, 1991)은 '일정 요인에 의한 정상적인 안정 조건하에서 그 공정의 품질상 달성 능력', 미국 자동차협회(AIAG, SPC Manual, 1997)은 '공정 능력은 안정된 공정의 고유 변동으로 정의한다.'고 하였다.

공정 능력을 지수화 하여 공정 능력 지수(Cp : Process Capability Index)라고 한다.

이는 제조 공정의 공정 능력을 평가하기 위해서 제조 공정이 제조 규격에 어느 정도 일치하는 제품을 생산할 수 있는지를 평가하는 것으로 매우 중요한 지수이다. 양쪽 규격이 주어진 경우, 실제 공정의 산포($\sigma$)와 허용 가능한 공정의 산포(규격)의 비율로 정의된 공정 능력 지수는 아래와 같다.

$$C_p = \frac{USL - LSL}{6\sigma} = \frac{d}{3\sigma} \quad \left(\text{단}, d = \frac{USL - LSL}{2}\right)$$

반면에 한쪽 규격만 주어진 경우에의 공정 능력 지수는 다음과 같다.

- 규격 상한만이 있는 경우 : $C_{pu} = \frac{USL - \mu}{3\sigma}$
- 규격 하한만이 있는 경우 : $C_{pl} = \frac{\mu - LSL}{3\sigma}$

공정 능력의 판정 기준은 다음과 같다.

| 공정 능력 지수의 범위 | 등급 | 판정 | Cp값 | 시그마 수준 |
|---|---|---|---|---|
| 1.67 ≦ Cp | A급 | 매우 만족 | 1.67 | 5 |
| 1.33 ≦ Cp < 1.67 | B급 | 만족 | 1.33 | 4 |
| 1.00 ≦ Cp < 1.33 | C급 | 보통 | 1.00 | 3 |
| 0.67 ≦ Cp < 1.00 | D급 | 부족 | 0.67 | 2 |
| Cp < 0.67 | E급 | 매우 부족 | 0.33 | 1 |

## 6.3 품질비용

품질비용(Quality Cost)은 주란이 1951년에 제안하고 1953년에 GE의 레서(W.H. Lesser)에 의하여 제안되었으며 제품이나 서비스의 품질과 관련하여 발생되는 모든 비용을 말한다. 품질비용은 크게 예방비용(Prevention Cost), 평가비용(Appraisal Cost), 실패비용(Failure Cost)으로 분류된다. 실패비용은 다시 내부 실패비용과 외부 실패비용으로 나눈다.

① 예방비용 : 제품과 서비스에 불량이 발생하지 않도록 사전에 예방하는 비용으로 계획 코스트, 기술 코스트, 교육 코스트, 사무 코스트로 분류한다. 고객의 욕구 조사, 설계비용, 시제품 제작 및 테스트비용, 공급업자에 대한 조사 및 평가비용, 작업자 품질 교육비용, 품질 감사 및 개선비용 등이 이에 속한다.

② 평가비용 : 품질 특성이 규격에 합치하는지를 평가하는 비용으로 수입 검사 코스트, 공정 검사 코스트, 완성품 검사 코스트, 시험 코스트, 예방 보전 코스트 등으로 분류하며 원부자재 검사 및 평가비용, 제조 공정상에서 이루어지는 제반 검사비용, 외부 평가비용 등이 이에 속한다.

③ 실패비용 : 제품의 품질이 규격에 합치하지 않을 경우에 발생되는 제조상의 불량, 폐기, 반품, 불량 원부자재의 폐기 등 모든 비용을 말하며 폐각 코스트, 재가공 코스트, 외부 불량 코스트, 설계 변경 코스트, 현지 서비스 코스트, 반품 서비스 코스트, 불량 대책 코스트 등으로 분류한다. 이에 제품이 고객에게 전달되기 이전에 발생되는 내부 실패비용과 전달된 이후에 발생되는 외부 실패비용이 있다.

상기 각각의 비용을 종합하여 총품질비용이라고 하며 초기에는 최소 품질비용을 산출하여 품질 활동을 전개하였으나 극심한 경쟁 사회에서 최소 품질비용의 의미는 퇴색되었다. 최소 품질비용이란 실패 코스트의 허용을 의미하는 것으로 고객으로부터 품질 불만을 야기하는 문제가 있어 적정의 실패 코스트가 아닌 최소의 실패 코스트 전략을 지향하는 품질 정책이 펼쳐지고 있다. 이러한 활동이 과정과 시스템을 중시하는 방향으로 전개되어 무결점 프로그램(Zero Defects Program), 종합적 품질 경영(Total Quality Management), 6 시그마 등의 품질 활동 확산이 전개되고 있다.

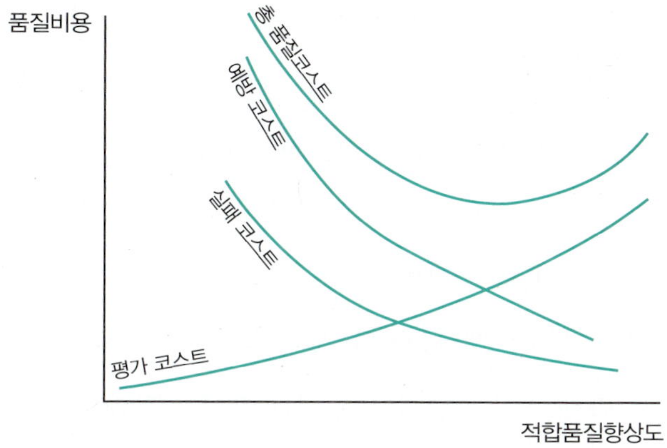


그림 15-4 품질비용 곡선

## 6.4 종합적 품질 경영

1980년대부터 크로스비(P. Crosby)는 '품질의 문제는 결국 품질을 만들어내는 인간의 문제이며 처음부터 올바르게 하는(Do it right the first time) 결함 미연 방지가 무엇보다 중요하다'고 하며, 고객 위주의 경영 철학과 최고 경영자 중심의 종합적 품질경영 시스템인 TQM (Total Quality Management)을 주창하였다. 또한 미국 품질관리학회(ASQC) 회장을 역임하였던 골롬스키(W. A. Golomski)는 "일본에서 애매하게 되어 있는 행동과학의 사고방식을 보다 명확히 한 것이 TQM이다."라고 하였다. 오클랜드(J. S. Oakland)는 'TQM이란 경영의 효율성과 탄력성을 전반적으로 향상시키기 위한 접근 방법이며 모든 부서, 모든 활동, 모든 레벨의 구성원들을 조직화하고 참여시키는 방법'이라고 하였다. 뱅크스(J.Banks)는 '고객의 요구 조건에 맞는 산출물을 창출하는 사람과 그 과정을 중시하는 접근 방법'이라고 하였고, 버그만(B.Bergman)은 '모든 구성원의 지속적 개선 활동을 통하여 가장 저렴한 비용으로 고객의 요구와 기대를 충족시키기 위한 지속적 노력'이라고 정의하였다. 총품질 포럼(Total Quality Fourm)에서는 '지속적으로 실제 원가를 줄이면서 고객만족의 지속적인 증대를 목표로 하는 인간 중심의 경영 시스템이다. 이는 별개의 영역이나 프로그램이 아니고 종합적인 시스템 접근법이며, 상위 수준 전략의 통합적 부분이다. 최고로부터 기반에 이르기까지 전 종업원을 포함하는 기능과 부분을 넘어서 수평적으로 작용하고 공급망 및 고객망을 포함하는 전후방으로 확장된다.' 고 하였다. 이는 품질 경영(QM : Quality Management)이 품질 방침을 정하여 실시하는 활동의 품질 관리, 품질 보증, 품질 개선의 부분적 개념인 반면에, 종합적 품질 경영인 TQM은 조직의 모든 계층이 모든 업무에서 모든 관계자의 이익을 위하여 전개하는 품질 경영 활동으로 보다 폭넓은 개념을 갖고 있다. 즉 TQM은 단순한 품질 개선을 위한 기법이나 도구가 아니라 품질이 기업 경영의 근간이 되어 기업에 새로운 문화와 패러다임의 혁신을 추구하는 경영 혁신 기법인 것이다. TQM은 전 사원이 참여하며 고객 중심적 사고로 경쟁 우선순위의 질(Quality) 즉, 비용의 질(Quality of Cost), 시간의 질(Quality of Time), 서비스의 질(Quality of Service), 제품의 질(Quality of Product)은 물론 기업 이념의 질(Quality of Corporate philosophy), 업무의 질(Quality of Operation), 구성원의 질(Quality of Membership)을 지속적으로 개선하는 경영 활동이다. TQM은 이를 통하여 궁극적으로 고객만족(CS : Customer Satisfaction)보다 차원 높은 고객 행복(CD : Customer Delight)을 추구하는 것이다.

이러한 TQM은 전사적으로 전 구성원이 지속적으로 추진하여 고객만족을 이루는 경영 혁신의 도구로써 무엇보다 최고 경영자의 의식과 리더십을 필요로 한다.

**표 15-4** TQM의 기본 원칙

| 기본 원칙 | 내용 |
|---|---|
| 고객 중심 | 품질에 대한 평가는 고객이 한다. 고객의 욕구에 만족하는 사용자의 입장에서 제품을 설계하고 생산하여 공급한다. 회사 내 모든 조직 운영과 업무를 기업의 입장이 아닌 고객의 입장에서 한다. |
| 지속적 공정 개선 | 고객의 요구와 기대는 항상 변화한다. 경쟁사 경쟁 제품과 함께 제품의 개선과 서비스의 개선은 물론 원가비용 등의 지속적인 개선으로 이해 당사자 및 경영 개선을 추구한다. |
| 전원 참여 | 제품의 품질 개선만이 아닌 종합적 개선과 혁신을 추구하는 철학으로 전 종업원이 전 분야에서 효율적으로 강력하게 추진되어야 한다. |

TQM의 추진은 크게 4단계로 구분하여 준비 단계, 도입 단계, 실행 단계, 평가 및 새로운 목표 설정 단계로 나누어진다.

### ■ 준비 단계

문제의 인식과 TQM 도입을 위한 준비를 하는 단계로 내·외부적으로 문제를 다각적으로 수집하며, 고객은 물론 공급자, 내부 종업원들로부터 폭넓게 의견을 수렴하고 분석한다. 또한 TQM을 주도적으로 추진할 구성원과 조직을 구성한다.

### ■ 도입 단계

수집된 정보와 각종 조사 결과를 토대로 조직이 추구해야 할 품질 지향적인 기본 목표를 설정한다. 물론 기본 목표와 방침은 회사의 비전 및 철학과 부합되어야 하며 최고 경영자의 의지가 포함되어야 한다. 또한 기본 목표를 달성하기 위한 중장기 계획을 수립하고 부문별 과제를 책정하여 실행하며 최고 경영자의 진단, 중간 관리자의 진단을 실시하는 등 PDCA(Plan, Do, Check, Action) 과정에 의한 방침 관리를 매년 지속적으로 추진한다. 종합적 품질 경영은 전 종업원의 의지가 요구되며 모두가 한 마음으로 통합된 정신을 가져야 한다. 따라서 전 종업원에게 수립된 목표와 비전, 최고 경영자의 의지를 집중적으로 교육하고 훈련하여 모두가 적극적으로 실행에 옮길 수 있도록 하여야 한다. 일방적인 하향식 추진으로는 한계가 있으며 전 종업원이 자발적으로 동참할 수 있도록 교육과 훈련은 물론 보상 체계도 수립하여야 한다.

### ■ 실행 단계

품질 관리(QC : Quality Control) 분임조 활동과 같은 소집단 활동을 통하여 분야별 추진 계획을 실행한다. 활동을 전개함에 있어 기본적인 QC 7가지 도구 및 신QC 7가지 도구 등을 적극 활용하며 개선 주제를 선정할 시 고객의 요구 품질인 기대품질에 치명적인 영향을 주는 요인 주요 품질 특성(CTQ : Critical to Quality)을 도출하며 우선추진 과제로 채택하고 진행한다. CTQ를 선정하는 방법으로는 품질 기능 전개(QFD : Quality

Function Deployment)를 통해 설계 단계부터 진행하며 부적절한 비용을 분석하는 기법인 저품질비용(COPQ : Cost of Poor Quality) 및 고장 모드를 찾아내는 실패 유형 영향 분석(FMEA : Failure Mode and Effects Analysis) 기법과 결함 수 분석(FAT : Fault Tree Analysis) 기법 등의 통계적 품질 관리 기법을 활용한다.

또한 품질 체제를 전면적으로 재정비하여야 한다. 품질 관리의 산출물은 표준화 및 단순화에 있다. 품질 매뉴얼을 작성하여 모든 절차를 문서화하여 ISO 기준과 절차에 입각한 시스템을 정립하여야 한다.

**표 15-5** QC 7가지 도구 및 신QC 7가지 도구

| 항목 | 내용 |
|---|---|
| QC 7가지 도구 | 파레토도, 특성 요인도, 산점도, 관리도, 히스토그램, 그래프, 체크 시트 |
| 신QC 7가지 도구 | 친화도, 연관도, 계통도(Systematic Diagram), 매트릭스도, 매트릭스 데이터 해석도, 네트워크도, PDPC(Process Decision Program Chart) |

■ **평가 및 새로운 목표의 설정**

TQM 추진의 결과는 조직 내부의 모든 구성원뿐만 아니라 외부 고객에 의해서 평가되어야 한다. 이를 위해서는 자체적으로 평가 항목별 체크 리스트를 작성하여 TQM 진단 기법으로 활용한다. 이 결과에 따른 새로운 목표의 설정함으로써 지속적인 경영 개선을 통한 시장에서의 장기적인 경쟁우위를 확보함은 물론, 지속 성장 경영을 추구한다.

## 6.5 6 시그마 경영

6 시그마 경영(6 Sigma Management)은 최고 경영자가 경영 목표를 달성하기 위하

여 확고한 의지와 열정을 갖고 사내 각 부문에서 발생하고 있는 업무 실수 및 제품 불량을 통계적 관리 기법을 근간으로 6σ 수준(3.4PPM)에 도달하도록 하며 6 시그마 교육과 훈련을 통하여 회사 전 부문의 불합리 요인을 지속적인 개혁과 개선하는 경영 혁신 활동이다.

이렇게 함으로 내·외 고객에게 더 좋게, 더 빠르게, 더 싸게 제품 또는 서비스를 제공하여 지적 자본 극대화, 판매 증대, 수익 증대, 경쟁력 확보로 사원만족, 고객만족, 주주만족을 향상시키는 전사적 신경영 혁신 전략이다.

이러한 6 시그마는 1980년대 초 미국의 모토롤라(Motorola)가 처음 도입하였다. 당시 모토롤라 회장이었던 로버트 캘빈(Robert W.Calvin)은 전 부문의 경쟁력을 현 수준에서 5년 내에 10배로 향상시킨다는 목표 하에 마이클 해리(Mikel J. Harry), 빌 스미스(Bill Smith) 등이 연구에 착수하여 6 시그마의 기본 개념인 과학적 관리와 프로세스적 사고를 정립하였다. 이렇게 품질 개선 운동으로 탄생한 6 시그마는 미국의 많은 회사들에 적용되었으며 특히, GE사의 잭 웰치 회장도 전 분야에 6 시그마를 확산 적용하여 경영 혁신 기법으로 완성시켰다.

**표 15-6** 시그마와 불량률 및 공정 능력

| 시그마 | 산포 (%) | 불량률(PPM) | | 공정 능력 지수(Cpk) | |
|---|---|---|---|---|---|
| | | 평균 고정 시 | 평균 이동 시 | 평균 고정 시 | 평균 이동 시 |
| 1 | 68.27 | 317,300 | 697,672 | 0.333 | −0.17 |
| 2 | 95.45 | 45,500 | 308,537 | 0.667 | 0.167 |
| 3 | 99.73 | 2,700 | 66,803 | 1 | 0.5 |
| 4 | 99.9973 | 63 | 6,200 | 1.333 | 0.833 |
| 5 | 99.99973 | 0.57 | 233 | 1.667 | 1.167 |
| 6 | 99.99999973 | 0.002 | 3.4 | 2 | 1.5 |

6 시그마는 100만 개(기회) 중 3, 4개의 결함(실수)만을 허용하는 무결점의 공정 능력을 의미다. 한 제품의 제조뿐만 아니라 사무 부문도 포함하여 전 부문이 모든 종류의 프로세스에서 결함을 제거하고 이익을 창출하는 것이다. 이전의 슈하르트가 주장한 3 시그마의 개념을 6 시그마로 확장한 것이지만 목표와 과정은 가히 혁신적인 것이다.

6 시그마 추진 절차는 일반적으로 DMAIC의 5단계로 진행한다. 5단계와 각 단계별 3개의 하위 STEP으로 구성되어 6 시그마 과제를 수행할 때 12개 스텝을 순서대로 진행하는 것을 원칙으로 한다. DAMIC는 정의(Define), 측정(Measure), 분석(Analyze), 개선(Improve), 관리(Control)의 단계를 말한다. 각 단계별로 2~3개의 세부 단계로 진행한다.

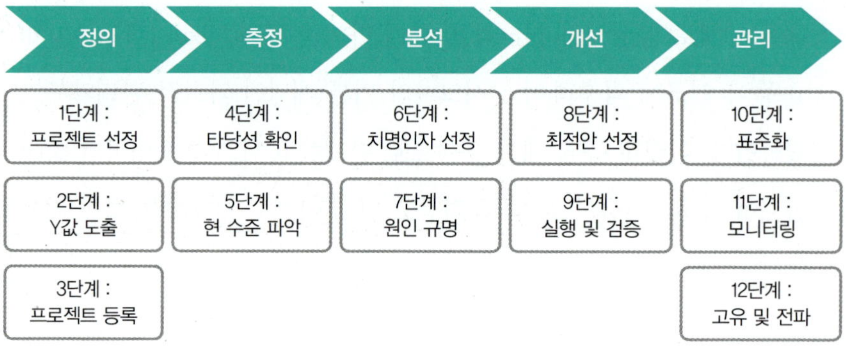


**그림 15-5** 6 시그마 진행 단계

## ■ 정의 단계

프로젝트 선정 배경을 기술하고 추진 목표 및 프로젝트 범위를 결정하는 단계다. 정의 단계는 프로젝트 선정 단계, 프로젝트 Y의 도출 단계, 프로젝트 등록 단계의 3단계로 진행된다.

정의 단계에서의 중요사항으로는 2단계에서 진행되는 기대 품질에 치명적인 영향을 주는 중요 품질 특성 CTQ를 선정하는 것이다. 이는 기업의 장기적인 비전과 목표를 달성하기 위한 6 시그마 프로젝트의 주제 선정과도 같은 것이다. 파악된 CTQ는 통계적 품질 관리 도구를 적용하여 합리적으로 우선순위를 결정, 추진하여 효율화를 기하여야 한다. CTQ를 수집하는 방법으로는 내부 고객의 소리(VOB : Voice of Business), 외부 고객의 소리(VOC : Voice of Customer)가 활용되며 이를 1단계에서 행한다.

2단계에서는 프로세스 분석과 CTQ의 선정 및 프로젝트 Y를 선정하며, 이 과정에서 활용되는 것으로는 COPQ 분석(Cost of Poor Quality), 프로세스 FMEA(Failure Mode and Effects Analysis) 등이 있다.

COPQ 분석이란 저품질비용으로 모든 활동이 결함이나 문제점 없이 수행된다면 없어지는 부적합 품질로 인하여 야기되는, 고질적이고 만성적 불량에서 야기되는 품질비용이다. 앞에서 서술한 품질비용 중에서 평가비용과 실패비용이 여기에 해당된다.

FMEA(Failure Mode and Effect Analysis)란 설계된 시스템이나 기기의 잠재적 고장 형태를 찾아내고 이에 적절한 대책을 세우는 사전 방지 기법이다. 사전에 상품 및 서비스에 불량이 발생하거나 프로세스가 잘못될 수 있는 유형과 원인을 파악해 실패 위험을 줄이거나 제거할 목적으로 사용되는 기법이다. 잠재적 실패 유형 및 영향 분석으로 Y와 관련된 모든 X의 영향과 위험도를 파악한다. 이에는 설계 FMEA(Design FMEA), 공정 FMEA(Process FMEA), 시스템 FMEA(System FMEA) 등이 있다.

이러한 절차를 통하여 도출된 중요 품질 특성은 수준에 따라 계량적인 지표를 설정하거나 하부 지표를 도출해서 구체화하여야 한다. 이때 사용하는 도구로는 CTQ 나무(CTQ Tree)가 있다. 이는 CTQ 항목을 상호 독립적인 나무 형태로 분해하여 그 구조를 체계화한 것으로, 이를 통해 연역적인 방법으로 CTQ를 더욱 상세히 파악하고 구체적인 CTQ 도표로 세분화하여 프로젝트를 진행하려는데 목적이 있다. CTQ 나무 작성 시 유의할 점은 빠짐없이, 중복 없이 하여야 한다(MECE 원칙 : Mutually Exclusive & Collectively Exhaustive).

### ■ 측정 단계

측정 단계는 프로젝트의 성과를 측정할 수 있는 지표(Y)를 정의하고, 그 지표의 현 수준을 측정하며, 성과지표에 영향을 줄 수 있는 잠재 원인 변수(X)를 도출하여 우선순위를 결정하는 과정이다. 즉, DMAIC의 4번째 단계인 프로젝트의 타당성을 확인하고 5번째 단계인 현재 수준을 파악하는 단계이다.

① 프로세스 맵(Process Map) : 프로세서를 구성하는 내용들을 시간 순서에 따라 사실 그대로 그림으로 나타낸 것이다. 프로세스 개선이 필요한 곳을 파악할 수 있으며, 각 단계별 사이클 타임을 확인 할 수도 있다. 또한 부가가치가 있는 곳과 없는 모든 프로세스 단계이다. 주요 프로세스의 입력 및 출력 변수도 파악할 수 있다.

② C&E 다이어그램(C&E Diagram) : 문제점과 그 원인과의 관계를 알고자 할 때 원인을 추적하여 규명하는 다이어그램. 여러 가지 다른 요인을 구조적으로 볼 수 있기 때문에 어떠한 유형의 문제점이라도 대부분 분석 가능하다.

③ X–Y 매트릭스(X–Y Matrix) : 고객에게 중요한 출력 변수와 출력 변수에 영향을 미치는 입력 변수의 상관관계를 검토해 입력 변수를 우선순위화 하는 툴이다. X-Y 매트릭스가 필요한 이유는 출력 변수에 대한 명확한 식별 및 중요도 결정(수치를 활용), 출력 변수에 대한 입력 변수의 영향을 정량화하기 때문이다.

④ 게이지 R&R(Gage R&R) : 산업 현장 또는 연구소에서 측정의 정확성은 매우 중요하다. 측정편차에 의해 좌우되는 판정 오차는 제품의 성능, 생산성, 품질 등에 지대한 영향을 미치기 때문이다. 즉, 공정 능력을 분석하고 개선하기 위해 필수적인 것이 계측 시스템의 분석인 것이다. 게이지 R&R의 구성 요소는 반복성(Repeatability)과 재현성(Reproducibility)이 있으며, 반복성은 동일한 측정물을 동일한 기기 또는 동일한 사람이 연속으로 측정할 경우에 나타나는 반복 측정 산포를 나타내고, 재현성은 동일한 측정물을 다른 기기 또는 다른 사람이 측정할 경우 나타나는 기기 또는 사람 간의 편차를 나타낸다.

■ 분석 단계

측정 단계에서 발굴한 원인 변수(X)들을 대상으로 통계적인 방법이나 과학적 분석 방법을 통해 성과지표(Y)에 가장 확실한 영향을 미치는 핵심 인자(Vital Few X)들을 선별하는 단계이다. 분석 단계는 6단계인 치명인자의 선정 단계와 7단계인 원인 규명 단계로 나누어지며, 치명인자 선정 단계에서는 가인자 추출을 위하여 로직 트리(Logic Tree), 특성 요인도, 분산 분석법, 상관 분석법, 회귀 분석법 등이 활용된다.

① 회귀 분석 : 주어진 자료를 가지고 변수(사회 현상이나 자연 현상)들 간의 함수 관계

② 분산 분석 : 2개 이상 하위 집단 간 평균의 차이가 통계적으로 유의한가를 검정하는 방법

③ 상관 분석 : 두 변수 사이의 변동 방향과 연관 정도의 강도를 분석하는것. 상관관계가 양(+)이면 동일 방향, 음(-)이면 반대 방향으로 두 변수가 동시에 변동하는 것을 의미한다. 상관 계수의 절대값이 1에 가까울수록 연관 정도가 크며, 0에 가까울수록 상관관계가 없다는 것을 밝히고 이 함수 관계를 이용해 독립 변수의 값에 대응되는 종속 변수의 값을 '예측' 또는 '설명'하는 분석 방법이다.

## ■ 개선 단계

개선 단계는 최적 개선안 선정을 하는 8단계와 실행 및 검증의 9단계로 이루어지며 성과지표(Y)가 원하는 목표를 달성할 수 있도록 핵심 인자의 최적 개선안을 도출하는 단계다. 이를 위해서는 개선안 및 실행 계획을 수립하고, 영향을 줄 수 있는 요소를 최적화하며, 이를 통해 결정된 최적안의 검증이 이루어져야 한다.

① 분석적 계층화 과정(AHP : Analytic Hierarchy Process) : 토마스 사티가 개발한 계층적 구조 분석 기법으로 자료가 완비되지 않은 여건에서의 계획 수립, 시간적으로 촉박한 상황에서의 최고 경영자 의사 결정 지원, 부서 간 의견이 대립된 상태에서 종합적인 문제를 해결하는데 사용된다. 장점은 단시간

내에 최상의 정책을 수립할 수 있다는 점이다.

② 표적집단 면접법(FGI : Focus Group Interview) : 소수의 응답자와 집중적인 대화를 통해 정보를 찾아내는 방법

③ 제어 인자(Operating Parameter)와 대안 인자(Critical Element) : 제어 인자란 실험 계획에 적용해 최적 조건을 찾아야할 핵심 인자 X's인 반면, 대안 인자는 팀원과 전문가들의 의견을 모아 대안을 창출하고, 이로 인한 위험 요소 등을 평가해야 할 핵심 인자 X's다.

④ 개선 평가안 작성 : 평가 항목과 각 평가 항목별 가중치를 설정해야 한다.

## ■ 관리 단계

관리 단계는 10번째 단계인 표준화 단계, 11번째의 모니터링 단계, 12번째의 공유 및 전파의 단계로 개선 결과를 지속적으로 유지하기 위해 관리 계획을 수립, 실행하는 단계다. 그리고 관리 항목의 모니터링을 통해 개선안이 효과적으로 적용되었다고 판단되면 프로젝트를 완료하고 현업으로 이관한다. 이 단계에서 가장 중요한 사항은 개선안이 현장에서 올바르게 정착되고 있는지 확인함과 동시에 개선 효과의 지속성을 확보하는 것이다. 특히 11번째의 모니터링 단계에서는 앞에서 설명된 통계적 관리 기법(SQC)을 적극 활용한다.

① 실수 방지 : 실수를 미연에 방지할 수 있는 디자인 기법을 통해 불량발생을 근원적으로 예방하는 방법이다. 즉, 현장에서 어떠한 비정상 상태도 방치되는 것 없이 즉각 발견해 조치한다는 개념으로 정리 할 수 있다.

② 통계적 품질 관리(SPC : Statistical Process Control) : 목표로 하는 품질 수준 또는 생산성을 달성하기 위해 통계적인 방법을 활용하여 프로세스를 관리하는 방법이다.

# | 참고문헌 |


1) 구자룡, '지금 당장 마케팅 공부하라', 한빛비즈, 2012

2) 김광수, 경제연구소 포럼 http://cafe.daum.net/kseriforum

3) 김광희, '누워서 읽는 마케팅 원론', 내하출판사, 2011

4) 김병태, 박정민, 양종곤, 장성기, 품질 경영 TQM의 실체, 대경, 2012

5) 김영수, '전략경영론', 학현사, 2014

6) 김용호, 정기호, 김문태, '인터넷 마케팅 3.0', 학현사, 2013

7) 김종호, 오정석, '조직구성원의 특성과 조직유효성에 관한 연구', 지방행정연구 제19권, 2005

8) 노기엽, '창업마케팅', 학현사, 2011

9) 류한석, '모바일 플랫폼 비즈니스', 한빛비즈, 2012

10) 박영배, '현대 인적 자원 관리', 도서출판 청람, 2012

11) 신용성, '인터넷 마케팅 해법', 컨버전시, 2013.

12) 심현철, '품질 경영', 형지사, 2012

13) 안광호, 하영원, 박홍수, '마케팅원론', 학현사, 2002

14) 안광호, 한상만, 전성률, '전략적 브랜드 관리', 학현사, 2013

15) 안성혜, '국내 인터넷 광고의 유형과 발전 방향에 대한 고찰', 인제대학교 디자인학부

16) 안철민, '인터넷과 인터넷 광고', http://www.adzine.co.kr

17) 이수창, 이환범, '직무 특성과 조직몰입 간의 관계에 있어서 행정조직문화의 조절 효과 분석', 한국지방연구 제10권, 2008

18) 이용학, 허남일, 김학윤, '마케팅', 무역경영사, 2004

19) 이유재, '서비스 마케팅 제5판', 학현사, 2013

20) 이응한, 이상협, '모바일 마케팅 위력', 이서원, 2012
21) 이철의, '영국 - 버즈 마케팅(Buzz Marketing)의 실태와 활용 방안', University of Arts London Marketing Management
22) 이홍일, 박철, 이연진, '인터넷 광고 유형별 특성 및 효과에 관한 연구'
23) 정보통, 최혼진, '인터넷 광고. 이론과 전략', 나눔출판사 1999
24) 조래을, '창업과 마케팅', 한티미디어, 2014
25) 조래을, '경영 정보 시스템 도입비용에 따른 활용 및 경영기여에 미치는 영향에 관한 연구', 정보시스템연구, 한국정보시스템학회 제22권, 2013
26) 조형래, 유정상, 안연식, '기술경영', 학현사, 2013
27) 주윤황, '인터넷 마케팅', 학현사, 2012
28) 함주한, '마케팅 무작정 따라하기', 길벗, 2012
29) 국제 비교를 통한 우리나라의 서비스 산업 현황, Trade Brief, 한국무역협회 국제무역연구원, 2013.6.13. No.11
30) 네이버 지식백과, 매일경제, 매경닷컴
31) 다음지식. www.seri.org
32) 마케팅전략연구소 http://www.msrkorea.co.kr
33) 박진우, 최용민, 우리나라와 주요 선진국의 서비스 산업 고용비교, 한국무역협회 국제무역연구원, 2011.5월호
34) 이명헌 경영스쿨 http://www.emh.co.kr
35) 조성환, '우리나라 사업', '서비스업 현황과 과제', '주간 금융경제동향', 제3권 제 41호, 2013.10.16.
36) B. Joseph PineII, James H. Gilmore, ' The Experience Economy : Work is Threatre & Every Business a Stage', Harvard Business School Press 1999,
37) Colin Combe, 'Introduction to e-business', Routledge Taylpr & Francis Group, 2013
38) Coyle,J.J.and C.J.Langeley Jr., 'The Management of Business Logistics, 4th ' 1988

39) Efraim Turban, David King, Jae Lee, Ting Peng Liang, Deborrah C.Turban, 'Electronic Commerce 2012', Pearson 2012

40) Jupiter Communication, Banner & Beyond, 1997

41) Lauterborn, B., Advertising Age, New Marketing Litany : Four Ps Passe;C-Words take over, Crain Communication., vol 61,no.41, pp.26, 1990

42) Pierre Berthon, Leyland Pitt, Richard T. Watson, 'Marketing Communication and The World Wide Web', Business Horizons September-October pp24-32, 1996

43) Russell Wolak, Stavros Kalafatis and Patricia Harris, An Investigation Into Four Characteristics of Services, Journal of Empirical Generalisations in Marketing Services, Volume 3, 1998

44) http://www.serviceperformance.com Chris Arlen, The 5 Service Dimensions All Customers Care About.

45) Sally J. McMillan, Internet Advertising: One Face or Many?(2004) In David W. Schumann& Esther Thorson, Internet Advertising : Theory and Research(2nd edition)

46) Services Marketing-Definition and Characteristics
http://managementstudyguide.com

47) W.Glynn Mangold,David J. Faulds, Social media : The hybrid element of the promotion mix, Indiana University Kelley School of Business, Business Horizon 52, 357~365, 2009

48) www.brandba.se/blog 'Transforming the 4 P's into 4 C's in online environment' 2013.

49) 스트래티지 애널리틱스(SA)2013. 10.1

50) 창업지원센터http://www.rg4u.co.kr/news/964

51) 헤럴드경제 http://news.heraldcorp.com

52) www.seri.org

53) http;//businesscasestudies.co.uk Marketing Theory, The extended marketing mix(7P's),
54) http://cms.kd.ac.kr/user/choich/cs/cyberom4/4-2.htm
55) http://en.wikipedia.org/wiki/E._Jerome_McCarthy
56) http://highered.mcgraw-hill.com/sites/dl/free/0077107950/577210/04ch03.pdf
57) http://www.forumkorea.co.kr
58) http://www.boundless.com/marketing/definition/
59) http://www.quickmba.com/strategy/porter.shtml
60) KS-SQI
61) Service Marketing Mix, http://learnmarketing.net
62) www.coleomarketing.com
63) www.dmcmedia.co.kr, 모바일 쇼핑 이용 현황 및 향후 전망
64) www. google.com
65) http://www.hankyung.com/news
66) http://oneceo.co.kr/213
67) http://www.rlauterborn.com/pubs/pdfs/4_Cs.pdf
68) hppt://seeit.kr

# 참고문헌

1) 고석하 외 5, '비즈니스 정보 시스템', 생능출판사, 2012

2) 구자룡, '지금 당장 마케팅 공부하라', 한빛비즈(주), 2012

3) 김광수, '경제연구소 포럼', http://cafe.daum.net/kseriforum

4) 김광희, '누워서 읽는 마케팅 원론', 내하출판사, 2012

5) 김병태, 박정민, 양종곤, 장성기, 품질 경영 TQM의 실체, 대경, 2012

6) 김영수, '전략경영론', 학현사, 2014

7) 김용호, 정기호, 김문태, '인터넷 마케팅 3.0' 3판, 학현사, 2013

8) 김정섭 외 옮김, '생산 운영 관리', 도서출판 석정, 2012

4) 김종호, 오정석, '조직구성원의 특성과 조직유효성에 관한 연구', 지방행정연구 제 19권, 2005

9) 김철교 곽선호, '최신 벤처창업경영', 탑북스, 2012

10) 김현정, '청년기업가 정신', 토네이도, 2010

11) 김효준, '창의성의 또 다른 이름 트리즈', INFINITYBOOKS, 2009

12) 남영학, '린 경영 혁신', 미래와 경영, 2011

13) 네오플럭스 옮김(얼 머만 외 저), '린 경영 전략', 가산출판사, 2008

14) 노기엽, '창업마케팅', 학현사, 2011

15) 류한석, '모바일 플랫폼 비즈니스', 한빛비즈, 2012

16) 류한주, 'TQM에 의한 경영 혁신', 한국생산성본부, 1994

17) 민경호, '벤처기업과 기업가 정신', 무역경영사, 2004

18) 박영배, '현대 인적 자원관리', 도서출판 청람, 2012

19) 박운성, 현대 조직 행동, 박영사, 1998

20) 박정용, 김학진, 박재범, '창업방정식', 가치혁신연구소, 2012

21) 박진우, 최용민, 우리나라와 주요 선진국의 서비스 산업 고용비교, 한국무역협회 국제무역연구원, 2011. 5월호

22) 박찬효, '우리나라 벤처비즈니스의 당면과제와 개선방향', 대한증권협회, 1985

23) 방용성, 주윤황, '창업경영', 학현사, 2011

24) 서상종, '벤처 중소기업 창업실무' 세화사, 2006

25) 송우일 옮김(에릭 리스 저), '린 스타트업', 인사이트, 2012

26) 신동형, 송재용, '이노베이션 3.0', 알키, 2011

27) 신용성, '인터넷마케팅 해법', 컨버전시, 2013.

28) 신용하, '기술경영의 이해', 도서출판 남양문화, 2013

29) 신유근, '인간 존중의 경영, 다산출판사, 1997

30) 심현철, '품질 경영', 형지사, 2012

31) 안광호, 하영원, 박홍수, '마케팅원론', 학현사, 2002

32) 안광호, 한상만, 전성률, '전략적 브랜드관리', 학현사, 2013

33) 안성혜, '국내 인터넷 광고의 유형과 발전 방향에 대한 고찰', 인제대학교 디자인학부

34) 안영진, 유영목, 홍석기, '생산 운영 관리', 박영사, 2011

35) 안철민, '인터넷과 인터넷 광고', http://www.adzine.co.kr

36) 위선주 옮김(애시 모리아 저), '린 스타트업', 한빛미디어, 2012

37) 유필화 외 4, '디지털시대의 경영학', 박영사, 2008

38) 윤종훈, 김영민, 'SNS 시대의 e-비즈니스', 학현사, 2013

39) 이경근,노영, 'e-biz Ato Z', 이프레스, 2002

40) 이덕훈, '창업과 벤처', 교우사, 2008

41) 이덕훈, '창업과 경영', 도서출판 서연, 2008

42) 이상수, 'Basic 고교생을 위한 사회 용어사전', ㈜신원문화사, 2006.

43) 이명헌, '경영스쿨', 1999 www.emh.co.kr,

44) 이선영 홍난영, '대한민국에서 공짜로 창업하기', 명진출판, 2013

45) 이수창, 이환범, '직무 특성과 조직몰입 간의 관계에 있어서 행정조직문화의 조절효과 분석', 한국지방연구 제 10권, 2008

46) 이영곤, 'm-비즈니스 개념과 환경', 아이비젠,

47) 이용학, 허남일, 김학윤, '마케팅', 무역경영사, 2004

48) 이유재, '서비스마케팅', 학현사, 2013

49) 이웅한, 이상협, '모바일 마케팅 위력', 이서원, 2012

50) 이장우, '이코노믹 리뷰', 2006

51) 이창수, 송우일 옮김(에릭기스 저), '린스타트업', 안사이트, 2011

52) 이철의, '영국 - 버즈 마케팅(Buzz Marketing)의 실태와 활용 방안', University of Arts London Marketing Management

53) 이필규, '비즈니스모델의 분류 및 표현의 정형화', IT Fourm Korea 2001, 2001

54) 이홍규, 김성철, '뉴미디어 시대의 비즈니스 모델', 한울 아카데미

55) 이홍일, 박철, 이연진, '인터넷 광고 유형별 특성 및 효과에 관한 연구'

56) 임충성, 장기준, '스마트 경영 정보론', 도서출판 청담, 2011

57) 정보통, 최혼진, '인터넷 광고. 이론과 전략', 나눔출판사, 1999

58) 제레미 리프킨, '3차산업혁명', 민음사

59) 조래을, '창업과 마케팅', 한티미디어, 2014

60) 조래을, '기업가 정신', 호서대학교, 2012

61) 조래을, '경영 정보 시스템 도입비용에 따른 활용 및 경영기여에 미치는 영향에 관한 연구', 정보시스템연구, 한국정보시스템학회 제 22권, 2013

62) 조형래, 유정상, 안연식, '기술경영', 학현사, 2013

63) 주윤황, '인터넷 마케팅', 학현사, 2012

64) 주제원 · 류시욱, '전자 상거래 @E-비즈니스', 삼영사, 2003

65) 주종문 외, '6 시그마 프로젝트 추진 방법론', 도서출판 글로벌, 2007

66) 최용록, 'e-비즈니스의 전략경영과 웹마케팅', 보명, 2011

67) 트리즈 노리터, '트리즈로 풀어보는 민담', 성안당, 2013

68) 함주한, '마케팅 무작정 따라하기', ㈜ 도서출판 길벗, 2007

69) 황진수, '벤처기업과 창업', 대경, 2011

70) 홍승표, '디지털경영과 ERP', 도서출판 대경, 2011

71) 홍일유, '디지털경영을 위한 경영 정보 시스템', 법문사, 2011

72) 네이버 지식백과

73) 다음 지식

74) 두산 백과사전

75) 삼성경제연구소, seri.org

76) 위키 백과사전

77) 파이낸셜 뉴스 2013. 9. 2.

78) 마케팅전략연구소 http://www.msrkorea.co.kr

79) Baltzan, Business Driven Information Systems, McGrowHill

80) B. Joseph PineII, James H. Gilmore, ' The Experience Economy : Work is Threatre & Every Business a Stage', Harvard Business School Press 1999

81) Colin Combe, 'Introduction to e-business', Routledge Taylpr & Francis Group, 2013

82) Coyle, J. J. and C. J. Langeley Jr., 'The Management of Business Logistics, 4th ', 1988

83) Efraim Turban, David King, Jae Lee, Ting Peng Liang, Deborrah C. Turban, 'Electronic Commerce 2012', Pearson 2012

84) F. K Donald & Richard. M. Hodgetts, op. cit

85) H. G. Hicks, The Management of Organizations, McGraw-Will, 1967

86) Jaffery A Timmons, New Venture Creation, Irwin, 1994

87) Jeffrey K. Liker. The Toyata Way. McGraw-Hill

88) Jupiter Communication, Banner & Beyond, 1997

89) Lauterborn, B., Advertising Age, New Marketing Litany : Four Ps Passe;C-Words take over, Crain Communication., vol 61, no. 41, pp.26, 1990

90) Margaret A. White & Garry D.Bruton, 'The Manangement of Technology and Innovation: A Strategic Approach, Cengage Learning, 2007

90) Peter Skarzynski and Rowan Gibson, Innovation to the Core, A Blueprinter for transforming the Way Yoyu Company Innovates, Harvard Business School Press, 2008

92) Pierre R. Berthon, Leyland F. Pitt, Kirk Plangger, Daniel Shapiro, Mraketing meet Web 2.0, social media, and creative consumer : Implications for international

marketing strategy, Indiana University Kelley School of Business, Business Horizon 55, 2561~271, 2012

93) Pierre Berthon, Leyland Pitt, Richard T. Watson, 'Marketing Communication and The World Wide Web', Business Horizons September-October pp. 24-32, 1996

94) Pierre R. Berthon, Leyland F. Pitt, Kirk Plangger, Daniel Shapiro, Mraketing meet Web 2.0, social media, and creative consumer : Implications for international marketing strategy, Indiana University Kelley School of Business, Business Horizon 55, 2561~271, 2012

95) Porra J, 'Electronic Commerce Internet Strategies and Business Model-A Survey', Information System Frontiers, 1(4)

96) Russell Wolak, Stavros Kalafatis and Patricia Harris, An Investigation Into Four Characteristics of Services, Journal of Empirical Generalisations in Marketing Services, Volume Three 1998

97) Sally J. McMillan, Internet Advertising: One Face or Many?(2004) In David W. Schumann& Esther Thorson, Internet Advertising : Theory and Research(2nd edition)

98) Stevens, Greg A.; Burley, James, 3000 Raw Idea Equals 1 Commercial Success!, Industrial Rearch Institute Inc, Research-Technology Management, Vol. 40, No. 3, 1997

99) Timmers, 'Business Models for Electronic Markets', Electronic Markets 8(2), 1998

100) Well, P., Malone, T., W., D'Urso, V. T. Herman, G. Woerner, S. 'Do Some Business Models Perform Better than Others? A Study of the 1000 Largest US Firms', MIT Center for Coordination Science Workong Paper, 2004

101) Willam J. Gdrdon, Synetics: The Development of Creative Capacity, New York Harper & Row, 1961

102) W. Glynn Mangold, David J. Faulds, Social media : The hybrid element of the promotion mix, Indiana University Kelley School of Business, Business Horizon 52, 357~365, 2009

## | 인터넷 참고 |


http://home.ebs.co.kr/home1558/

http://www.emh.co.kr/content.pl?business_model

http://word.tta.or.kr/terms/termsView.jsp?gubun=1&terms_num=20165

http://lean.mit.edu/

http://blog.daum.net/2112990/5467189

http://www.seogwipo.go.kr/contents/index.php?board_id=PDS&eb_seq= 26690&ebcf_id=PDS&job=detail&mdidx=81&mid=0107&month=9&page=4&write_method=common&year=2013

http://blog.daum.net/zerosilver20/689

http://cafe.daum.net/onketseller/KX43/395?q=%C0%CE%C5%CD%B3%DD%BA%F1%C1%EE%B4%CF%BD%BA%20%B4%DC%B0%E8%BA%B0%20%C0%FC%B7%AB&re=1

http://www.hani.co.kr/arti/society/environment/605344.

http://blog.daum.net/carpediem02/4381220?srchid=BR1http://blog.daum.net/carpediem02/4381220

http://bizjoseph.tistory.com/148

http://blog.naver.com/PostView.nhn?blogId=thesecretkys&logNo=50180898787

http://cms.kd.ac.kr/user/choich/cs/cyberom4/4-2.htm

http://k.daum.net/qna/view.html?category_id=QQO&qid=0sqrX&q=%EA%B4%91%EA%B3%A0%EC%9D%98+%EC%A2%85%EB%A5%98&srchid=NKS0sqrX

http://goodinj.tistory.com/476?top3

http://blog.daum.net/nogod1kb/16826909

http://etlee.tistory.com/15

http://blog.naver.com/PostView.nhn?blogId=kjch5&logNo=150171117111

http://s.hankyung.com/dic/searchList.php?seq=2560

http://oneceo.co.kr/213

http://www. google.com

http://www.brandba.se/blog 'Transforming the 4 P's into 4 C's in online environment', 8. 2013.

http://www.dmcmedia.co.kr, 모바일 쇼핑 이용 현황 및 향후 전망

http://en.wikipedia.org/wiki/E._Jerome_McCarthy

http://www.hankyung.com/newswww.seri.org

http://www.boundless.com/marketing/definition/

http://managementstudyguide.com, Services Marketing-Definition and Characteristics

hppt://seeit.kr

http://www.rlauterborn.com/pubs/pdfs/4_Cs.pdf

http://www.seri.org/kz/kzBndbV.html?no=93266&pgca=3&ucgb=KZBNDB

http://www.serviceperformance.com, Chris Arlen, The 5 Service Dimensions All Customers Care About

http://highered.mcgraw-hill.com/sites/dl/free/0077107950/577210/04ch03.pdf

http://www.itworld.co.kr

http://www.coleomarketing.com

http://www.msrkorea.co.kr/b/column/190

http://nownews.seoul.co.kr

http://www.sensoriafitness.com

http://oldconan.tistory.com/873